教育部人文社会科学重点研究基地重大项目
《刑事和解与程序分流研究》（项目批准号 08JJD820164）最终研究成果

刑事诉讼程序分流的国际趋势与中国实践

顾永忠　等著

方志出版社
Publishing House of Local Records

图书在版编目（CIP）数据

刑事诉讼程序分流的国际趋势与中国实践 / 顾永忠等著 .-- 北京：方志出版社，2018.1

ISBN 978-7-5144-2742-4

Ⅰ. ①刑… Ⅱ. ①顾… Ⅲ. ①刑事诉讼—诉讼程序—研究—中国 Ⅳ. ① D925.218.04

中国版本图书馆 CIP 数据核字（2017）第 297317 号

刑事诉讼程序分流的国际趋势与中国实践

著　　者：顾永忠　等
责任编辑：陈　效

出 版 人：冀祥德
出 版 者：方志出版社
　　地址　北京市朝阳区潘家园东里 9 号（国家方志馆 4 层）
　　邮编　100021
　　网址　http://www.fzph.org
发　　行：方志出版社图书经销中心
　　电话　（010）67110500
经　　销：各地新华书店
排　　版：北京纺印图文设计制作有限公司
印　　刷：北京中科印刷有限公司

开　　本：700 × 1000　　1/16
印　　张：23.5
字　　数：379 千字
版　　次：2018 年 1 月第 1 版　　2018 年 1 月第 1 次印刷

ISBN 978-7-5144-2742-4　　定价：68.00 元

序　言

本书源自我主持的教育部人文社会科学重点研究基地重大项目，最初的招标题目是“刑事和解与程序分流研究”，确定的成果形式是“调研报告及立法建议”。当时正值国内理论界和司法实务界掀起“刑事和解热”，包括理论研究热和实践探索热的火热局面。同时，全国人大也在紧锣密鼓地推进刑事诉讼法的二度大修改，并且原计划在2008年完成立法修改。我有幸参加了刑事诉讼法修改论证的一些工作，积极地参与并推动立法完善，其中包括希望刑事和解制度能在刑事诉讼法修改中得以确立。但是，由于各种原因，2008年并没有完成刑事诉讼法修改的立法规划。直到2012年3月刑事诉讼法的二度修改才最后完成，在修改后的《刑事诉讼法》第五编“特别程序”之中专设了第二章“当事人和解的公诉案件诉讼程序”，正式在立法上确立了刑事和解制度。但是从立法条文看，该项制度的适用范围、适用条件和程序，受到严格的限制，并未像不少人所期望的那样广泛适用于刑事诉讼中。

伴随上述过程，我们对课题的研究也开始有所调整。特别是在对程序分流的诉讼理论和诉讼制度进行比较全面的梳理研究后，我们意识到刑事和解只是程序分流的一种方式，研究的重点应当是程序分流而不是刑事和解。于是，我们按这一思路调整了课题研究范围和结构。最后以“刑事诉讼中的程序分流及刑事和解研究”为研究成果的题目上报结项并获得通过。

正当我们准备出版课题成果时，形势又发生了重大变化。党的十八大以来，特别是十八届四中全会以来，中央推出了一系列重大司法改革举措，其中包括建立刑事速裁程序及完善认罪认罚从宽制度等具有重大程序分流功能的刑事诉讼制度改革措施。其后，又通过国家立法机关制定试验性立法授权最高人民法院、最高人民检察院在十八个地区进行为期两年的试点。面对刑事诉讼程序分流具有历史意义的改革举措，我们的研究当然不能视而不见。于是，我们又专门对完善认罪认罚从宽制度与刑事诉讼程序分流展开研究，形成了本书第十一章及其他章节的有关部分。虽然拖延了原有成果的出版，但能够把程序分流研究与正在进行的"完善认罪认罚从宽制度"结合起来进行研究，我们认为是有意义的。同时又再次调整了书名，确定为读者现在看到的《刑事诉讼程序分流的国际趋势与中国实践》。

在研究和写作中，本书力求突出以下特点：

1. 系统性。刑事诉讼程序分流的问题被法学界关注已经时间不短，但是全面、系统对此问题展开研究的成果并不多见。本书着力在这方面有所建树，从基础理论问题到现实法律制度问题，从国外历史发展和潮流到我国起步、探索和改革，几乎都有所涉及。为读者描绘了一幅国际视野下刑事诉讼程序分流的动态、立体图景。

2. 创新性。什么是刑事诉讼程序分流？它有哪些基本特征？对其如何进行理论分类？这些问题是研究程序分流问题必须面对并应当回答的基础性问题。但是以往的研究成果在这方面比较薄弱。本书则在这些问题上有所突破和创新。开篇明义，在第一章首先阐述和回答了这些问题，为全书内容的展开奠定了基础，也为读者跳出本书深入研究这一课题提供了参考思路。

3. 务实性。法学以法律现象、法律实践为研究对象，由此决定了法学研究不能停留在理论层面，必须走进法律实践当中。尤其是当今中国的程序分流法律实践可以说集中了法律实践的焦点与热点，亟须从理论上研究实践、指导实践。在这方面本书也作出了积极的努力，对近年来围绕程序分流开展的各种法律实践活动，特别是对十八届四中全会以来提出并开展的刑事速裁程序、认罪认罚从宽制度试点活动进行了重点研究，对于其中涉及的一系列理论和实践问题作出了积极的探索和回应。

参与本课题研究及撰写本书的作者及分工如下（按章节顺序）：

顾永忠（中国政法大学诉讼法学研究院教授）：第一章、第六章第四节、第七章第三节、第八章第三节、第十章、第十一章；

姜　涛（中国政法大学法学院副教授）：第二章；

吴宏耀（中国政法大学诉讼法学研究院教授）：第三章；

苑宁宁（中国政法大学法学院讲师、北京师范大学刑事法律科学研究院博士后研究人员）：第四章、第九章；

元　轶（中国政法大学比较法学研究院教授）：第五章；

曾新华（对外经济贸易大学法学院讲师）：第六章；

葛　琳（最高人民检察院检察理论研究所副研究员）：第七章第一节、第二节；

张小玲（中国人民公安大学法学院教授）：第八章。

由于研究水平有限，本书难免有错误或不当之处，敬请读者批评指正。

最后对于方志出版社及编辑陈效博士对本书出版给予的支持和帮助表示衷心的感谢。

顾永忠

2017 年 9 月 20 日

目　录

第一章　刑事诉讼程序分流导论

第一节　刑事诉讼程序分流的概念、分类及价值目标

程序分流在当今刑事诉讼领域已经不是一个陌生的概念，而是在刑事诉讼的研究领域和实务领域常常使用。但是，到目前为止，我国理论界对于何谓刑事诉讼程序分流尚无明确、统一的定义，或者形成至少为大多数人认可的定义。本书以刑事诉讼程序分流为研究对象，势必应当首先探讨刑事诉讼程序分流的概念及其特征，从内涵上给出刑事诉讼程序分流的定义。在此基础上，从外延上对刑事诉讼程序分流进行科学分类。当然，最后还应明确刑事诉讼程序分流的价值目标。通过以上，为后续各章的研究奠定基础。

一、刑事诉讼程序分流的概念

如果作为一种社会现象来考察，自人类产生以来就已存在侵犯他人权利、侵犯公共秩序的“犯罪”现象。但是，如果作为一种法律现象来考察，犯罪则是人类进入阶级社会并产生国家以后才特有的现象。在国家产生以前，“犯罪”现象处于自生自灭的自发状态。国家产生以后，犯罪现象则成为国家力图控制甚至消灭的事物。刑事公诉案件诉讼程序就是专门为控制犯罪而设置的法律手段。但是，事与愿违，几千年来，犯罪现象非但从来没有被国家所控制。相反，犯罪现象愈演愈烈，甚至牵

着国家的鼻子走，反倒使国家受到它的控制，不得不把越来越多的人力、物力、财力等社会资源投入到旨在控制犯罪的刑事诉讼活动中。

如果说犯罪是侵害社会、危害国家的洪水，那么，刑事诉讼就是国家想控制它的堤坝。但是，当今世界任何国家无一不是犯罪的洪水越来越大、越来越猛，国家为了控制犯罪的“洪水”而投入到建设刑事诉讼“堤坝”的人力、物力、财力也越来越多。如果对犯罪的“洪水”不采取分流措施，只是一味地建设、加固控制犯罪的刑事诉讼的“堤坝”，势必要求国家付出更多的并且不断增加的人力、物力、财力资源。长此以往，要么拖垮国家，要么“堤坝”决口，造成巨大的社会灾难。于是，一代又一代的人们不断思考：究竟应当怎样看待犯罪，对待犯罪？同时，一代又一代的人们也在不断地进行探索、创新。从实体法上的非犯罪化、非刑罚化、非监禁化，到程序法上的起诉法定主义、起诉便宜主义，无不反映出人类不断探索、创新的实践和脚步！

对刑事诉讼进行程序分流，便是人们通过长期的思考、探索、实践针对犯罪的“洪水”越来越大，控制犯罪的刑事诉讼的“堤坝”越来越力不从心而采取的重要措施。它是指立法者及司法者从刑事诉讼的纵向发展维度上，根据刑事案件的不同情况，把有的案件在诉讼过程中分离出去，不再进行到底，从而终结程序；把有的案件在诉讼程序上仍然进行到底，但区别其中不同的情形，分别投入不同的司法资源，采取不同的诉讼措施，适用不同的诉讼方式，使它们在追求公正与效率的诉讼价值目标下，各取所需，各得其所，获得妥善的解决。

综观世界各国对刑事诉讼进行的程序分流措施，一般具有以下特征：

1. 依附性。刑事诉讼程序分流的依附性，首先，从整体上讲，刑事诉讼的程序分流措施不是孤立存在的，而是以业已存在的针对已然刑事案件启动、实施的刑事诉讼常态程序作为生存的基础，否则，就谈不上对刑事诉讼的程序分流。基于此，对于那些不能进入刑事诉讼程序的案件，例如对于因不符合立案条件而不予立案的案件的处理，就不属于刑事诉讼程序分流的范畴。

其次，刑事诉讼程序分流的依附性，还指虽然从整体上讲刑事诉讼的程序分流是依附并贯穿于刑事诉讼活动的全过程的，但是根据案件的不同情况和条件，具体分流措施有的发生于刑事诉讼的侦查阶段，有的发生于刑事诉讼的审查起诉与起诉阶段，还有的发生于刑事诉讼的审判阶段，甚至还有的发生于刑事诉讼的执行阶段。这意味着，谋求刑事诉讼的程序分流，既不能操之过急，也不应消极无为；相反，既要审时度势，不放过合适的机会，又要水到渠成，顺势而为。

2. 裁量性。刑事诉讼程序分流的裁量性，是指在刑事诉讼中对个案的程序分流，是由办案机关及其办案人员在法律允许的范围内，人为裁量的结果，而不是法律规定的唯一、必然的结果。例如由于事实不清、证据不足而被检察机关作出的不起诉决定，虽然也被终止诉讼程序，但这种情况也不属于程序分流。因为既然没有达到起诉的法定条件，比如在我国未达到“案件事实清楚，证据确实充分”的法定证明标准，那么就不应当起诉，只能作出不起诉决定。在这里没有裁量、回旋的余地。正因为如此，我国2012年3月修改通过的《刑事诉讼法》第171条第4款将“对于二次补充侦查的案件，人民检察院认为证据不足，不符合起诉条件的”情况，从原来规定的“可以作出不起诉的决定”（原《刑事诉讼法》第140条第4款）修改为“应当作出不起诉的决定。”

把裁量性作为刑事诉讼程序分流的特征之一，是研究并建立刑事诉讼程序分流制度的目的和价值所在。只有具有裁量性的案件，当事人才可以通过自己的努力创造条件获得程序分流的机会，使自己的案件早日获得解决或获得自己所期望的结果；同时，只有具有裁量性的案件，才可以使办案机关及其办案人员具有根据案件的不同情况选择并采取不同的程序分流措施的客观条件，进而促使他们产生通过采取程序分流措施处理案件，以促进司法公正，提高诉讼效率，减少工作负担的主观心理动机。相反，如果将那些不具有裁量余地而必须依法作出某种诉讼决断的案件纳入程序分流的范围，不仅对人的主观能动性没有任何实际意义，而且对建立刑事诉讼程序分流的机制也没有任何积极意义。质言之，裁量性是刑事诉讼程序分流存在的基础和空间。没有裁量性，只有唯一性，那就没有程序分流的客观基础和主观空间了。

3. 多样性。刑事诉讼程序分流的多样性，是指刑事诉讼程序分流的措施或方式是多样的：可以通过撤销案件而分流，也可以通过不起诉而分流；可以作出一次性的酌定不起诉的决定而分流，也可以作出有待观察、考验的附条件不起诉的决定而分流。同时，多样性也指程序分流的结果是多样的：可以以实质上是无罪的不起诉决定进行分流，也可以以判处有罪但免予刑事处罚的有罪免刑判决加以分流，如此等等。

刑事诉讼程序分流的多样性表明，程序分流的机会是众多的，程序分流的结果也是多元的，这就为当事人争取获得程序分流，指明了努力方向，提供了机会；也为办案机关及办案人员不失时机地做好程序分流工作，提供了空间。

4. 法定性。刑事诉讼活动是国家专门机关以国家强制力为后盾，以法定程序为依据开展的严肃的司法活动。它的启动、展开、中止或终止以及结果无不具有重要的法律意义和社会意义。因此，刑事诉讼的程序分流是非常严肃的法律活动，必须是在具有法律依据，存在法律空间，符合法律规定的情况下才能进行。否则，不可以进行程序分流。

以上四点，依附性是刑事诉讼程序分流的前提，没有业已存在的依照法定程序正在进行的常规刑事诉讼活动，就没有程序分流的生存基础；裁量性是刑事诉讼程序分流的生存空间，没有裁量性，只有唯一性，即使某一或某些刑事案件在诉讼过程中被提前终止，也不属真正意义上的程序分流；多样性是刑事诉讼程序分流的生存方式和实现手段，通过它，程序分流才得以适应纷繁复杂、情况各异的不同案件，满足司法实践对程序分流的客观需要；法定性是刑事诉讼程序分流的实施依据和空间界限，有了它才能保证程序分流在法制的轨道上健康运行。四个方面共同作用，相辅相成，确保程序分流在刑事诉讼中实现其所追求的价值目标。

二、刑事诉讼程序分流的分类

前已指出，刑事诉讼程序分流具有裁量性和多样性的特征，由此表明刑事诉讼程序分流的措施应当是多种多样的。采用不同的分类标准，可以对刑事诉讼程序分流措施划分为不同的类型。通常有以下几种分类：

1. 以分流措施对行为性质的影响为标准，可将程序分流划分为非罪化的程序分流与涉罪化的程序分流。

非罪化是世界各国面对刑事案件高发，刑事处罚效果不尽理想所采取的一项重要的刑事政策。它包括两种情况，一种是立法上的非罪化，另一种是司法上的非罪化。立法上的非罪化是指立法者将有些传统上或理论上认为应属犯罪的行为，在刑事立法上不规定为犯罪或从原来刑法上规定的犯罪中予以删除，不再作为犯罪处理。这主要是针对一些因时代变化已经过时、陈旧的犯罪，如通奸行为以及一些社会危害性并不严重的行为。通俗地讲就是把有的危害社会的行为在刑法上不入罪，或者把刑法上原来规定的某些犯罪行为予以除罪或出罪。立法上的非罪化实际上是立法者对何种行为应规定为犯罪、何种行为不应或不必规定为犯罪的一种选择。由于所涉的行为一旦确定为非罪，即不能进入刑事诉讼之中，因此立法上的非罪化并不属于本课题所研究的程序分流。本课题所研究的程序分流实际上是指司法上的程序分流。司法上的非罪化处理措施即属于该范畴。

司法上的非罪化是非罪化的刑事司法政策在刑事司法活动中的贯彻和体现。具体是指司法机关把刑事立法上已经规定为犯罪的某些行为，由于其具有某些可以宽恕、原宥的特质或条件，便通过某种程序分流措施不将其作为犯罪处理。比较典型的司法上的非罪化就是在刑事诉讼中，把某些虽然已经构成犯罪但由于犯罪情节轻微，依照刑法规定不需要判处刑罚或者免除刑罚的行为，检察机关作出不起诉的决定。在此情形下，相关行为不再视为犯罪，之前围绕该行为进行的诉讼活动也将到此终止。显然，这是一种典型的程序分流措施，并且是一种非罪化的程序分流措施。

与非罪化的程序分流相对应的是涉罪化的程序分流。譬如根据刑事案件的复杂、疑难程度及被告人是否认罪的态度，在审判阶段对刑事案件进行程序分流：对有的案件采用简易程序审判，对有的案件采用普通程序审判。不同的审判程序意味着投入的司法资源不同，对诉讼公正的保障程度不同，对诉讼效率的影响也不同。但不论采取何种审判程序，所审判的行为都可能被依法定罪科刑。当然也可能被判决无罪。显然，这属于涉罪化的程序分流。

可以看出，司法上的非罪化的程序分流实际上是对有罪行为除罪或出罪的一种处理方式，主要适用于犯罪情节轻微，不需要判处刑罚或依法可以免予刑事处罚的案件，它是程序分流中非常重要的一种分流措施。它既节约了司法资源，又体现了宽严相济的刑事政策，还在相当程度上化解了社会矛盾，有利于构建和谐社会。因此，受到司法机关的重视和欢迎。2008 年前后，我国各地政法机关纷纷探索刑事和解制度就说明了这一点。但是，非罪化的程序分流毕竟是把原本已认为构成犯罪的行为不作为犯罪处理，这是一项非常严肃的法律决定，应当非常慎重。一方面涉及犯罪嫌疑人本身的诉讼权利和态度，他们是否愿意接受此种处理，应当予以重视并作为是否对其作出分流决定的重要的考量因素；另一方面也涉及被害人及社会公众的认识和接受程度。如果所采取的分流措施不能为他们接受或认可，势必大大削弱这种分流措施的法律意义和社会效果。因此，在设计、适用非罪化的分流措施时应当充分考虑这些因素。

涉罪化的程序分流是在不排除但也不确定犯罪嫌疑人、被告人构成犯罪的前提下，根据案件事实本身的不同情况以及当事人个人的具体情况，对其采取不同的诉讼程序。这实际上是针对刑事案件的不同情况，对司法资源进行优化配置，使刑事案件各得其所，使司法资源各尽其用，最终实现司法公正的最大化和司法效率的最优化。世界各国在非常重视非罪化的程序分流措施的同时，也非常重视涉罪化的程序分流措施，积极探索并设置了各种不同的具体的程序分流措施。这主要表现在审判阶段对不同案件采取不同的审判程序上，如简易程序、普通程序、陪审团程序等。

2. 以分流措施是否导致刑事案件在诉讼过程中终结为分类标准，可将程序分流划分为终止性的程序分流与非终止性的程序分流。

如前所述，程序分流的一个重要目的是将一些刑事案件在诉讼过程中分流出去并终结程序。体现这一程序分流目的的分流措施可称之为终止性的程序分流。例如，在侦查阶段，将一些不需要或不必要追诉到底的刑事案件予以撤销，不再移送检察机关。又如在审查起诉阶段，将一些犯罪情节轻微，不需要判处刑罚或者依法可以免予刑事处罚的案件不予起诉，到此终结。

终止性的程序分流是在刑事诉讼过程中，从案件的总量上减少刑事诉讼的压力和负担，使有限的司法资源投入到更需要的刑事案件中。终止性程序分流措施的开启及作用大小，与刑事诉讼程序开启的条件或门槛高低有很大关系。在刑事诉讼程序开启的条件或门槛较低的国家，譬如那些没有刑事立案程序的国家或者立案条件较低的国家，终止性程序分流措施的开启就比较容易，发挥的作用也比较大。相当多的刑事案件进入刑事诉讼程序后并没有进行到底，而是在诉讼过程中就分流出去了，所涉及的诉讼程序到此终结。相反，在刑事诉讼程序开启的条件或门槛较高的国家，如在有着较为严格的立案条件的国家，终止性程序分流措施的大门就不太容易开启，发挥的作用也比较小。我国属于专设刑事立案程序并且是立案条件比较高、比较严的国家。因此，仅从理论上抽象地讲，终止性的程序分流措施在我国刑事诉讼中的适用空间就比较小。

非终止性的程序分流是指并不是在刑事诉讼尚未进行到底的中间过程终止诉讼活动，而是在刑事诉讼活动仍然进行到底的前提下，根据案件的不同情况或基于不同的考虑，对不同案件采取不同的诉讼程序。譬如对刑事案件的审判可分为简易程序独任法官的审判和普通程序陪审团的审判，两者都没有终结诉讼程序，但投入的司法资源、体现的程序公正的程度是明显不同的。

非终止性的程序分流措施是在刑事案件总量确定或不变的情况下，根据案件的不同情况所采取的投入不同的司法资源，选择不同的公正程度而体现出的一类程序分流措施。从世界各国来看，一方面都比较重视终止性的程序分流措施，特别是那些没有刑事立案程序或立案条件较低的国家，力图把符合条件的案件都在诉讼过程中就处理消化掉，不将对其展开的诉讼程序进行到底；另一方面也都比较重视非终止性的程序分流，并且不论是否有立案程序或立案条件高低，各国对于不能在诉讼过程中消化处理的案件，一般都采取了多种多样的非终止性的程序分流措施。譬如在起诉程序上有公诉程序，也有自诉程序；在公诉案件中有检察机关起诉程序，也有非检察机关起诉程序，诸如预审法官的起诉程序、普通民众参与的大陪审团起诉程序，授权律师提起的准起诉程序，如此等等。又如在审判程序中，有处罚令程序，治安法官审判程序，职业法官独任审判程序、辩诉交易程序、由职业法官与非职业人员共同组成的参审制的审判程序、由普通民众组成的陪审团的审判程序，如此等等。

终止性的程序分流固然可以把一些案件提前消化处理掉，但毕竟是在诉讼过程中提前终结诉讼活动，因而条件要严格一些，限制要多一些，不能轻率或随意终结诉讼程序。为此，有的国家采取了必要的制约措施。譬如，日本在刑事起诉程序中设立了检察审查会制度，专门针对检察机关做出的不起诉决定进行审查，防止其滥用不起诉处分。与此相反，也有的国家为了防止把不必要起诉的案件起诉到法院，采取了起诉审查制度，把那些不必要起诉的案件拦截在审判之前，实现终止性的分流。德国实行的庭前审查制度（中间程序）就具有此项功能。

由于采取终止性程序分流措施的制约因素较多，而且分流作用的发挥与刑事诉讼程序启动的条件高低和大门大小有密切关系，各国在终止性程序分流措施上差异较大。相反，在非终止性程序分流措施上，各国总的趋势比较一致，特别是在审判程序上，一方面程序都比较多元，另一方面主导程序多元的决定性因素比较一致，主要是被告人的认罪态度及诉讼权利的保障程度发挥着重要影响。对照国外情况，应该说我国在这两个方面都存在不少问题，未来也都有不断发展、完善的空间。在终止性程序分流措施方面，虽然我国设有专门的立案程序，也有比较高，比较严的立案条件，但由于人的素质、社会的复杂性及司法体制的特殊性，终止性程序分流仍然有较大的发展潜力和空间。在非终止性程序分流方面，突出的问题是程序比较单一，当事人是否认罪的态度对程序的影响力很小，对当事人诉讼权利的保障也不够充分。

3. 以分流措施产生的结果是否具有确定性为分类标准，可将程序分流划分为确定性的程序分流和不确定性的程序分流。

确定性的程序分流是指分流决定一旦作出后，其产生的结果是确定的，不会再改变了。例如，我国酌定不起诉的决定作出后，其对犯罪嫌疑人产生的法律结果就是确定的，其后不能就该犯罪嫌疑人涉嫌的原犯罪事实再行起诉，这一结果是确定不变的。确定性的程序分流措施对案件的处理干净彻底。涉案人不再有后顾之忧，办案机关及办案人员也不再牵扯精力，存有顾虑。但是，由此也产生了不利的一面，这就是确定性的程序分流措施，一旦作出决定就没有回旋余地了。在此情形下，办案机关、办案人员在做出确定性程序分流的决定时就比较慎重，力求不发生失误，不产生不利后果，由此导致对这种分流措施的适用受到限制。

不确定性的程序分流则相反，是指程序分流决定作出后其产生的结果是不确定的，存在一定的变数。日本的犹豫起诉制度、德国的附条件起诉制度都属于不确定性的程序分流措施。上述决定一旦作出后，对犯罪嫌疑人的不起诉并不是无条件、不可改变的。其后有两种可能：一种是一旦满足有关条件就不再起诉，另一种是如果不符合有关条件则还要起诉。此外，刑罚执行中的缓刑、假释，也都属于不确定性的程序分流措施。缓刑的判决作出后，犯罪人员不服刑，但仍有服刑的可能，其一旦违反缓刑条件，就要收监执行原判的刑罚。假释也如此，获得假释并不意味着已经刑满释放，而是有条件的提前释放，一旦满足条件，其余刑就不再执行并视为服刑届满。相反，如果违反了有关条件，则要撤销假释，收监执行，服满假释前的余刑。

不确定性程序分流措施的优点是明显的，最主要是涉案人员并未被完全解脱，在一定时期内办案机关及办案人员对他们还有约束力，他们必须遵守相关的规定。只有在满足相关条件的情况下，才能使诉讼程序最终终结，产生涉案人员完全被解脱的法律结果。基于此，这种分流措施适用的范围就可以大一些，条件也可以宽一些。因为这种程序分流措施既提高了诉讼效率，又节约了诉讼资源，而且对当事人还具有相当程度的约束力，维护了社会正义和司法公正的要求。

当然，确定性的程序分流与不确定性的程序分流并不是相互排斥的，而是相互补充的。有条件实行确定性程序分流措施的，应优先采用该种程序分流措施，没有条件实行确定性程序分流措施，同时又有采取分流措施基础的，可以采用不确定性的分流措施。两者相辅相成，互为补充，可以最大限度地促进刑事诉讼中的程序分流。

4. 以分流措施的性质为标准，程序分流还可划分为纯粹诉讼程序上的分流与强制措施适用上的分流。

前者指在诉讼活动的启动、推进过程中针对案件所采取的不同处理方式的分流；后者指在诉讼过程中对不同的犯罪嫌疑人、被告人个人的人身、财产所采取的不同的强制措施的分流。

从理论上分析，刑事诉讼活动的启动、推进有两条线：一条是针对刑事案件或案情所进行的以立案、侦查、审查起诉、起诉、审判为内容的诉讼活动，它是刑事诉讼活动的主渠道，所有纳入刑事诉讼的案件都要进入这一主渠道之中；另一条是在前一条线运行过程中针对犯罪嫌疑人、被告人的人身、财产采取的不同强制措施，如保释、羁押、扣押、查封等。它的存在是以前一条线为前提、为基础的，也可称之为刑事诉讼的辅渠道，也就是它是服务于、服从于主渠道的。从整体上来讲，这两条线在刑事诉讼活动中都是必不可少的，但是，在刑事诉讼活动中，该两条线的诉讼地位、作用是不同的。前者是刑事诉讼活动的载体和体现，正是通过它，人们才感受到刑事诉讼活动和刑事诉讼程序的存在及进展，我们可将其视为纯粹的诉讼程序。而后者则是依附在前者的基础上针对犯罪嫌疑人、被告人个人的人身、财产所采取的强制措施，可称其为刑事诉讼中的强制措施程序。与此相适应，我们可以把在纯粹的诉讼程序中所采取的分流措施称之为纯粹诉讼程序上的分流，诸如撤销案件、不起诉决定、简易审判等；而把在强制措施适用中采取的分流措施叫作强制措施适用上的分流，如取保候审、监视居住、逮捕等。

纯粹诉讼程序上的分流，涉及的是对刑事案件在诉讼过程中的不同处理方式，直接牵扯到诉讼程序的启动、推进与终止，也直接关系到诉讼过程中投入司法资源的多少、程序正当性、公正性的保障程度如何，还直接影响到案件诉讼结果的公正性和社会接受性等，因此，它是研究和开展刑事诉讼程序分流的主战场。强制措施适用上的分流，直接关涉对犯罪嫌疑人、被告人的人身、财产的限制，也涉及国家司法资源投入的多寡，还影响涉案人员的家庭状况乃至社会稳定，因此，在研究、开展刑事诉讼程序分流中也应当充分重视。更重要的是，刑事诉讼中的强制措施是在尚未确定犯罪嫌疑人、被告人有罪的情况下，对其人身、财产采取的强制措施，为了防止使无罪的犯罪嫌疑人、被告人免受不应该或者不必要的强制措施，维护其合法权益，强制措施适用上的分流目标应当是：在是否采取强制措施的问题上，应当尽量不采取或少采取强制措施；在采取何种强制措施问题上，应当尽量采取较轻的强制措施；在所采取强制措施的时间上，应当尽量采取时间较短的强制措施。

此外，应当注意处理好上述纯粹诉讼程序上的分流与强制措施适用上的分流相互之间的关系。二者看起来是两条线，可以独立使用，并行共存，但二者之间应当具有内在的联系和相互的影响，凡在纯粹的诉讼程序上采取的分流措施对犯罪嫌疑人、被告人越有利，对其在强制措施适用上采取的分流措施也应该越轻缓；相反，在强制措施适用上对犯罪嫌疑人采取的分流措施越轻缓，在纯粹的诉讼程序上采取的分流措施对犯罪嫌疑人、被告人应该越有利。

5. 以分流措施发生的诉讼阶段为标准，程序分流可划分为侦查阶段的分流、审查起诉阶段的分流、审判阶段的分流以及刑罚执行中的分流。

刑事诉讼活动从启动到终结需要一个过程，这个过程又分为不同的诉讼阶段诸如侦查、审查起诉、审判、执行等不同诉讼阶段。从理论上讲，在不同的诉讼阶段，根据案件的具体情况都可以采取不同的分流措施。但是在不同的诉讼阶段，可以采取哪些分流措施，首先需要从立法上加以解决；当立法明确之后，在不同的诉讼阶段中，对于哪些案件可以采取何种分流措施，则需要通过司法来解决。所有这些都需要从理论上研究，实践中探索，立法上完善，司法上推进。总体上讲，就刑事诉讼的程序分流而言，能在前一诉讼阶段进行程序分流的，就不要拖到后面的诉讼阶段再分流；在符合法律规定的前提下，程序分流进行的越早，对司法资源的配置和使用越有利，在整体上对诉讼效率和司法公正程度的提升也越有利。

对刑事诉讼程序分流进行分类，不仅是理论研究上的需要，更重要的是对于完善立法，指导司法有着重要的意义。通过对程序分流从理论上进行分类，可以深化人们对刑事诉讼程序分流认识的高度、广度和深度，一方面从未然的角度研究、思考、设计不同的程序分流措施以完善立法；另一方面，从已然的角度指导司法实践，依法对符合法律规定的案件适时地采取适当的分流措施，充分发挥程序分流在刑事诉讼中优化资源配置，提高诉讼效率，促进司法公正的重要作用。

三、刑事诉讼程序分流的价值目标

如前所述，刑事诉讼程序分流实质上是立法者及司法者主观选择的产物。那么，他们为什么要在刑事诉讼中进行程序分流，追求的结果是什么？对于此问题所作的回答就是刑事诉讼程序分流的价值目标。其具体表述应当是：通过程序分流，在刑事诉讼的整体上，使诉讼效率得以尽可能充分地提高，司法资源得以最优化地配置，司法公正得以最大限度地维护和实现。具体而言，包括以下几点：

1. 通过程序分流，从整体上实现司法资源的优化配置。程序分流是建立在刑事案件多种多样的客观事实基础上的。多种多样的刑事案件就意味着对不同刑事案件投入的司法资源是可以不同的。特别是在司法资源有限的情况下，对不同的刑事案件就不应该投入相同的司法资源。对刑事案件进行程序分流，恰恰为不同刑事案件投入不同的司法资源奠定了基础，提供了条件。从而在可投入的司法资源总量不变的情况下，每一案件可相对得到其所需的司法资源，即需要消耗司法资源多的案件，实际消耗的司法资源也多；需要消耗司法资源少的案件，实际消耗的司法资源也少。从每个案件对司法资源的需求来看，基本上是各取所需；从每个案件实际消耗的司法资源来看，基本上是物尽其用，财尽其力，人尽其能。如此就可以实现司法资源的有效利用和优化配置。

2. 通过程序分流，从整体上提高刑事案件的诉讼效率。程序分流不仅意味着不同案件需要投入的司法资源可以不同，因而实现司法资源的优化配置，而且还意味着不同案件的诉讼效率也因此而不同。非罪化的程序分流、终止性的程序分流的适用，势必缩短一部分案件的办案时间，提高这些案件的诉讼效率，从而也将从整体上提高刑事案件的诉讼效率。需要特别强调的是，对程序分流这一价值的分析评价应当从刑事诉讼的整体上着眼，也就是要从一个国家刑事诉讼制度的整体运行情况着眼，而不能只从一些个案评断。如果不从刑事诉讼的整体上而是从刑事诉讼的个案上评价，只见树木不见森林，程序分流反而可能在有的案件中会造成诉讼效率的降低。例如对于一个已经构成犯罪且达到起诉标准但不是必须起诉的案件来说，如果检察机关对其作出酌定不起诉的分流处理，可能比直接将其起诉到法院所耗费的时间、精力还要多。但由于对其做出了酌定不起诉的分流处理，避免了不必要的审判，总体上还是提高了诉讼效率。显然，要把程序分流的具体情况与刑事诉讼的整体运行联系起来，从其对后者产生的整体影响和效果上对其促进诉讼效率的提高作出评价。

3. 通过程序分流，使每一案件获得与其公正程度要求相适应的诉讼资源配置，不仅个案的公正得以实现，而且刑事诉讼的整体公正程度得以提升。所谓刑事诉讼整体上的公正，是指当司法资源得以优化配置后，由于在刑事诉讼中不是平均使用司法资源，而是按照每个案件的具体情况和其对司法公正程度的实际需求配置司法资源，由此使每个案件在程序的公正性和结果的公正性上都最大限度地得到体现和保障，势必在整体上最大限度地维护和促进司法公正。

第二节　刑事诉讼程序分流的理论依据

如前所述，刑事诉讼程序分流是立法者和司法者人为选择、裁量的结果。那么，立法者、司法者在刑事诉讼程序中选择、采取程序分流措施的起因和动因是什么，这就是刑事诉讼程序分流的理论依据所要回答的问题。概括起来，主要是以下几个方面：

一、刑事案件的多样性是刑事诉讼程序分流的现实基础

刑事诉讼活动是围绕刑事案件的发生和处理而启动、展开的。因此，刑事案件的样态如何，在很大程度上决定着刑事诉讼活动的样貌。无论在理论上还是实践中，也不论在立法上还是司法上，刑事案件从来都是形形色色、复杂多样的，至少可以有以下各种情形：

1. 案情多样，也就是案件的基本情况或基本事实是纷繁多样的：有简单的，也有复杂的；有轻微的，也有重大的；有事实清楚的，也有事实混乱的；等等。

2. 结果多样，也就是案件发生后造成的危害结果是多样的：从危害结果的形态上看，有物质性的危害结果，有非物质性的危害结果；从危害结果的程度看，有较轻危害结果的，有一般危害结果的，有严重危害结果的，还有特别严重危害结果的；从犯罪行为与危害结果的关系看，有直接的危害结果，有间接的危害结果；等等。

3. 性质多样，也就是案件所涉犯罪的性质是多样的：从犯罪种类上讲，有危害国家安全的犯罪，有危害公共安全的犯罪，有侵犯公民人身权利、民主权利的犯罪，有妨害社会管理的犯罪，有渎职的犯罪等；从具体罪名来看，在每一类犯罪之下又有许多不同的具体罪名，如在侵犯公民人身权利的犯罪中，有故意杀人罪、故意伤害罪、强奸罪、绑架罪等，在一部刑法中有数百个具体罪名。

4. 犯罪嫌疑人、被告人对犯罪的主观认识和态度是多样的：在实施犯罪前的主观心态上，有故意犯罪，也有过失犯罪；在故意犯罪中，有直接故意犯罪，有间接故意犯罪；在过失犯罪中，有疏忽大意的过失犯罪，有过于自信的过失犯罪；在实施犯罪后的主观态度上，有自愿认罪的，如投案自首者，有坚决否认犯罪的；等等。

5. 犯罪嫌疑人、被告人的自身特征、犯罪经历是多样的：有未成年人，有成年人；有男性，有女性；有初犯、偶犯，有累犯、惯犯；等等。

6. 对犯罪人可能判处的刑罚是多样的：有判处实刑的，有判处缓刑的，有免除刑罚的；在判处的实刑中，有判处管制、拘役的，有判处有期徒刑的，还有判处无期徒刑、甚至死刑的；等等。

刑事案件如此多样的形态、样貌，决定了在刑事诉讼中不可能、不应该、也没有必要对所有案件投入同样的司法资源，进行同样的诉讼程序，采取同样的强制措施，相反，应该针对不同案件的具体情况，有所取舍、有所选择。刑事诉讼程序分流措施就是办案机关及其办案人员针对不同案件所做主观取舍、选择的表现和结果。因此，完全可以说，刑事案件的多样性是刑事诉讼程序分流的现实基础。如果所有刑事案件呈现为同样的状态，没有差异，没有区别，那也就不需要、也不可能在刑事诉讼中进行程序分流。

二、刑事诉讼程序分流是追求公正兼顾效率的必然要求

刑事诉讼追求的首要价值是诉讼公正。抽象地讲，为了追求诉讼公正，投入的司法资源越多越好，适用的诉讼程序越严越好。但是，司法资源是有限的，刑事案件却是不断增长的，两者的矛盾日趋尖锐。不仅如此，刑事案件又是形态多样的。这就意味着在司法资源有限的情况下，要追求诉讼公正，绝不可能平均分配和使用司法资源。“好钢要用在刀刃上”，要根据案件的不同情况和需求分配、使用司法资源。对于案情复杂、公正程度要求高的案件，就应该分配、投入更多的司法资源，适用复杂、严格的诉讼程序。相反，对于案情简单、公正程度要求低的案件，则可以分配、投入较少的司法资源，适用较为简单、弹性的诉讼程序。

而针对不同案件分配、投入、使用不同司法资源的工作正是刑事诉讼程序分流的功能所在。可见，刑事诉讼程序分流首先是追求诉讼公正的必然要求。换句话说，在刑事诉讼中要想追求诉讼公正，必须进行程序分流。

刑事诉讼不仅要追求公正，也要兼顾效率。所谓兼顾效率，不仅是指在保障诉讼公正的前提下，在诉讼活动中尽可能投入较少的司法资源，尽可能花费较少的时间，而且还因为诉讼公正与诉讼效率有着内在的必然联系，所谓“迟到的公正不是公正”即非常深刻地说明了二者的关系。既然如此，同样需要在刑事诉讼中进行程序分流。只有这样，才能在保障诉讼公正的前提下，在诉讼活动中尽可能投入较少的司法资源，尽可能花费较少的时间，并且最大限度地实现及时而不是迟到的公正。

可见，在国家投入的司法资源和其他相关耗费有限并且刑事案件数量不断增长、案情复杂多样的情况下，要想追求公正并兼顾效率，必然要求在刑事诉讼中进行程序分流。

三、宽严相济刑事政策是刑事诉讼程序分流的内在根据

如何对待、处理刑事犯罪是一个国家刑事政策面对的首要课题。我国在如何对待、处理刑事犯罪问题上，既有经验也有教训。一段时期，我们过于看重严刑竣罚，以为重刑就可以解决想要解决的问题。但事实并非如此。经历了多次的“严打”之后，并没有出现期望的理想效果。这就促使刑事政策的制订者们经过深刻地总结、思考，提出了宽严相济的刑事政策。

在刑事诉讼中贯彻执行宽严相济的刑事政策，就是对刑事案件该严则严，当宽则宽，宽严相济。而不论是“严”还是“宽”，既可以体现在对刑事案件适用的诉讼程序上，也可以体现在对犯罪嫌疑人、被告人是否采用以及采用什么强制措施上。譬如，在侦查阶段，对于即使涉嫌罪行比较严重但本人认罪、悔罪态度好的犯罪嫌疑人，可以不予逮捕，采取取保候审或监视居住的强制措施。又如在审查起诉阶段，对于符合条件的犯罪嫌疑人做出酌定不起诉的决定，而对于犯罪后果严重、主观

恶性深的犯罪嫌疑人依法提起公诉，要求法院追究其刑事责任。这些恰恰都是程序分流的结果。可见，程序分流就是对刑事案件在具体诉讼程序上和强制措施上实行区别对待。而区别对待的内在根据从根本上讲就是宽严相济的刑事政策。

四、案多人少矛盾的加剧是刑事诉讼程序分流的外部动因

现代社会在物质财富激剧增加的同时，也伴随产生了诸多社会问题，其中犯罪的剧增就是一个突出的问题。国外有的学者将此种现象称为“犯罪浪潮”。面对“犯罪浪潮”，每个国家、社会不得不投入更多的司法资源加以应对，但能够投入的司法资源是有限的，远不足以与犯罪的剧增相匹配，于是二者形成尖锐的矛盾。于是，人们开始从处理刑事案件的诉讼程序上“打主意”，刑事诉讼中的程序分流应运而生。因此，上述背景和矛盾是刑事诉讼程序分流产生、发展的外部动因。从世界范围来看，刑事诉讼中非犯罪化的提出，起诉法定主义向起诉便宜主义的转化，简易程序的产生，快速审理程序的适用，辩诉交易或明或暗在各国的采行等，这些不同的、主要的刑事诉讼程序分流措施，都是在近百年来犯罪剧增、司法资源投入有限的大趋势下逐渐出台的。

我国也是如此。1979 年第一部《刑事诉讼法》出台时，在审判阶段并没有设置简易程序。1996 年对刑事诉讼法进行第一次修改时，专门增加了“简易程序”，但适用范围有限，只适用于依法可能判处三年有期徒刑以下刑罚的案件。2012 年 3 月第二次对刑事诉讼法进行修改时，把“简易程序”的范围扩大到了基层人民法院管辖的符合有关条件的所有案件。有人测算，如此修改之后，基层人民法院的刑事案件，80% 以上都可以适用简易程序审判。之所以如此扩大简易程序范围，与近些年来刑事案件的剧增有很大关系。据《中国法律年鉴》公布的统计数据，从 1998—2005 年，刑事案件的立案数从 1986068 件发展到 4648401 件，增长了 134%；同期被逮捕的人数从 598101 人上升到 876419 人，增加了 46. 53%；法院审判的公诉案件的被告人也由 584763 人增长到 981009 人，增加了 67. 76%。而到了 2009 年，以上三项数据又分别达到 5579915 件

（刑事案件数）、958364 人（被逮捕人数）、1168909 人（公诉案件被告人数），较 2005 年分别增长 20%、9.3%、19.1%。与此同时，司法资源的投入有的非但没有增加，反而在减少。如全国检察机关除工勤人员以外的工作人员，1998 年为 211319 人，2004 年减少到 197025 人。刑事案件数以及被逮捕、被公诉的人数与检察机关检察人员的人数形成如此之大的反差，迫使立法和司法机关不得不从刑事程序分流上做文章、下功夫。简易程序从无到有，适用范围从小到大，就是在这样的背景下发生的。进一步说明，刑事案件的剧增与司法资源的有限是刑事程序分流的外部动因。

第二章　刑事诉讼程序分流的国际思潮与发展趋势

第一节　刑事诉讼程序分流的国际思潮

作为实现刑法目的的刑事诉讼程序必须与刑罚绑定在一起吗？这一古老的报应逻辑在当代受到越来越多、越来越普遍的质疑。正是因为人们在这一本质问题上的深刻反思，才使得刑事诉讼中的程序分流获得了足够的正当性，成为当今世界众多国家不约而同采取的刑事法律改革举措。考察世界各国尤其是西方国家在刑事政策基本取向上的变化，有助于我们对程序分流所牵涉的相关问题获得深入的理解。

一、刑法观念的转型

在传统刑法思想中，罪与罚之间的对应关系是一个基本的逻辑。循着朴素的刑法感情，人们通常会觉得严刑峻法是对不法行为的最好吓阻。在这里，存在着两个基本的观念：其一，从价值论的角度而言，人们认为有罪必罚是符合道德、符合人类通常报应情感的基本规则；其二，从功能论的角度而言，人们认为刑罚——尤其是传统的那些重刑——是控制犯罪的最好途径。

根据这种古朴的但是至今仍然影响广泛的刑法情感，先民们制定出的是只有“惩罚规定”而殊少“矫正罪犯规定”的刑法，由此在漫长的人类历史长河中，积淀为人们的法律意识，影响了人们对犯罪的一般认识和观念。但是，新派刑法的崛起，开始对这种积年旧识进行水滴石穿般的挑战。意大利学者菲利更乐观地指出，“人类文明的逐渐进步将导致与此相反的只有矫正而没有惩罚的观念”①。

于是，揆度西方近200余年来的社会史，人们发现刑罚的严峻性在不断地减弱。在刑事法领域里，“更少的残忍，更少的痛苦，更多的仁爱，更多的尊重，更多的‘人道’”成为法律史学家们耳熟能详的一个普遍景象。② 但是刑事法的发展仅仅停留在这种量变层面的轻缓上吗？法国学者福柯敏锐地指出，惩罚的机制已然发生了变化。于是，康德、黑格尔们所持的“绝对报应论”的惩罚观念日益在西方各国遭到摒弃。以李斯特为代表的目的刑论，越来越普遍地影响了人们对犯罪与惩罚的基本观念。其中，最为影响深远的两个理念便是刑罚的个别化和社会化。所谓个别化，就是指定罪量刑都必须从具体的犯罪者出发，对其个人的素行、人格、人格形成过程、先天的禀赋、智能、潜在的人身危险性等等条件进行综合的考察，在此基础上进行处理；所谓社会化，就是从犯罪者本身的社会经历、生活条件、人际关系、休戚相关者的影响以及在现实生活中所处的地位和声誉等等因素进行综合的考察，在此基础上作出适当的处理。③

循着近现代刑法观念的这种根本性转型趋势，非刑事化处理成为人们应对犯罪过程中一种越来越重要的手段。非刑事化处理，包括了非犯罪化和非刑罚化两个方面，是现代刑法思想面对犯罪时的一种颇为灵活、也颇为有效的新的处理方式。就司法的层面而论，非刑事化主要体现为非刑罚化处理。早在李斯特时代，他就开始倡导多适用假释、缓刑、尽量在开放设施内或半封闭设施内实行劳改教育、以保安处分代替刑罚方法等措施。到了现在，西方各国的刑事法实践中，这种非刑事化的处理已经越来越普遍。通过这些处理，一方面人们改变着对罪与刑关系的基本认识，另一方面在实在的效果上，将为数巨大的刑事案件从司法程序中分流出去，大大缓解了正式司法的压力。

---

① ［意］恩里科·菲利：《实证派犯罪学》，郭建安译，中国人民公安大学出版社2004年版，第126页。

② ［法］米歇尔·福柯：《规训与惩罚》，刘北成、杨远婴译，生活·读书·新知三联书店1999年版，第17页。

③ 参见甘雨沛：《比较刑法学大全》（上），北京大学出版社1997年版，第527页。

二、现实主义的刑事政策

法律是要回应现实，为现实世界提供秩序、输出正义的。倘若一国的刑法制度只可提供道德的言说，而无法有效地抗制犯罪、恢复秩序，那么这一制度的效用则必将受到怀疑。不幸的是，面对现代社会结构变化、犯罪数量猛增的局面，几乎所有现代国家都开始遭遇刑事法系统不堪重负、无从“按部就班”地论条入罪的局面。各国不得不采取务实的态度，实行诉讼程序分流来应对现实的司法压力。但这种退让并非意味着不公平，而恰是一种真正的公平之举。

在现代法治国家的治理秩序中，犯罪是一切违法行为中最严重者；与之相应，刑罚则是一切法律制裁中之最严重者。一个公民，若面临刑罚制裁，则其前途、命运、个人荣誉都将受到很大程度的影响。所以，国家在追诉犯行、确定刑罚的程序（即刑事化处理）上也必将作出非常审慎、非常严密的布置来，以便做到不枉不纵，程序公正。不这样的话，国家刑事司法的正当性就受到怀疑，不论是随意将犯罪行为置于法网之外，还是随意将无辜者系狱或随意将轻微犯罪人课以重刑，都很容易使人无所适从，难以对刑法的后果产生规律性的预测。所以，在一个完善的法治国家里，刑事司法程序是最重要的司法程序之一，其合理性和公正性对一个社会的基本秩序发挥着非同一般的影响。

但是，令人遗憾的是，在犯罪这一最重要的法现象上，现代国家的正式司法系统已经无可避免地呈现出力不从心的征兆来。想要按照整齐划一的刑事追诉来处理一切业经发现的犯罪已被证明不可能。那么，一个无法回避的现实就是：在犯罪当中，还需要再做进一步的区分。这一区分不能机械地仅以罪重罪轻作为标准，而是应该结合特定犯罪人的因素，以是否应当施以刑罚、施以刑罚的效果将会如何来作为区分标准。做这样的区分可以把轻微的、没必要进行刑事追诉的犯罪人从正式司法当中解脱出去，而将国家有限的司法资源配置到最有必要的案件上去。

如果国家不采取措施去进行这样的分流处理，其结果并不会是“犯罪都如期被处理”，而是另一个可怕的结果：大量的犯罪同样被放纵，而且是“无秩序地”“随机地”被放纵。贝卡利亚曾言：“对于犯罪最强有力的约束力量不是刑罚的严酷性，而是刑罚的必定性，这种必定性要求司法官员谨守职责，法官铁面无私、严肃认真，而这一切只有在宽和法制的条件下才能成为有益的美德。即使刑罚是宽和的，它的确定性也比联系着一线不受处罚希望的可怕刑罚所造成的恐惧更令人印象深刻。因为，即便是最小的恶果，一旦成了确定的，就总令人心悸。”[①] 在这里，我们其实可以看到，西方法治发达国家的实践中，将“刑罚确定性”稍作改动，事实上改为了“程序的确定性”，以满足现代社会的法治需要。刑罚，尤其是监禁刑，已在目的刑观念的冲击之下开始受到反思，而且对全部犯罪都实现刑罚处罚也已事实上成为不可能，非刑事化制裁和程序分流的思潮因而蔚然兴起。但是，通过刑事法治来威慑犯罪，这一点仍然是国家控制犯罪的不二法门。刑事法治的威慑力量不容弃置。那么，由刑罚的确定性，转为刑事程序的确定性，则可以兼收二者之功。既能令犯罪人保持对刑事法治的敬畏，也不至于造成国家刑权力的过度使用，这正是当今刑事法治一种最为现实主义的发展趋势。

三、民众对国家刑权力的介入

在传统社会中，国家本位主义是基本的刑事法运作模式。刑事程序作为实现国家刑权力、规制刑事法秩序的重要场域，始终由国家公权力机关执其牛耳，甚少引入民众的参与。即便是在那些强调司法民主，实行陪审团制度的国家，民众对于司法的参与也主要停留在孤立地评判案件事实这一点上，殊少能从矫正犯罪的角度对犯罪人的命运进行多层次、有计划的实质性干预。从整体上来说，刑事程序是一个较为封闭、刻板的国家公权力独占的领域。

随着人权观念的普遍传输以及现代市民社会的蔚然生长，在西方国家中，人们发现在刑事法领域中，也不再由国家本位主义独领风骚，公民社会对于刑事司法的运作过程表现出越来越浓的兴趣，对犯罪人的处理和矫正表现出越来越高的热情。这一趋势，最起码具有两方面的意义。

---

① ［意］贝卡利亚：《论犯罪与刑罚》，中国大百科全书出版社 1993 年版，第 59 页。

其一，看似“局外人”的民众本身就是国家刑事程序应有的“当事人”，民众和社会的利益应当作为一种影响刑事追诉的“内容”。

犯罪本身就是犯罪人对于社会和国家的侵害，而非仅仅被理解为对直接的被害人的利益侵害。因此，民众和社会是与被侵害的法益相关涉者。那么，在犯罪追诉的过程中，就不能只考虑被害人的利益和行为本身的特征，还应当考量民众和社会在此中的利益。与此相悖的是，在旧有的刑事执法模式下，国家常常是拘泥于僵化的律条来对犯罪人定罪科刑，完全罔顾民众和社会的意愿。结果，众多的经由僵化的刑事程序锻造出来的犯罪者，并未改恶从善、如愿重归社会，反而是如社会学家们所揭示的那样，在被贴上犯罪人的“标签”之后，完成了所谓的“堕落加冕”，正式沦陷入“越轨群体”。[①] 经过自由刑“洗礼”之后的犯罪者，再犯罪率普遍高于常人，即便没有坠入累犯的深渊，也在社会的拒斥和疏远中不时彷徨于堕落的边缘，成为一个社会中极不安定的因素。这样的一种局面，难道就是民众和社会希望刑法达到的效果吗？难道真的符合民众和社会的“利益”吗？答案显然是否定的。正是在理性主义的反思之后，西方兴起了以恢复性司法实验为代表的运动，民众和社会对刑事执法模式有了新的认识，他们穿过了国家对刑权力的独占，自觉地加入到关心自身福祉、关心犯罪人处遇的潮流中来。

其二，在刑事程序的运作之中，民众和社会获得了更多“参与”的余地。

在英美刑事程序中，向来有司法民主的传统。通过大小陪审团等制度，民众对犯罪案件的处理结果发挥着较之欧陆各国更为显著的影响力。这一法律传统在现代社会中并未萎缩和消退，而是随着法律对人们生活介入程度的加深而获得了更新鲜的生命。通过恢复性司法等实践，民众在刑事案件的审理中不再仅限于被动地、偶然地涉足司法程序[②]，也不再仅限于对是否推进诉讼、是否判定有罪作出简单的评判，而是作为民众的代表和犯罪人进行深入的互动，在此过程中将那些有望彻底改造、有望拯救其复归社会的犯罪人甄别出来，努力使其被过滤出普通司法程序，

① 参见[美]戴维·波普诺:《社会学》(第十版),李强等译,中国人民大学出版社 1999 年版,第 219 ~ 222 页。

② 陪审员的遴选机制即为如此。

而分流入其他更为丰富的处理机制中去。这种民众参与的实践现在已经超越了法律传统的分野，在现代法治国当中取得了普遍认可。包括在中国当下的刑事法实践中，也已经可以看到其萌芽。

第二节　刑事诉讼程序分流的发展趋势

一、恢复性司法蔚然兴起

根据联合国经社理事会《运用恢复性司法方案于犯罪问题的基本原则》宣言草案的界定，所谓“恢复性司法”（Restorative Justice），是指运用恢复性程序或目的实现恢复性结果的任何方案。又据2002年4月联合国预防犯罪和刑事司法委员会《关于在刑事事项中采用修复性司法方案的基本原则宣言要素的修订稿》，所谓“恢复性程序”，是指通过犯罪人与被害人直接接触，并经过专业人士充当中立第三者调解，促进当事方沟通与交流，并确定犯罪发生后的处理方案；而“恢复性结果”，则指通过道歉、赔偿、社会服务、生活帮助等使被害人因犯罪所造成的物质损失或精神损失得到补偿，使被害人被犯罪所破坏的生活恢复常态，同时促使犯罪人通过自己积极而负责任的行为重新融入社会，并赢得被害人及其家庭和社会成员的谅解。[①]

关于恢复性司法的具体做法，各国（地区）往往根据自己的法律制度与法文化传统选择不尽相同的微观模式。与传统的奠基于报应理论的刑事司法模式相比，恢复性司法的显著特征在于：在维护刑事法制公平、正义的前提下，突出刑事处罚个别化，着眼于犯罪人犯罪后的矫正与改造，充分考虑和保护犯罪人和被害人的合法利益，利用各种有利因素尽可能促使犯罪人回归社会。正如联合国2002年4月第11次会议《关于在刑事事项中采用恢复性司法方案的基本原则》所说：1. 它通过使被害人、罪犯和社区复原而尊重每个人的尊严与平等，建立理解并促进社会和谐；2. 它是对

① 参见谢望原:《恢复性司法在于实现刑罚个别化》,载《检察日报》,2006年6月15日。

付不断发展变化的犯罪的一种对策；3. 它为被害人提供了获得补偿、增强安全感和寻求将事情了结的机会，使罪犯能够深刻认识其行为的原因和影响并切实承担责任，同时使社区理解犯罪的根本原因，促进社区福利并预防犯罪；4. 它可以促使采取适应现有的刑事司法制度并与这些制度相互补充的一系列措施；5. 它并不妨碍国家起诉被指控被告人的权力行使。[①] 可见，被害人的情感和利益被普遍认为是决定案件处理方式的重要因素。

在当今西方国家的刑事诉讼程序分流实践中，恢复性司法是其中一个重要特征。为数众多的恢复性司法项目为具体案件得到最终的分流处理提供了基础。

二、非刑事化手段得到普遍采用

在美国的刑事法领域中，非刑事化处理早已经成为一个不争的现实。“由于美国的刑事司法系统负担过重，所谓‘选择性起诉’的原则已被大多数美国人所接受。既然社会中的犯罪行为已经大大超过了刑事司法系统的‘负荷’，那么把某些犯罪行为截流在刑事司法系统之外就是不可避免的。至于哪些犯罪种类、哪些犯罪人以及哪些犯罪行为应当截流，则完全属于检察官的自由裁量权。大陪审团和预审法官对此是无权过问的”[②]。可以从有关数据看美国刑事程序中运用分流的规模：据统计，在美国联邦和各州，通过辩诉交易分流掉的案件达到了90%，经过正式法庭审判的案件则不到10%。[③] 所以有学者在对美国的刑事法律执行状况进行概括时指出：执行过程是一个巨大的滤器。[④] 这一比喻可以说是美国刑事程序的真实写照。

非刑事化不等于非法治化。刑事法秩序的实现并不等于把一切犯罪都无例外地纳入追诉系统中。正所谓“将欲取之，必姑予之”，把众多的犯罪案件分流出去，采用非刑事化处理方法解决，目的绝非要放纵犯罪、

① 参见谢望原:《恢复性司法在于实现刑罚个别化》,载《检察日报》,2006年6月15日。

② 何家弘:《论美国检察制度的特色》,载《外国法译评》1995年第4期。

③ See Jeffrey J. Miller, Plea Bargaining and Its Analogues unser the New Italian Criminal Procedure Code and in the United States, 22N. Y. J IntLL. & Pol. 1990, P. 215.

④ See Dallin H. Oaks, Warren Lehman, A Criminal Justice System and the Indigent(1968).

背离法治目标，而恰恰是为了保证整体的法治秩序得以实现。采用非刑事化处理的案件，可以转而进入其他种类的、区别于正式司法的处理程序中进行合宜的处置，这种处置方式也许在更大程度上有助于控制和预防犯罪，其效果并不逊于刑罚方法。关于机械地、僵化地制定法律然后强制执行的现象，日本学者川岛武宜曾经进行结合例证进行过生动的质疑。他提出，日本的交通安全法实施过程中，当局经常会公然宣传进行“交通安全周”活动，在该期间里严格巡视，不放过任何违法现象并严加处罚；相反，在没有这样的活动时，巡查也少，对违反现象也不是毫无例外地处罚，于是变成了交通危险周。川岛进而类比道，这就好比宣布“偷窃预防周”，然后在那一周内捕捉小偷，相反除此之外的其他时期里则不一定捉小偷给予处罚。他又举了一个例子则是卖淫取缔法。日本自1956年制定了卖淫取缔法，执行数年后卖淫活动仍然大量存在。根据日本人的法意识，机械地执行上述这些不现实的法律是一种“不通情理”的做法。于是川岛评述道：“在我国有法律是‘家传宝刀’的想法。所谓‘家传宝刀’意味着家中代代相传的宝物不是杀人工具，而仅仅是‘家’的装饰或权势的象征。把法律当作‘家传宝刀’来考虑，意味着不认为法律是为了控制社会生活而动用政治权力的手段，仅仅是装饰物而已。”[①] 对照川岛所批评日本的情况，我国刑事法领域中至今乐此不疲的“专项斗争”等举措是不是也难逃“家传宝刀”之讥呢？这些现象辛辣地揭露出一个事实：泛刑事化、泛正式司法化并不等同于法治化，因为这样的秩序下经常连规则都变成了装饰物。解决这样的问题，达致法治化，恰恰需要引入非刑事化的处理方法。

三、程序分流措施呈现多元化

在当代西方各国，正式司法程序不再一统天下甚至不再是主要的诉讼模式。在美国，被判有罪的全部刑事案件中，90%以上的案件是通过认罪答辩、回避正式审判程序结案的。[②] 诉讼程序的多元化可以说已经彻底地改变了美国刑事司法实践的面貌，使得程序分流变成了更为普遍的

---

① ［日］川岛武宜：《现代化与法》，中国政法大学出版社1994年版，第157~158页。

② 参见宋冰编：《程序、正义与现代化》，中国政法大学出版社1998年版，第29页。

司法模式。美国辩诉交易使用的普遍性集中体现了审理方式上的多样化，而德国检察官起诉案件的数据则体现出追诉选择上的多元化。据统计，1981 年德国刑事案件起诉率为 18.9%，1996 年起诉率更是只有 12.3%。[①] 通过警察的微罪不举和检察官不起诉的方式将案件排除出正式司法程序，自然是程序多元化最彻底的体现，是最彻底的分流。除此之外，各国使用的种类繁多的简易审理程序则是在司法模式上的选择性分流。例如德国刑事诉讼法规定的处罚令程序、保安处分程序、简易程序、没收、扣押财产程序等多种特别种类程序，法国为处理违警罪设置的一般简易程序和定额罚金程序，意大利 1988 年刑事诉讼法设立的简易审判、依当事人要求适用刑罚、快速审判、立即审判和处罚令五种简易程序。

即使在采用了刑事化手段，要对犯罪人进行刑罚处罚的情况下，人们也越来越多采用了有别于传统苛重刑罚——以较长期的自由刑为主要代表——的多元化措施。世界各国的刑罚演进都大体遵循了一个从死刑、肉刑为中心，到自由刑、财产刑为中心的过程。在现代刑法中，罚金刑的地位已更趋重要。其原因很大程度上是由现代社会结构的转化所决定的。“现代社会中经济犯罪大量增生，刑法规制的对象从传统的治安型犯罪向经济型犯罪的方向转化，对不法经济行为的打击已经成为市场化国家刑事立法与司法的重心。”[②] 以日本为例，随着过失犯和行政犯的增加，罚金被广泛使用，已成为日本刑罚体系中最常用的一种刑罚方式。根据其 1995 年版的《犯罪白皮书》记载，1994 年度被判决确定有罪的犯罪人约为 114 万人，其中被判处罚金（包括罚款者）的为 107.2 万人，占判决确定者总数的 95%。

在美国，由于监禁的效果不佳，对非监禁制裁的探索成为持久的问题，甚至名誉制裁（如羞辱刑）也回到了人们考虑的视野。在得克萨斯州，法官特德判令一名虐待学生的音乐教师在其家门口贴出一张提醒 18 岁以下者不要接近他的告示。在佛罗里达州，法拉瑞·夏克法官判决一名骚扰妇女生活的被告人在家门前悬挂高度不低于 5 英尺的警示牌，还判处另一罪犯当众向被害人道歉和忏悔，持续时间不得少于 10 分钟。在阿肯色州，一位法官判决行窃者在作案地手捧认罪书示众。在俄勒冈州，

---

① 参见宋英辉主编:《刑事诉讼原理》,法律出版社 2003 年版,第 31 页。

② 苏惠渔、孙万怀:《论国家刑权力》,北京大学出版社 2006 年版,第 52 页。

骚扰妇女儿童者，将会被法官判处在两家报纸上刊登包括有其姓名、照片及犯罪事实的道歉广告；卖淫和介绍他人卖淫者，将被判罚在报纸、电视上“亮相”。这些判决得到了绝大多数法官的赞同，认为羞辱刑的风行表明人们对昔日崇尚公德社会的怀念，并指出它所产生的效果是单纯用监禁法所难达到的。[①] 而且，司法成本也是值得考虑的因素。“监禁变得如此昂贵，所以重新激发了人们对选择性刑罚包括蒙羞刑的兴趣。由于人们可以被迫遭受‘情感痛苦’，蒙羞刑就是一种对被有罪的罪犯施加负效用的方式。立法不是剥夺罪犯的自由，而是让他们经受耻辱。”[②] 这种做法乍看起来似乎不符合现代文明的趋势，有倒行逆施的嫌疑，但仔细分析也并不尽然。毕竟，就某些犯罪人来说，他们对通常的刑罚制裁并不会产生一种畏惧，甚至具有某种挑衅和不屑的心态，比如某些有钱但故意不支付工资或者偷税的企业主有着一种狂妄的自负，甚至对罚金刑也并不在意，根本不从对其罪行的确认中产生出任何愧疚感。“有些犯罪出于妄自尊大，它们从痛苦中获取荣耀和精神给养，对这类犯罪不使用痛苦的身体刑；相反，讥笑和耻辱却是行之有效的，这种刑罚用观众的高傲约束狂热者的妄自尊大，而且真理本身也恰恰凭借自己的耐力和顽强来避开这种刑罚的韧劲。用力量对付力量，用舆论对付舆论……”[③] 的确如此，只要我们承认了犯罪和犯罪人的多样化，那么，抗制犯罪的手段和程序，也就不会是单一的。对于某些犯罪人来说，名誉制裁可能是最确当的适用措施。

英国的实践则可以作为一个模板，为我们全面展示对犯罪人可能采用的非监禁刑体系。在英国，法院判决的非监禁刑包括以下 11 种：[④]

（1）罚金。大约有 75% 的犯罪人被判处罚金。

（2）缓刑。对罪行较轻、危害不大的犯罪人，尤其是少年犯，可以判处缓刑。

（3）社区服务。16 以上被判犯有可监禁之罪的犯罪人可以判处社区服务。法庭可命令该人在 12 个月内在社区内作出 40 ~ 240 小时的无报酬

---

① 参见周闻：《惩治社会“顽疾”该不该设羞辱刑?》，载《新安全》2004 年第 10 期。

② ［美］理查德 · A · 波斯纳：《法律理论的前沿》，中国政法大学出版社 2003 年版，第 247 页。

③ ［意］贝卡利亚：《论犯罪与刑罚》，中国大百科全书出版社 1993 年版，第 54 页。

④ 参见王运生、严军兴：《英国刑事司法与替刑制度》，中国法制出版社 1999 年版，第 73 ~ 75 页。

服务，所做的工作是为老人或残疾人修缮房屋和为儿童建造游乐场所。

（4）复合命令。对16以上犯有可监禁之罪的犯罪人可将缓刑和社区服务结合在一起，是为复合命令。

（5）电子监控。被判电子监控的人每天必须有2~12小时在法庭指定的区域活动。

（6）赔偿。法庭可以判令犯罪人向受损害人赔偿因犯罪行为造成的损害。

（7）责令犯罪人行为平和守规矩。是指法庭在审理案件的过程中，可以根据犯罪人的罪行，依据法律对其当庭训诫，责令其严格约束自己、循规蹈矩、行为平和，若达到了这样的要求，就不再追究其刑事责任。

（8）判决暂不生效。是指犯罪人被指控后，法庭依据法律对其作出判决的同时宣告判决暂不生效，以便根据犯罪人的现实表现或环境的改变处理被告人。

（9）有条件的解除指控。在英格兰和威尔士，法庭可以根据法律和犯罪人的犯罪行为的程度，特别是对那些少年犯，在其不再继续危害社会的条件下，可以对其裁定有条件地解除指控。但是，法庭仍然保留对犯罪人的惩罚权力。在规定时间内，如果犯罪人没有再犯新罪，则法庭将对其罪不再予以处罚。如果在规定时间内（一般为3年），犯罪人因另外的行为再次被定罪，则法庭将以数罪并罚的形式予以定罪量刑。

（10）完全解除指控。在英格兰和威尔士，法庭可以根据法律和犯罪人的犯罪行为的程度，特别是对那些少年犯，在其不再危害社会的件下，对其裁定解除指控。不过，在个人的犯罪记录上仍然作为一个刑事犯罪的污点。

（11）警察警告。警察有自由裁量权决定是否指控或警告违法者，由于警告不涉及法庭的诉讼程序，因此这是属于标准的诉讼程序之外的一种特权。对一个有轻微犯罪行为的人，警察可以多次警告。

英国的这些非监禁处罚方法中，许多是可以为我国提供程序分流处理的思路的。吸收其制度的精华，结合我国已有的制度，可以通过专设审前程序法官或者扩大检察官裁量职权，把审前的有条件解除指控加以大幅利用，通过这样的制度避免把有矫正余地的犯罪人彻底推向远离社会的境地，同时保留令其改悔的“条件”，以儆其行。而警察警告这样的制度则更有植根于我国刑事实践的余地，把一种类似于行政处罚的警告制度引入刑事司法，其实对许多轻微犯罪来说是比较合宜的。尤其是我国的警察拥有贴近社区的非常好的制度资源，借鉴和拓展这种方法在我国具有很现实的意义。

四、程序分流阶段不断扩展延伸

程序分流所适用的阶段呈现出不断扩大的趋势，即从早期的行刑方式上的替代性措施，发展到审理程序的繁简分流，再发展到当今大规模适用审判前分流的局面。我们也可以把这一趋势理解为：最初的分流是局限于判决执行上的替代性措施，即行刑方法的分流；而后分流又逐步体现在审判阶段中审理方式的繁简分流，直至审判前程序中裁量决定是否追诉的审前分流。

回顾西方主要国家的刑事法制发展实践，二战以后随着刑法目的观的转变，首先是对严格而缺乏灵活性的行刑制度，尤其是监禁刑制度进行了持续的质疑和改进，各国积极探索对刑罚尤其是短期自由刑的替代性措施。西方各国目前为了实现“非刑罚化”“社会内处遇”的目的而已经实行的行刑方式改革种类繁多。英国 1948 年刑事审判法创立了保护观察制度，对受到有罪判决的人，法院考虑其犯罪的性质和犯人的性格等具体情况之后，可以代替刑罚而宣告保护观察命令（适用保护观察命令要得到被告人的同意）；1972 年设立了社会服务令，法院对被确定为有罪并处以监禁刑的人，在一年的期限内选择适当的日期命令其从事 40～240 小时不等的无报酬服务劳动。适用社会服务令也需要得到被告人本人的同意。对于劳动情况，被告人有义务向负责的“保护观察官”报告。劳动的内容多种多样，比如修缮房屋、修造体育场、给教会扫除等。如果发生不服从保护观察官的命令等违抗行为者，可改为宣告应处的监禁刑。德国对轻微犯罪设立了一种独有的保留刑罚警告制度：行为人的行为不仅已被定罪，而且应当科处的刑罚也已事先确定，但是将所处刑罚在一定期限内推延。如果受警告者在此期间内行为良好，则不仅免除刑罚的执行，而且有罪的宣告也被免除。反之，则处以事先确定的刑罚。德国的日付罚金制度是先按照行为的责任程度相应地决定日付罚金的“日数”，进而考虑行为人的经济状况来决定一日的“金额”。用日付罚金的方式代替短期自由刑。[①] 法国则有半自由刑制度。该制度与其他西方国家的“外部通勤制”有相似之处。即对六个月以下的受监禁者，白天可以在监狱外进行自由劳动，夜间归监。不过法国的半自由刑制度不仅限于外部通勤劳动，而且还包括学习、参加职业训练、接受治疗等在内。

以上制度产生之后，在西方国家中多有交流，有的发展成为很普遍的制度。我国近年来也出现了一些行刑社会化方面的改革实验。这些改革的积极意义自不待言，不过平心而论，目前这种主要着眼于行刑方式的改革，也就是位居刑事审判之后的改革措施，并不足以完全缓解日益增长的刑事案件所造成的司法重负，而且在刑事程序完全终结，尤其是在定罪之后再作分流处理，对于犯罪者本人的特殊预防效果也终究是有限的。在行刑方式改革日渐深入的同时，审理方式的改革和审前程序的改革也蓬勃发展。如果说审理方式的改革的主要价值在于对司法资源的节约的话，审前程序中的分流机制则具有多方面的积极意义，因而能够成为最彻底的分流措施。在审前程序中的分流机制中，最主要的又是检察官的起诉犹豫或说暂缓起诉制度。所谓暂缓起诉，是指检察机关及其检察官对于触犯刑法的犯罪嫌疑人，根据其犯罪性质、年龄、处境、犯罪危害程度及犯罪情节、犯罪后的表现等情况，依法认为没有必要立即追究其刑事责任而作出的暂时不予提起公诉的制度。[②]

与程序分流的阶段多元化适配的必然是相关的分流主体的变化。在传统的法官主导程序、进行实质性处理的基础之上，警察和检察官的分流权力变成了一个不可忽视的现实问题。必须指出的是，警察和检察官的这些权力，有的固然如前所述是具备了制度依据的，但还有相当的部分只是实践中的惯行做法。这种现象非常值得我国予以关注。若要在推行程序分流的进程中保证分流的有序、公正，就必须预先设置较为明确的分流权力机制，将警察、检察官、法官在未来的分流机制中的权力作出备细、合理的规定，以免程序分流流于恣意。

---

① 这项制度最早出现在葡萄牙、芬兰、瑞典等国，而20世纪70年代中期德国所改良确立的该项制度，则是最有影响力的。

② 参见杨诚、单民主编：《中外刑事公诉制度》，法律出版社2000年版，第222～223页。

第三章　传统当事人主义国家刑事诉讼程序分流考察

从比较法的角度看，以英美两国为代表的传统当事人主义国家，其刑事诉讼制度呈现出鲜明的当事人对抗、法官居中裁判的特点；而且基于当事人的处分权，法律尊重当事人的程序选择权；在起诉与否问题上，检察官享有极大的起诉裁量权。因此，英美等传统当事人主义国家的分流制度与控辩双方的程序处分权、选择权紧密联系在一起，呈现出一种灵活多样的姿态。此外，英美独特的二元制裁判方式也为其程序分流的不断发育奠定了现实基础。

从比较法视野出发，与传统大陆法系国家相比，传统当事人主义国家的分流制度呈现以下基本特色：

第一，根据达玛什卡先生的分类标准，英美刑事诉讼程序更适合归类为“纠纷解决型程序”。“英美司法应当在更大程度上比欧陆司法更加亲和于纠纷解决职能，在欧陆被视为政府职责之事务的诉讼在英国本应当继续被解释成乃是解决从事公民活动的人民之间的纠纷，而并非涉及旨在实现国家目标的官方努力。”① “尽管歌颂个人自治的意识形态在欧洲依然盛行，法律程序的许多方面现在已经很容易被设想成私人纠纷解决过程在法庭中的延续，但通过当事人的私人选择来规避程序规范的情形仍十分罕见——这种情况即使偶有发生，也大多是在微不足道的案件中，或者是在有争议的民事程序中。”②

① [美]米尔吉安·R·达玛什卡:《司法和国家权力的多种面孔》,郑戈译,中国政法大学出版社2007年版,第138页。

② [美]米尔吉安·R·达玛什卡:《司法和国家权力的多种面孔》,郑戈译,中国政法大学出版社2007年版,第138页。

实际上，英美的“纠纷解决”诉讼观与其对抗制诉讼制度有着内在的联系。“从其实际意义上看，对抗制则意味着控辩双方拥有对案件中的实质问题或诉讼标题——被告人的刑事责任问题——进行处分的权利。”①“纠纷解决”，顾名思义，刑事诉讼被看作是当事人之间的纠纷和争议得以解决的过程。在这种由当事人主导的诉讼程序中，法官处于居中裁判的地位，尽量保持消极、中立和不偏不倚。只要当事人自愿地就刑事责任问题达成协议，法官只负责举行接下来的量刑听证。也就是说，这种“争议”的诉讼观演化出一个顺理成章的结论：既然控辩双方已经达成一致，那么法官也没有必要节外生枝。②

第二，由陪审团与法官共同参与审判的二元制审判结构，赋予了英美刑事诉讼制度有别于欧陆一元制审判组织的鲜明特点：庭审持续时间长且结果难以预测。随着需要处理的案件越来越多，如何提高诉讼效率便成为英美立法者和司法者必须认真面对的问题。因此，英美采用更加迂回的方式，从制度化的角度发展出了一整套分流程序，以期使经历完整审判程序的案件达到最少化，辩诉交易便是例证。而罪状认否程序的独特性就在于，法律设置专门的程序，鼓励被告人尽早地承认有罪，从而大大简化审判程序。

第三，奉行较为彻底的起诉便宜主义原则，检察官的裁量权行使贯穿于整个诉讼程序分流的始终。与职权主义国家实行以法定起诉为主、便宜起诉为辅的诉讼政策相比，英美从提起诉讼之前的起诉替代措施，到审判中的撤回起诉，再到审判阶段与被告人达成辩诉交易，整个诉讼程序无不渗透着检察官的作用，检察官成为程序是否分流的重要杠杆。

当然，检察官行使裁量权并不是无所节制的，但是，对公共利益的考虑为检察官充分行使裁量权提供了“保障”，毕竟，何为公共利益、有利还是不利，主要还是依赖于检察官的衡量与判断。换句话说，检察官更关注的是不起诉所带来的社会效果，而绝非机械的适用法律规定的起诉或不起诉条件。正如达玛什卡先生所言：“在英美法律文化中体现得更为根深蒂固并形同规范的正是这种对普通的共同体判断保持的开放性，

① 陈瑞华:《比较刑事诉讼法》,中国人民大学出版社 2010 年版,第 429 页。
② 参见魏晓娜:《辩诉交易:对抗制的特洛伊木马?》,载《比较法研究》2011 年第 2 期。

而不是那些更加显眼的复杂辩诉程序或者那些精巧的程序规则。”① 可以说，英美法系与欧陆法相比，更强调案件的具体情境和社会现实而非刻板的逻辑法条主义。例如，在美国检察官决定是否起诉时，对于那些当地居民深恶痛绝的犯罪，检察官都会尽力提起诉讼，以便获得当地居民对其的认可和支持。又比如，在英国皇家检察官在考虑是否起诉时，有时，他们会根据自己以往的起诉经验判断其起诉能否得到法官的支持。

第一节　英国刑事诉讼程序分流考察②

从20世纪80年代开始，英国就把提高诉讼效率作为其司法改革的重要目标之一。法律赋予了司法警察和检察官在处理犯罪问题上更大的自由裁量权。在这种司法改革目标的推动下，英国在审前分流出去的案件数量呈现不断增多的趋势。另外，在预审阶段、治安法院审理阶段和皇家法院审理阶段中，又存在各种形态的分流制度，将刑事案件从正式的审判程序中分离出来，使其得到更加便捷和非正式的处理，以达到节约司法资源，提高司法效率的效果。

有英国学者认为，原来的警察分流措施并不必然具有惩罚性的特点，也就是说，对于特定的犯罪（一般为轻微犯罪行为），司法警察将其从正式的起诉程序中分流出来，选择以惩罚性或非惩罚性的方式处理。但是，近年来，分流制度最引人瞩目的特点就在于，它致力于实现的目标是更加简单、更廉价和更少的官僚化（减少警察机关的文书工作）。对于很多轻微犯罪，分流的方式更加符合比例化的原则，而不再那么格式化。但是，分流制度的效果并没有因此而减弱。

① ［美］米尔吉安·R·达玛什卡：《司法和国家权力的多种面孔》，郑戈译，中国政法大学出版社2007年版，第64页。

② 本部分仅考察英格兰和威尔士的立法与司法实践。苏格兰拥有独立的司法权和司法体制，不在本文的考察范围之内。

一、侦查和起诉前阶段的程序分流措施：警察的起诉替代措施

自从废除了私人起诉制度，英国传统上将起诉的权力赋予了司法警察。但是，从《1985年犯罪起诉法》引入了皇家检控署以来，司法警察有权决定起诉的只有局限于那些轻微的案件。即使是这样，警察仍然保留了是否起诉的最初决定权，由皇家检控署负责审查警察的起诉决定。从1986年10月起，警察被卸除了实际起诉犯罪的责任。一旦被指控中已被指控或控告书已被送交，文件就被送往皇家检控署的地方分支机构，由他们接管起诉。[①] 现在，英国司法警察的角色更多的被认为是“守门人”，即它的职责是将证据不充足的、没有必要指控的案件从正式的刑事司法程序中过滤出去，确保起诉的不是基础薄弱的案件。对于警察侦查终结的案件，除了法律另有规定之外，都应当移交给检察机关，由检察机关决定是否起诉。[②] 换言之，对于那些轻微的刑事案件，出于提高司法效率的考虑，法律允许警察采取一定的分流措施，让案件脱离通常的刑事诉讼程序。英国国内支持这种分流制度的最强有力的声音就是，对于那些轻微的犯罪案件，采取起诉—定罪—量刑这样的烦琐的程序是不必要的。另外，来自政府方面的理由则是，分流措施能有效地节约办案时间和经费。

1. 司法警察的分流措施

(1) 非正式警告

非正式警告通常由一名司法警察作出，其适用前提是：就处理的案件而言，适用正式警告是不必要的也是不合适的。也就是说，适用非正式警告的案件都是非常轻微的，如果施以正式的警告就会被认为处罚过重。通过这种非正式警告的方式，被指控人甚至都不被带到警察局，因为，通常非正式警告就是值班的警察在发现有违法行为时，当场作出的。例如摩托车驾驶员有违法行为的，经常被施以非正式警告。因为这种警

---

① 参见[英]约翰·斯普莱克：《英国刑事诉讼程序》，徐美君、杨立涛译，中国人民大学出版社2006年版，第80页。

② 参见李温：《英国检查制度改革的几个问题》，载《人民检察》2008年第13期。

告并不具有任何实体性惩罚的效果，所以可以说，违反者被施以非正式警告是得了“便宜”。“在许多本应被起诉的案件中，警告这种分流方法依然备受青睐，因为它比起诉更节省资源，而且因为它能避免犯罪者被烙上耻辱的痕迹。”[①]

在非正式警告中，有一种是专门针对持有大麻的犯罪行为的，被称为“大麻警告”。大麻警告是2004年才开始产生的。2004年，大麻犯罪被重新归类，由原来的B类犯罪转变为C类犯罪，由于大麻犯罪的严重性被加重了，大麻警告便应运而生。大麻警告可以适用于某人持有少量大麻的情形。这种警告是一种口头警告，发出警告的地点既可以时在被发现的大街上，也可以是在警察局。[②] 2009年，大麻犯罪又被重新归类为B类犯罪，但是大麻警告仍然得到了保留，警察仍能适用大麻警告。

（2）普通警告（Simple Caution）

普通警告是一种正式警告，为了区别于下面提到了附条件警告，因而称其为普通警告。设置普通警告的初衷是为了将未成年人排除出普通的刑事司法体系，用警告代替正式起诉。《1988年司法警犯罪与妨害治安法》为未成年人创设了独立的警告与训诫体系，因此，如今的正式警告只对成年人适用。警察有发布正式警告的自由裁量权，“警告不是判决，也不是有罪认定，但是接受警告就表示认罪，所以会留下犯罪记录。如果因为某种行为再次引起警察的注意，受过警告这一事实可能会影响警察的处理决定，也可能在接下来进行的法庭程序中被引用。”[③] 为了防止警察滥用普通警告的自由裁量权，制定法规定了普通警告必须符合的的条件。首先，警察必须有充足的证据证明起诉是适当的。这正是普通警告与非正式警告的区别所在，因为非正式警告没有证据方面的要求。其次，行为人必须承认自己的行为有罪，否则，警察要么做出正式起诉决定，要么就不采取任何措施，放任自流。当以上两个条件都满足后，警

① 麦高伟主编：《英国刑事司法程序》，姚永吉译，法律出版社2003年版，第141页。

② See Anderew Ashworth, Mick Redemayne, Criminal Process (Fourth edition), Oxford University Press, p. 168.

③ 蔡巍：《附条件警告：英国检察官自由裁量权的新发展》，载《河南社会科学》2011年第5期。

察还必须考虑发布普通警告是否符合公共利益。① 普通警告会被记录在案，可以作为行为人以后再犯时提起诉讼的依据。英国警告的使用率很高，资料显示，在2000年，除了机动车犯罪外，英格兰和威尔士所有的犯罪案件中，总共有23.9万犯罪者被处以警告，占了当年被警告和被判有罪的犯罪者的1/3。②

（3）训诫与最后警告

训诫与最后警告是适用于未成年人犯罪的起诉替代措施，《1988年犯罪和妨害治安法》对训诫和警示的体系作了新的规定，取代了原来对未成年犯罪人的警告，确立了“最后警告”程序。根据该法确立的体系：对于没有犯罪记录的初犯未成年人，在最轻微案件中通过训诫来处理；对于以前被训诫过的人，或者所犯之罪采取训诫太轻而起诉又太重的，可以采取最后警告，如果收到最后警告的未成年人再犯，除非有特殊情况，警察会提起指控，启动诉讼程序。也就是说，训诫和警示只有在之前没有被采取过训诫和警示措施时才能适用。另外，之前任何的被宣告有罪，无论如何轻微或与本案无关，都将警示与训诫拒之门外。③ 为了帮助未成年人重新回归社会，在对其做出最后警告之前，警察可以告知他们参加矫正计划。其中恢复性协商会就是矫正计划中的一个很好的实践，“约请青少年犯罪者和被害人会面的，在作出警告之前先行听审关于犯罪造成的影响。”④

---

① 《内务通知》以及《国家警告标准》列举了作出正式警告时应考虑的因素：(1)警察必须考虑《皇家检察官规则》中的公共利益原则。(2)除非在极端例外的情况下，正式警告不能用于只能以起诉书审判的案件中。(3)其他犯罪也可能太严重而不适用警告。在决定这一点时，应考虑的因素包括：犯罪导致的危害、是否有种族歧视的动机、是否涉及反托拉斯以及是否是有组织实施的。(4)被害人岁犯罪的观点，以及正式警告是否适合的观点应当征求并予以考虑，但这些观点是非决定性的。(5)只有在以下情形，犯罪可能被第二次警告：(ⅰ)当后继的罪行很轻微；或者(ⅱ)当第一次警告已经过去了相当长的时间，表明它已经有了一定的效果。(6)对特定的罪犯应当推定倾向于适用正是警告而非起诉，如老人、身患严重疾病之人。(7)罪犯对犯罪的态度必须考虑——尤其是犯罪的故意和犯罪后的态度，道歉或主动提出纠正错误或有助于警察适用正式警告。(8)必须单独考虑每一个犯罪，即使在集体犯罪的场合也应如此。根据参与程度的不同和个人情况可以选择适用不同的处理方式。

② 参见麦高伟主编：《英国刑事司法程序》，姚永吉译，法律出版社2003年版，第161页。

③ [英]约翰·斯普莱克：《英国刑事诉讼程序》，美君、徐杨立涛译，中国人民大学出版社2006年版，第94页

④ 麦高伟主编：《英国刑事司法程序》，姚永吉译，法律出版社2003年版，第165页。

（4）附条件警告

《2003年刑事司法法》第22～27条引入了一种新的分流制度：附条件警告。修订执行守则（Revised Code of Practice）声称，创设附条件警告的目标是："为对轻微犯罪行为做出早期的决定性的应对提供一个机会，只要那些实施犯罪行为的人愿意承认他们的罪行，并遵守特定的条件。"① 附条件警告与其他的警察警告不同，必须先征求皇家检控署的意见，由皇家检控署决定使用附条件警告是否适当。皇家检控署认为有足够的证明有罪的证据，并且犯罪嫌疑人承认有罪的，② 才予以批准，并由穿着警服的高级警察在警察办公室里执行。英国的警察无权决定"附条件警告"。但在实践中，英国的各个警察部队都有所谓的"警告附加方案"（Caution－plus）。③ 根据这个政策，违法者不是简单地被警告，而是与警方签署一个自愿协议，遵守一些条件，比如给予被害人补偿，或者接受某种形式的监督和处理。但是，这些方案是完全自愿的，如果违法者不遵守这些条件也不能对其提起诉讼。④

附条件警告所附加的条件一般是让犯罪人参与特定的矫正项目或者确保行为人对犯罪进行补偿，即对被害人做出赔偿或者向慈善机构支付一定的款项。另外，从2009年开始，附条件警告还被赋予了另外一种功能，即对犯罪的惩罚，相应的，皇家检控署有权决定对行为人进行罚款。当然，这种惩罚性的条件有严格的适用条件，即只有在没有适合的矫正性或补偿性措施可供适用时，才考虑适用罚款。可以说，附条件警告的创立是英国发展恢复性司法制度的重要方面，因为附条件警告综合考虑

---

① Revised Code of Practice for Conditinal Cautions—Adults, laid before Parliament on 8 July 2009, para. 2. 1. 转引自 Anderew Ashworth , Mick Redemayne, Criminal Process(Fourth edition) , Oxford University Press.

② 《2003年刑事司法法》规定附条件警告的适用对象是18岁以上的犯罪人，第23条规定了适用附条件警告的具体条件：(1)警察或者被授权的人有证据证明行为人实施了某一犯罪行为；(2)起诉人认定起诉该人有充分的证据并且应当给予附条件警告；(3)行为人向警察承认了而犯罪；(4)警察向行为解释了附条件警告的后果，并且警告行为人：如果违法条件，他可能会因该种犯罪被起诉；(5)行为人签署一份包括一些内容的文件：犯罪的详细情况，他对实施犯罪的自认，同意被施以附条件警告和所附的条件。

③ See R. Young and B. Goold, Restorative Police cautioning in Aylesbury－from Degrading to Reintegrative shaming ceremonies? [1999] CrimLR 126.

④ 参见甄贞：《英国附条件警告制度及其借鉴意义》，载《法学家》2011年第4期。

了多利益，既有利于犯罪行为人的矫正和重新回归社会，由能对被害人做出适当的补偿，维护犯罪被害人的利益。

（5）定罚通知（Foxed Penalty Notices）

自从《1988 年道路交通法》实施以来，警察一直在使用定罚通知来处理各种各样的机动车犯罪行为，一开始是只针对最轻微的犯罪，现如今，定罚通知的适用范围进一步扩大到许多其他的犯罪行为，如乱扔垃圾、养狗产生的污染以及大量的环境犯罪行为。警察、地方当局的官员或者环境局都可以发出定罚通知，根据相关的法律。罚款数额从 50 英镑到 500 英镑不等。被发出定罚通知的犯罪人可以提出异议，这样案件就能到达法院。但是，警察在决定是否可以作出定罚通知以及定罚的数额方面有很大的裁量权。

（6）妨害治安的罚款通知

从 2003 年开始，警察有权采取一种新的起诉替代措施——妨害治安的罚款通知。《2003 年犯罪与妨害治安法》赋予了警察对于 16 岁以上的人实施犯罪行为的发出定罚通知的权力，这些犯罪行为最初被描述为“低水平的、反社会的和滋扰性的犯罪”①。醉酒并妨害治安的行为，盗窃财产的数额达到 200 英镑的行为，以及许多违反公共秩序的行为。一些轻微犯罪行为的罚款只有 50 英镑。这就使得警察在街头执法时可以行使很宽泛的自由裁量权，决定对犯罪行为人罚款的数额。

司法警察通过采取以上一种或者几种分流措施，使得轻微案件在司法警察阶段就得到了终局性的处理。当然，有些犯罪人可能会因违法分流措施施加的条件从而重新进入司法程序。但是，对于大多数案件而言，司法警察的终局性分流措施都产生了终局性的效果，犯罪人从此摆脱了刑事司法程序。但是，那些具有强制性的分流措施，特别是附条件警告、定罚通知，妨害治安的罚款通知，实际上产生了实体上的惩罚效果，被认为是具有非司法惩罚的特点。

2. 非警察机构的分流

其他非警察机构在审前的分流中也发挥了重要的作用。这些机构包括地方当局、驾驶和车辆许可证管理局、电视许可证管理局、社会安全管理部门、海关与税务局等。与警察采取的替代措施相比，这些非警察

① Anderew Ashworth, Mick Redemayne, Criminal Process (Fourth edition), Oxford University Press, p. 168.

机构代替起诉的措施更加温和：当他们发现犯罪时，通常会对行为人进行非正式的警告，发出正式警告信的情形是很少的，起诉则是他们最后的诉诸方式。除非必要，他们一般不会做出起诉决定。由于大多数非警察机构不能逮捕，他们也不能指控或者拘留犯罪嫌疑人。他们以告知代替传唤，起诉决定的做出也不明确，乃是上级官员根据全部书面的案卷作出的。在这样的情形下，这些非警察机构倾向于形成这样一种观念，即通过说服策略而不是强制措施使犯罪者以后遵守法律。[①]

另外，享有侦查权的非警察机构还可以决定附条件警告。例如，国内税务署经常与嫌疑人达成协议：只要嫌疑人承诺支付全部或部分偷逃的税款，他们就不会对逃税行为提起诉讼。

二、正式起诉阶段的分流：皇家检控署的起诉裁量权

1. 起诉裁量权

如上所述，为了避免将侦查和起诉职权系于警察一身所带来的弊端，1986年英国引进了皇家检控署制度。与欧洲大陆其他国家不一样，英国的皇家检控署与警察是两个独立的机构，前者负责案件的侦查和对案件的初步处理，后者则承担大部分案件的起诉职责，司法警察在决定起诉时要接受皇家检控署的审查并要听取其意见，但是皇家检控署并不能指挥和领导警察。就案件的起诉而言，通常包含两个阶段，一是警察自己决定是否以指控犯罪嫌疑人或提交控告书的方式启动程序，其次就是，如果警察的决定是起诉，文件将被送至皇家检控署，如果皇家检控署认为启动程序是错误的，它可以终止程序。检控署在决定是否起诉时有很大的自由裁量权，这是英国起诉检察官起诉制度的一大特色。皇家检控署在起诉时要考虑以下两个因素。

（1）证据的充足性考量

在证据不充分的情况下起诉一个人被认为是错误的，这一错误的实质在于它违背了保护无辜这一原则。该原则的含义不仅包括保证无辜的人不被定罪，还包括无辜的人不得被无根据地起诉。[②]《皇家检控署守

---

① 参见麦高伟主编:《英国刑事司法程序》,姚永吉译,法律出版社2003年版,第149页。

② Anderew Ashworth ,Mick Redemayne,Criminal Process(Fourth edition) ,Oxford University Press,p. 199.

则》明确界定了证据充足性的单一标准：案件是否具有被定罪的“现实可能性”，即由治安法院组成的合议庭，经过适当的提示，做出有罪的可能性大于无罪判决的可能性。[①] 也就说，如果检察官综合全部证据，认为证据不足以让法官作出有罪判决，或者证据不可靠，或者可能被排除，那么检察官就可以考虑作出不起诉的决定。这主要是考虑证据是否充足性和可靠性的问题。

关于“定罪的现实可能性”的标准问题，2010 年版的《皇家指控署守则》区分了现实可能性的两种标准，一种是全面标准（Full Code Test），适用于一般的案件。第二种是门槛标准（Threshold Test），主要适用于以下情形：对一个犯罪嫌疑人采取保释措施从而释放他是不适当的，但是证据又不足以达到全面标准。根据 2010 年版守则的第 5.6 条，检察官在决定是否起诉时，要考虑存在“对行为人实施犯罪行为的最起码的合理怀疑”[②]。新版指控守则的指导标准是为了符合欧洲人权公约第 5 条第 2 款 c 项的规定而制定的，即，除非有合理的怀疑证明某人实施了犯罪，否则任何人不得剥夺其自由。

因证据不充足而做出不起诉决定，除了避免给错误被指控者带来的不名誉外，还有司法资源方面的考虑。事实上，皇家检控署的成立很大程度上是要将较弱的案件（Weak Case）从刑事司法体系中剔除出去。[③]

（2）公共利益考量

皇家检察官在考虑是否起诉时，除了要评判证据是否充足以外，还要考量起诉是否符合公共利益。换句话说，证据充足并不是决定起诉的充分条件。如果公共利益要求检察官放弃起诉，检察官将会以公共利益维护者的名义做出不起诉的决定。相比于证据充足性这一条件而言，是否符合公共利益带有更大的主观性和不确定性。因此，1994 年版的皇家

---

① 参见宋英辉等主编:《外国刑事诉讼法》,法律出版社 2006 年版,第 115 页。

② 要考虑的具体因素是:任何可能的进一步证据的性质、程度和可采性,以及该证据对案件的影响;所有证据所支持的指控是什么;证据不可得的原因,获取进一步证据需要的时间,并且再考虑了所有清醒以后,这种程序的拖延是否是合理的。

③ [英]约翰·斯普莱克:《英国刑事诉讼程序》,徐美君、杨立涛译,中国人民大学出版社 2006 年版,第 97 页。

检控署守则列举了一系列支持起诉的因素和反对起诉的因素，[①] 以便检察官综合考虑各种因素，决定起诉是否符合公共利益。如果认为做出不起诉的决定更能服务于公共利益时，可以采取庭外处理方式来代替起诉。当然，对公共利益的考量并不是简单地将每一项因素相加或相减。皇家检控署必须决定每一项因素在正在考虑的案件中的重要性，并作出一个总体性的评估。在这个评估的过程中，被害人的利益往往被考虑进来，但被害人的利益并不能代表整个社会的公共利益。

2010 版《皇家检控署守则》第 4.12 条规定："除非有以下情形，应作出起诉决定：①检察官确定存在不起诉的公共利益因素，认为这些公共利益的重要性超过了起诉所带来的利益；或者②检察官认为，通过向被告人提供得到庭外处理的机会，公共利益得到了第一位的满足。罪行越是严重，犯罪人的犯罪前科越是严重，更有可能为了公共利益为将犯罪起诉。"同样的，2010 年的版本也采取了与 1994 年相同的处理方式，将支持和反对起诉的因素列举出来供检察官考虑。在那些反对起诉的因素中，有的是反映犯罪人自身情况的因素，正是这些个人因素将导致定

---

① 皇家检控署守则第 6.4 条列举了支持起诉的因素：这些具体因素分别是：(1)定罪可能导致严重的量刑；(2)在实施犯罪的过程中，使用了武器或者使用暴力；(3)犯罪是对一名为公众服务的人事实的，如警察、护士等；(4)被告人处于权威或者受信任的地位；(5)有证据表明被告系犯罪头目或是组织者；(6)证据表明是有预谋犯罪；(7)有证据表明是集团犯罪；(8)犯罪受害人无力保护自己，或受到大量的恐吓，或曾遭受人身攻击、人身事故或骚扰；(9)犯罪动机在于对受害人的民族或国籍、性别、宗教信仰、政治观点或性取向的歧视，或者嫌疑人曾对受害人以上特征的敌意；(10)被告和受害人的生理或心理年龄存在明显差别，或涉及任何不道德的因素；(11)被告以前受到与此次犯罪相关的判决或警告；(12)被告据称在受到法庭裁决之后犯罪；(13)有理由相信该罪行可能继续或重复，例如，被告有重复行为史；(14)尽管罪行本身不严重，但在案发地影响广泛。第 6.5 条列举了犯罪起诉的因素，包括：(2)法庭可能仅宣布一个名义上的惩罚；(2)被告已经受到判刑，再次被判有罪不太可能导致另外的判刑或裁定，除非个别罪行本身要求起诉；(3)罪行的确是因为一次失误或误会引起的(这些因素必须与罪行的严重性相互权衡)；(4)损失或伤害很小，而且是一场事故的结果，特别是如果是因为错误的判断引起的；(5)犯罪时与审讯日期相隔久远，除非：罪行严重，或耽误的部分原因是由被告造成的，或犯罪事实直到最近才真相大白，或罪行的复杂性表明需要长时间的调查；(6)起诉可能对受害人的生理或心理健康造成不良影响，但一定要牢记罪行的严重性；(7)被告年纪较大，或在审讯时(或案件发生时)，患有严重的心理或生理疾病的情况下，除非罪行严重，或的确有可能再次发生。必要时皇家检察院应遵循内政部关于怎样处理有精神病的罪犯的指导方针。皇家检察员必须权衡释放患有严重的心理或生理疾病的被告和保护大众之间的利弊；(8)被告已经对造成损失或伤害进行补偿(但被告不能仅仅因为赔了钱就逃避起诉)；(9)详细内容曝光可能会对消息来源、国家安全造成伤害。

罪和量刑产生不适当的严重后果，如行为人年老、精神上或者身体上有障碍、精神错乱，或者有证据表明刑事程序的进行将导致行为人的心理健康进一步恶化。这种根据个人情况而决定不起诉的，主要是基于公平原则和司法的怜悯，认为通过刑罚处罚这种犯罪人所造成的后果比其犯罪给社会造成的更为严重。

另一类不起诉决定是基于罪责相适应的考虑。某些犯罪行为危害性很小，将其投入严格的刑事司法程序，这种处理方式被认为是相当严格的。也就是说，如果是轻微的犯罪行为，而且法院也将对其判处很轻的处罚，那么检察官起诉就是不符合公共利益的。对于那些行为危害性相对较小，行为人责任不大以及行为人年老、有精神疾病的案件，不应该将它们投入正式的起诉程序。在英国的检控政策上，已经完全摒弃了国家被动追诉犯罪、仅仅关注犯罪事实而无视犯罪人主体因素的报复性司法模式，而是以一种更理性、更客观的态度来运用国家追诉权力。[①]

2. 终止起诉

即使检察官做出了起诉的决定，在后续的程序中，它仍然有权力在治安法院终止起诉，撤销起诉决定。即使是对可诉罪，在案件到达皇家法院之前的任何时候，皇家检察院都有权终止起诉。甚至，在案件进入审理程序之后，如果案件在证据方面出现了新的情况，皇家检察仍会继续审查案件，当其认为新情况的出现已经不符合证据标准或者公共利益时，就会终止起诉。但是，皇家检控署的终止起诉率近年来有不断下降的趋势。皇家检控署的年度报告显示，2001—2002 年，皇家检察院在治安法院的终止起诉率是 16.2%，2003—2004 年下降到 13.8%，到 2008—2009 年，终止起诉率只有 8.7%。2007 年的一份调查报告显示，在终止起诉的案件中，有 43% 属于因证据不充足而终止的；24% 属于检察官认为不符合公共利益的；还有 26% 的终止起诉是因为目击证人不愿出庭作证的。而在那些认为不符合公共利益而终止起诉的案件中，有许多是出于以下考虑：可能判处的刑罚很轻或者只是象征性的，这种情况下给予警告而终止程序更为合适。

由此可见，英国皇家检察官在不起诉问题上享有很大的自由裁量权，

---

① 参见姜涛：《刑事程序分流研究》，人民法院出版社 2007 年版，第 25 页。

并且不起诉权力的辐射范围也特别广泛，其审查案件的权力一直要延续到法院审结案件。皇家检察官运用不起诉的权力将证据不充足的案件或者如果起诉则有违公共利益的案件在审前程序中过滤出去，有效减轻了法院审判的负担，节约了司法资源。对那些不起诉的行为，除了一些特别轻微的行为不会采取进一步行动外，检察官一般会采取一定的庭外处理措施，如上述的非正式警告、普通警告、附条件警告、定罚通知措施等，并由警察实施。

三、审判程序的制度化分流措施：简易审判程序

1. 英国罪行的划分与审判方式

在英国，根据审判方式的不同，犯罪被划分为三个种类：以简易程序审理的犯罪、以起诉书方式审理的犯罪和可选择审判方式的犯罪。以简易程序审理的罪行是法定的，只能在治安法院以简易程序审判。以简易程序审判的罪行一般是最轻微的犯罪案件，如大多数交通罪。以起诉书方式审判的罪行，又称可诉罪，大多数是最严重的犯罪。大多数普通法犯罪（如凶杀、谋杀和共谋诈骗或败坏公共道德）都属于以起诉书方式审判的罪行。而可选择审判方式的罪行要复杂得多，而且范围广泛，从一些普通犯罪如盗窃、殴打偶然所导致的身体伤害。可选任审判方式的罪行又称两可罪，是指既能在治安法院以简易程序审理，又能在皇家法院以普通程序审理的罪行。到底在哪个法院审理，由治安法院经过听审程序做出决定。在听审程序中，治安法院要决定是否由其自己审判两可罪，是否由自己审判主要依案件的严重性和复杂性而言。由此，刑事案件的审判方式相应的被划分为两者，一种是治安法院审判，另一种就是皇家法院审判。前者由外行治安法官或者独任法官决定被告人的定罪和量刑，而后者则由职业法官和陪审团分别决定案件的事实和法律问题。一般来说，根据罪行的划分，最轻微的案件通常在治安法院进行审判，而最严重的罪行则在皇家法院进行。但是，由于两可罪审判方式的灵活性，再加上近年来英国对司法效率的强调，倾向于将更多的案件交由治安法院审理。近年来，为了保证更多的案件能通过简易程序审理，一些两可罪被重新归类于以简易程序审理的罪行。比如，普通殴打罪，无证

驾驶罪和造成损失高达5000英镑的犯罪都被制定法规定为只能以简易程序审理的罪行。[①] 因为绝大多数的常见犯罪都是简易的，也因为很多被认为可任意审判事项指控的被控告者在有选择的情况下选择留在较低级别的法院，所以95%以上的刑事案件由治安法官处理。[②]

2. 简易审判程序

简易审判程序是以起诉书（Information）启动的，这与启动皇家法院审判的控告书（Indictment）相对应。在简易程序开始后，被告人首先要针对起诉书做出有罪或者无罪的答辩，如果被告人答辩有罪，治安法院直接做出量刑决定。其实这种程序设计的目的是，确保更多的两可罪得到简易程序的审理。简易程序的审理方式要比皇家法院审理程序灵活简便的多，如被告人可以不出庭，而且还可以通过邮件答辩有罪。治安法院在被告人不出庭的情况下可以自由裁量审判是否继续进行，如果审判继续进行，则视为被告人做出了有罪答辩。另外，证据开示的程序也不同，如果审理的案件属于两可罪，那些被告人有权阅览控方的所有证据。但是如果被审理的案件本来就属于简易罪，那么被告人便无权阅览控方的证据。这与皇家法院审理程序形成鲜明对比，后者必须在审前将控方的证据开示给被告人。在法庭认定被告有罪的情况下，治安法官可以直接决定对被告的量刑。但是，当治安法院认为可能判处的刑罚超过了他自身的量刑权力时，一般将案件移交给皇家法院量刑。因为治安法院的量刑权力是非常有限的，根据《治安法院法》第31（1）条的规定，治安法院对任何一项超过六个月监禁的犯罪，不享有量刑权力。

由于英国简易程序的大量适用和其审理程序上的简化，其在案件分流制度中发挥了很重要的作用。另外，英国对两可罪的审判模式选择程序的改革，旨在保证尽可能多的两可罪可以得到简易程序的审理。因此，可以预见的是，英国对于简易程序的依赖将会让更多的案件被排除于职业法官和陪审团的视野之外。

---

① Anderew Ashworth , Mick Redemayne, Criminal Process(Fourth edition) , Oxford University Press, p. 327.

② 参见[英]约翰·斯普莱克:《英国刑事诉讼程序》,徐美君、杨立涛译,中国人民大学出版社2006年版,第198页。

四、移送审查程序中的分流

1. 证据不成立的案件

由皇家法院审判的案件要经过治安法院的听审作为预备程序，这一审判前的预备程序就是移送审查程序，负责预备审查的治安法官就是预审法官。历史上移交程序主要是证据的口头开示，指控方必须传唤证人来提供证词以使法官相信有足够的证据将被告人交付陪审团以审判其犯的任何可诉罪。[①] 如果预审法官认为，综合考虑了所提交的证据，从表面上看被告构成了起诉罪，就将案件提交给皇家法院审判。如果得出的结论相反，没有构成表面上的可诉罪，那么治安法官可以将被告人释放。表面上的案件是指理性的陪审团能够对指控者定罪的证据。[②] 实际上这是一种起诉罪审判前的过滤机制，也就是将证据基础薄弱的案件剔除。移送审查程序并不对行为是否构成犯罪进行判决，而是审查证据是否符合起诉条件，因而检察官在这一阶段要开示其证据。由于这种审前的审查与正式审判程序在证据审查方面存在重合，因此，这种重复审查模式在英国国内受到了猛烈的抨击。20 世纪以来，经过不断改革，这种审前的移送审判程序现在已经变得完全地行政化了。现如今，通过治安法院过滤薄弱案件的机制逐渐不再受重视，其适用范围也有显著缩小的趋势。20 世纪 80 年代，针对严重的欺诈案和儿童证人案件，英国特别规定了移送审查的替代程序。在对两可罪的审查中，同样要举行一个正式的听审，如果听审得出的结论是，案件应该由皇家法院审判，预审法官只要将案件移交给皇家法院即可，无须进行移交审判程序。

在现在的转移审判程序中，主要是两种类型的移送审查程序。一是，如果预审法官在对证据和被告人的陈述进行考虑后，认为成立表面上的可诉罪，应当将案件移交皇家法院审判。另一种则是相反的情况，预审法官认为不成立表面上的可诉罪，如果被告人在押的，则将其释放。当然，这种释放决定并不是无罪判决，被释放人仍有被再一次起诉的危险。

---

① 参见齐树杰主编:《英国司法制度》(第二版),厦门大学出版社 2007 年版,538 页。

② 参见[英]约翰·斯普莱克:《英国刑事诉讼程序》,徐美君、杨立涛译,中国人民大学出版社 2006 年版,第 263 页。

2. 拖延导致程序的滥用：程序停止

英国近年来的司法改革越来越强调对犯罪的快速应对，提倡以提高效率为基础的“简单、快速和速决”司法。这些改革的目的就是让简单的案件在治安法院得到快速的处理，减少审前的听证和鼓励有罪答辩。[①]而对案件造成的不适当的拖延，被认为是侵犯了被告人获得公平审判的权利，因此构成了程序滥用（Procedural Abuse），法院有权裁定将程序停止。一般而言，导致程序滥用的拖延主要表现在三个方面。一是，案件从报告到提起指控已经过了好几年的时间。如在儿童虐待案中，受害人成年后再提出指控的。二是在被告人被采取还押措施的案件中，控方不适当地延长还押的期限，导致案件拖延。三是案件从起诉到正式的审判之间出现了拖延。在可诉罪的移送审查程序中，如果控方有意地操纵普通刑事程序，以不当的利用被指控者（如延迟开始程序以希望一名潜在的证人会死去、移民或否则无法获得），或者控方有拖延——虽然不是有意的——但是不具有正当性，对被指控者准备和行使答辩可能存在偏见（如因为潜在的证人将忘记相关的事件），那么法官有权释放被指控者，而无须考虑移交程序所寻求的证据。[②] 这里的程序停止裁定与无罪判决不同，因为指控方可以再一次起诉。但是就被裁定停止的案件而言，其本身已经从刑事程序中脱离出来，后续程序也已不再举行。

由此可知，在移送审查程序中，案件不构成表面上的可诉罪和拖延导致的程序滥用都可以导致预审法院裁定诉讼程序停止，从而终止案件。通过这种程序设计，那些证据基础薄弱的案件和可能对被告人造成不公平的案件被过滤掉，进一步减少了普通审判案件的数量。尽管可诉罪的移送审查程序的作用已经大不如前，但是，通过移送审查，预审法院可以将不符合表面上构成犯罪的案件排除在陪审团审判之外，并且释放被羁押的被告人，只要控方没有发现新的证据并提起再一次指控，案件就此终结。因此可以说，移送审查起诉在一定程度上实现了对刑事程序的分流。

通过上述考察可知，在正式审判被告人之前，案件必须通过重重审

---

① Anderew Ashworth, Mick Redemayne, Criminal Process (Fourth edition), Oxford University Press, p. 273.

② 参见[英]约翰·斯普莱克：《英国刑事诉讼程序》，徐美君、杨立涛译，中国人民大学出版社 2006 年版，第 267 页。

查，以确保对被告人的审判有正当性的基础。设立这种严格的审前过滤机制的原因可能是：减少不必要的诉讼成本，避免过长的诉讼程序给被告所带来的痛苦和不便，更重要的是，保护无辜者不受错误惩罚。为此，在诉讼的不同阶段，都设置了证据上的障碍以过滤基础薄弱的案件，也就是说，指控被告人必须有“充分的证据”，同时皇家检察官还必须确保提起的指控具备“定罪的现实可能性”。

五、审判程序中的分流：有罪答辩和辩诉交易

1. 有罪答辩程序

18 世纪的时候，答辩有罪在英格兰和威尔士还很少见，到了 19 世纪，被告人作有罪答辩在司法实践已经相当普遍了。这其中，辩方律师在发挥了相当大的作用。实际上，被告人答辩有罪就意味着他承认了控方的指控，并放弃了接受法庭审判的机会。另外《2003 年刑事司法法》的制定以及量刑指南也为被告人答辩有罪提供了动力。① 但是，有罪答辩只能由被告人本人作出，而不能由被告以外的其他任何人提出，否则，对被告的有罪判决无效。另外，在两可罪的选择程序中，被告人被鼓励作作有罪答辩，只要被告人答辩有罪，便直接由治安法院进行量刑，案件不会到达皇家法院那里。

在简易审理程序中，法庭宣读控方的指控书以后，接下来被告人必须做出有罪和无罪的答辩。如果治安法官或者独任法官认为被告人答辩无罪是基于自由和自愿，那么听审程序就不再举行，直接进入量刑程序。另外，在简易程序中还存在控辩双方的辩诉交易，辩方承认有罪以换取控方指控较轻的罪行。在存在有罪答辩和答辩交易的情形下，简易程序的审理程序进一步简化，案件得到更快的处理。简易程序的有罪答辩率超过 90%，大部分是相对轻微的案件，而且有四分之三的简易罪行都是

① 《2003 年刑事司法法》第 144 条规定如下：(1) 对在本院或者另一法院的诉讼中已作有罪答辩的罪犯决定如何判刑时，法院必须考虑下列因素：(a) 该罪犯表明其有罪答辩意图时所处的诉讼阶段；以及 (b) 做出此种表示时的情形。(2) 对于应当依据《量刑法》第 110 条第 (2) 款或者第 111 条第 (2) 款判处刑罚的犯罪，再考虑本条第 (1) 款中提到的任何事项后，第 110 条对于、第 (2) 款或者第 111 条第 (2) 款并不禁止法院判处不低于该款事项规定刑罚 80% 的刑罚。

以被判处罚款结案的。[①]

与简易程序类似，在可诉罪的审理程序中，被告人首先也要针对指控做出有罪和无罪的答辩。一旦被告人选择作出有罪答辩，案件便不再被提交给陪审团审判，直接由职业法官量刑。在皇家法院审理的刑事案件中，12%的案件并没有按照完整的程序进行，高达73%的案件都以被告人答辩有罪结束。[②] 20世纪70年代一项针对200名答辩有罪的被告人（不管是在治安法院还是在皇家法院）进行的调查表明，大约有三分之二的人声称他们实际就是有罪的，并且，70%的人承认他们在司法警察的侦查阶段就已经承认罪行了。另外，在皇家法院的审判过程中，经常出现“破裂庭审”（Crackted Trials）情形。也就是说，被告人在一开始答辩无罪，但是在案件审判进行了一段时间以后，甚至就在即将量刑时，被告人改变原来的无罪答辩，转而承认指控，答辩有罪。这种破裂审判不但给参与诉讼的证人和受害人造成了不必要的麻烦，而且严重浪费了司法资源。根据2008年“司法数据”（Judicial Statistics）记录显示，当年有至少五分之三的案件出现了庭审破裂。因此，为了提高刑事司法的效率，英国鼓励被告人在刑事程序的较早阶段答辩有罪。“答辩和指示听证会”程序的设置除了能为庭审做准备外，还能为被指控人尽早答辩有罪提供机会。根据英国内政部发布的对《2003年刑事司法法》的解释，这样规定的目的在于“鼓励那些有罪的罪犯不要浪费法院宝贵的时间，避免给被害人和证人带来不必要的困扰。”[③]

2. *辩诉交易*

英国在20世纪70年代才开始真正关注辩诉交易。英国辩诉交易包括三个方面的内容：指控协商、事实协商和答辩协商。

指控协商包含两种截然不同的情形。第一种情形是，被告人面临两项以上的指控，为了使被告人认罪，控方答应撤销其中一项指控。第二种情形是，控方指控一项严重的犯罪，被告人以承认有罪换取控方指控较轻的犯罪。对控方来说，该种协商的结果是能保证至少有一项指控会胜诉，避免可能的无罪判决。但是，皇家检察官行使指控协商的权力并

---

① Anderew Ashworth ,Mick Redemayne,Criminal Process(Fourth edition) ,Oxford University Press,p. 293.

② CPS,Annual Peport 2007 - 2008,Annex B.

③ 孙长永等译:《英国2003年〈刑事审判法〉及其释义》,法律出版社2005年版,第144页。

不是不受限制的。2010 版皇家检控署守则第 10.2 条关于这类指控协商有这样的规定："只有在控方认为法院将判处的刑罚与罪行的严重性相适应时，控方才能接受被告的有罪答辩。它不能仅仅为了谋求便利而接受有罪答辩。"也就是，检察官在考虑是否进行指控时，不能将获取指控的便利摆在首要位置，而造成罪刑严重不相称。对于那些真正实施了犯罪的被告人而言，这种就指控协商达成的交易，能换来较轻的刑罚，尽快摆脱刑罚随其产生的不利影响。

在有些案件中，被告人经过与控方协商，达成了一个它能接受的指控事实陈述时，被告人也可能作有罪答辩。一般的情形是，控辩双方经过协商达成一致协议：控方不会提出某些加重情节或者不起诉其他共犯（比如被告人的亲友或配偶），被告人就其余的事实答辩有罪。这种对特定事实的答辩交易对控方的最大好处是能确保被告的定罪。对于被告人来说，则是换来较轻的量刑。值得注意的是，有时法官可能会拒绝被告提交的就部分事实进行的答辩。规范"答辩基础"案件的刑事程序规则明确规定：法官有权决定是否接受答辩的基础事实，如果不接受，则要举行"牛顿听审"[①]。

与上述两种交易不同，在有些案件中，控方与被告无须就指控或者事实进行讨价还价。相反，在有些案件中，法律本身就为被告答辩有罪提供了诱因。这种答辩的实质就在于：被告人用其被判决无罪的可能性换取比如果判决有罪较轻的量刑。如《2003 年刑事司法法》第 144 条"因有罪答辩而减轻刑罚"的规定，这种法律规定的量刑折扣能驱使很多被告人为了获取较轻量刑而答辩有罪。除非法律已经规定了固定刑罚，通常情况下，认罪答辩会导致刑罚上的减扣，即通常所说的"量刑折扣"。根据具体情况的不同，特别是根据被告人认罪的诉讼阶段，[②] 这种量刑折扣可以高达三分之一。很显然，用传统的眼光来看，量刑折扣腐蚀了刑法中的罪行相适应原则。给被告人提供这种量刑折扣的理由，据说是因为被告人节约了司法资源，在某些案件中还可以保护证人，可以

---

① 牛顿听审是英国刑事司法程序中的一种独特的法庭听审程序，是 1982 年的 R v. Newton 案确立的规则，并因此得名。牛顿听审是指当被告人承认罪行但是对证据有异议时，法庭应该举行听审。当辩方认为据以量刑的事实与其指控事实不一致时，法院必须启动牛顿听审。

② Powers of Criminal Courts (sentencing) Act 2000. s. 152.

使证人免于作证的折磨。这样的思考方式总体上是一种“管理型”思路，即关注于法院的“案件管理”。沿着这种思路下去，被告人的认罪当然是来得越早越好，最好是在案件开始启动侦查以前就认罪。在1986年一个重要的判例中，英国上诉法院认定，被告人认罪越早，对司法越有好处；因此认罪答辩提出的越早，折扣越高。①

不管采取以上哪种形式的辩诉交易，一旦控辩双方协商成功，被告答辩有罪，就表示被告人放弃了接受陪审团审判的权利，法官直接就指控事实量刑。就此而言，有罪答辩和辩诉交易有效分流了一部分进入审判程序的案件，至少对于皇家法院来说，既保证了程序的顺畅进行，又可以减少处理案件的诉讼成本和有限的诉讼资源。

六、特殊案件的分流：未成年人司法制度

根据英国现行的未成年人司法制度，未成年人是指不满18周岁的人。实施犯罪行为的未成年人可能会在以下法院中受到审判：一是少年法院，这是一种特殊的治安法院，专门审理未成年人犯罪的案件。大多数未成年人犯罪案件都在该法院得到了处理。二是成年治安法院。在前述两种法院审理必须符合简易罪行的标准。三是皇家法院。需要指出的是，在后两种情形下，不论最后在何种法院审判，未成年人首先要出席治安法院，由治安法院决定案件实行简易审判还是由皇家法院审判。而未成年人并没有选择权。

1. 少年法院对未成年人的审判

与成人治安法院的审理程序不同，少年法院的审理程序具有以下特点：

（1）少年法院实行秘密审理原则，不准一般公众入内。根据《1933年儿童和青年法》（Children and Young Persons Act 1933）第47条的规定，只有以下人才能进入少年法院：各方当事人和他们的法律代表人、法院的官员（如法院引导员）、已经给出证据的证人和其他与案件有直接关系的人、缓刑官和社会工作者以及新闻工作者。另外，法院还可以特别授

① R. v. Hollington and Emmens (1986) 82 CrAppR 281.

权其他人在场。

（2）庭审案件的治安法官合议庭必须由治安法官组成，而且必须包括一男一女。这些治安法官必须是从少年法院小组中选出的人组成。

（3）案件中的所有证人，无论是未成年人还是成年人，必须进行宣誓，而且该誓词与其他证人誓词不同，不是以万能的上帝面前发誓，而是“在万能的上帝面前发誓说出事实，全部事实”。另外，对于未成年人的各项处理采用不同的称谓，如不是“宣告有罪”，而是被“记录有罪的认定”替代，用“对有罪的认定做出命令”取代“判决”。这是为了防止对未成年人形成标签化的印象。

（4）如果未成年人没有合法的代表，少年法院可以准许他的父母或者监护人帮助他进行辩护，还可以未成年被告的利益交叉询问控方证人。

（5）不允许媒体报道涉案未成年人的姓名，或者其他能够识别其身份的细节事实。但在以下情形下，可以报道未成年人姓名：一是对未成年人的不公正，而是为了逮捕逍遥法外的未成年人。

（6）少年法院的审理分正式化程度大大降低。例如，被告人不进入被告人席，而是坐在与治安法院对面的椅子上并有父母陪伴在旁边，治安法官即使做出了有罪认定的命令还可以以半正式的方式与其谈话。

2. 成人治安法院对未成年人的审判

结合《1933 年儿童和青年法》第 46 条和《1963 年儿童和青年法》第 18 条的规定，如果未成年与成年人被共同指控实施某罪属于简易罪行的话，就必须在成人治安法院进行审理。但是，如果未成年人答辩有罪而成年人却答辩无罪的，可以将未成年人送交少年法院单独审理。在成人法院审理未成年人的，遵循一般的诉讼程序和法庭规则，实际上与普通的刑事诉讼程序并无不同。

3. 皇家法院对未成年人的审判

在特定情况下，未成年人犯罪案件将在皇家法院受审，这些情况包括：未成年人实施的是杀人罪；未成年人与成年人被共同指控实施可起诉罪，以及“为了正义的需要”必须将未成年人与成年人一并移送皇家法院审理。[①] 在最后一种情况中，法庭必须在两种利益之间进行权衡：将

① 参见麦高伟主编：《英国刑事司法程序》，姚永吉译，法律出版社 2003 年版，第 378 页。

共同被告放在皇家法院合并审理的好处和将未成年人送交少年法院单独审理的好处。其中，犯罪的严重性将会驱使法庭将案件移交皇家法院，而从保护未成年人的利益出发，又会倾向于将案件送交少年法院。

第二节　美国刑事诉讼程序分流考察

从20世纪开始，美国就深感诉讼爆炸给政府带来的沉重负担，便越来越热衷于通过非正式司法解决刑事案件。辩诉交易的盛行使得美国只有不到10%的刑事案件经过了正式的陪审团审判。检察官在不起诉问题上享有几乎不受限制的自由裁量权，再加上20世纪60年代暂缓起诉制度的确立，检察官不起诉制度的范围进一步扩大。在审前，很多案件被检察机关过滤出去。20世纪80年代以来，社区矫正制度的发展和恢复性司法理念的渗透，更进一步为审前的程序分流提供了动力。值得注意的是，美国几乎所有的程序分流几乎都涉及检察官自由裁量权的行使，检察官在程序分离制度中发挥着重要的作用。

一、初步指控决定程序中的分流

1. 检察官的不起诉裁量权与案件分流

众所周知，美国的刑事司法系统负担特别重，所以“选择性起诉”的原则已被大多数美国人所接受。“选择性起诉”指的是并非所有犯罪都必须被起诉到法院接受审判，检察官可以根据案件的具体情况和社会政策，有选择地起诉一部分犯罪，而对另一部分犯罪持宽容的态度。[①] 既然社会中的犯罪行为已经大大超过了刑事司法系统的“负荷”，那么把某些犯罪行为截留在刑事司法程序之外就是不可避免的。至于哪些犯罪种类、哪些犯罪人，以及哪些犯罪行为应该截留，则完全属于检察官的自由裁量权。[②] 关于起诉选择权的行使，美国联邦和州的做法并不完全一致，但

① 参见吴宏耀、种松志主编:《域外检察制度研究》,中国人民公安大学出版社2008年版,第71页。

② 参见何家弘:《论美国检擦制度的特色》,载《外国法评析》1995年第4期。

是一般的原则是，检察官在决定是否起诉时，进行阶梯式的衡量：指控证据是否充足，指控是否符合司法利益和司法资源的可承受程度。

（1）衡量证据是否足以让法官作出有罪判决

这是检察官在决定是否起诉时首先要考虑的方面。如果证据非常薄弱，取得起诉的成功令人怀疑，那么起诉就可能会浪费宝贵的资源。在这一阶段，检察官更愿意从不起诉的角度来评估证据。“尽管可能存在充分的支持刑事指控的证据，但在许多情况下，若没有更多的证据或并非强制性情形，检察官可能不希望指控。”①

检察官评估指控证据是否充分，有两个模式，一是指控的法定审判充分模式，是指检察官衡量证据是否支持起诉，以高于法院作出有罪判决的标准——排出合理怀疑——来审查。在这种模式中，检察官严格筛选案件，只对那些可能被判处有罪的案件提起指控。基于这个标准，检察官将尽可能少的案件提交到法院审判。二是法定充分模式，只要现有证据表明有定罪的合理可能性，就达到了起诉的标准。但是，考虑到如果证据不足，在以后的诉讼程序中，更多的指控可能被驳回，检察官往往对起诉采取慎重的态度。

另外，对特定的案件，检察官采取不起诉优先的政策。例如，检察官认为家庭暴力案件应该尽量不通过刑事诉讼程序解决，而且家庭暴力也不是那种应该受到刑事惩罚的罪行。因此，除非情节特别恶劣或有非常不寻常的情节，大多数这样的案件，即使达到了定罪可能性的要求，也不被指控。

（2）司法利益

一旦检察官对证据进行了衡量，认为存在定罪的形式可能性以后，接下来他必须考虑指控在特定的案件中是否是适当的。“在决定被告人是否该被起诉和该提起何种指控的过程中，检察官受寻求公正的法律责任引导。寻求公正比简单地宣告有罪更重要。即使有罪的证据很有力，但合法的理由可能证明不起诉是适当的。”② 司法利益是一项综合的要素，

---

① ［美］爱伦·豪切斯泰勒·斯黛丽：《美国刑事法院诉讼程序》，陈卫东、许美君译，中国人民大学出版社2002年版，第278页。

② ［美］爱伦·豪切斯泰勒·斯黛丽：《美国刑事法院诉讼程序》，陈卫东、许美君译，中国人民大学出版社2002年版，第287页。

判断的标准是很灵活的，在决定是否起诉时要考虑因素很多，例如：犯罪嫌疑人的个人因素，包括其健康状况、精神状态、主观恶性及年龄等；还包括受害人因素，如受害人对被告人的态度、是否强烈要求惩罚罪犯等；此外还有公众因素，如公众对此类行为的关注和公众对案件当事人的关注等。其中的任何一项因素都可能引起检察官的注意，成为不起诉的原因。

罪行的严重性是考虑司法利益时的一项主要因素。对比较轻微的罪行，如果是初犯，检察官经常作出不起诉决定。因为检察官认为，刑事起诉会对被告人以后的生活造成很大的负面影响。此外，有时人道因素也是考虑司法利益的一个方面。如果犯罪人承认责任并真诚地表示忏悔，那么检察官可能做出被告人更适合于复归的结论，不对其起诉而可能适用分流。“起诉的一个主要目的是获得有罪判决并借此获得科处惩罚的权威，所以，惩罚、威慑、使能力丧失和复归的目的融入起诉的每个决定中，因为它们与每个罪行、犯罪、被害人和公众的具体方面有关。”①

但是，司法利益不包括对检察官不便、个人对犯罪或罪犯的反感或其他源于个人偏见的感觉等诸如此类的事项。

（3）司法资源的考虑

由于刑事案件数量和司法资源之间的紧张，受时间和资源的限制，检察官经常对同一时期的案件进行对比，以决定那些案件更值得起诉。而那些起诉效益不大的案件，则被认为不值得花费过多的人力资源和财力资源，因而在审前被过滤掉，以其他更有效益的替代措施解决。

最后，评估起诉是否适当还会受到检察官个人对案件确信程度的影响。如果负责指控的检察官个人对被告人是否有罪没有足够的信心，即使他们有充分的指控证据，也不对嫌疑人提起指控。“检察官不适用无情和机械的证据评估，而是必须使他们自己确信被告人有罪。”② 由于检察官的不起诉决定不会受到大陪审团和预审法官的审查，所以，检察官的内心确信在决定案件起诉与否时发挥着重要的作用。

---

① 马贵翔：《刑事简易程序概念的展开》，中国检察出版社 2006 年版，第 219 页。

② ［美］爱伦·豪切斯泰勒·斯黛丽：《美国刑事法院诉讼程序》，陈卫东、许美君译，中国人民大学出版社 2002 年版，第 287 页。

2. 暂缓起诉与审前分流项目

暂缓起诉制度是20世纪60年代，在不起诉裁量权基础上发展出来的一项起诉政策。所谓暂缓起诉，是指指控提起被无限期的推迟，以给被告人（经常是初犯者）一个第二次机会。[①] 它是一项中立的决定，常常与分流项目结合起来运用。分流项目以被告人同意参加一些积极的活动为交换条件（比如自愿毒品治疗、安置于常住治疗中心、报名参加工作培训项目或获得高中同等学力和被雇用），检察官同意延缓起诉。[②] 暂缓起诉制度首先在纽约布鲁克林区开始实施，因此又被称为“布鲁克林计划”。暂缓起诉起初只适用于未成年人案件，“暂缓起诉程序是美国审前分流方案的前身，其最初设计是：侦查机构将犯罪少年移交到美国检察机构，检察机构对该嫌疑人和所涉罪名进行分析后，如果认为该嫌疑人有改造良好的可能，地区检察官就把案件交给缓刑官，缓刑官完成背景调查报告后提交给地区检察官，如果地区检察机构认为该少年犯罪嫌疑人由挽救的可能，就致函缓刑考察部门，说明暂缓起诉的原因并申请一段社区监督期。监督终止时，如果该少年表现良好，将撤销指控，违反监管规定的将继续原来的公诉程序。”[③] 1974年以后，未成年人案件基本上不再由联邦法院审判，但是鉴于暂缓起诉在挽救犯罪人方面产生积极的效果，美国司法部吸收了其精神和理念，于1974年7月宣布以审前分流方案代替“布鲁克林计划”。由此，审前分流方案不只适用少年犯罪案件，在成年犯罪案件中也可以有选择地适用。在联邦层面，根据1982年《审前服务法案》（Pretrial Service Act）创设了审前援助机构，为审前分流方案的开展提供了重要的机构保证。

“审前分流是一种自愿性项目。相对于被提起公诉而言，它为被捡选出的个人提供了一种可替代性措施，就是将这些人置于审前服务机构和缓刑办公室的监督之下。那些被选中进入审前分流程序的罪犯，与检察机构签署协议，宣誓履行协议中规定的特定义务，并在特定期间内不实

① 参见马贵翔：《刑事简易程序概念的展开》，中国检察出版社2006年版，第219页。

② 参见[美]爱伦·豪切斯泰勒·斯黛丽：《美国刑事法院诉讼程序》，陈卫东、许美君译，中国人民大学出版社2002年版，第274页。

③ 侯晓焱：《美国刑事审前分流制度评介》，载《环球法律评论》2006年第1期。

施犯罪活动。”① 分流项目有正式和分正式之分。在正式的分流方案中，必须首先由专门人员进行评估以确定将被告人分流是否适合。② 一旦加入了分流项目，被告人要参加专门的复归活动，遵守一定的义务，由有关机关监管是否履行了义务，并定期向法官和检察官报告被告人参与项目及取得进步的情况。在具体的审前分流协议中，分流人员需要承担的义务一般包括补偿、社区服务、家长参与、持续教育、持续监督和咨询等。如果检察官发现被告人在分流项目中表现不好，就会恢复刑事起诉。而非正式的分离项目要灵活得多，根据个案情况而定，被告人不被定期监管。“只有在犯罪嫌疑人再次被逮捕时，检察官才知道嫌疑人有没有遵守规定。”③ 也就是说，在非正式分流项目中，被分流的被告人是相对比较自由的，只要没有犯罪，基本上没有被重新起诉的可能性。由此可见，非正式的分流项目对被告人的约束是很宽松的。检察官最不正式的做法是，“6 个月或 12 个月没有因其他任何罪行被逮捕的话，检察官同意不对本罪提起指控。”④

二、初级法院审理程序中的分流

1. 初级法院的管辖和审理程序

传统上，美国的犯罪有重罪和轻罪之分。重罪是最严重的犯罪类型，在大多数州，重罪是指可能被判处 1 年以上监禁的犯罪。由于美国的司法体系具有多样性和差异性，因此各个地区的做法不一致。一般的情形是：轻罪案件不需要经过预审直接由初级治安法院审判，而重罪案件则由审判法院审判。

---

① 侯晓焱：《美国刑事审前分流制度评介》，载《环球法律评论》2006 年第 1 期。

② 根据美国司法部颁布的“联邦检察官手册”（United States Attorney's Manual），分流的被告人应该符合下列条件：（1）被控罪名不属于州起诉范围；（2）不曾被判有两项或以上重罪；（3）不是吸食毒品成瘾者；（4）不是被控犯有违反公共信托类犯罪的公共官员或前公共官员；（5）不曾被控犯有涉及国家安全或者外交事务的犯罪。这些标准通过排除的方式限定了分流案件的范围。

③ ［美］爱伦·豪切斯泰勒·斯黛丽：《美国刑事法院诉讼程序》，陈卫东、许美君译，中国人民大学出版社 2002 年版，第 274 页。

④ ［美］爱伦·豪切斯泰勒·斯黛丽：《美国刑事法院诉讼程序》，陈卫东、许美君译，中国人民大学出版社 2002 年版，第 274 页。

轻微罪行的各个诉讼阶段被压缩得非常简短，案件平均大约两分钟内就被处理完，被称为“装配线”司法。初级法院法官审理轻微犯罪的具体程序如下：大多数初级法院的案件由警察移交给法院，许多轻罪犯在初次到庭时没有受羁押，并按警官填发的代替逮捕的传票出庭；对被告人的指控在初次到庭时被宣读；告知被告人有关他们的权利；被告人开始答辩。如果被告人作无罪答辩，则意味着必须安排审判和作出有关审前释放条件的裁定；如果被告人作有罪答辩，则案件的最终处置可能只是几秒钟后的事。美国初级法院审判程序的特点在于：第一、在权利保障上，法院对告知权利这一主要任务不重视，被告人不享有指定律师的权利，不享有由陪审团审判的权利，不享有预审的权利，实际上只有小部分被告人行使他们的审判权利，“正当程序权利不仅很少受到保护而且更可能被法院任意随便对待或完全忽视”；第二、在法定情形下，被告人可以交付确定的金钱来替代出庭和同意终结诉讼；第三、法院能接受有罪答辩和现场科刑，无须额外的诉讼程序。

2. 非刑事化程序

为了减轻审判法院的案件压力，初级法院被分配给较多的“轻微”案件和更加常规的各种任务。为了应对不断增加的案件压力，初级法院自身发展出了一套非刑事化程序以减轻审理负担。非刑事程序采取两种形式。一种是立法机构通过发布法令废止一部分刑事犯罪行为。也就是说，有些行为以前是刑事实体法禁止的犯罪行为，如今不再是犯罪行为，而是一般的违法行为，这就意味着，这些行为并不需要经过正式的刑事司法程序，通常以罚款了结。如违反交通规章罪、扰乱社会治安行为和公共场所酗酒的行为，有些州颁布新的刑事法规，将这些行为界定为非刑事的违法行为。值得注意的是，尽管制定法将这些行为非刑法化，而且这样的案件被称为民事案件，但是它与民事案件审理的程序并不相同。受害人并不能直接对这些行为提起诉讼，而是由政府提起。通过这种形式的非刑事化处理，审判法院免予处理这些案件，而是让初级法院成为处理这些案件的专门场所。

非刑事化的第二种形式是，罪行的实体法性质并没有改变，只是采取非刑事的方式处理。也就是说，在这种情况下，相关行为仍然是犯罪行为，但是立法机构根据已有的地方法规或者制定州法规而采取非刑事处理。[1] 在这种情况下，一个案件可能同时受刑事或民事的管辖。比如，乱丢垃圾或扰乱社会治安的行为可能被刑事制定法或者其他法规同时禁止。又比如超速或无证驾驶行为可能既是犯罪行为，又是违反交通法规的行为。在这种既有刑事管辖权又有民事管辖权的案件中，警察和检察官享有很大的自由裁量权，可以决定案件是按刑事程序审理还是由民事法院管辖。随着刑事法院工作量的增加，这种将刑事案件非刑事化处理的方式备受推崇，成为减轻法院负担和节约司法资源的有益途径。

3. 纠纷的替代解决方式

纠纷的替代性解决方式也是作为解决初级法院案件负担过重的问题被确立下来的，当时的改革者认为，依赖正式的审理程序已使得法院不堪重负，而建立更多的法院并不能使问题得到解决。因为法院的诉讼程序太正式、太复杂，往往要历经很长时间，给当事人和法院都造成了沉重的负担。更重要的是，对于轻微犯罪案件，特别是涉及私人纠纷的案件，这种正式的审判并不能有效地化解普通人之间的矛盾。就这个方面而言，普通的诉讼程序并不那么有效。

纠纷的替代解决方式是在二十世纪六七十年代发展起来的，当时这种纠纷替代方式还是新事物，1975 年全美运作的纠纷替代方式项目不到 12 种。但是到了 1985 年，从美国律师协会纠纷解决项目的目录中可以看出，这种项目已经发展到了 182 种。这些项目通过更加亲民和随意的方式实现解决普通纠纷的目的。例如，很多项目并不是设在市中心法庭，而是设在与居民区相邻的商业区，便利当事人参加。又比如，有些项目通过在夜间和周末进行，强调项目的可接近性。在纠纷替代性解决项目中，社区机构的协助和资助很重要，他们往往作为调节的第三方参与进来，努力促成双方当事人矛盾的化解。当事人自愿选择是否参与这些纠纷替代方式项目，但是附有一项强制条件：如果不参加解决解决程序，就提起刑事诉讼。纠纷替代解决方式的主要手段是调解。中立的第三方与双方当事人坐下来讨论，努力找到共同理由和双方都满意的解决方式。警官调解人询问时经常会涉及案件的事实，但调解的重点是如何保持双方当事人将来相处得更好。调解的目的是使双方当事人在更加平等的基

---

① ［美］爱伦·豪切斯泰勒·斯黛丽：《美国刑事法院诉讼程序》，陈卫东、许美君译，中国人民大学出版社 2002 年版，第 17 页。

础上开始一种新的关系，获得崭新的开始。[1]

重罪和轻罪案件之间并没有明确的界限，随着普通法院受理案件的数量不断增加，更多的案件被归类为轻罪案件，这样初级法院的案件负荷量不断增加。尽管初级法院相对于普通法院而言，很多程序被压缩的很简便，面对接踵而来的各种案件，初级法院发展出了一系列的非刑事化程序和纠纷替代方式。这种更接近于民事纠纷解决方式的措施对于减轻案件负担起到了很好的效果，实现了对所谓的轻微案件的分流。

三、普通审判程序中的分流：认罪答辩和辩诉交易

1. 认罪答辩程序

在陪审团起诉书或者检察官控告书送达法院之后，法院应根据迅速、及时的原则，对被告人组织认罪答辩程序。重罪案件的认罪答辩程序是一个独立的法院程序，在被告人出庭宣读完陪审团起诉书或者检察官控告书之后，法院会要求被告人对指控作出答辩。但是，在美国刑事诉讼中，被告人的认罪不仅限于认罪答辩阶段，法律允许被告人在开庭审理后，陪审团就事实问题做出裁断以前的任何时候认罪。[2] 被告人通常会作出以下三种答辩中的一种：有罪答辩、无罪答辩和不愿争论的答辩。在大多数案件中，被告人都会作有罪答辩，这相当于供认罪行并放弃陪审团审判及其他所有的审判权利。被告人作不愿争论的答辩，视同有罪答辩记录在案，但是与后者不同的是，不愿争论的答辩只是放弃陪审团审判的权利，但并不是承认有罪，其不能作为以后提起民事诉讼要求损害赔偿的承认，也不代表被告人放弃了第五修正案反对自我归罪的权利。被告人作出有罪答辩和不愿争论的答辩后，法官必须在询问被告人并确保其放弃审判权利的自愿、明智和明智后，即直接做出有罪裁决，接着举行量刑听证程序。

2. 辩诉交易程序

众所周知，美国是使用辩诉交易制度最为广泛的国家。尽管美国宪

---

① 参见[美]爱伦·豪切斯泰勒·斯黛丽：《美国刑事法院诉讼程序》，陈卫东、许美君译，中国人民大学出版社2002年版，第326页。

② 参见马贵翔：《刑事简易程序概念的展开》，中国检察出版社2006年版，第131页。

法中并未规定辩诉交易，但它确实渗透到刑事审判制度的每一方面。在美国典型的工作日，每两秒钟就有一个案件在法庭上通过有罪答辩或者不认罪也不申辩等方式解决，还有很多其他案件被撤销，大多数答辩有罪和许多撤销的案件都是辩诉交易的结果。事实上，在许多司法区，90%到95%的有罪判决都是通过有罪答辩做出的。[①] 通常人们认为，辩诉交易的产生源于不断增长的案件工作压力。

所谓辩诉交易，是指检察官与被告人及其辩护律师经过谈判和讨价还价来达成由被告人认罪换取不起诉或较轻刑罚的协议。[②] 辩诉交易的形式各异，概括起来主要有两种形式：其一，起诉方和被告方进行个别化和明示化的谈判达成协议。有些时候甚至都没有协议，双方让步是基于过去的司法实践或者地方标准。即被告人从过去的实践中得知答辩有罪的人能获得较轻的刑罚，根据这种经验，即使检察官没有明示的允诺，被告人也会选择有罪答辩。其二，检察官除了为了获得有罪答辩以外，有时还意图获得被告人额外的让步，如指证共同被告人或者配合侦查等。另外，检察官可能会以更少的指控、较轻微的指控、向法官提出量刑建议或者答应不做相关刑罚建议的形式，交换被告的有罪答辩。

辩诉交易在司法实践中减轻了法院的诉讼负担，案件得到更快速、更简便的处理，控辩双方均得到了相对满意的结果。辩诉交易的结果基本上不受司法审查。一般来说，辩诉双方达成协议的，法院便不再对该案进行实质性的审判。只要能确认被告人答辩的自愿、明知和明智，法院便不再对该案进行实质性审判，而仅是在形式上确认双方协议的内容，从而避免了旷日持久、成本高昂的陪审团审判。

四、特殊程序的分流

1. 未成年人分流制度

未成年人分流制度在美国经历了一个逐步嬗变的过程，分为两个阶段，第一个阶段是少年司法从普通刑事司法中分离出来，成为独立的程序，由少年法院管辖。第二个阶段则是伴随未成年人少年法院转移至替

① 参见祈建建：《美国辩诉交易研究》，北京大学出版社2007年版，第40页。

② 参见吴宏耀、种松志主编：《域外检察制度研究》，中国人民公安大学出版社2008年版，第76页。

代措施而产生的，由正式司法程序到非正式司法程序转化的过程。[①] 后者又被称为“非正式缓刑”（Informal Brobation）、转介处分以及司法外处分，是在少年司法与社区矫正发展到一定程度后，针对未成年人的身心特点而逐步发展起来的非诉讼解决方式，存续于少年司法特别是儿童福利体系之内。[②]

（1）独立的少年司法程序

实际上，美国是最早开始建立独立的少年司法体系的，而且其少年法司法经历了阶段式的过程。根据美国学者的概括，美国未成年人司法制度的起源和历史可以概括为四个阶段：第一阶段是“庇护所时期”（The Refuge Period），第二阶段是“少年法院时期”（The Juvenile Court Period），第三阶段是“少年权利时期”（The Juvenile Rights Period），第四阶段是“犯罪控制时期”（The Crime Control Period）。[③] 面对少年犯罪率不断上升的现实，美国少年司法的理念从纯粹的国家福利主义走向了现在的国家福利与惩罚相结合。现如今，美国各州的少年司法呈现出发展的不均衡性，有的强调预防和矫治，有的则强调惩罚，但更多是在两者之间。一般来说，各州少年司法体系的定位是：努力在司法系统设立与责任追究、责任能力和社区保护之间寻求平衡。

①少年法院

大多数未成年人犯罪案件的审理都是在少年法院进行的。少年法院的审理程序有如下特点：

第一，少年法院审判的启动有两种模式，一种是缓刑官受理启动，另一种是公诉人受理启动。各州的做法并不一致，在有的州，缓刑官负责所有少年司法案件的受理。而在另外一些州，公诉人则拥有完全的决定权。还有的州的做法是，严重少年犯罪案件由公诉人受理，而其他少年犯罪案件则由缓刑官受理。

第二，少年司法启动后，少年法院在决定立案时，不仅要考虑法律因素，即证据是否充分，还要考虑法律外因素，包括未成年人的性格特点和生活成长处境。

---

① 参见张鸿蔚：《美国检查制度研究》，人民出版社 2009 年版，第 245 页。

② 参见张鸿蔚：《未成年人刑事处罚分流制度研究》，载《中国刑事法杂事》2011 年第 6 期。

③ 参见赵国玲：《未成年人司法制度改革研究》，北京大学出版社 2011 年版，第 49 页。

第三，适用非正式、非对抗性的法庭审理。法官是案件的最终裁决者，少年法院的案件不适用陪审团审理程序。另外，少年法院反对对未成年人使用标签化的语言：传统的“定罪”，在少年法院被称作“裁决”；传统的“有罪”一词，在少年法院叫“有过错”；传统的“量刑”一词，在未成年人案件中叫“安置”。

②转成人审判制度

二十世纪九十年代以后，美国各州基本上都赋予了公诉人决定将未成年人移交成人法院的权力。而且，对于某些罪行规定了强制移交。目前转成人审判方式主要有：法定排出管辖、司法放弃，检方放弃或共同管辖和复合量刑。①

转成人审判制度将未成年人案件转移到成人法院，使用普通犯罪案件的审理程序，实际上并没有凸显少年司法体系的独特性，这正体现了少年司法惩罚性的特点。但是，通过成人法院审判的少年案件毕竟不是少年犯罪案件的大多数，而且，美国有些州已经开始积极探索修改关于转成人审判的法律，力图实现少年司法的独立化。

（2）少年司法分流程序

20 世纪 70 年代开始，美国开始尝试各种社区项目、分流措施和分机构化矫治方法来分流少年司法案件，并因此兴起了一些少年司法政策和实践的新工具。前已述及，美国现行审前分流项目的前身就是未成年人暂缓起诉制度。由此可见，最初的审前分流程序也是从未成年人司法程序开始的。

与正式的少年司法程序相比，少年司法分流程序体现的则是处理未成年人案件的非正式化。其目的旨在以便捷的非正式程序取代烦琐的正式程序，以解决相对不严重的未成年人犯罪问题，减少少年司法体系的正式干预。在美国，约有近半数的少年案件得到了非正式的处理，通常是与未成年人谈话后撤销案件，或者让未成年人以答应某些条件为前提撤销案件。所附的条件以书面详细列明，成为“统一意见书”。这些条件包括：补偿受害人、按时上学、参加必要的咨询项目和遵守宵禁要求等。② 未成年人除了要遵守法定的事项外，可能还要履行检察官指定的其

① 参见张文娟：《中美少年司法制度探索比较研究》，法律出版社 2010 年版，第 31 ~ 36 页。

② 参见张文娟：《中美少年司法制度探索比较研究》，法律出版社 2010 年版，第 62 页。

他义务，由缓刑官或者其他社会团体监督。如果未成年人遵守了列明的条件，履行了指定的义务，诉讼程序即告结束。相反，如果未成年人未遵守法定条件，则检察官会考虑恢复正式的司法程序。

按照运作特征，分流一般可分为四类主要形式：真分流（True Diversion）、转送非法院机构（Changing to Non-court Institutions）、减少渗透（Minimizing Penetration）以及裁判前分流（Pre-trial Diversion）。[①] 所谓真分流，是指由执法机关正式或非正式处分未成年人的分流，包括做出不逮捕决定等。转送非法院机构，是指将未成年人安置在社区服务机构；减少渗透，是指通过减少拘留、删除记录等手段限制未成年人涉入少年司法体系；而裁判前分流则是指，在少年法院裁判前，由非正式系统的社区机构对未成年人进行保护、规劝。另外，分流还包括形式不同的早期干预计划（Early Intervention Programs）。

就审前羁押而言，1992 年，美国 Annie E. Casey 基金会与地方政府合作，发起了一个“少年非羁押替代措施动议”（JDAI）的项目。该项目的审前羁押分流方案包括以下三项措施：一是非戒备森严庇护所，即对那些没必要加以看管也不具有危险性的未成年人，在等待出庭的时间里，可以对其进行非戒备森严的过夜安置，也可以将那些无家可归的未成年人寄养在合适的家庭里；二是日间或夜间报到中心制度。该两种报到中心都鼓励未成年人按时出庭，并遵守少年法院设定的所有监管要求；三是家庭和社区监管，对没有很高危险性的未成年人可以待在家中或亲戚家中接受看管。在看管过程中，未成年人仍可以继续上学，在正常的环境中生活和学习，但是要遵守一定的义务，并有人不定时进行突袭检查。该项目的运行非常成功，在美国越来越受欢迎：如果管理有方，90% 到 95% 的家庭看管的少年会按时出庭，不会被执行逮捕。[②]

少年司法的分流并不仅局限于审前阶段。从警方拘捕到法院受理案件等阶段，都可以采用分流措施，避免正式的司法程序。警察、检察官以及法院均有权作出分流决定。警察采取的分流措施包括申诉或未成年人提出控告等。为确保问题少年的再社会化，通常采取两种形式的分流形式：纠纷替代解决方式与社区项目，前者前文已经提及，此处不再赘

① 参见张鸿蔚：《美国检察制度研究》，人民出版社 2009 年版，第 250 页。

② 参见张文娟：《中美少年司法制度探索比较研究》，法律出版社 2010 年版，第 77 页。

述。后者包括社区服务、赔偿、致歉以及参加各类社区活动等多种形式。分流之后，对某些未成年人还要采取社区处分措施，有针对性地开展一些社区服务项目，包括形式多样的教育辅导与咨询服务、社区戒毒项目等，以矫正问题少年，帮助他们顺利回归社会。

2. 恢复性司法制度

严格来说，恢复性司法与前述的纠纷替代解决方式存在某些方面的交叉和重合，但这并不妨碍恢复性司法成为一种独立的司法理念与司法方式在刑事诉讼的过程中发挥作用，并且恢复性司法还可以借鉴和吸收替代纠纷解决方式的有益经验。恢复性司法强调修复因偏差与犯罪所造成的损害，犯罪人因其不法行为应承担相应责任，通过赔偿等实际手段来实现平衡社区、被害人与犯罪人之间的和谐关系。[①] 尽管恢复性司法的形式多样，地区差异导致各州做法不尽相同，但是从参与的主体出发，可以将恢复性司法分为三种形式：其一是被害人与加害人调解模式；其二是社区会议模式；其三是量刑圈模式。在社区会议模式中，各方的利益诉求得到充分的表达。以下分别加以介绍。

（1）被害人与加害人调解模式（Victim-Offender Mediation，简称VOM）

在美国恢复性司法领域，这种模式一直备受瞩目，据有关调查显示，在美国已有300多个被害人—犯罪人调解计划得到实施。适用VOM模式的大多数涉及以下案件：被指控故意破坏、轻微攻击或盗窃的持此犯罪的青少年犯。在所有案件中，67%的案件可归类为轻微犯罪，其余33%为严重犯罪。

参与VOM模式的大致有以下人：被害人、犯罪人、支持者以及调停人。调解人为被害人和加害人之间的对话提供了一个桥梁，调解成功的关键在于调解人的技能和角色，因此，调解人一般必须经过相应的业务培训才能胜任调停工作。在美国，除使用和解机构的人员作为调停者外，还通常选择社区志愿者作为和解的调停人，也有某些地方则只允许和解机构的职员作为调停人。[②] 支持者一般是陪同当事人参与调解的律师或其指定的其他个人。根据《美国统一和解法》第10条的规定，律师或当事

① 参见张鸿蔚：《美国检察制度研究》，人民出版社2009年版，第214页。

② 参见朱立恒：《英美刑事和解探析：以VOM模式为中心的考察》，载《环球法律评论》2010年第2期。

人指定的其他个人可以陪同当事人参与和解。需要指出的是，在当事人进入调解程序前，其放弃这种支持者陪同参与的行为是无效的。但是，一旦调解程序开始，这种放弃就会发生法律效力。这样规定的理由是：防止当事人在和解前有可能并不理解权利的含义，做出不明智的选择而损害其权益。[①] 此外，参加调解程序的其他人则都是调解人的监督者，防止其权利滥用。

VOM 模式主要是以加害人和被害人双方的对话为主要取向，强调的是被害人的康复、加害人的责任承担以及损失的补偿。绝大多数的 VOM 模式采用以下相似的“四步”法，即立案、准备、和解以及后续事宜处理。[②]

第一步，立案。将案件信息登记，然后分派给调停人。

第二步，准备。在调解的准备阶段，调停人要分别会见冲突当事人。这种会见的目的有二：一是通过会见可以与当事人之间建立起信赖关系；二是通过会见可以获取必要的信息以用于接下来的和解过程中。这种安排还考虑到直接接触可能会激发冲突而导致和解失败，因此，先通过调停人的接触，缓和气氛，使被害人报复的情感得到平息，以便为最终实现和解创造条件。

第三步，和解。这一阶段实际上是一个被害人与罪犯的联席会议。首先是澄清案件事实，表达某一方或双方的需求；其次是提出需要解决的问题，通常是讨论被害人的直接损失与间接损失。这通常会导致当事人协商出一个恢复损失的协议。和解会议通常会持续 1 至 2 个小时。在绝大多数的 VOM 项目中，和解的调停人并不像其他和解模式那样听凭当事人双方主导和解，而是会根据和解的目的对其进行适当引导。

第四步，后续事宜处理。主要包括监督当事人所达成的赔偿协议的履行、确定在当事人之间进行和解后会议的时间（但这个会议很少举行）。

（2）社区会议模式（Community Conferencing Program，简称 CCP）

社区会议是指被害人、犯罪人及数位社区人员聚集起来，由协调主持来讨论犯罪事实及其影响的过程。参与社区会议的人经过商讨可以制

---

① 参见朱立恒：《英美刑事和解探析：以 VOM 模式为中心的考察》，载《环球法律评论》2010 年第 2 期。

② 参见朱立恒：《英美刑事和解探析：以 VOM 模式为中心的考察》，载《环球法律评论》2010 年第 2 期。

定出一项计划，以供加害人参考以弥补其过失。该会议为被害人提供了更多接触刑事司法及发言的机会。社区代表将论及社区对该犯罪的看法与主张，并可以对被害人及加害人提供必要的协助。社区会议在防止犯罪人再犯方面效果显著。威斯康星州议会审计局（Wisconsin Attorney's Office）2004 年 6 月所作的调查发现，在 2002 年度参加社区会议的加害人中，不到一成（8.8%）的加害人在一年内再度被捕，这与未参加社区会议的控制组中高达（27.6%）的逮捕率形成鲜明对比。[①]

（3）量刑圈模式（Sentencing Circle，简称 SC）

量刑圈模式根源于北美印第安人解决纠纷的传统。1996 年，美国明尼苏达州实施了第一个量刑小组的实验计划，随后进入其他地区并被广泛应用。与上述两种恢复性司法制度不同的是，量刑圈模式并非适用于刑事诉讼的所有阶段，而是只适用于被告人被定罪以后，以取代传统的量刑程序。该模式通常是在社区长者的主持下将犯罪人、被害人及其家庭成员及其社区成员聚在一起，围成一个圆桌，针对犯罪行为给被害人和部落带来的影响进行讨论并确定处理方案的程序。在这个程序中，通过被害人、社区成员、家庭和犯罪人发表意见，分担寻找建设性解决方法的责任，商讨犯罪人服务计划及犯罪人的改造方式。社区在量刑圈模式中发挥了重要的作用。

量刑圈不但考虑犯罪人的需求，而且还将被害人及其家属与社区纳入考虑范围，目前已被广泛应用于美国刑事司法与少年司法程序中。除了被害人、加害人及其近亲属以外，参加量刑圈的还包括法官、地区检察官及量刑协调人（Circle Keeper）。其中，检察官主要负责提出具体量刑建议，以供各方参酌。在量刑圈模式下，主要经历若干程序：被害人的自愿申请、对被害人的愈合圈（Healing Circle），对加害人的愈合圈、形成良性计划共识要素的量刑圈（Sentencing Circle）以及监督加害人进展的后续圈（Follow-up Circle）。[②]

综上所述，与正式的刑事司法程序不同，恢复性司法侧重的不是判断谁对谁错，或谁胜谁负，而是为当事人之间的纷争找出可行的解决方案，满足各方的需求。更重要的是，调解为双方的情感诉求提供了表达

① 参见张鸿蔚:《美国检察制度研究》,人民出版社 2009 年版,第 220 页。
② 参见张鸿蔚:《美国检察制度研究》,人民出版社 2009 年版,第 215 页。

的机会。在这里，正式的、烦琐的司法程序被更易被理解的、更人性化的程序所取代，

诚然，恢复性司法强调修复因偏差与犯罪所造成的损害，犯罪人因其不法行为应承担相应责任，通过赔偿等实际手段来实现平衡社区、被害人与犯罪人之间的和谐关系。但不可否认的是，这种恢复性司法客观上确实减少了正式诉讼程序的适用，实现了案件分流程序的效果。

第四章 传统职权主义国家刑事诉讼程序分流考察

法国与德国是传统职权主义诉讼模式的代表性国家。在纠问制基础上形成的“追求事实真相”司法理念，使其诉讼制度的运行不像英美国家那样灵活，显得比较僵化。但是，当近现代“犯罪浪潮”席卷而来的时候，它们也不得不开始从僵化走向灵活，不同的程序分流措施在各自本土的“法律土壤”上生长出来。

第一节 法国刑事诉讼程序分流考察

从20世纪80年代以来，法国的诉讼程序便一直因冗长拖沓、效率低下而长期为理论界及实务界所诟病。因此在近20年的立法改革中，法国立法者一直注重诉讼程序的效率，进行了许多相当有意义的尝试。具体到刑事诉讼领域，2000年法国立法者在“关于加强无罪推定及被害人权利保护的法律”中首次将保障诉讼效率作为根本原则写入《法国刑事诉讼法典》的序言篇，这预示着法国立法者在提高诉讼效率方面的决心和期许。2004年3月9日，法国更是在贝尔本第二号法律中引入了“法式辩诉交易制度”，即所谓的庭前认罪答辩程序，将诉讼效率的讨论推到了封口浪尖。①

目前，通过不断地推行提高司法效率的改革，法国初步形成了由附条件不起诉（追诉替代措施）、刑事和解、刑事调解、庭前认罪答辩程序

① 参见金邦贵主编:《法国司法制度》,法律出版社2008年版,第84~86页。

以及简易程序所组成的较完善的高效刑事案件解决机制，实现了刑事案件的有效分流，在很大程度上缓解了司法机构尤其是法院的庭审压力。下图即是法国2001年至2005年刑事案件分流的情况。

2001—2005年法国刑事案件分流情况表①

年份	2001	2002	2003	2004	2005
处理的案件	4,944,721	5,083,465	5,008,724	5,004,795	4,838,411
无法起诉案件	3,616,873	3,733,384	3,624,581	3,549,138	3,376,537
错误定性	324,618	380,023	381,285	401,241	408,711
行为人不明	3,292,255	3,353,361	3,243,296	3,147,897	2,967,826
可起诉案件	1,327,848	1,350,081	1,384,143	1,455,657	1,461,904
占处理的案件比例(%)	26.9	26.6	27.6	29.1	30.2
起诉案件总数	621,866	624,335	654,579	674,522	677,107
移交给预审法官	36,398	37,444	35,143	34,211	32,613
移交给儿童法官	56,974	56,279	55,369	55,841	56,406
向轻罪法院提起起诉	371,640	383,411	409,561	464,848	516,017
·立即出庭	31,693	38,269	42,026	43,099	46,601
·共和国检察官通知出庭	6,361	7,665	11,273	11,577	15,783
·司法警察通知出庭	226,802	233,894	239,190	240,910	217,625
·直接传票	106,784	103,583	103,498	108,253	103,043
·刑事处罚令	—	—	13,574	58,822	105,765
·认罪答辩程序	—	—	—	2,187	27,200
向违警罪法院提起起诉	156,854	147,201	149,736	104,248	67,868
·司法警察通知出庭	17,494	19,884	18,188	8,215	9,089
·直接传票	53,016	45,354	41,149	21,452	18,493
·刑事处罚令	86,344	81,963	90,399	74,581	40,286
·在社区法院提起追诉	—	—	4,770	15,374	4,203
成功的刑事和解总数	1,511	6,755	14,785	25,777	40.034
替代程序总数	269,996	289,485	328,905	388,944	421,169
调解	33,486	33,700	34,060	34,866	31,859
未成年人赔偿	4,972	5,275	5,941	6,214	7,167
治疗命令	4,038	4,068	4,874	5,464	5,227
移交给卫生、社会、职业机构	7,497	7,332	9,708	11,269	11,847
非法状况合法化	38,823	40,010	44,341	53,356	58,615
法律提醒	129,021	144,592	170,830	206,551	221,402
其他的非刑法追诉和惩罚	52,159	54,508	49,151	71,224	85,052
刑事处理率(%)	67.3	68.2	72.1	74.8	77.9
不起诉案件	434,475	429,506	385,874	366,414	323,594
占可起诉案件的比例(%)	32.7	31.8	27.9	25.2	22.1
被起诉的法人数量	1,713	1,719	2,617	2,465	2,593

① 此图表资料参见魏武：《法德检察制度》，中国检察出版社2008年版，第91页。

一、发动追诉前司法警察的案件分流

大革命后，法国开始在刑事诉讼中奉行“检警一体化”的侦查构造，司法警察仅仅负责案件的调查工作，并没有任何独立的权力处理案件。只有检察官有权行使公诉权，对违反刑法的犯罪行为进行或派人进行一切必要地追查与追诉行为。但是，检察院往往只有在对其知悉的犯罪搜集到特定情况、材料之后才能作出追诉决定，因此，在这一正式阶段之前通常有一个预备阶段，即司法警察追查并确认犯罪的阶段，这为司法警察处理案件留下了可能的空间。在实践中，司法警察也自己解决一些刑事案件。警察并不将所有有关犯罪行为的信息提交给检察机关——即便他们应该这么做。因此，就存在可以称为“警察撤销”的案件。该词涵盖了广泛领域，包括从警察收到的完全无用的报告，到对街道上的犯罪行为不采取行动。例如，警察警告某人发现该人犯了一个轻微罪行，而不逮捕他。警察使用线人也涉及在刑事罪行追诉领域的特殊选择（在法国，警察可以自己决定是否使用线人，无须获得检察官的批准）。[①]

二、启动与执行追诉中的案件分流

按照法国刑事诉讼法典的规定，刑事案件的侦查追诉可以分为初步侦查和预审两个阶段。[②] 其中，预审又被称为正式侦查，但并不是所有刑事案件都要经过预审：所有的重罪案件都必须进行预审；轻罪案件除涉及由不满 18 岁的未成年人实行的轻罪必须进行预审外，对其他轻罪案件可以选择性地进行预审；对于违警罪案件，预审法官员可以根据共和共检察官的要求进行预审。由此以来，所有的刑事案件可以大致分为两类：第一类是只经历初步侦查的案件，第二类是经历初步侦查和预审的案件。总的来说，由预审法官进行正式侦查的案件数量并不多，1830 年前后大约有 1/3 的案件进入预审程序，而 100 多年后的今天，只有不到 7% 的案件需要预审法官

① 参见何家弘主编:《检察制度比较研究》,中国检察出版社 2008 年版,第 138 页。

② 参见何家弘:《从他山到本土——刑事司法考究》,中国法制出版社 2008 年版,第 99～100 页。

进行侦查。[①] 由此可见，针对不同的犯罪加以区别对待，法国规定了不同的侦查追诉程序，这正体现了繁简有别、轻重不同的程序分流思想。

1. 启动追诉中的案件分流

一般来说，刑事诉讼经过预备阶段之后随着“（la décision de poursuite）追诉决定”的作出而真正开始；当然，也有另外一种可能：经过预备阶段，司法机关根据搜集到的各种情况、材料作出“不追诉决定”（décision de ne pas poursuivre）。[②] 原则上，有关犯罪的各种情况、材料向检察官集中后，除法律规定的检察官将有关材料移送其他机关的情形除外，一般由检察官对是否提起追诉作出必要的决定。但是，如果检察官尚未发动公诉，受到损害的当事人通过告诉并“成为刑事诉讼中的民事当事人”（se constituer partie civile），也可自动发动公诉。另外，一些公共行政机构的官员也在一定的情形下对一定的违法行为提起公诉。但总体而言，检察机关的作用是最基本的。[③] 通常情况下，检察官根据司法警察所移交材料进行初步侦查，审查案件是否需要立案追诉，并根据具体情况作出不同的决定：是否继续后续追诉程序或者适用替代措施。

（1）追诉便宜原则

法国大革命时期的立法者没有为司法官员保留任何自行判断的可能性，当时采取的是法定追诉原则。一切违反刑事法律的行为都必须受到追诉。如此一来，法国的检察官面对案件只有两种选择：立即起诉或不予起诉。因此，对一些情节轻微的轻罪案件，检察官往往处于两难境地：提起公诉，则占用大量的诉讼资源，降低诉讼效率；不予起诉，却又不能实现责任追究及刑罚震慑的刑事目的。这迫使法国立法者在起诉与不起诉之间寻求第三种路径——既能最大限度地提高效率，又能确保责任追究及刑罚威慑力。[④] 因此，现行《法国刑事诉讼法典》中规定了“追诉适当性”制度，引入了追诉便宜原则。《法国刑事诉讼法典》第 40 条第 1 款规定，共和国检察官接收告诉和告发，并评判应当对此作出的答

---

① 参见[法]贝尔纳·布洛克:《法国刑事诉讼法》,罗结珍译,中国政法大学出版社 2009 年版,译者导言第 V 页。

② 参见[法]贝尔纳·布洛克:《法国刑事诉讼法》,罗结珍译,中国政法大学出版社 2009 年版,第 324 页。

③ See Guinchard, Serge, Institutions Juridictionnelles. Paris: Dalloz 2007, p. 834.

④ 参见金邦贵主编:《法国司法制度》,法律出版社 2008 年版,第 384 页。

复。该表述可以被认为赋予了共和国检察官对追诉便宜进行衡量的权力。

具体而言，共和国检察官既可以对追诉的合法性（可能比较难于决定）又可以对追诉的适当性自由作出决定。共和国检察官在对可能要提起的追诉的合法性和适当性作出评判之后，可以自由地按照其个人的认识作出决定。[①] 所谓审查追诉的合法性，就是指检察官从掌握的情况来分析是否确实具备有可能宣告有罪判决的各项条件。首先，应当详细审查犯罪行为是否确实属于刑事法律条文所规定的范围，确认法官可能宣告有罪判决的各项条件是否已经具备，并确定犯罪嫌疑人在犯罪中的角色，如正犯、共同正犯或共犯等。其次，应当审查是否存在正当防卫、紧急避险、依法行使权利以及享有豁免权等“免责要素”，如果存在，应当作出不予追究的决定。此外，还应当审查公诉的可受理性，如管辖是否存在问题、公诉时效是否完成、犯罪人是否死亡以及有无大赦等情况存在。所谓审查追诉的适当性，是指检察官要从考虑公共秩序的角度综合衡量提起追诉的利弊。如果犯罪行为给社会造成的损害特别轻微，或者所侵害的标的微不足道，或者行为人是本着完全值得赞赏的动机而采取的行动，在这些情况下提起追诉只能是弊大于利，为了避免法院积案过多，检察官完全可以将为数不少的犯罪案件不予立案。例如，对于因使用毒品受到指控，但能够自动接受戒毒治疗或医疗监控的人，可以不提起追诉。[②] 但是，追诉适当规则仅仅适用于决定追诉以前，即一旦启动追诉，则不能再以此为由终止。由此可见，检察官按照法律规定对司法警察部门或其他任何公务助理人员或公务员向其转送的笔录与其他材料完全有自由评判的权力，在审查追诉合法性与适当性后可以决定：或者提起追诉，或者实行追诉的替代程序，或者不予立案（将案卷归档，不予追究）（《法国刑事诉讼法典》第40－1条）。

但是便宜追诉原则的适用要受两方面的制约：其一，追诉便宜原则仅仅适用于追诉启动阶段。一旦追诉已经启动，检察官不得撤回追诉。[③] 其二，共和国检察官的自由裁量不是没有限制，有时检察官本想提起追诉，

---

① 参见［法］卡斯尔·斯特法尼等：《法国刑事诉讼法精义》，罗结珍译，中国政法大学出版社1999年版，第506页。

② 参见法国《公共卫生法典》第628条。

③ 详细参见 Pradel, Jean, Manuel de procédure pénale. Paris: Edition Cujas 2006, p. 536.

但在法律上却不可能这样做，有时候则相反，检察官本来打算作出不立案决定，但却不得不提起追诉。A. 对追诉自由的限制。特定情况下，法律强制共和国检察官必须等待受到损害的当事人或者公共行政机关提出告诉，或者强制其等待“事先批准”，或者等待另一法院解决提起公诉的先决问题，然后才能作出决定。B. 对不进行追诉之自由的限制。虽然检察院原则上有不进行追诉的自由，但是在以下三种情况下，仍然受强制提起公诉：a. 来自纪律层面上存在的义务，服从上级检察院要求发动公诉的命令；b. 来自自动效力的法律义务，受到损害的当事人向刑事法院提起民事诉讼可以使检察官本不想发动的公诉自动得以发动；c. 上诉法院预审庭，可以就检察院在立案侦查意见书中并未指出的主要犯罪事实或者与之有关联的事实，命令对受到控告的人进行追诉，或者命令对尚未受到审查的人提起追诉（《法国刑事诉讼法典》第202、204、205条）。[①]

（2）追诉便宜原则的适用：不起诉及替代措施

在实践中，社会不可能对所有的轻微犯罪都作出反应。这迫使立法者不得不去构思能够允许检察官对一定的犯罪行为人提出真正替代刑事追诉的措施。[②] 2004年3月9日法律为适应犯罪发展的需要，对司法进行了改革。现在，便宜追诉原则使得检察机关可以采取有系统的司法回应。其关键条款是《法国刑事诉讼法典》第40－1条，该条规定：“有地域管辖权的共和国检察官认为其……知悉的行为已构成犯罪，并且是由已知身份与住所的人所实施，在没有任何法律规定妨碍对此犯罪行为提起公诉时，如其认为适当，得决定：1. 发动追诉；2. 适用第41－1条或第41－2条之规定实行可以替代追诉的程序；3. 在与犯罪行为之实施相关联的特别情节证明有此必要时，作出不予追诉的决定。”[③] 通过运用该条款，检察机关在实践中创造了有条件的不予追诉，并逐渐被法定化。因此目前而言，追诉的替代措施总体上包括有条件的不起诉、刑事调解和刑事和解。[④]

归纳来讲，如果共和国检察官认为采取特定措施可以终止犯罪引起

---

① 详细参见［法］贝尔纳·布洛克：《法国刑事诉讼法》，罗结珍译，中国政法大学出版社2009年版，第337～342页；魏武：《法德检察制度》，中国检察出版社2008年版，第64～69页。

② See Guinchard, Serge, Institutions juridictionnelles. Paris: Dalloz 2007, p. 838.

③ 罗结珍译：《法国刑事诉讼法典》，中国法制出版社2006年版，第36页。

④ See Guinchard, Serge, Institutions juridictionnelles. Paris: Dalloz 2007, p. 836.

的侵害或者有助于犯罪行为人回归社会,[①] 可以运用以下几种不起诉制度及相关替代措施在审前分流案件。

A. 普通不起诉

普通不起诉，是指检察院基于法律或事实的理由作出不起诉决定，对行为人不采取任何刑事惩罚措施。检察院作出普通不起诉的决定，就意味着撤销案件。案件的撤销分三种形式：案件因无法被起诉而撤销（如无法查明犯罪行为人，或证据不足），案件因技术原因无法被起诉（如有免除刑事责任的原因，或过了追诉时效），以及完全基于便宜原则的撤销。[②] 统计数据表明，不予追诉率在法国非常高，大约80%告诉或告发到检察院的轻罪案件都是以不予追诉决定终结。对违警罪，不予追诉的比例更高。[③]

B. 和替代措施相关联的不起诉——附条件的不起诉

20世纪80年代初的犯罪数量的巨大增长，迫使检察机关大规模地撤销案件。在此背景下，一些检察官开始采取替代措施处理刑事案件。检察官首先决定暂时推迟作出是否起诉的最终决定。在检察官建议的解决方法成功完成后，检察官就会撤销案件；如果替代方法不成功，检察官就会采取其他的可能的起诉决定。因此，选择替代方式处理案件和附条件的撤销案件相似。法国学者将替代措施分为赔偿性措施和惩罚性措施两类：

a. 赔偿性措施（《法国刑事诉讼法典》第41-1条）

赔偿性措施有两个目的，一是确保赔偿被害人受到的损害得到赔偿，并终止因犯罪造成的扰乱，二是帮助犯罪行为人回归社会。法律明确规定的赔偿性替代措施有以下几种。

①向犯罪行为人重述法律规定的义务，简称法律提醒。法律提醒是最简单、最经常适用的替代措施。为了使其具有刑事替代措施的价值，原则上，法律提醒的适用必须具备一定的形式：检察官命令警察或检察

---

① 参见[法]贝尔纳·布洛克:《法国刑事诉讼法》,罗结珍译,中国政法大学出版社2009年版,第330页。

② Bouloc, Bernard, procédure pénale, 20e edition. Paris: Dalloz 2006, p. 550; Pradel, Jean, Manuel de procédure pénale. Paris: Edition Cujas 2006, p. 537.

③ Pradel, Jean, Manuel de procédure pénale. Paris: Edition Cujas 2006, p. 538.

官代表给予违法行为人有关其行为的正式警告（书面信件或检察机关或检察官代表对行为人作出通知）。法律提醒一般适用于实施违法行为的未成年人，而不适用于累犯。提醒的内容一般包括相关的法律规定，以及如果检察官提起公诉，违法行为人可能被判处的刑罚。法律提醒应使得行为人对其行为对社会、被害人和行为人自己造成的后果有所认识。法律提醒并不载入未成年人司法档案。

②引导犯罪行为人前往卫生、社会或专业机构。这是要求行为人和指定的机构进行联系，行为人既可以从检察官那里获得专门机构的地址，也可以自行选择去哪个机构。这项措施可以是指犯罪行为人自行负担费用到卫生、社会或专业服务部门或机构接受并完成实习或培训，特别是接受和完成公民资格实习；如果是在驾驶陆路机动车辆时实行的犯罪，此项措施可以是指犯罪行为人自行负担费用完成公路安全意识的实习培训。例如，使用毒品在法国是犯罪行为，对于因使用毒品而被逮捕的人员，如果其声明愿意接受医疗帮助，撤销起诉是可以的[①]。

③要求犯罪行为人按照法律规定纠正其不符合规定的状况，补证手续，使其地位符合规定，简称非法状态的合法化。例如检察官可以要求行为人更新其身份证或申请驾照（如果行为时因为无照驾驶而被逮捕）。

④要求犯罪行为人赔偿因其犯罪造成的损害。

⑤经各方当事人的同意，派人在犯罪行为人与受害人之间进行调解，简称刑事调解。调解机制如下：检察官或检察机关的其他司法官提出调解建议，在双方当事人即被害人和行为人都接受的前提下，检察官指定一名调解员（正式名称为“共和国检察官之调解员”）[②] 并确定调解期限。调解员决定调解的类型和内容。调解员会见当事人一方或同时会见当事人双方，向其解释调解程序。然后组织一次或多次会见，以解决冲突。在调解成功的情况下，共和国检察官或调解人应制作调解笔录。笔录应由其本人以及各方当事人签字，并向各当事人提交副本一份。如果犯罪行为人承诺向受害人支付损害赔偿，受害人可以依据笔录，按照新

① 参见法国《公共卫生法典》第 L. 628—1 条。

② 作为调解员的人可以包括检察官代表，被害人基金会在提供调解员方面也提供支持，但调解员应获得检察长或检察官的承认。参见魏武著：《法德检察制度》，中国检察出版社 2008 年版，第 58 页。

《民事诉讼法典》所定规则，请求按照指令支付程序收取款项。在调解员通知检察官所取得的成果后，检察官可以作出最终是否起诉的决定。在调解后也可以适用法律提醒。

⑥对配偶或未成年人的保护措施。2005 年 12 月 12 日第 2005—1549 号法律在《法国刑事诉讼法典》第 41－1 条中增加了第 6 项。该项规定："如果针对配偶、同居者，或通过民事同居契约而结合在一起的伴侣，或者本人的或配偶、同居者、伴侣的孩子而实施了犯罪行为，在另外一方的住所或住宅之外居住，以及在必要时不得出现在该住所或住宅内，或不得出现在该住所或住宅附近；同时，如有必要，对其采取卫生、社会或心理措施；该第 6 项条文同样适用于犯罪行为为被害人的前配偶、前同居者或曾通过民事同居契约而结合在一起的人员所实施的情况，有关住所是指被害人的住所。"

2005 年，在检察机关追诉的 677107 个案件中，421169 个案件通过《法国刑事诉讼法典》第 41－1 条规定的替代程序处理，占所有起诉案件的 62.2%。其中适用最广泛的是法律提醒，共有 221402 个案件，其次是刑事调解，共有 31859 个案件。[①]

b. 惩罚性措施——刑事和解（《法国刑事诉讼法典》第 41－2 条、第 41－3 条）

法国于 1995 年 2 月 2 日规定了"刑事命令"程序，该程序允许共和国检察官向一定的犯罪行为人提出建议，如果行为人向国库交纳一定数量的金钱，检察官就可以对其不提起公诉。但该程序因违反了追诉和裁判权力分离原则而饱受质疑。由于引人刑事命令这样一种程序对于加强刑事司法的效率具有必需性，因此 1999 年 6 月 23 日依照法国宪法委员会的意见对刑事命令程序作了修正，创立了和刑事命令相近的刑事和解程序。可以说，刑事和解是对刑事司法体制资源进行最佳分配的需要的一种回应。它的目的是确保被害人受到的损害得到救济，秩序得到恢复或者鼓励行为人接受社会或医疗帮助。

①适用范围。刑事和解的适用范围是相当广泛的。对已经承认自己犯有主刑当处罚金或刑期在 5 年或 5 年以下监禁的一项或数项轻罪的自

---

① Annuaire statistique de la Justice. édition 2007, p. 109.

然人，以及相应场合，承认自己犯有一项或数项违警罪的自然人，共和国检察官均可直接或者通过中间人实行刑事和解。但是刑事和解不适用于新闻轻罪、非故意杀人罪或者政治性轻罪。2005 年的法律又将刑事和解的范围扩大到实施经济性质的违法行为的法人，不过可以适用的和解措施只有和解罚金。根据《法国刑事诉讼法典》第 41－3 条，刑事和解程序也适用于违警罪。

②刑事和解措施。根据《法国刑事诉讼法典》第 41－2 条，刑事和解可以采取以下一项或数项措施：1. 向国库交纳和解罚金。此项罚金的数额不得超过当处罚金的最高数额，并依据犯罪行为的严重程度以及犯罪行为人的财产与负担确定。此项罚金可以按照共和国检察官的规定分期支付，但应在不超过 1 年的时间内支付完毕；2. 将旨在用于实施犯罪之物或犯罪所得缴纳给国家；3. 将其机动车交付封存，封存的最长时间为 6 个月；4. 将其驾驶执照交给大审法院书记处，最长时间为 6 个月；5. 将其打猎许可证交给大审法院书记处，最长时间为 6 个月；6. 在最长不得超过 6 个月的期间内，为公共机构，尤其是公法上的法人或承担公共服务任务的私法上的法人或被授权的协会，完成最长时间为 60 个小时的不支付报酬的劳动；7. 在最长不得超过 18 个月的期间内，在卫生、社会或者专业部门或机构参加最长时间为 3 个月的实习或培训；8. 在最长 6 个月期间内，不得签发支票，但出票人在受票人处提取资金或者经签证确认的支票除外；也不得使用银行卡；9. 在不得超过 6 个月的时间里，不得出现在其实施犯罪的场所或共和国检察官指定的场所，但行为人平常居住的场所除外；10. 在不超过 6 个月的时间里，不得约见或接待共和国检察官指明的犯罪行为被害人，或者不与他们进行联络；11. 在不超过 6 个月的时间里，不得约见或接待共和国检察官指明的共犯或可能是共犯的人；12. 在不超过 6 个月的时间里，不离开本国领土并交回护照；13. 在必要时自费完成有关公民资格的学习；14. 如果针对配偶、同居者或通过民事同居契约而结合在一起的伴侣或者本人的配偶、同居者、伴侣的孩子而实施了犯罪行为，在另外一方的住所或住宅之外居住，以及在必要时不得出现在该住所或住宅内，或不得出现在该住所或住宅附近；同时，如有必要，应采取卫生、社会或心理措施；该第 14 项条文同样适用于犯罪行为为被害人前配偶、前同居者或曾通过民事同居契约而结合在

一起的人员所实施的情况，有关住所是指被害人的住所；15. 在必要时自费完成关于使用麻醉品制剂危险性的敏感实习；16. 接受日活动措施，即职业融入活动，或在公法上的法人或承担公共服务任务的私法上的法人或被授权采取该措施的协会之处接受学校教育；17. 在有关人员显然使用麻醉品或经常性酗酒的情况下，接受根据法国《公共健康法典》第L. 3413－1条至第L. 3413－4条所规定的治疗指令措施。

如被害人已经查明，以及除犯罪行为人证明其已经赔偿所造成的损失之外，共和国检察官还应当向犯罪行为人建议在不超过6个月的时间里赔偿其犯罪行为所造成的损失，并将此建议通知受害人。

对于13～18岁之间的未成年人，除了《法国刑事诉讼法典》规定的适用于成年人的刑事和解措施外，2007年3月5日法律还增加了其他五项措施，但是这些措施的执行时间不得超过一年："1. 完成公民教育培训；2. 经常性地进行学习或职业培训；3. 遵守法官先前作出的安置在一个公共或私人的教育或职业培训机构或设施中的决定；4. 接受心理学家或精神病科医生的治疗；5. 执行日活动措施，即未成年人参加由承担公共服务职责的私法上的法人、被授权的协会或青少年私法保护组织组织的职业性或教学性回归社会活动。"①

根据《法国刑事诉讼法典》第41－3条，适用于违警罪的刑事和解措施有以下几种：收回驾驶执照或打猎执照的时间不得超过3个月，不支付报酬的劳动时间不得超过30小时并且最长应在3个月内完成，禁止签发支票的时间不得超过3个月。《法国刑事诉讼法典》第41－2条第9项至第12项规定的措施不得适用。该条第6项规定的措施不适用于第一级至第四级的违警罪。该条第2项至第5项的规定以及第8项的规定亦同，但当处《法国刑法典》第131－16条第1项至第5项规定的附加刑的违警罪除外。②

③刑事和解程序。刑事和解程序要遵守以下三项主导原则：首先，作为一项替代措施，只有在公诉尚未启动的情况下，刑事和解才能适用。其次，刑事和解意味着犯罪行为人对犯罪事实的承认，进行了有罪供述。

---

① 魏武:《法德检察制度》,中国检察出版社2008年版,第62页。

② 参见罗结珍译:《法国刑事诉讼法典》,中国法制出版社2006年版,第42～43页。

最后，检察机关并没有进行刑事和解的义务。[①]

刑事和解程序一般分三个阶段进行。第一阶段是检察机关提出建议阶段。刑事和解程序由检察机关向行为人提出刑事建议而启动。建议可以来自检察官自己，但最经常的是由司法警官提出，或通过共和国检察官代表或调解人作出（《法国刑事诉讼法典》第 R. 15 - 33 - 38 条）。建议应以书面形式作出。行为人必须书面同意和解建议。为了保障犯罪行为人同意的真实性，立法者还规定了对行为人的一系列保障措施，尤其是检察官必须告知行为人享有在对和解提议表示同意之前获得律师帮助的权利，以及应制作笔录。如果行为人不同意和解，和解程序终止，检察机关可以进行追诉。如果行为人同意和解，则和解程序进入第二个阶段，即司法审查阶段。刑事和解作为惩罚性措施，须经司法审查：检察官必须将和解建议提交给一名法官（大审法院或小审法院院长、社区法官或儿童法官）进行审查。法官的权力局限在只能批准或驳回检察机关的和解建议，而不能对检察机关的和解建议进行修改。如果法官认定和解有效，所决定的措施即交付执行。如果法官驳回建议，建议即告失效。如果法官认定和解有效，和解程序就进入第三个阶段，该阶段为犯罪行为人的态度所主导。刑事和解得到执行，公诉即告消灭：嫌疑人不再因为该行为被起诉。但这并不影响被害人提出赔偿请求。如果犯罪行为人不接受刑事和解或者在表示同意和解之后不完全执行已决定采取的各项措施，除有新的因素之外，共和国检察官得发动公诉，在提起追诉并对犯罪行为人作出有罪判决的情况下，有必要考虑该人已经完成的劳动或者已经支付的款项。

在刑事和解过程中，不管是在和解程序的哪一个阶段（包括措施已得到认可或正在执行），如果被害人采取了直接传票方式或民事请求方式，刑事和解程序即告终止。

④实践状况。2005 年，在检察机关追诉的 677107 个案件中，40034 个案件通过刑事和解处理，占所有起诉案件的 5.9%。[②]

2. 执行追诉中的案件分流

检察官作出立案追诉后，即会进入执行追诉的阶段——提起公诉。

---

① Pradel, Jean, Manuel de procédure pénale. Paris: Edition Cujas 2006, p. 544.

② See Annuaire statistique de la Justice. édition 2007, p. 109.

在共和国检察官决定追诉后，他是唯一有权选择执行追诉方式的人。根据案件的复杂程度和罪行的轻重，以及被追诉人是否为成年人，立法者设计了不同的追诉方式。

（1）案件实时处理机制

20世纪80年代初犯罪数量急剧增长，加快司法运作、提高司法效率的需求日益迫切。从1991年开始，一些地方的检察机关开始对所有不严重的案件适用直接处理制度（实时处理机制）。

所谓实时处理，简单地说，就是司法警察警官必须有系统地立即向检察机关以电话通知方式通报所有犯罪行为，包括重罪、轻罪甚至某些违警罪，以便检察机关能尽快地行使其特权，领导调查，（如果其认为必须的话启动司法调查）到犯罪现场，监督警察拘留，尽快将犯罪行为人移交审判。[①] 在调查结束后，警察电话通知检察院已查明的案件事实，检察机关自接到电话后，就必须立即对案件进行处理。检察官然后决定——如果他有效判断的话——应适用的处理方式。他可以选择停止调查、适用追诉替代程序，决定公诉方式（刑事处罚令、司法警察传讯、通知出庭、立即出庭或认罪出庭）。[②]

通过运用实时处理机制，使司法警察向检察机关通知案件的方式制度化，强化了检察机关对司法警察的领导和监控，更有利于贯彻刑事政策；同时实时处理机制保障了案件的及时处理，缩短了检察官作出决定的时间，最大限度地提高了效率；最后它促进减少了不起诉案件数量，强化了追诉替代措施的适用。

（2）对成年人犯罪的追诉方式

上文曾经指出，根据案件是否经过预审（正式侦查）程序分为两类，第一类是仅经历初步侦查的案件，第二类是经历初步侦查和预审的案件。这两类案件的起诉方式因预审程序的存在而完全不同。

在第一类案件中，对于经过初步侦查的轻罪、违警罪案件，检察官作出立案追诉的决定后，认为不需要进行预审的，有权自由选择向法院简易

---

① See Angibaud, Brigitte, Le Parquet. Paris: Presses Universitaires de France, 1999, p. 50.

② See Zocchetto, François, Juger vite, juger mieux? Les procédures rapides de traitement des affaires pénales, état des licux. Rapport d' information no17, 12 octobre 2005. (http://www. senat. fr/rap/r05 –017/r05—0171. html)

起诉的方式。起初，检察官只能适用一种非常缓慢并且通过庭审作出判决的程序，即直接传票程序。但后来由于提高诉讼效率、加快刑事诉讼运作的需要，检察官提起公诉的方式逐渐多元化。主要有以下几种简易方式：

A. 自愿出庭程序（la comparution volontaire）

自愿出庭程序是指检察官可以通过向犯罪行为人发出自行到案的通知，待受通知人接到通知后自行到案，其免于传票传唤（《法国刑事诉讼法典》第 389 条和第 532 条）。直接出庭程序只适用于轻罪和违警罪。检察院发出的通知，必须指明受到追诉的轻罪以及惩治此种轻罪的法律条文。检察院既可以向未被羁押的人发出通知，也可以向被临时羁押的人发出通知。尚未受到羁押的被告人自愿出庭，即可以推定其同意受到审判。在押被告人出庭，则并不意味着他自愿接受审判，法院必须形式上确认该人愿意接受法院审判。如果受通知人未自愿出庭，则检察官必须适用直接传票方式发动公诉。

B. 直接传票程序（la citation directe）

所谓直接传票，是指无须经预审，直接要求犯罪行为人出席轻罪法庭（《法国刑事诉讼法典》第 388 条）或违警罪法庭（《法国刑事诉讼法典》第 531 条）。直接传票程序是最古老的起诉方式，也是检察官最广泛使用的公诉方式。检察官只能对违警罪或轻罪适用直接传票来启动公诉，而不能适用于必须经过预审的重罪案件（《法国刑事诉讼法典》第 79 条）。直接传票必须有执达员送达。直接传票必须满足若干形式上的要求，否则传票无效（《法国刑事诉讼法典》第 553 条）。被传讯人应当出庭，否则需要自行承担缺席审判的风险。

由于直接传票程序是一种非常缓慢的程序，出现了一种形式化要求很低的自动出庭后的通知程序，同时随着案件实时处理机制的适用，直接传票程序的重要性已被极大削弱。

C. 通知出庭（la convocation par process - verbal）和立即出庭程序（la comparution immé - diate）

依据《法国刑事诉讼法典》第 393 条的规定，轻罪案件，共和国检察官在确认提交其审查的人的身份并告知受审查人受到指控的犯罪事实后，以及如受审查人提出请求，在接收其声明之后，认为无须进行侦查时，可适用通知出庭程序和立即出庭程序。无论检察机关选择何种程序，都应当通知相关人有获得律师帮助的权利；后者可以立即查阅案卷并和相关人自由交谈。此外，检察官应通过任何方式向受害人通知开庭日期。

通知出庭程序和立即出庭程序只适用于没有必要进行预审的轻罪案件，不适用于重罪和违警罪，也不适用于未成年人犯罪、政治轻罪或追诉程序有特别法规定的犯罪案件（《法国刑事诉讼法典》第397－6条）。起初立即出庭程序只适用于现行轻罪，后来经2002年9月9日法律得以扩大，所有最高监禁刑在2年至10年之间的非现行轻罪，和最高监禁刑在6个月和10年之间的现行轻罪都可以适用立即出庭程序（《法国刑事诉讼法典》第395条）。

通知出庭程序是指检察官通知犯罪嫌疑人在特定时间前往轻罪法院出庭（《法国刑事诉讼法典》第393条）。当已收集的证据充分以及案件可以审理时，检察官可以要求当事人在不少于10天、不超过2个月的期限内（除非当事人在其律师在场时明示放弃享有此期限），前往轻罪法院出庭。该程序的好处在于规定了在传唤通知和出庭之间最长为2个月的期限，在此期间可以将犯罪嫌疑人置于司法监督之下：如检察官认为，在被告人出庭之前有必要令其遵守一项或多项司法监督义务，得将被告人立即移送负责处理羁押事务的法官。因为执达员行为的经济性和程序的简单性，通知出庭程序获得了立法者的青睐与偏向。

基于临时羁押而直接将犯罪嫌疑人移交给法庭的程序，此为立即出庭程序（《法国刑事诉讼法典》第395条）。如果检察官认为已收集的证据充分，案件可以审理并且各项材料证明被告人可以立即到庭时，可立即将被告人移送法庭审判。在经被告人同意的前提下，法院可以在当日对其进行审判。尽管该程序一直饱受质疑和批评，但不得不承认，立即出庭程序适用范围的扩大也扩大了检察官的职权，对于不需要特别调查的简单的违法行为不再因为法定刑罚高就必须启动预审程序。

D. 庭前认罪答辩程序（le plaider coupable ou plaidoyer de culpabilité）

2004年3月9日第2004－24号法律创立了犯罪行为人事先承认犯罪的情况下的出庭程序，简称认罪答辩程序。法国原司法部部长多米尼克·贝尔本在2003年5月21日的议会辩论中对设立庭前认罪答辩程序的立法动机进行了简要的总结，即“设立庭前认罪答辩程序可提高诉讼效率，减轻轻罪法院的负担并使被告更好地接受量刑”。[①]

a. 适用范围。依《法国刑事诉讼法典》第 495 - 7 条的规定，庭前认罪答辩程序仅仅适用于主刑为罚金刑或者 5 年及以下监禁刑的犯罪。《法国刑事诉讼法典》第 495 - 16 条又将以下几类犯罪排除在庭前认罪程序的适用范围之外：未满 18 岁之未成年人所实施的犯罪；虚假新闻罪；过失杀人罪（而非过失伤害罪）；政治罪；追诉程序由专门法律进行规定的犯罪（如税收方面的犯罪等）。依司法实践，案情过于简单的案件一般也不适用庭前认罪答辩程序。

b. 运作机制。庭前认罪答辩程序的运作主要分为四个阶段：被告认罪；检察官提出量刑建议；被告接受或拒绝量刑建议；法官审核。

第一阶段：被告认罪。如前述，庭前认罪答辩程序启动的根本前提便是被告承认所被指控之犯罪事实（《法国刑事诉讼法典》第 495 - 7 条）。原则上，声明必须以言辞形式作出，且律师必须在场。但在由“直接传唤”启动庭前认罪答辩程序的情况下，认罪声明也可以以书面形式作出。

第二阶段：检察官提出量刑建议。在量刑建议方面，共和国检察官具有较大的裁量权，可建议执行一个或数个主刑或附加刑（《法国刑事诉讼法典》第 495 - 8 条第 1 款））。但法律也设置了若干限制。[②]

第三阶段：被告接受或拒绝量刑建议。在检察官提出量刑建议后，被告有十天的思考期限，以决定是否接受该量刑建议。共和国检察官有义务告知被告享有这一思考期限。在十天的思考期限届满后，被告应对量刑建议作出答复：如果被告接受共和国检察官的量刑建议，则共和国检察官应向大审法院院长或院长所委派的法官提出审核申请。庭前认罪答辩程序进入最后一个阶段，即审核阶段；但如果被告拒绝接受共和国检察官的量刑建议，则共和国检察官应依一般的公诉程序向轻罪法院提

---

① Journal officiel de la République fran? aise. du 22 mai 2003, Débats parlementaires.

② 其一，共和国检察官所建议之量刑的性质及幅度应合乎刑罚个人化的原则，充分考虑犯罪情节、被告人格、收入及负担等；其二，如果共和国检察官建议执行监禁刑，则刑期不得超过一年，也不得超过当处监禁刑刑期的一半；其三，如果共和国检察官建议执行罚金刑，则罚金的数额不得超过法定的最高罚金数额；其四，如果检察官建议适用无缓刑之监禁刑，则应向被告详细说明量刑是否立即执行或传唤至执行法官前以确定刑罚的执行方式。参见张智辉主编：《辩诉交易制度比较研究》，中国方正出版社 2009 年版，第 191 页。

起公诉或要求启动正式的侦查程序。之前庭前认罪答辩程序所作的各种声明及案卷笔录归于无效，不得作为证据提交给预审庭或审判庭。

第四阶段：审核。如果被告接受检察官的量刑建议，则庭前认罪答辩程序进入审核阶段。大审法院院长或院长所指派的法官得依共和国检察官之请求举行公开庭审，听取当事人及律师的陈述说明，并作出审核裁定。[①] 如果审核法官核准了检察官所提出的量刑建议，则应作出核准裁定。该裁定具有立即执行的效力。但如果审核法官拒绝核准检察官所提出的量刑建议，则检察官可按一般的公诉程序向轻罪法院提起公诉或要求启动正式的侦查程序。之前庭前认罪答辩程序所作的各种声明及案卷笔录归于无效，不得作为证据提交给预审庭或审判庭。

c. 实践情况。在 2005 年，全法国轻罪案件的总数量为 488496 起，而适用庭前认罪答辩程序额案件总数为 28018 起，使用率大约为 5%。[②]

E. 刑事处罚令程序——简易程序

如果共和国检察官认为无须进行庭审，在符合法定条件的前提下可以向一名法官请求作出刑事处罚令。

刑事处罚令起初只适用于违警罪，后来为了解决轻罪大量增加的困扰，扩大适用到一定的轻罪。具体而言，刑事处罚令适用于所有违警罪，即使是累犯，但未成年人实施的第五级违警罪、《劳动法典》规定的违警罪除外。如因违警罪造成损害的被害人直接在违警罪法院以直接传票方式传讯犯罪行为人，亦不得继续适用刑事处罚令程序（《法国刑事诉讼法典》第 524 条）。能够适用简易程序的轻罪包括 2004 年 3 月 9 日通过的《公路法典》规定的轻罪，以及违反陆路交通运输规章的轻罪。但是，如果被告人在实行犯罪之日尚未满 18 周岁；或者如果受害人在调查过程中提出损害赔偿请求权或者归还物件的请求；或者如果法院没有在此简易程序中作出最终裁定之前就已经直接传讯被告人；以及如果在实行违警

---

① 依法国宪法委员会的判决，审核法官应着重审查如下三个基本要点：其一，犯罪事实的真实性；其二，检察官所建议之量刑的适当性，即所建议之量刑是否与犯罪情节及被告的人格相匹配；其三，庭前认罪答辩程序的运作是否合乎公正程序的要求。例如，律师是否在整个程序的运作过程中都在场、被告是否享有十天的思考期限、检察官是否履行了告知义务以及被告是否自主、明确承认了有罪而非受到外来的压力等。参见张智辉主编：《辩诉交易制度比较研究》，中国方正出版社 2009 年版，第 191 页。

② 相关数据来源于法国司法部网站 www. justcie. gouv. fr. 访问时间：2016 年 1 月 18 日。

罪，或非故意杀人或非故意伤害人之身体罪的同时实行了《公路法典》规定的轻罪；以上情况则不能适用简易程序进行审理。只有在经过警察的调查之后，该被告人的犯罪事实得到确定，同时，该被告人的人格，特别是他的财产情况得到确定时，才可以适用简易程序（《法国刑事诉讼法典》第495条）。

选择适用简易程序的检察官应向法庭审判长移送追诉卷宗及其提出的公诉意见书。审判长不经法庭辩论，以刑事处罚令作出无罪宣告或者宣告处罚金，以及在必要时判处一个或数个当处之附加刑。这些刑罚也可以作为主刑宣告。如果法官认为有必要进行对抗性法庭辩论，或者被告人应当判处监禁刑，则将卷宗退回检察院（《法国刑事诉讼法典》第495－1条），适用普通程序进行追诉。[①]

第二类案件的追诉方式为“提起公诉意见书”。在第二类案件中，检察官作出立案追诉的决定后，需要启动预审程序，其通过起草一份“提起公诉意见书”要求预审法官对案件进行正式侦查并发动公诉；或者由自称受到轻罪或重罪侵犯的个人提起的有附带民事诉讼参与人参与的控诉而提起预审程序。

当预审法官认为可以终结侦查时，口头或者用挂号信通知各位当事人及他们的律师，并在20日期限经过之后将案卷移送检察官，检察官在1个月至3个月期限内向预审法官提出说明理由的意见。预审法官完全独立地作出“终结侦查裁定”，终结侦查裁定实际上就是不移送起诉裁定、一部不移送起诉裁定或移送起诉裁定：如果案件中查明的有罪证据并不充分，预审法官决定没有必要继续对受审查人进行追诉，并作出终止侦查、“不移送起诉裁定”；或者相反，如经认定的有罪证据可以使预审法官形成内心确信，那么受审查人就将被移送刑事审判法庭接受审判，预审法官为此作出“向审判法庭移送案件的裁定”（如犯罪事实构成轻罪，作出向轻罪法院移送起诉裁定；如果犯罪事实构成重罪，作出向重罪法庭移送起诉裁定）。具体而言，预审法官在侦查终结时可以做出以下三种裁定，客观上实现了分流案件的效果：

第一，预审法官面对侦查所得到的客观实际的结果，如果认为没有

---

① 参见何家弘主编:《检察制度比较研究》,中国检察出版社2008年版,第147页。

必要继续进行已经发动的追诉，则作出不移送起诉裁定（ordonnance de non-lieu，不起诉裁定）（《法国刑事诉讼法典》第177条第1款）。按照作出的裁定是依据法律上的理由，还是出于事实上的考虑，不移送起诉裁定可以分为两类。如果经过侦查认定的事实看来不属于任何刑事法律的适用范围（不构成犯罪），或者发现存在某种“具有证明效力的事实”（例如正当防卫、紧急避险），或者发现已过公诉时效期间等消灭公诉的原因，预审法官都将依据法律上的理由作出不移送起诉裁定。这种不移送起诉裁定一旦宣布作出就具有既判力。但是，最为常见的情况是，不移送起诉裁定依据的还是出于对犯罪事实本身的考虑，如经过种种努力仍不能查明谁是犯罪行为人，或者经过侦查并未查出充分的有罪证据。在发现新证据的情况下，这种裁定不具有既判力，预审法庭可以依据检察官的要求而重新开始进行预审。不移送起诉裁定一经作出即停止公诉。

第二，同一人因多项犯罪事实受到指控，在对其以多项不同罪名开始侦查的情况下，也可以就其受到指控的某些事实作出不起诉裁定（一部不起诉裁定）（《法国刑事诉讼法典》第182条）。

第三，如果预审法官认为存在当事人实施刑事犯罪的证据，则针对该人作出旨在将其案件移送有管辖权的审判法庭继续进行追诉的裁定。如果预审法官进行侦查的事实看来构成违警罪，预审法官都作出向违警罪法院移送起诉裁定（《法国刑事诉讼法典》第178条）。如果受到侦查的事实看来构成轻罪，预审法官作出向轻罪范媛移送起诉裁定（《法国刑事诉讼法典》第179条）。如果预审法官认为犯罪事实构成重罪，不再作出命令向上诉法院预审庭移送案卷的裁定，而是自行命令重罪法庭提出起诉。①

① 在2001年1月1日以前，经过侦查，掌握了充分证据，可以认定受审查人实行了重罪的所有案件，都必须提交上诉法院预审庭（起诉审查庭）进行审查。由上诉法院预审庭确认侦查最终终结，即使对预审法官的决定并未提出任何上诉，亦同。其所以如此，是因为对重罪案件没有规定向上诉法院提起上诉的程序。从2001年1月1日以后，预审法官可以裁定命令向重罪法庭提出起诉，上诉法院预审庭可以受理重罪被告人对此提出的上诉，由上诉法院预审庭决定是否向重罪法庭起诉被告人（《刑事诉讼法典》第186条第1款）。

检察机关对成年人犯罪案件的分流机制一览表①

	追诉替代措施	追诉方式
重罪		检察机关启动预审程序
轻罪	—刑事和解（最高刑为5年监禁刑的轻罪） —其他替代措施（适用于所有轻罪） ·法律提醒 ·将行为人移交给一定的机构 ·将非法状态合法化 ·赔偿损害 ·刑事调解	—检察机关启动预审程序 —直接传票 —自愿出庭之通知 —司法警察警官传唤 —通知出庭和立即出庭 —认罪答辩 —刑事处罚令
违警罪	—刑事和解 —其他替代措施 ·法律提醒 ·将行为人移交给一定的机构 ·将非法状态合法化 ·赔偿损害 ·刑事调解	—检察机关启动预审程序 —直接传票 —自愿出庭之通知 —刑事处罚令 —定额罚金

（3）对未成年人的追诉方式

根据1945年2月2日第45－174号条例，对于未成年人重罪，未经预审，不得进行任何追诉。对于未成年人轻罪，共和国检察官必须或者启动预审法官，或者通过请求方式启动儿童法官，或者依法启动儿童法院。而在任何情况下，对未成年人都不得适用针对成年人的直接传票、通知出庭或立即出庭。但是随着近年来未成年人犯罪案件的极大增加，预审法官的负荷加重，效率缓慢。为了加速未成年人案件的快速审理，法国于1995年、1996年和2002年设立了三种新的追诉方式：司法警察警官传唤未成年人到儿童法官前的程序；短期内出庭程序；未成年人法院立即出庭程序。②

① 资料来源于Pradel, Jean, Manuel de procédure pénale. Paris: Edition Cujas 2006, pp. 573－574.

② 关于此三种新的追诉机制的详细论述，参见魏武：《法德检察制度》，中国检察出版社2008年版，第89～91页.

三、审理程序中的案件分流

法国刑事案件审理程序的最大特色就是依据罪行轻重在不同的法院运用不同的程序进行审理。法国将犯罪行为区分为违警罪、轻罪、重罪，以此设立了违警罪法院、轻罪法院和重罪法院。检察院向法院提起公诉时，必须依据指控罪行的类别到相关法院起诉。法院在受理案件之后，便会依据繁简不同的程序进行审理。总体的原则是，越是严重的罪行，其审理程序相对复杂、严格，反之则相对简单、宽松。这正体现了繁简有别的分流思想。

违警罪法院的前身是拿破仑时代的治安法院，其负责管辖本辖区内发生的违警罪。违警罪法院通常实行独审制，有一名法官负责审理，一名书记官协助。其诉讼程序很简单。

轻罪法院有权审理本辖区内发生的、判处 10 年以下监禁刑或 25000 法郎以上罚金的轻罪案件。轻罪法院通常采用合议制，其每个法庭由三名法官组成，其中一人担任审判长，另有一名书记官协助。自 1973 年 1 月 1 日起，对下列案件可经院长决定并在得到被告人同意的前提下由一名法官独任审判：（1）支票方面的轻罪；（2）交通法规定的轻罪以及在驾驶车辆时实施的轻罪；（3）在运输协调方面的轻罪；（4）农村法中有关狩猎和捕鱼方面的轻罪。但是，对于以上轻罪案件，如果被告人在出庭时已被先行拘押，或被按照立即出庭程序受到追诉，或其实施的以上轻罪与其他轻罪有关联，则不得独任审理，需要合议庭审判。轻罪法院的审理程序相对简单。

重罪法院不是常设的审判机构，原则上每三个月为一个开庭期，必要时，经上诉法院院长与检察长商议后确定，可增加开庭次数。重罪法院受理判处 5 年以上徒刑与无期徒刑等重罪案件，且这些案件必须经过上诉法院起诉庭同意起诉。重罪法院对重罪案件的审理有两个例外：（1）16岁以下的未成年人实施的重罪由“少年法院”管辖，16 ~ 18 岁的未成年人实施的重罪由“未成年人重罪法院”管辖；（2）共和国总统在履行职责期间实施的叛国罪由“最高特别法庭”管辖。重罪法院是法国颇具特色的一级法院。它是法国受理刑事案件的法院中唯一设陪审制的法院；仅当法律另有规定时除外，如审理军事重罪及法律规定的危害国家安全的重罪案件时，重罪法院的法庭由审判长一人及六名法官组成，实行法官审。重罪法院的审理程序最为严格和复杂。[①]

第二节　德国刑事诉讼程序分流考察

德国的刑事诉讼诉程序分为两个阶段：侦查审判程序和刑罚执行程序。其中，侦查审判程序又分为普通诉讼程序和特别诉讼程序（例如自诉程序或处刑命令程序、快速程序）。在普通诉讼程序中，其第一审又分准备程序（Vorverfahren）、中间程序（Zwischenverfahren）及（主要）审判程序（Hauptverhandlung）。准备程序又称为审前程序，包括侦查和起诉两个阶段，均由检察官主持；当侦查终结，检察官可以做出两类裁判，即肯定的裁判（包括提起公诉的裁判和声请一处刑命令）和否定的裁判（即为不起诉处分）。中间程序是指检察官向审理法院提起公诉后，法院决定应否开启审判程序；当被告有充分的嫌疑涉案于一犯罪行为时，法院即可裁定开启审判程序；当法院拒绝开启审判程序时，则为一终止诉讼程序的裁定。[②] 审判程序是德国整个刑事诉讼的核心部分，被称为“主要程序”，法院通过法定程序对案件事实进行彻底的澄清和认定，并最终作出相应的裁判。

德国是强调精密司法的典型国家，历来重视诉讼程序的严谨性和正规性。然而随着国内犯罪数量的大幅度上升，国家财力不堪重负，因此德国也开始积极尝试程序分流的多种做法，以期提高诉讼效率。

---

① 关于违警罪法院、轻罪法院和重罪法院刑事案件审理程序的具体情况参见宋英辉等：《外国刑事诉讼法》，法律出版社2006年版，第291～316页；程荣斌主编：《外国刑事诉讼法教程》，中国人民大学出版社2002年版，第228～242页；宋世杰等：《外国刑事诉讼法比较研究》，中国法制出版社2006年版，第200～225页；［法］贝尔纳·布洛克：《法国刑事诉讼法》，罗结珍译，中国政法大学出版社2009年版，第485～520页。

② 参见［德］克劳思·罗科信：《刑事诉讼法》，吴丽琪译，法律出版社2003年版，第28～30页。

一、普通诉讼程序中的案件分流

1. 准备程序中的案件分流

德国在传统上更加重视审判阶段的程序分流，但近年来对审前程序的案件分流也投入了很多关注。警察机关在终止案件方面拥有着更大的权力，检察机关亦越来越多地适用裁量起诉原则。

（1）侦查阶段的程序分流

基于德国检警一体化的传统权力配置框架，检察院是领导和指挥侦查的法定机关，警察机关只是辅助机关。从法律层面上讲，在侦查刑事犯罪行为范围内，警察只担负着辅助检察院的责任，只能作出“不允许延误的”决定，对自己的侦查结果应当“不迟延地”送交检察院，由检察院进行进一步侦查。然而在司法实践中，由于警察机关人员和技术水平等因素，实际情况是警察常常自主地将侦查程序进行到底，然后才向检察院移送侦查结果。[①] 有关犯罪侦查的实践方面的研究已经非常清楚地证明检察官在侦查程序中仅仅参与极少案件，检察官将自己的活动限制在作出决定的范围内，警察非常独立地将犯罪侦查的任务进行到底。因此，在大多数情况下，侦查工作是由警察独自完成的，警察逐渐在侦查中扮演着主要的角色。[②]

---

① 参见李昌珂译:《德国刑事诉讼法典》,中国政法大学出版社 1995 年版,第 3 页。关于对审前程序中警察职责的经验式研究,见 Steffen, Analyse polizeilicher Ermittlungstaetigkeit aus der Sicht des spaeteren Strafverfah - rens, 1976; Blankenburg - Sessar - Steffen, Die Staatsanwaltschaft im Prozess strafrechtlicher Sozialkontrolle, 1978, pp. 86 - 96.

② 参见 Kissel/Mayer, Gerichtsverfassungsgesetz Kommentar, 4. Auflage, Verlag C. H. Beck München 2005, §152, Rn. 20. 出现这种现象的原因是多方面的,如警察在人员、犯罪侦查、技术上的优势;大部分指控都是向警察提出;为预防性打击犯罪之目的,警察一般进行广泛的前置侦查,同时也对犯罪行为进行侦查;虽然警察形式上受到法定追诉原则的约束,但是事实上他们有决定如何使用其资源的自由,即对哪些案件进行集中侦查,对哪些案件不进行集中侦查;另外,在越来越广泛使用的以电子数据处理为只吃的侦查方法的框架中,警察具有信息控制权;而且存在很多警察合作组织,如州刑事警察局、联邦刑事警察局,通过国际刑警组织和欧洲刑警组织,警察活动越来越国际化,这也使得他们具有信息上的优势;而且还有各种警察可以查询的国内的和国际上的数据网库,如黑森州警察信息系统、警察信息系统等;最后,检察还拥有检察机关无法监控的秘密侦查人员和线人。所以,侦查权毫无控制地落入警察手中。参见魏武:《法德检察制度》,中国检察出版社 2008 年版,第 189 ~ 190 页。

在法理上警察只是侦查的辅助者，无权出于权衡原因而终止程序来分流案件。但司法实践中警察客观上的确发挥着一定的分流功能。

“除了杀人和经济犯罪案件外，大部分犯罪的侦查都是由警察依职权独立进行的，一旦有迹象表明发生了犯罪，警察就有义务积极开始侦查”。[①] 根据《德国刑事诉讼法典》第 158 条、160 条和 163 条的规定，一旦有犯罪嫌疑，警察应当接收对犯罪行为的告发、告诉和启动侦查程序。随着由警方来调查的犯罪行为的数量日益增加，可以供警方使用的人力、物力资源紧缺而导致被迫追求程序经济性，警察在司法实践中开始对案件作出一些选择，常常对一些轻微案件或特定的犯罪嫌疑人不进行侦查。在 Josef Kuzinger 1978 年发表的一项关于警察机关对私人提出的起诉请求作出反应的研究中，他指出，警察对处罚必要性的主观认识会导致对法定起诉原则意想不到的限制，这种限制在轻微犯罪领域尤其明显。“总的来说，警方也致力于将投入到侦查活动中的力量与期待的成功之间的关系调整到最佳状态。警方这种行为被称为‘隐性转移’或‘策略权衡’”。[②] 如在家庭、朋友或者邻居等社会亲近范畴内发生了轻微的身体伤害、强迫或者侮辱情况的时候，警察往往是拒绝受理告发。显然，面对这类情况，警察不怎么视自己为一个犯罪行为追究机关，而更视自己是一个调解、安抚部门，它不愿意启动程序，以免进一步加深争执。[③] 由此可见，尽管警察无权自行结束侦查或者撤销案件，警察不能拒绝接受公民对犯罪的告发，但在实践中这一规则并非总是被严格遵循。[④]

更有甚者，在有些刑事案件中，到底是否对嫌疑人实施侦查或者继续侦查，作出决定的不是检察院，而是警察。尤其是当警察独立掌握秘密情报时，检察机构的指挥权更是形同虚设。比如在毒品案件中，查出的毒品数量决定着量刑的轻重，侦查的范围也就事先决定了惩罚的严厉程度，而决定侦查范围的是警察。从这个意义上说，作为在大部分刑事案件的侦查中处于优势地位的警察，他们不仅要在审判中充当控方的代

① 孙长久:《侦查程序与人权——比较法考察》,法律出版社 2001 年版,第 60 页。

② 陈光中、[德]汉斯·约格·阿尔布莱希特:《中德不起诉制度比较研究》,中国检察出版社 2002 年版,第 158～161 页。

③ 参见李昌珂译:《德国刑事诉讼法典》,中国政法大学出版社 1995 年版,第 3 页

④ 参见[德]托马斯·魏根特:《德国刑事诉讼程序》,岳礼玲、温小洁译,中国政法大学出版社 2004 年版,第 51～52 页。

表，而且还决定着属于检察院职责范围的起诉活动。①

尽管法律规定检察官主导着刑事侦查，但实践中警察在整个犯罪侦查任务中是非常独立的。警察在决定应当控制哪些领域的犯罪，以及对某些特定领域的犯罪应投入哪些资源上，当然地拥有广泛的斟酌权。② 因此警察的侦查工作可对检察官的起诉决策产生重大影响甚至是隐性指导。到目前为止，依然没有清楚的概念，在法制原则的框架下，如何处理这种既非由法律引导又不受起诉原则指引的“隐蔽性斟酌权”。但是某些州进行了一些新的试验，推行了一些新的政策。例如，下萨克森州的内政部长曾颁布一项法令：自1998年12月7日起，（经司法部同意）警方在处理未成年人案件时应采用新条款，并特别颁布了关于不起诉政策的新规定。这些法令的指导思想是：大多数未成年人犯罪案件并不必然要求刑事司法或教育手段的介入，而是可以将案件从刑事司法体系和正规的法庭审理中分流出去，通过不起诉途径解决。根据所颁布的法令，作为刑事犯罪嫌疑人的少年（14～17岁）和未成年人（18～20岁），若是初犯在接受第一次讯问时，由警方给予警告。在警方进行警告或采取其他教育手段的基础上，检察官就是否撤销案件作出决定。下萨克森州颁布的法令清晰地表明：警察在执行（并引入）不起诉政策中扮演着一个崭新的角色。尽管警察没有作出不起诉决定的正式权力，但实践中，他们可以创造一些条件引导检察官的决策。这意味着真正的权力仍掌握在警察手中，并且是通过检察官来实现的。再如，1998年诗莱斯维格——霍斯坦州曾制定过类似的法令。根据该法令，警察现在有责任创造条件使刑事案件符合不起诉政策的要求。对于未成年罪犯或年轻的罪犯，可以由警察给予他们一个具有警戒或教育作用的警告，同时并采取其他教育手段。通常警察会与他们共同探讨行为规范及遵守行为规范的重要性，建议他们向遭到犯罪侵害的被害人正式道歉，或者弥补被害人的一切损失。在与检察机关沟通并征得其允许后，警察可以进一步建议犯罪嫌疑人参加与被害人的调解、提供社区服务、支付小额罚金等。如果犯罪嫌

① See Hinrich Rüping, Das Verhältnisr von Staatsanwaltschaft und Polizei – Zum Problem der Einheit der Strafverfolgung, ZStW 95 (1983) Heft 4, p. 902.

② 陈光中、[德]汉斯·约格·阿尔布莱希特:《中德不起诉制度比较研究》,中国检察出版社2002年版,第157页。

疑人履行这些要求，那么警方就可以确认不起诉条件已成立了。在该法令实施后，诗莱斯维格—霍斯坦州约80%的不起诉案件的处理遵循了上述程序。据统计，1996年前6个月里，约594起案件因不予起诉而被撤销。其中，警察处理的案件495起，未给予任何处罚的81件，警告257起，警告并处以其他处罚的144起。这意味着当前大量不起诉案已成为警方的责任。尽管正式责任依然属于检察官，但实践中的职责划分会致使警察在决定总体政策方向时处于主导地位。[①] 在实践中，大量案件由警察机关侦查终结，最后的处理仍然体现为检察机关的意志。[②]

综上，在德国，尽管警察在适用程序分流方面所作决定没有独立的效力，必须借助于检察机关撤销案件或不起诉的权力才能实际执行，但警察客观上的确在分流案件中发挥着实际的作用。

（2）起诉阶段的程序分流

起诉程序并不是一个独立的诉讼阶段，而是作为侦查终结的一种结果，起诉与侦查共同构成审前程序。但是，起诉阶段的程序分流是德国刑事案件被分流的主要环节。在德国，将近70%的刑事案件都是未经法院正式审判而由检察机关自行处理结案的。[③] 下表分别是2003年德国检察院案件处理情况和1998—2006年德国检察院处理案件情况，足以表明检察官主导的起诉阶段是刑事案件得以分流的关键环节。

2003年驻州法院检察院和职务检察院案件处理情况表（全德国）

处理方式	件数	百分比
提起公诉	573345	12.0%
申请刑事处罚令	603999	12.7%
附条件不起诉	265909	5.6%
轻微不起诉	998845	21.0%

① 参见陈光中、[德]汉斯·约格·阿尔布莱希特:《中德不起诉制度比较研究》,中国检察出版社2002年版,第158~159页。

② 参见张小玲:《论侦查阶段的程序分流》,载《中国人民公安大学学报(社会科学版)》2007年第3期,第75页。

③ 参见刘立宪、谢鹏程:《海外司法改革的走向》,中国方正出版社2000年版,第66页。

续表

处理方式	件数	百分比
疑罪不起诉	1273673	26.7%
无刑事责任能力	8494	0.2%
其他方式处理※	1041805	21.9%

※其他方式主要是移交给其他检察院或者行政机构（如果属于秩序违反行为），或者指引通过私诉方式提起公诉。

1998—2006 年德国检察机关案件处理情况表

Stand der Erledigung Geschäftsart	1998	1999	2000	2001	2002	2003	2004	2005	2006
驻州法院检察院和职务检察院侦查程序									
新案件	4,556,786	4,487,002	4,458,202	4,548,939	4,605,291	4,794,452	4,985,704	4,944,599	4,914,335
处理完的案件	4,583,228	4,495,556	4,447,024	4,555,675	4,598,290	4,766,070	4,994,776	4,962,194	4,876,989
附条件不起诉	249,484	241,296	252,125	258,797	257,168	265,909	265,317	256,172	241,102
轻微不起诉	970,821	956,676	934,280	954,727	966,614	998,845	1,087,722	1,079,773	1,053,645
疑罪不起诉	1,195,789	1,189,695	1,169,267	1,217,802	1,240,905	1,273,673	1,312,495	1,320,994	1,293,152
案件处理平均所用时间(月)	2.1	2.1	2.0	2.0	2.1	1.9	1.9	1.8	1.8

在侦查程序结束时责任完全在检察院：当侦查结束后如果存在充分的行为嫌疑，检察院原则上应提起起诉，要不然就终止程序。[①] 终止侦查程序就其实质而言就是对被追诉人的不起诉处分，侦查程序将因下述理由而终止：（1）基于诉讼程序之原因，例如，因有诉讼障碍（如超过诉讼时效）；（2）基于实体法之原因，例如，发现该行为为不违法者（如替代赃物罪）；（3）基于事实之原因，例如，被告并不负该罪责，或不能证明被告犯该罪；（4）有时亦得基于便宜原则之原因（微罪不举）。检察机关的终止程序之裁决并无确定之法律效力，此即谓，检察机关得随时将诉讼程序再续行侦查（但部分则基于便宜原则之故，而不得再续行侦查）。[②]

① 参见魏武：《法德检察制度》，中国检察出版社 2008 年版，第 189 页。

② 参见［德］克劳思·罗科信：《刑事诉讼法》，吴丽琪译，法律出版社 2003 年版，第 363～364 页。

（1）调节起诉阶段程序分流的杠杠——法定原则与机会原则

检察机构有追究犯罪行为的权力和义务，而且这种权力和义务专属于检察院。[①] 因此检察院在起诉阶段应当遵循的最基本原则是起诉法定原则。起诉法定原则，是指当有犯罪嫌疑发生时，检察院有义务介入并在理由充足时提起公诉。但是，德国自20世纪60年代以来，由于犯罪数量的激增和起诉机关资源的锐减，起诉的法定主义逐渐出现松动的倾向，《德国刑事诉讼法典》第153、154条所确立的机会原则不断突破了起诉法定原则。[②] 起诉机会原则，是指尽管存在犯罪嫌疑，检察院仍然享有裁量权，可以决定是否起诉。[③] 因此，法定原则和机会原则相互对立，但又相互配合，共同决定着检察机构在起诉阶段的案件分流活动。在司法实践中，检察院一方面根据法定原则必须起诉，另一方面又可根据机会原则进行裁量。

（2）起诉阶段程序分流的具体方式

A. 存疑不起诉

根据德国刑事诉讼法第170条的规定，存疑不起诉，是指如果检察院在侦查活动中没能发现证明行为人足够的犯罪嫌疑，即使勉强起诉也不能使其被定罪，应当作出不起诉的决定。[④] 存疑不起诉的意义在于可以发挥诉讼程序的过滤作用，实现公正追究和诉讼经济的目的。

---

① 《德国刑事诉讼法》第152条规定：(1)提起公诉权，专属于检察院行使。(2)除法律另有规定外，在有足够的事实根据时，检察院负有对所有的可予追究的犯罪行为作出行为的义务。

② 根据机会原则而不被起诉的案件大致包括：不涉及公共利益的轻罪自诉案件（第374条）；保安处分轻罪案件（第413及以下各条）；行为人责任轻微，不存在追究责任的公共利益的轻罪案件（第153条）；责任的严重程度不致构成障碍而且公共利益可通过履行要求和责令而被消除的轻罪案件（第153a条）；可能通过法院判决而被免予刑罚的犯罪案件（第153b条）；发生在国外的犯罪（第153c条）以及行为人即将被引渡或驱逐出境的案件（154b条）；相对于已经被继续追诉的或者判处的行为而显得不太重要的犯罪（第154条）；在其他法律领域构成先行法律问题的轻罪（第154d条、第154e条）；存在通过非诉讼方式解决问题的某类危害国家安全犯罪案件（第153d条），或者没有侦查必要的此类案件（第153e条）；受害人受强制或者勒索而犯罪案件（第154c条）。参见Löwe－Rosenberg, Die Strafprozessordnung und das Gerichtsverfassungsgesetz Groβkommentar, De Gruyter Recht 2004, 25. Auflage, Band 3, §152, Rn. 46.

③ 参见何家弘主编：《检察制度比较研究》，中国检察出版社2008年版，第176页。

④ 《刑事诉讼法》第170条规定：(1)侦查活动提供了足够的提起公诉理由时，检察院应当向管辖此案的法院递交起诉书提起公诉。(2)否则，检察院停止程序。对此，检察院向曾被讯问或者曾被签发逮捕令的被追救人发出通知；被追究人请求予以通知或者显然对于通知有特别利益的，同样适用此规定。

“没有足够的犯罪嫌疑”，是指基于法律或者事实的原因，不存在犯罪的可能性，或者不可确定行为人有罪。没有足够的犯罪嫌疑主要包括以下情况：侦查活动所针对的行为依照法律不构成犯罪；即使存在犯罪行为的可能性，通过法定手段也不大可能证明的；由于存在正当化、免责或免于处罚的理由，只能对被追究人做出无罪判决；启动公诉程序的其他条件不存在。①

根据第170条第2款做出的终止追诉的决定并不具有法律既判力，检察院可以在任何时候重新开始侦查。

B. 轻微不起诉

轻微不起诉，是指如果检察院在侦查犯罪后发现，行为人责任轻微，不存在刑事追究的公众利益，检察院可以单独或者与法院共同作出不予追究的决定。因此，轻微不起诉有时候也被称为无条件不起诉。根据《德国刑事诉讼法典》第153条第1款的规定，诉讼程序处理的是轻罪时，如果行为人责任轻微，不存在刑事追究的公众利益，经负责开始审判程序的法院同意，检察院可以不予追究。对于尚未受到威胁、行为所造成后果轻微的轻罪，不必经过法院的同意。

轻微不起诉的先决条件是责任轻微，缺乏公共利益。但究竟何为“责任轻微”、何为“缺乏公共利益”，没有一个特别确定的尺度。由此，检察院享有对具体案件进行解释的权力，也就是说，检察院在决定是否起诉时可以行使较大的裁量权。这种裁量权不仅用于减轻司法负担，还服务于刑事政策，用以解决刑事处罚这个最终目的。德国各州或者各个总检察院范围内存在着统一的不起诉规则。

根据第153条第1款作出的轻微不起诉的决定并没有法律既判力，即便决定是经法院同意作出的。因此即便没有新的证据材料和事实也可以继续进行追诉。

2003年的统计数据显示，在检察院处理的案件中只有12%的案件被起诉至法院，无条件的不起诉占21%。②

C. 附条件不起诉

---

① 参见 Löwe – Rosenberg, Die Strafprozessordnung und das Gerichtsverfassungsgesetz Groβkommentar, De Gruyter Recht 2004, 25. Auflage, Band 3, §170, Rn. 31.

② 参见魏武:《法德检察制度》,中国检察出版社2008年版,第206页。

附条件不起诉，是指检察院对于轻罪可以暂时不予起诉，而对被追究人提出适当的要求和命令，以此抵消其对公共利益的侵害。

《德国刑事诉讼法典》第153a条对此作出了明确规定，“经负责开始审理程序的法院和被指控人的同意，检察院可以对轻罪暂时不予提起公诉，同时对被告人提出要求和命令，如果它们适合于消除追究犯罪的公共利益，并且责任大小与此相称的话。以下要求和命令特别予以考虑：（1）做出一定的给付，以弥补行为造成的损害；（2）向某个公益设施或者国库交纳一笔款项；（3）做出其他公益给付；（4）承担一定数额的赡养义务；（5）真诚地努力与受害人赔偿协议，以此全部或者绝大部分地弥补其行为或者竭力进行弥补；（6）参见《道路交通法》第2b条第2款第2句或第4条第8款第4句规定的再训班。为了要求和命令的履行，检察院要对被追究人规定期限，在第2句第1至3项情形中期限至多为六个月，在第2句第4项情形中至多为期一年。检察院可以嗣后撤销要求和命令，或者一次性延长期限三个月；经被追究人同意，检察院也可以嗣后施加、变更要求和命令。若被追究人履行要求和命令，对其行为不可再作为轻罪予以追究。若被追究人不履行要求和命令，不退还其已经为履行作出的给付。相应地适用第153条第1款第2句。”由此可知，对于检察院来说，不予起诉只是暂时的，也就是说，如果被追究人没有执行这些要求和命令，检察院有权继续追究其犯罪行为。而对被追究人来说，只要履行了检察院的要求和命令，不予起诉是最终的结果。

第153a条的附条件不起诉制度的目的在于简化轻微犯罪和中等程度犯罪的处理程序，以加速程序进行并减轻司法负担。

根据2003年的司法统计，附条件不起诉占检察院全部处理案件的5.6%。[①]

D. 其他不起诉

此外，还有若干其他种类的不起诉，例如免予处罚不起诉、外国犯罪不起诉、政治犯罪不起诉、数罪中的一罪不起诉、引渡、驱逐出境不起诉和胁迫、勒索罪受害者行为不起诉等。然而，这些数量众多的不起诉情形在司法实践中所占的比重很小。具体而言，主要包括以下几种不

---

① 参见魏武：《法德检察制度》，中国检察出版社2008年版，第207页。

起诉：

免于处罚不起诉（《德国刑事诉讼法典》第153b条）。法院根据实体法可以免予刑罚的前提条件成立时，经法院同意，检察院可以在起诉前终止程序。还有一些重要的法律规定也可以使检察院根据《德国刑事诉讼法典》第153b条的规定终止程序，不予起诉。[①]

外国犯罪不起诉（《德国刑事诉讼法典》第153c条）。1940年，《德国刑事诉讼法典》增加了第153c条，使得德国国际刑法的适用因起诉便宜原则的引进而受到限制。根据该条规定，检察院可以对在德国之外或者在德国内外国船舶上外国人、飞行器上的行为不予追诉。这条规定也赋予检察院可以背离起诉法定原则的裁量权。

政治犯罪不起诉（《德国刑事诉讼法典》第153d条）。这里要考虑到德意志联邦共和国的特殊利益要求消除对国家的存在和安全的危险，并对行为人的主动悔过予以表扬。在国家安全方面，起诉便宜原则具有非常重要的地位。[②]

以行动自责时不予起诉（《德国刑事诉讼法典》第153e条）。如果行为人及时告发，行为人为消除特定种类犯罪行为对国家的存在或者安全或者法定秩序的危险有所贡献的，经有关的州最高法院同意，联邦最高检察官可以对这种行为不予追诉。

为快速利益而终止诉讼。根据《德国刑事诉讼法典》第154条终止诉讼以及根据《德国刑事诉讼法典》第154a条在多项罪行下对刑事追诉的限制。如果行为人实施了若干犯罪行为，法定追诉原则要求针对每个犯罪行为都启动刑事诉讼程序。但基于程序经济原因，《德国刑事诉讼法典》第154条、第154a条提供了偏离法定追诉原则的可能性，如果同一行为人的主行为之外的其他行为并不重要。

引渡、驱逐出境不起诉（《德国刑事诉讼法典》第154b条），是指被追究人被向外国政府引渡或者被德国政府驱逐出境时，检察院可以不

① 这些规定，例如《麻醉品法》第29条第5款和第31a条、《刑法典》第46a条规定的行为人和受害人之间达成和解，以及《刑法典》第60条规定的损害赔偿，根据该条规定，考虑到行为人因犯罪行为造成生活困难，法院可以免除刑罚。上述特别规定减轻了法院的负担，因为在起诉前就可以终止程序。

② 参见陈光中、［德］汉斯·约格·阿尔布莱希特：《中德不起诉制度比较研究》，中国检察出版社2002年版，第68页。

起诉。

胁迫、勒索罪受害者行为不起诉（《德国刑事诉讼法典》第154c条），是指检察院在追究以揭发犯罪行为相威胁而实施的胁迫、勒索犯罪时，如果认为受害人被威胁揭发的行为并非严重时，对受害人可以不起诉。

污点证人不起诉。在德国刑事诉讼程序中，由于实行法定追诉原则，原则上是不允许污点证人存在的。但是立法者在若干地方突破了该原则，尤其是在打击有组织犯罪行为方面。[①] 2007年5月，联邦政府通过了一份关于污点证人的法律草案，该法律在2008年1月生效。

（3）起诉阶段程序分流的制约

法定原则主要适用于检察机构。享有指示权的检察长和司法部长在履行职务过程中不仅自己遵守，也有义务监督下属遵守这一原则。严重违反法定原则的，有可能受到刑法的制裁。[②] 如果受害人对检察官的不起诉决定不服，还可通过强制起诉程序，将此决定提交法官审查，以限制检察官在起诉上的自由裁量权。

强制起诉程序是指对于法定的案件，在检察机关决定不起诉的情况下，被害人申请法院作出裁定，使检察机关提起公诉的程序。《德国刑事诉讼法典》第172条至第177条对强制起诉程序作出了明确规定，但在司法实践中，强制起诉程序很少被提起，而且成功率很小。由于法律对这种程序规定了严格的条件，大多数的申请都未被允许。这种程序的用途不在于其实际运用，而在于其预防效果，因为该程序突破了检察机关的公诉垄断权，赋予被害人和其他申请人强制检察机关提起诉讼的权利。

2. 中间程序中的案件分流

在检察官提起公诉之后，案件并非立即进入法庭审判程序。一般的案件在检察官提起公诉之后和法庭开庭审理之前存在一个独立的法庭预

---

① 在打击恐怖主义行为和有组织犯罪行为方面（如在违反《麻醉品法》第31条和洗钱——《刑法典》第261X条领域），和国家保护罪行方面（德国《刑事诉讼法》第153e条第1款第2句），1989年德国基督教民主联盟（CDU）政府在《刑法典》中添加了污点证人条款。参见魏武：《法德检察制度》，中国检察出版社2008年版，第212页。

② 《刑法典》第258a条规定了公务人员利用职务阻挠刑罚罪。

备审理程序——中间程序。[1] 在检察官提起公诉后，由一独立的法官或者法官组成的委员会以不公开的审理方式对案件继续进行的合法性及必要性进行审查，最后作出是否开始审判程序的决定。

由专业法官进行审查之后，法院的决定可以分为两种：肯定和否定的裁定。根据侦查程序结果认为被追诉人有足够的犯罪行为嫌疑时，法院裁定开始审判程序；基于下属多种原因，法院可以做出否定的裁定：当法院基于事实或者法律上的理由，认为会判被追诉人无罪时，可以拒绝开启审判程序，例如无充分的犯罪嫌疑，有确定的诉讼障碍，或者被告所为是不可罚的行为；基于便宜起诉原则，法院认为指控中不存在需要维护的公共利益时（刑诉法第 153 条第 2 项、第 153a 条第 2 项和第 153b 条第 2 项的情形），他们在取得检察官同意的基础上，可以裁定终止诉讼程序，即撤销案件。

由此可见，中间程序的主要意义在于其具有监控功能，“亦即，此时将由一独立的法官或法官组成的委员会，以不公开的审理方式，决定对案件再行侦查的合法性及必要性，并且尽量避免使得当事人受到不平等的审判程序。在所有法院中，其较显著的特别处为，所有为裁判之人均须为职业法官，因为法律予之较高的客观性。此外，中间程序尚有一功能，即被告得在接到起诉书之通知时，有再次的机会经由证据调查之申请及反对，来影响开启审判程序之裁定。”[2] 通过中间程序，可以避免将不适当或者无必要的案件送交法庭审判，实现分流功能。根据有关学者对德国柏林市检察院的介绍，每年该检察院向法院提交的案件只有 20% 被法官接受。[3]

3. 审判程序中的案件分流

德国刑事诉讼理论认为口头的和公开的审判是刑事诉讼程序的核心。同以往的纠问式审判相比，在现代程序中，所有与判决有关的事项都要经过辩论，所有的证据都要在审判中提交。《德国刑事诉讼法典》第 243

---

① 按照《刑事诉讼法》第 417 条至第 420 条的规定，在简易程序中，侦查程序终结后，检察院提出申请时，可以不经是否开始审判程序的裁定而立即或者在最短期限内直接进入审判程序。

② [德]克劳思·罗科信：《刑事诉讼法》，吴丽琪译，法律出版社 2003 年版，第 377 ~ 378 页。

③ 参见冉云梅：《德国检察制度一瞥》，首都女检察官网，http://www.women.jcy.gov.cn/dispnews.asp?id=488，2010 年 11 月 20 日。

条详细地规定了审判的过程。具体包括开庭、宣读起诉书、讯问被告人、证据调查、法庭辩论、法庭评议表决、宣告判决几个阶段。虽然大部分案件在审前已经得以处理、分流，但如果进入审判程序的每一个案件都严格按照上述程序和阶段进行审判，相对有限的司法审判资源无疑仍是一项巨大的负担。因此，刑事追诉机构和犯罪嫌疑人之间对程序塑造和程序结束进行“协商”，并且这种协商在实践中的地位越来越重要，协商的内容主要是承诺减轻刑罚以及法院基于被告人对犯罪事实的全部或部分供述而给出的相对具体的刑罚幅度。所以说，诉讼结果的协商现象毫无法律根据地变革了德国刑事诉讼程序，[①] 加速了程序的进行。

协商性司法，当然是相对于裁判性司法而言的。这里所谈的协商，专门指审判过程中的协商，而且是能够直接影响审判结果的协商。具体而言，辩护律师通常在检察官参加的情况下与审理案件的法官接触。被告人的辩护律师提出将采取的辩护策略，法庭则询问被告人作出有罪供述的可能性。接触之后，法官向被告人的辩护律师通报在被告人作有罪供述情况下可能被判处的刑期。如果检察官不反对，被告人也同意法庭的处理意见，被告人或其辩护律师随后会在正式的公开庭审中承认被告人在犯罪中的作用。这样，部分犯罪指控就被撤销，根据法庭先前的提议被告人被判处较轻的刑罚。[②]

尽管现行刑事诉讼法对此没有作出任何规定，但是协商性司法确实能够有效缩短审判时间，节约司法资源，并使审判结果更具有可预期性。如果没有协商实践，早已超负荷运行的德国刑事司法则几无可能有效处理大量的刑事案件，尤其是经济犯罪案件。[③]

长期以来，联邦最高法院对于审判程序中的协商一直犹豫不决，没有一个明确的态度。德国联邦宪法法院仅仅在1987年，对主审判程序中进行的协商活动的宪法许可性作过一次判决。联邦宪法法院一方面认定，只要协商不损害被告人根据法治国家公正审判、法官查明真相和罪刑相

---

① 参见陈光中主编:《21世纪域外刑事诉讼立法最新发展》,中国政法大学出版社2004年版,第244页。

② 参见[德]托马斯·魏根特:《德国刑事诉讼程序》,岳礼玲、温小洁译,中国政法大学出版社2004年版,第165~166页。

③ 参见Vgl. Meyer-Goβner, Strafprozessordnung, 48. Auflage, 2005, Einl Rdnr. 119b.

适应的基本原则，以及被告人意志决定自由所享有的权利，这种活动就没有违背宪法。另一方面，联邦宪法法院明确警告，不允许“用判决的形式作出调解”。[①] 在德国联邦宪法法院于1987年1月肯定了协商的可允许性以后，德国联邦法院在近20年来，多次就协商实践所涉及的法律问题作出阐述。其中，1997年联邦最高法院在一个具有里程碑意义的裁判中，从法治国性、公正理念以及刑事司法正常运行的必要性等角度，对刑事诉讼中的“协议”从整体上进行了评判，对其先前决定中有关协商的零星的阐述进行了归纳整理，同时提出了应当顾及公平的、公众可接受的协商程序所应当遵循的规则。[②] 属于这些规则的要求有：不允许置被告人于压力之下；协商必须在全体诉讼参与人参与的情况下，在公开的审理中进行，但并不排除在审理之外进行先期对话；法院不得在审议判决之前承诺确定的刑罚，但法院可以在被告人做出有罪供述的情况下给予一个刑罚的上限；事先进行的协商在公开庭审中予以无保留的公开并予以记录；既然被告人情愿坦白，就允许对他作有利的考虑，刑罚也必须保持与罪责相当；法院必须审查被告人的有罪供述是否可信；在法院宣布判决前，与被告人达成放弃行使法律救济手段的约定是非法的。

联邦法院在其一系列相关判决中，还确定了以下一些关于刑事协商的规则：[③] a. 联邦法院认为，如果法庭并未向被告人作出任何虚假承诺，则不存在违反《德国刑事诉讼法典》第136a条和公正程序原则的情况，而且法庭庭长的指示也不构成强制。b. 因为处理案件的检察官不愿进行协商，法庭庭长在庭审程序之前，在其他程序参与人不在场的情况下，与辩护人就如果被告人作出供述应判处何种刑罚，进行具体交流。即便该交流对外不具有约束力，但法庭庭长应当回避案件审判。c. 在协商程序中，所有程序参与人都应参与。d. 被告人应要求庭审案件中的刑罚上限获得保证，如果其此后欲提起全面审上诉。e. 如果法院在先前磋商中

① ［德］约阿希姆·赫尔曼:《德国刑事诉讼程序中的协商》,王世洲译,载《环球法律评论》2001年冬季号,第412页。

② 参见 Rieβ, JR Heft 10/2005, S. 431. See Schünemann, Bernd/Hauer, Judith, Absprachen im Strafverfahren. Zentrale Probleme einer künftigen gesetzlichen Regelung. AnwBI 7(2006), S. 439;［德］约阿希姆·赫尔曼:《德国刑事诉讼程序中的协商》,王世洲译,载《环球法律评论》2001年冬季号,第413页。

③ 参见魏武:《法德检察制度》,中国检察出版社2008年版,第231~232页。

就最终确定了基于供述的刑罚幅度，则构成该法官不公正的担忧。f. 不允许对尚未查明的未知的行为进行协商。g. 对于强制性法律规定，此处指未成年人或成年人刑法的适用，不允许协商。h. 对于强制性法律规定，不得进行协商。

德国联邦法院的判例只是为协商确定了最外延的界限，仍然没有法律的明文规定，同时德国学术界对协商性司法制度的观点也存在很大分歧。尽管如此，协商性司法在缓解德国法院资源紧缺、提高诉讼效率、实现案件分流方面的确发挥着不可替代的作用。

二、特别诉讼程序中的案件分流

目前，没有一个国家用正式的普通程序来处理所有的刑事案件，包括德国。一是诉讼资源具有有限性，不可能平均分配适用于所有的刑事案件，二是刑事案件千差万别，没有必要一视同仁采取完全相同的程序。这就是世界各国设立特别诉讼程序并且使用率越来越高的主要原因。德国也设立了多种类型的特别诉讼程序，以期实现案件的繁简分流。

1. 快速审判程序（简易程序）

快速审判程序是介于繁复严谨的公诉审理程序及完全书面审理的刑事处罚令程序之间的一种旨在简化公诉审理程序的程序。根据《德国刑事诉讼法典》第 419 条的规定，快速审判程序适用于基层法院管辖的轻罪案件。这些案件通常由基层法院的刑事法官独任审理，也可以由参审庭审理。在这些案件中，被告人可能被判处的最高刑罚必须在 1 年监禁以下；对吊销被告人驾驶执照的案件也可以适用快速审判程序。此外，案件的事实必须简单，证据必须明确即没有争议，能够证明犯罪嫌疑人有罪，而且案件必须适合于立即审理，被告人是否认罪在所不问。快速审判程序仅适用于成人或青年人，不适用于青少年；证人证言有矛盾的，原则上不应适用快速审判程序；如果需要鉴定人进行鉴定的，原则上也不应适用快速审判程序。[①]

快速审判程序主要是适用于现行犯罪。对于此类案件，检察机关通

① 参见 Hund, Horst, Einführung in die staatsanwaltliche Tätigkeit. Stand des Ausdrucks:2006, S. 68.

过书面方式或口头形式，向法院提出采用快速审判程序进行裁判的申请。根据《德国刑事诉讼法典》第417条、第418条第1款和第419条第1款的规定，对检察机关来说，如果有关案件符合适用快速审判程序的上述实体要件，则检察机关就应当，即有义务向法院提出进行快速审判程序的申请。对于法院来说，如果案件符合快速审理的实体要求，也有义务采纳检察机关的申请，立即或者在短期内对案件进行审理。在检察机关的申请到达法院和法院开始审理之间，最长不应当超过6周的时间。

与普通诉讼程序相比，快速审判程序具有以下几个方面的特点。第一，检察机关不需要向法院提交书面的起诉书，只需要在审理开始之时以口头形式提起公诉即可；第二，如果被告人处于在押状态或者自愿出庭参加审判，就不需要对他进行传唤。只有在不自愿到庭参加审判或者没有被押解到法院的情况下，才应当对他进行传唤，并且传唤期限缩短为24小时；第三，法院进行审理时不需要对启动审判程序作出裁定，即没有中间程序；第四，简化举证程序。对于证人、鉴定人等的讯问，可以不直接进行，而在征得出席庭审现场的被告人、辩护人和检察机关同意的前提下，代之以宣读以前讯问的笔录以及载有由他们发表的书面表示的文件。第五，限制被告人和辩护人的查证申请权，证据调查的范围由刑事法官决定。第六，法律后果权限的限制。快速审判程序在审判的提起和审判的进行方面有别于普通刑事诉讼程序。由于该程序降低了被告人充分辩护的可能性，适用该程序能够判处的主刑只能是罚金刑和1年以下的监禁刑或者吊销被告人的驾驶执照。第七，临时羁押/审判羁押。《德国刑事诉讼法典》第127b条第1款对《德国刑事诉讼法典》第127条第2款的临时羁押进行了简单化，《德国刑事诉讼法典》第127b条第2款在《德国刑事诉讼法典》第112条之外规定了新的羁押理由，即所谓的“审判羁押”。审判羁押加强了快速审判程序：如果要进行快速审理，那么不管是否存在审前羁押的其他理由，嫌疑人都将被羁押，最长期限是1个星期，原因是嫌疑人可能不会自愿出席审判。

设计快速审判程序的初衷是应对司法机关过于繁重的工作负担，但从司法实践的情况来看，这项制度并未实现其应有的目标。据统计，2000年，在基层法院审理的全部刑事案件中，只有4%是通过这种快速审判程序结案的。①

2. 刑事处罚令程序

刑事处罚令程序是德国立法机构为解决刑事司法机关负担过重、普通诉讼程序过于烦琐冗长等难题而设计的另一特别诉讼程序。现行《德国刑事诉讼法典》第 407 条至第 412 条八个条文对刑事处罚令程序作了较为详细的规定。

概括而言，刑事处罚令程序是指，根据案件的侦查结果，检察机关如果认为被指控人涉嫌的罪行属于轻罪而没有必要提交法庭予以审判时，检察院可以向法院提出书面申请，案件不经过审判，不必事先听取被指控人的陈述，法官、陪审法庭直接作出处罚令对被指控人的行为作出法律评价的程序。

适用处罚令程序的条件是：①被指控人所涉嫌的犯罪行为必须是轻罪（最高刑为一年以下自由刑或者科处罚金刑的违法行为），重罪是不能适用处罚令程序的；②案件事实清楚、证据能够形成系统锁链，没有提交法庭予以审判的必要性；③检察官必须以书面形式向法官提交了处罚令申请书，检察院的书面申请要写明请求法院判处的法律处分；即使法院已经针对被告人启动了审判程序，只要案件符合有关条件，而且因被告人缺席或者其他重大原因影响审理进行，检察机关也可以向法院提出刑事处罚令申请；④法院能够适用处罚令程序判处的法律处分是：罚金、保留处罚的警告、禁止驾驶、追缴、没收、销毁、废弃，对法人或者联合会宣告有罪判决和罚款；在不超过两年的时间内禁止颁发驾驶执照剥夺驾驶权；免于处罚；被指控人有辩护人的时候，如果是缓期执行交付考验的，也可以对他判处一年以下的自由刑。“不过，针对青少年和适用青少年刑法的未成年人，不能适用处罚令程序的。”②

检察院提出刑罚处罚令的申请后，并不能必然导致法院开启处罚令程序。法官可以通过三种方式处理检察官提出的刑事处罚令申请：其一，法官通过审查案卷，排除合理怀疑地确信被告人有罪，他可以按照检察院的书面申请签发刑事处罚令；其二，法官如果认为案件还存有足够的

① 参见[德]托马斯·魏根特:《德国刑事诉讼程序》,岳礼玲、温小洁译,中国政法大学出版社 2004 年版,第 208 页。

② 左卫民等:《简易刑事程序研究》,法律出版社 2005 年版,第 28 页。

怀疑，还需要对证据进行更全面的审查，或者法官不同意检察院提交的处理方案，他可以拒绝处罚令申请并把处罚令申请书当作起诉书对案件进行审判；其三，如果法官发现甚至没有足够的理由要求被告人接受审判，他可以直接驳回检察官的申请，在此情形下检察官可以就被驳回的申请向地区法院提出抗告。①

如果法院经过审查同意检察院的处罚令申请，有义务对没有委托辩护人的被告人指定辩护人。被告人如果不服处罚令，可以在收到处罚令之后两个星期以内，用书面或者口头方式向签发处罚令的法院提出异议，提起异议时既可以对处罚令的全部内容提出异议，也可以只对其部分内容提出异议。被告人如果没有在两周内提出异议，处罚令就等同于发生了法律效力的判决书。异议提出以后，处罚令就失去了应有的法律效力转化成为起诉书。在新的审判程序中，由于贯彻了全面的调查原则，因此有可能发现原有案情之外的额外事实，被告人也有可能面临更重的刑罚处罚，但是只要判决没有发布，被告人同样还有机会撤回异议，从而使处罚令重新产生法律效力。

据统计，1992 年，检察官提起适用刑事处罚令申请的案件，就已经明显超过提起公诉的案件。1998 年，检察官提起适用刑事处罚令申请的案件是 659368 件，而提起公诉的案件数量是 538807 件。尽管各个州的情况差异很大，② 但刑事处罚令程序已经成为德国刑事司法中一种不可或缺的制度，③ 已经成为分流刑事案件的重要途径。

3. 保安处分程序

被指控人如果处于无刑事责任能力状态或者处于没有受审能力的状态，检察院无法按照正常的刑事诉讼程序来运作的时候，如果相关法律作出了准许性规定以及根据侦查的结果表明被指控人可能被判处矫正或者保安处分的，则检察院可以向法院申请对被指控人科处矫正以及保安处分。

---

① 参见[德]托马斯·魏根特：《德国刑事诉讼程序》，岳礼玲、温小洁译，中国政法大学出版社 2004 年版，第 210 ~ 211 页

② 参见[美]弗洛伊德·菲尼、[德]约阿希姆·赫尔曼、岳礼玲：《一个案例，两种制度——美德刑事司法比较》，郭志媛译，岳礼玲校，中国法制出版社 2006 年版，第 329 页。

③ See Meyer – Goβner, Srrafprozessordnung, 48. Auflage, 2005, § 407 Vorbemerkungen Rndr. 1.

除另有规定外，保安处分程序参照适用刑事诉讼程序的规定。保安处分程序的启动由检察院向法院提出书面申请而开启，申请等同于公诉，申请书相当于起诉书，而且申请书的内容、格式必须符合起诉书的规定，检察院应当在申请书中写明申请所判处的矫正及保安处分。如果考虑到被告人的状况或基于公共安全及公共秩序的考量，保安处分程序的审判可以不公开。另外，审判程序也可以在没有被告人在场的情况下进行。法院经过审理以后，或判处保安处分措施，或驳回申请。作出法律效力确定的保安处分判决之后，刑事起诉的效力即告耗尽，被告人不能再被提起公诉。如果在审判程序中发现被告人在实施犯罪时具有责任能力，保安处分即需转换为普通诉讼程序继续进行。

4. 少年犯罪案件诉讼程序

德国少年犯罪案件的诉讼程序是依据《少年法院法》进行的。《少年法院法》颁布于 1923 年，以后经过多次修改。该法主要适用于 14 岁至 21 岁的少年和青年。少年诉讼程序审理的主要目的是对少年犯进行教育，而不是单纯的惩罚。

德国审理少年刑事案件的审判组织分为少年法庭、少年合议庭、少年刑事法庭。[①] 少年法官承担家庭和监护法官对少年的教育任务。少年检察官是专门负责少年案件的检察官。在对少年案件的处理中，检察官有一定的决定权，如少年被告人具有《德国刑事诉讼法典》第 153 条规定的先决条件时，检察官可不经法官同意决定免予刑事追诉。如果对少年犯已执行教育处分，检察官认为法官已无判处少年刑罚的必要时，可以免予追诉。检察官可对违法少年下达教育处分令。如少年被告人承认犯罪事实，但检察官认为还有必要给予其处分的，可以建议给予训示，但无须提起诉讼。如必须提起诉讼，法庭可决定不按普通诉讼程序审理。对少年案件审理一律不公开进行，如果诉讼可能对少年被告人造成不利或有害，则可部分免予庭审。

在少年诉讼程序中，除辩护人外，其法定代理人和教养人有权参加诉讼，并有权不经少年被告人同意提起上诉或申诉。

在德国，还设有少年福利局，是一个保护少年、帮助失足少年的福

① 少年法庭，由少年刑事法官独任；少年合议庭由 1 名少年法官和 2 名少年陪审员组成，少年法官任首席法官；少年刑事法庭由 3 名法官和 2 名陪审员组成，其中 1 名法官任首席法官。

利机构。福利局是一个处理少年福利事务的执法机构，有权参与少年案件诉讼。在诉讼中，该组织担任少年法官的助理，为法庭审理提供少年犯罪的家庭、学校、社会环境的背景资料，还有权对少年案件的处理提出建议。

如果少年法官确信被判刑少年的行为已无可挑剔，并证实已端正品行时，其可依据职权，或经被判刑少年、其监护人或法定代理人的申请，宣布取消少年犯前科记录。对少年犯的刑罚执行，也是根据少年犯本人具体情况进行针对性教育，在执行时具有相对的灵活性，目的在于保证少年犯刑满释放后能顺利地回归社会。①

① 参见宋英辉等:《外国刑事诉讼法》,法律出版社 2006 年版,第 442 ~ 443 页。

第五章 新型混合制国家刑事诉讼程序分流考察

日本、意大利、俄罗斯在传统上属于大陆法系国家，在刑事诉讼中奉行职权主义诉讼模式。但是，随着世界经济一体化趋势和二战以后人权事业的发展及国际刑事司法准则的形成，它们也开始吸收、借鉴英美法系国家刑事诉讼制度的一些做法，融合职权主义与当事人主义于一体，形成了独特的新型混合制的诉讼模式，其中也包含了程序分流的各种不同措施。

第一节 日本刑事诉讼程序分流考察

日本刑事诉讼程序的分流在制度层面还存在一些问题。例如，分流方式较为单一，一般只是通过检察官行使酌定起诉权和对轻微案件适用简易程序来进行分流，分流程序的启动权基本属于控方等。不过，在实践层面，分流的效果却非常显著，有统计数据表明，日本全部刑事案件中，检察官不起诉的比例基本在三分之一左右，其中酌定不起诉的比例达90%以上，① 而不足三分之二的起诉案件中，又有90%以上通过申请简易命令得到分流，只有不到10%的案件最后进入普通程序审理。

① 相对于酌定不起诉，日本刑事诉讼中还存在狭义不起诉，其相当于我国刑事诉讼中的法定不起诉和存疑不起诉。

一、侦查阶段的分流程序

日本刑事诉讼法规定了告诉、告发、自首、发现现行犯、检验尸体等侦查程序的启动方式。一般来说，司法警察在侦查犯罪终结后，应当迅速将案件连同文书及证物一并移送检察官。但是，对于少年案件，如果侦查终结时认定只需处以罚金以下的刑罚，则直接移送家庭法院，除此之外，当遇到犯罪情节非常轻微、数额不大的盗窃、赌博、欺诈、贪污，以及交通违规缴纳罚金的交通案件时，可以通过司法警察对嫌疑人的直接严重训诫，建议向被害人道歉、悔罪、请求宽恕和赔偿，要求亲权人、雇主等实行监督管理等手段来防止嫌疑人再次犯罪并取得被害人一定程度的谅解后终结案件，而不再将案件移送检察官。这就是所谓的轻微犯罪处分程序，该程序其实是通过司法警察自己的判断做出的一种对犯罪的非刑罚性处理。但需要注意的是，它必须遵守检察官就侦查所做的一般指示，必须每月将这些轻微犯罪向检察官集中报告一次。对此，松尾浩也教授认为，这是行政机关作出的具有弹性的措施，既具有特效，也有危险。①

二、起诉阶段的分流程序

传统上日本刑事诉讼中的提起公诉秉承国家追诉主义原则、起诉垄断主义原则和起诉书一本主义。但同时，日本又赋予检察官一定的起诉裁量权。日本刑事诉讼法第248条规定，根据犯人的性格、年龄及境遇，犯罪的轻重及情节和犯罪后的情况，没有必要追诉时，可以不提起公诉。日本检察官在公诉阶段对案件的这种裁量权就是起诉便宜主义。对应提起公诉时需要制作起诉书，不起诉时也要制作不起诉裁定书，以明确不起诉处分的根据。检察官对案件作出不提起公诉的处分时，如果嫌疑人提出请求，应当迅速告知不起诉的意旨，对经告诉、告发或者请求的案件，在作出不提起公诉的处分时，如果告诉人、告发人或者请求人提出

① 参见[日]松尾浩也：《日本刑事诉讼法(上卷)》，丁相顺译，中国人民大学出版社2005年版，第90页。

请求，应当迅速告知告诉人、告发人或者请求人不提起公诉的理由。对精神障碍的人或疑为精神障碍的人不起诉时，应将其意旨通报都、道、府、县的知事。检察官对曾经的不起诉案件在日后出现新的重要证据时，可以重新提起公诉。

前文提到，日本30%以上的刑事案件都是以不起诉方式、其中主要是酌定不起诉的方式进行分流的，可见起诉便宜主义原则在日本刑事司法中的重要角色，同时，在提起公诉的案件中，由于上述方式的影响，有罪判决的比例变得非常之高。

像许多大陆法系国家一样，日本刑事诉讼程序为了防范检察官滥用不起诉权，构建了一些特殊的制度。第一种是准起诉制度，是指对于公务员滥用职权的犯罪提起告诉或者告发的人，在不服检察官不提起公诉的处分时，可以在接到不起诉处分通知之日起7日以内向作出不起诉处分的检察官提出申请书，如果检察官经过重新考虑认为申请是有理由的，并提起公诉的话，则程序终止，如果检察官坚持不起诉，则必须将载有不起诉理由的意见书，以及其他文书和证据物品一并送交该检察官所属检察厅所在地的管辖地方法院，由该法院以合议形式进行审查、裁决，在必要时，法院可以要求合议庭组成人员调查事实，或者委托地方法院或简易法院的法官调查。如果最终认为请求不合法或不具备理由，则驳回请求，否则，应将该案件交付法院审判，做出这一决定，视为公诉被提起。这些规定明显参考了德国刑事诉讼法中的起诉强制程序，但是与德国刑事诉讼法中的强制起诉程序不同的是，日本准起诉程序中审判阶段检察官是不参与的，而是由法院从律师中指定一至两名律师履行检察职务，进行公诉，直到裁判确定为止，但关于指挥检察事务官及司法警察职员进行侦查，应当委托检察官进行。之所以该程序被称为准起诉程序，与上述关于由律师而非检察官出庭支持公诉的制度设计有关。实践中，这一可以视为起诉阶段分流后的回流程序，适用的比例并不高。

第二种是检察审查会制度，该制度是1948年根据《检察审查会法》确立的，制度的创立参考过美国的大陪审团制度。检察审查会在每个地方法院辖区内至少设置一个，每个检察审查会都以抽签方式从普通国民中选定11名检察审查员及11名候补检察审查员，任期为6个月。检察审查会的主要职责是负责审查不起诉处分是否适当，审查的启动主要依靠利害关系人提出的书面申请进行，或者通过诸如大众传媒或民众检举等方式获得信息，并经过审查会半数以上审查员同意后根据职权进行，前一种方式在实践中占绝大多数，这也是诉权在诉讼中所固有的主导性特点所致。检察审查会针对检察官做出的不起诉决定采取不公开的书面审理方式进行审查，但可以传唤并询问有关证人，并且可以在必要时从律师中委托审查辅助员一人，负责说明与该案件有关的法令及其解释，整理案件事实及法律上的问题点并整理与该问题点有关的证据，并对该案件的审查从法律的角度提出必要建议。① 如果审查结果为8名以上多数检察审查员认为应该起诉时，则检察审查会将作出应当起诉的决议书，并分别送交申请人、检察官及有权指挥该检察官的检察长。如果检察长此时认为该决议是正确的，则检察官必须起诉，否则检察官可以仍然坚持不起诉的决定，而检察审查会有权再次决议，如果仍有8人以上多数坚持应当起诉的决议，将由法院指定律师代替检察官提起公诉。

三、审判阶段的分流程序

由于采用起诉书一本主义，法院不接受所有的案卷材料，从而防止了法官的预先判断，但日本刑事诉讼法第40条关于“辩护人，在提起公诉以后，可以在法院阅览和抄录与诉讼有关的文书及物证”的规定却也因此成为一纸空文，因为辩护人无法再通过法院了解相关证据，获得相关防御资料，于是，证据开示制度的构建成为维持控辩双方平等所必须关注的重要问题。日本刑事诉讼法对这一问题及争点整理问题设置了第一次审理前准备程序和针对复杂案件的第一次审理后准备程序，在2004年刑事诉讼法修改时，又新增了审前整理程序。这一程序由于条件所限，目前只针对“法官认为必须持续、有计划、迅速进行审理”的案件以及裁判员参加审理的重大案件适用。从分流的角度看，如果该整理程序也可以简易适用，可以预测今后的审理前整理程序的对象案件的范围将不断扩大。②

第一次审理前准备程序中的证据开示只涉及当事人双方的准备活动，

---

① 参见宋英辉:《日本刑事诉讼制度最新改革评析》,载《河北法学》2007年第1期。

② 参见[日]田口守一:《刑事诉讼法》,张凌等译,中国政法大学出版社2010年版,第213页。

而没有法院的参与。检察官在第一次审理以前，首先应当尽可能地收集、整理证据，为使审理能够迅速进行做准备，并且，为使被告人及辩护人在诉讼准备中能够充分利用案件中的扣押物品，应当根据有关规定返还或暂行返还扣押物，而最重要的当然是在提起公诉后尽早向被告人或辩护人提供阅览和了解证据的机会，尽早将证人、鉴定人、口译人或笔译人的姓名、住居通知辩护人。对于辩护人，首先应通过与被告人及其他有关的人会见等适当的方法，查明有关事实，并对检察官提供阅览机会的证据文书或证物，尽早做出同意与否的意思表示，最后，在有应当向检察官提供阅览和了解的证据时，尽快予以呈示。除此之外，双方还应共同为明确起诉书记载的诉因或罚条，或者为明确案件的争点，进行充分的协商。

复杂案件第一次开庭审理后，在开庭日以外，可以进行所谓的第一次审理后的准备程序，该程序由法院主导，不受预先判断排除原则的限制，检察官、被告人及辩护人原则上应当到场。在该程序中，除了可以命令开示证据文书和证物之外，还可以进一步进行诸如明确诉因、罚条，整理案件争点，申请证据调查，明确举证宗旨等活动。

审前整理程序不适用于案情、证据并不复杂，没有争议的案件。在审前整理程序中，审判法官不参与，而是在法庭人员主持下，让检察官、被告人和辩护人共同到庭、陈述或者提交书面陈述，解决证据开示、证据整理和争点整理三个方面的事项，最终由法院在检察官、被告人和辩护人之间确认案件争点和证据整理的结果，并且新的证据将因此在正式审判中受到限制。在以证据开示为主要内容的公审准备程序之后，就进入了公审审理程序。公审审理程序分为开头程序、调查证据程序、辩论和判决四个部分。

从法律规范上来看，日本刑事诉讼审判阶段有四种分流程序设置，分别是简易公审程序、简易命令程序、即决裁判程序和交通案件即决裁判程序，其中交通案件即决裁判程序与简易命令程序类似，但它要求被告人到庭接受调查和宣判，因此从1979年以后该程序就已名存实亡。

被告人在审判开头程序中就被告案件进行陈述时，如果承认公诉事实，那么法院可以在听取检察官、被告人及辩护人的意见后，以被告人陈述的有罪部分为限，做出依照简易公审程序进行审判的裁定，但相当于死刑、无期惩役或无期监禁以及最低刑期为1年以上的惩役或监禁的案件除外。适用简易审判程序的案件不适用禁止传闻证据原则，不适用普通审判程序中大部分的证据调查方式，而允许以认为适当的方法进行证据调查，判决书中可以引用审判记录中记载的证据目录。

简易命令程序是指简易法院对可以判处50万日元以下罚金或罚款的案件，原则上不经审判，而仅根据检察官提出的资料进行判处的程序。可以请求简易命令的是区检察厅的检察官，该请求必须在提起公诉的同时，以书面形式提出，并由检察官预先向嫌疑人说明使其理解该程序的必要事项，告知有按通常规定接受审判的权利，确认嫌疑人对该程序没有异议。嫌疑人对适用简易命令程序没有异议时，应当以书面明确该项意旨。简易命令请求不适用起诉书一本主义，检察官应当向法院提出预料对做出简易命令有必要的文书及证物。收到简易命令请求后，法院应当审查检察官是否履行上述条件，如果认为请求合法有理，则应当至迟自检察官提出请求之日起14日以内，以简易命令处以50万日元以下的罚金或者罚款，并可以作出缓刑、没收或其他附加处分。简易命令应当示知构成犯罪的事实、适用的法令、科处的刑罚和附加的处分，以及自告知简易命令之日起14日以内可以请求正式审判的意旨。但是如果法院在收到简易命令请求后，认为案件不能做出简易命令或者做出简易命令不适当，或者，收到简易命令的人或者检察官在接到该项告知之日起14日提出正式审判的请求，则案件将转为正式裁判程序。从实践角度看，根据20世纪90年代的数据，[①] 检察官做出简易命令请求的案件通常占其全部案件的一半以上，作为日本基层法院的简易法院审理的刑事案件则几乎全部适用简易程序，可见，该制度在审判阶段程序分流中占据着非常重要的地位。

2004年日本刑事诉讼法新增的即决裁判程序在很多方面其实是对上述简易公审程序和简易命令程序的糅合。首先，与简易命令程序相同，即决裁判程序的适用也是在检察官提起公诉时，如果认为案件轻微、事实清楚，并且嫌疑人对适用该分流程序表示同意的情况下；其次，与简易公审程序相同，即决裁判程序同样不适用于相当于死刑、无期惩役或

---

① 参见姜涛:《刑事程序分流研究》,人民法院出版社2007年版,第35页。

无期监禁以及最低刑期为 1 年以上的惩役或监禁的案件，在法院审理开头程序中，被告人需对起诉书记载之诉因做出有罪陈述，审理可以以适当的方式进行证据调查，不受传闻证据规则的限制。而即决裁判程序自身的特点是，该程序特别强调辩护人的参与，法律规定，适用即决裁判程序需要辩护人的同意；如果嫌疑人因贫困等原因没有辩护人时，检察官应当告知嫌疑人可以申请国选辩护人，嫌疑人申请国选辩护人的，法官应为其指定；提出即决裁判程序的申请时，被告人没有辩护人的，审判长应及时的依职权为其指定辩护人；检察官对辩护人开始证据后，法院必须确认辩护人是否同意适用即决裁判程序审理；在即决裁判程序的审理日期，没有辩护人的，不得开庭审理。此外，用即决裁判程序做出的判决应当尽可能的于当日宣告，在宣告惩役或者禁锢的刑罚时，必须缓期执行，对于判决所确定的犯罪事实，不能以事实认定有错误为由而提出上诉。

第二节　意大利刑事诉讼程序分流考察

意大利近几十年来的刑事诉讼程序改革，最大的亮点就是构建了以正当法律程序为主、特别分流程序为辅的刑事司法体系。一方面，二战之后的意大利，人权保障运动日益高涨，加强犯罪嫌疑人、被告人的权利保障逐步成为其刑事司法改革的主流，一场刑事诉讼的正当程序革命势在必行；另一方面，以“程序拖沓、积案沉重”著称的意大利刑事诉讼迫切需要进行以诉权为主导的分流程序改革，通过合理分配司法资源，加快诉讼效率，以维持正当程序的有效运行，否则会成为其司法资源不能承受之重，最终使得正当程序也不再正当，因为“迟来的正义非正义”。

然而，实现这一目标的过程是漫长而艰辛的。1948 年，意大利颁布新宪法，确立法律面前人人平等、无罪推定、法定法官等一系列基本原则，意大利宪法法院随即提出依照新宪法对1930年《意大利刑事诉讼法典》[①] 进行彻底修改，之后，受20世纪60年代美国以沃伦·厄尔大法官为首的联邦最高法院进行的那场刑事司法正当程序革命的影响，意大利宪法法院更是做出了一系列旨在保护被告人权利的司法判决，其中主要涉及辩护方参与审判前程序的权利保障问题，其间，国会也开始参考英美法系国家的刑事诉讼模式进行了新的立法规划。然而，以1978年意大利极左翼军事组织“红色旅”绑架并杀害意大利内阁总理、天主教民主党主席莫罗为代表的一系列国内恐怖主义活动使意大利以新宪法为指引的刑事诉讼立法进程陷于停滞。直到20世纪80年代，意大利国会才正式授权立法法案，由专门委员会制定新的刑事诉讼法草案，并经多次修改后于1988年9月22日颁布了《意大利共和国刑事诉讼法典》。[②] 但是，刑事司法改革的博弈远未结束，随后的六七年间，意大利宪法法院通过的一系列判例使刑事诉讼的正当程序进程出现大幅倒退，例如，1992年宪法法院做出关于意大利刑事诉讼法第500条违宪等几项判例，通过强调发现案件事实真相彻底破坏了传闻证据规则、直接言词规则等一些刑事诉讼证据规则的适用，其间，立法机关迫于来自警察、法官等方面的巨大压力，更是出台《反黑手党法》，以打击有组织犯罪为名修改刑事诉讼法部分规定，限制犯罪嫌疑人、被告人诉讼权利，扩大警察侦查权和法官调查权，使得以保障人权为宗旨的意大利刑事司法改革运动受到严重打击。从1999年开始，《意大利宪法》以及《意大利刑事诉讼法典》陆续进行了有关公正审判的修订，终于为意大利刑事诉讼的进一步完善奠定了坚实基础。

一、刑事诉讼普通程序

意大利刑事诉讼普通程序可以被划分为三个阶段，即初期侦查、初步庭审和审判。

初期侦查分为前后两部分，分别是由司法警察主导的初步侦查阶段

---

① 即意大利历史上第三部刑事诉讼法典，也称ROCCO法典，带有法西斯主义精神，法典将刑事诉讼程序分为侦查和审判两个阶段，后者在司法实践中往往成为对前者的一种确认程序。

② 该法典于1989年10月24日正式生效。

和由检察官负责的正式侦查阶段。在意大利的侦查程序中，强调司法警察在侦查阶段就接收来自检察官和法官的双重监督，并且检察官在此阶段同样也是预审法官的监督对象，这与英美法系国家更倾向于在审判阶段对警察进行监督，如通过直接要求大量警察出庭作证以证明其侦查活动的合法性，以及通过较为严格的非法证据排除规则来事后间接控制警察在侦查阶段的行为等手段是有所不同的。

初步侦查活动直接根据检察官和司法警察主动获取的犯罪信息或间接接受的来自于公务员、受委托从事公务服务的人员、个人以及负有报告义务的人的报案信息①而进行。司法警察可以在随后的48小时内采取以下一系列措施，包括发现、固定与犯罪有关的物品、痕迹，进行现场勘验，询问证人，讯问犯罪嫌疑人，提取指纹，进行人身检查，对犯罪嫌疑人进行拘传或暂时羁押，对在犯罪现场直接抓获的犯罪嫌疑人进行搜查，在紧急情况下不经预审法官批准对处所进行搜查、扣押、查封，命令邮政部门暂停寄发犯罪嫌疑人的邮件、邮包48小时，并在紧急情况下对上述信件和物品进行开启检查，对那些可能被判处5年以上监禁刑罚的案件、涉及毒品、武装和走私等犯罪的案件的犯罪嫌疑人，经预审法官许可后进行电话或电子窃听。②

初步侦查之后就是由检察官主导、控制的正式侦查，这一阶段根据法律规定必须在6个月之内完成，在复杂案件中，预审法官有权批准延长6个月，如果案件特别复杂，预审法官则有权再次批准延长6个月，但该阶段一般最长不得超过18个月。正式侦查阶段里的主要角色有以下几位：检察官、司法警察、预审法官、犯罪嫌疑人及其辩护律师。检察官负责指挥司法警察进行各项侦查活动，在必要的时候，检察官也可以亲自实施某些侦查行为，或者指定技术顾问进行某些专门技术工作；司法警察负责执行具体的侦查行为，诸如讯问、鉴定、搜查、扣押、拘禁等；预审法官通过决定实施保释、签发逮捕令、搜查证、扣押令、宣布侦查行为无效等方式，对检察官和司法警察所进行的正式侦查活动进行监督；犯罪嫌疑人在讯问中有保持沉默的权利，辩护律师在犯罪嫌疑人接受讯问时应当在场，如果犯罪嫌疑人没有委托辩护律师，则有权无偿

① 对于这些信息，检察官必须在专门登记簿上进行登记。

② 在紧急情况下，也可经检察长授权进行。

得到一名公设辩护人及一名候补公设辩护人。需要指出的是，对于违反上述侦查期限所获取的证据，或者剥夺辩护律师在场权所进行的诉讼行为均会被归为无效。

正式侦查程序结束后，如果检察官认为根据收集的证据足以对被告人定罪，即符合起诉条件时，则必须以公诉人的名义向负责初期侦查的预审法官提出交付审判的要求，而不得做出撤销案件或不起诉的决定，因为刑事起诉在意大利刑事诉讼理论中被认为是检察官代表国家行使公共职责，检察官不得通过个人自由裁量放弃追诉犯罪。

意大利刑事诉讼普通程序的第二个阶段是初步庭审阶段，在这个阶段，预审法官以检察官的预审请求及随案卷宗为基础、通过控辩双方的参与来对起诉的合法性进行审查，以防止对被告人无根据的起诉。其中预审请求的内容一般应当包括：被告人、被害人以及案件其他有关人员的一般情况，犯罪事实的叙述以及与定罪量刑有关的情节，相关法律条文的列举，对已收集的证据的说明，发布审判令的请求，日期和签字。随案卷宗的内容一般应当包括：犯罪消息、已经进行的侦查工作的笔录、材料，可以随卷保存的实物证据、与犯罪有关的其他物品，以及所获证据的来源登记表等。当预审法官接到来自检察官的上述请求后，须在规定期间内完成一系列必要的诉讼行为。首先，须在 2 日内发布命令确定此后 30 日内进行初步庭审合议讨论的时间和地点；然后，在 10 日内依次向被告人、被害人以及被告人的辩护人送达庭审通知和公诉人关于提交审判的请求，作为控辩双方平等武装的必要保障措施之一，辩护人在此期间有权充分查阅、复制所有案件相关卷宗和证据材料，有权提交备忘录和文件；最后，向公诉人送达庭审通知并要求其移送所有在提出审判请求后所进行的侦查活动的材料。

初步庭审程序进行的场所为法院的合议室，控辩双方都应到场。开始首先由公诉人介绍初期侦查的结果以及起诉的理由，区别于正式的法庭审判程序，此时公诉人只是以卷宗为根据对侦查活动进行说明，并陈述把被告人交付审判的有关根据，而控方证人则无须出庭。接下来，其他各方当事人的律师依次根据他们自己所掌握的证据以及公诉人卷宗中的证据来论证本方的诉讼主张，并且公诉人、民事当事人的律师以及辩护律师对对方所做发言可以做一次反驳性答复，通常控辩双方无权对到庭的作为辩方证人的被告人进行交叉询问，但预审法官可以依职权对被告人进行讯问，后者对提问有权保持沉默。如果法官不能依上述程序作出提交审判令或者追诉判决的决定，则应向各方当事人宣布在此后的60天内进行新一轮的初步庭审，在这新一轮的预审中，法官会对之前未能解决的问题或某些新的问题进行调查，并允许控辩双方就此提出相关证人、鉴定人或技术顾问，并在法庭上接受询问。在庭审中，如果出现需要变更指控的情况，例如在合议讨论中查明的事实与指控不符，或者发现新的犯罪情节，或者发现其他新的犯罪，则预审法官可以要求公诉人变更指控，公诉人也可以主动对指控加以变更，但必须立即通知在场的被告人，如果被告人本人不在场，则应立即将指控变更的情况通知他的辩护人，如果查明被告人应对未列入审判要求的新的犯罪负责并且对于该犯罪应提起公诉，则公诉人关于增加新的指控罪名的请求必须得到被告人的同意，才能由法官批准该项新指控。预审法官在宣布庭审结束后，应当立即进行裁决，根据庭审的情况，对于符合起诉条件的，应当发布审判令。审判令的内容一般包括：被告人的一般情况；指出已经查明身份的被害人；其他有关人员的一般情况；犯罪事实和涉及定罪量刑情节的陈述；援引有关的法律条文；对有关证据材料的简要列举；指出主管审判的法官；指出开庭的地点、日期和时间；法官及其助理人员的签名和日期。发布审判令20天后可以进行正式审判，此间，法院文书室需为审理进行准备，将审判令、卷宗一并交付负责审判的法官。

正式审判开始之前，意大利刑事诉讼程序并未设置有关排除非法证据的听证程序，只是安排了几项程序性的工作，包括按照当事人在开庭前7日以前向法院提交的证人、鉴定人或技术顾问名单，由法院或陪审法院院长以命令形式传唤所列证人、鉴定人或技术顾问；在被告人没有聘请辩护人的情况下，由庭长为其指定一名辩护人；根据当事人的请求，由法院或陪审法院院长决定调取一些不可拖延调取的证据，并把相关笔录附入法官卷宗①之中，以便在法庭直接宣读并作为证据使用。

正式审判的开庭程序自庭长宣布法庭审理开始，然后由法官助理负责宣读有关指控内容，接下来由公诉人、民事当事人的代理人、民事责

① 意大利刑事诉讼实行双重卷宗制度，案件移送审判之时，会准备两份卷宗，分别为法官卷宗和检察官卷宗。

任人的代理人、对财产刑承担民事责任的人的代理人、被告人的辩护人依次简要介绍他们所认为的案件事实和证据，之后，由法官告知被告人其权利义务，其中包括被告人有权拒绝作证，也有权在法庭审理的任何阶段进行陈述。对于双方当事人而言，都有权提请法官根据证据规则裁定排除非法证据，既可以在宣布开庭阶段，也可以在法庭调查阶段。

在正式审判的法庭调查阶段，依照开庭陈述时的顺序，法庭首先对公诉人提供的证据进行调查，然后依次调查由民事当事人、民事责任人、对财产刑承担民事责任的人以及被告人等各方所提交的证据。询问证人，包括各方当事人，以及鉴定人、技术顾问时，先由要求询问的公诉人或辩护人进行主询问，然后依次由公诉人、民事当事人的代理人、民事责任人的代理人、对财产刑承担民事责任的人的代理人、被告人的辩护人进行交叉询问。询问证人时，庭长应告知其如实作证的义务，以及做虚假陈述和保持沉默的法律责任，证人必须对此进行宣誓，然后向法庭进行自我情况的介绍，而证人为帮助其记忆而作的书面纪录，在使用上必须先经过庭长的认可，法官不得宣读被告人和证人在初期侦查或初步庭审期间向司法警察、公诉人或预审法官所作的陈述笔录。鉴定人和技术顾问可以向法庭以书面形式提交鉴定结论或报告，法庭经审查后可作为证据归入法官卷宗，但鉴定人、技术顾问在任何情况下都应出庭就其所进行的鉴定或所提供的意见给予直接说明，并接受各方的交叉询问，即便在因正当理由而无法到庭的情况下，也必须在各方当事人的代理人或辩护人在场的情况下，由法官主持，在其所在地进行询问。

正式审判的最后陈述阶段是各方当事人最后一次影响法庭审判的机会，公诉人、民事当事人的代理人，民事责任人的代理人、对财产刑承担民事责任的人的代理人以及被告人的辩护人有权依次进行最后陈述，并有权对他方的最后陈述进行一次反驳发言，被告人和辩护人还有权进行最后发言。最后陈述结束后，由庭长宣布法庭审理结束。

在公开的法庭审理程序之后是秘密评议阶段，在该阶段，所有参加法庭审理的职业法官和人民陪审员都必须参加并发表意见，发言依照先由人民陪审员发言，再由职业法官发表意见，最后由庭长发言的次序进行。该评议既解决被告人的定罪问题，也解决量刑问题，还有和诉讼有关的其他问题。

评议结束后，可以做出开释判决、处罚判决和对民事问题的裁决三类裁判，其中开释判决可以分为不应追诉、无罪以及宣布犯罪消灭三种判决，如果最后做出的是认定被告人有罪的判决，那么必须获得合议庭的一致同意方可作出。

二、刑事诉讼分流程序

对意大利刑事诉讼进行程序分流的考察，既需要关注那些法律专门设立的特别分流程序，还要注意那些进入司法程序后发现不构成犯罪的案件的分流处理，下面依次讨论“不构成犯罪的案件的分流”和“适用特别程序的分流”两种情形。

第一种情形在不同的诉讼阶段有着不同的程序要求。在初期侦查之前，对于一些轻微的犯罪案件，检察官可以在对案件进行初期侦查时就进行选择和判断，如果认为不构成犯罪，可以直接决定不予初期侦查，使这些案件在一开始就被分流出去。

初期侦查开始之后，如果检察官认为根本没有犯罪事实发生，或者缺乏追诉条件、犯罪已经消灭或者犯罪嫌疑人的行为不构成犯罪，则只能向负责初期侦查的预审法官提出撤销案件的请求，[①] 而无权自行决定通过撤销案件进行程序的分流。如果被害人曾在报案时或报案后提出需要了解有关撤销案件的信息，则检察官此时有义务通知被害人在10日内查阅有关文书并告知其有权提出要求继续进行初期侦查的异议申请。法官如果接受检察官关于撤销案件的要求，则案件得以分流，此时法官应作出命令、附上理由，然后将有关文书退还检察官。如果法官不接受撤销案件的要求，则需进行合议讨论，该程序应通知包括检察官、被调查人、被害人和驻上诉法院的检察长在内的控辩双方共同到场参与。如果被害人表示不接受撤销案件而提出异议，则也有权在合议讨论中通过提交相关证据、提出补充侦查的方向等方式积极行使其诉权。在被害人提出的异议没有根据、犯罪消息也没有被证实的情况下，法官应接受检察官撤

---

① 《意大利刑事诉讼法典》第408条：“如果犯罪消息是不属实的，检察官向法官提出撤销案件的要求。在提出要求时，转递有关的卷宗，其中包括犯罪消息、关于已进行的侦查工作的材料以及在负责初期侦查的法官面前实施的行为的笔录。”

销案件的请求，将文书退还检察官，并以附理由命令的形式做出撤销案件的决定，此时案件同样因不构成犯罪而得以分流。否则法官应要求检察官在10日之内提出指控，并在指控提出后的2日内决定初步庭审的日期，该决定同样以命令的形式做出。在检察官违反上述期限规定的情况下，驻上诉法院的检察长可以直接命令调取案件并亲自完成该案件的侦查工作，期限为30日。有关是否撤销案件的合议讨论还可能出现第三种情况，那就是法官认为案件尚需进一步侦查，此时法官应以裁定的形式通知检察官，并为后者将要进行的新的侦查活动确定一定的时间期限。

初期侦查之后，案件进入预审阶段，之前，起诉法定原则的目标是保证对一切经过正式侦查的案件都提起公诉。然而预审阶段的任务却是由法官对起诉进行审查，审查案件是否构成犯罪、是否应当起诉。在经过初步庭审后，如果发现犯罪嫌疑人的行为不构成犯罪、犯罪并非犯罪嫌疑人所为或者根本没有犯罪事实发生时，预审法官有权以不追诉判决的形式撤销起诉或终止起诉，从而使案件得以分流。不追诉判决书的内容包括被告人及其他当事人的一般情况、指控、判决所依据的事实理由和法律条文、日期、签名等。对于被害人告诉才追诉的犯罪，法官在判决书中还应写明告诉人应支付的所有因此告诉而产生的诉讼费用，以及对被告诉人应进行的赔偿。这种追诉判决书具有与通过正式法庭审判所做出的无罪判决同等的效力，因此被害人、当然也包括共和国检察官、检察长和被告人，有权在法定条件下对这一判决向上级法院，直至意大利最高法院进行上诉。

意大利刑事诉讼分流程序改革最主要的特色是1988年刑事诉讼法所设立的5种特别速决程序，它们分别是简易审判程序、依当事人的要求适用刑罚、快速审判案件程序、立即审判程序以及处罚令程序。

从分流的角度来看，简易审判程序是在初期侦查之后、初步庭审之中对案件进行分流的一种非常重要的特别程序。适用该程序，被告人的最后刑期可减少三分之一，且不计入犯罪记录。简易审判程序中，负责初期调查的法官根据被告人书面或口头的请求就可以直接在初步庭审程序中根据案卷材料对案件进行判决，[①] 不需要被告人认罪，也不需要检察

① 简易审判程序不适用于可能判处终身监禁刑的案件。

官同意①。

依当事人的要求适用刑罚的特别程序在分流方面和上面的简易审判程序有相同之处，那就是都是通过省略正式审判程序来节约司法资源。依当事人的要求适用刑罚需要控辩双方事先就被告人的量刑问题进行协商并达成一致，② 然后由法官通过审查案卷来对案件事实、法律适用及双方量刑协议进行评价，在认为不存在任何不适当、不平衡的情况下，法官应当按照双方协议的刑罚对案件作出判决，此时减刑幅度不得超过三分之一，如果被告人在一定年限内没有再实施类似犯罪，还有权要求删除其犯罪记录。但是，这一被称为“意大利式辩诉交易”的分流程序，具有其独特之处。首先，这一程序仅适用于轻微刑事案件。最初该程序适用于判处2年以下有期徒刑的案件，2003年被扩大至5年；其次，控辩双方只能就量刑进行协商，美国辩诉交易中的控诉协商、罪状协商在此都被予以排斥；最后，在依当事人的要求适用刑罚的程序中，法官不仅有权审查被告人是否“自愿”与“明知”，还有权超越双方达成的协议结果，或者在检察官不同意的情况下，对被告人适用减刑达三分之一，或者完全拒绝双方提出的量刑建议，而根据自己对案件证据材料的评断，做出判决。

意大利刑事诉讼法规定的第三种特别程序——快速审判案件程序是通过省略预审程序（有时甚至也省略初期侦查程序）来对案件进行分流的，因此这一程序又被称为直接审判程序。该程序主要适用于以下几种情形：被告人是现行犯，此时检察官有权在48小时内直接将其交付法官进行审判，在需要调查的情况下，也可以在14日后把被告人交付审判；被告人虽然不是现行犯，但检察官有确实充分的证据表明被告人实施了犯罪，此时经被告人同意检察官有权直接将其交付审判；被告人对自己的罪行供认不讳，此时检察官也有权要求法官直接进行审判。这一只能由检察官提起的特别程序，更多的是从国家利益的角度出发进行制度设计的，但同时，为保障该程序中被告人的诉讼权利，立法者选择了普通

① 1999年前的《意大利刑事诉讼法典》第438条规定，被告人提出适用简易审判程序必须要征得检察官的同意。

② 根据2003年修订的意大利刑事诉讼的规定，如果检察官不同意适用该程序，应当说明理由，法官认为理由不成立的，应当裁决适用改程序。

审理程序对被告人定罪量刑。

在普通程序的初步庭审阶段，被告人可以在接到法官的预审通知后主动要求放弃参加预审程序，并通过法院文书室声明其愿意不经预审直接接受审判，被告人表示放弃预审的弃权书由其自行负责向公诉人、被害人送达，法官应于5日内审查，并以命令形式决定同意或者驳回该请求。如果同意，则法官应在审判前20日将立即审判令送达给公诉人、被害人和被告人，并在立即审判令中告知被告人有选择简易审判或依当事人的要求适用刑罚程序的权利，而在放弃该权利时将以普通程序审理，这种不经初步庭审而直接进入审判阶段的程序就是意大利刑事诉讼特别程序的第四种——立即审判程序。当然，检察官在经过90天侦查后如果认为证据已经足够确实充分则同样可以要求启动该程序。但是，由检察官启动的立即审判程序与由被告人启动的立即审判程序在性质上有所不同，前者与上面的快速审判案件程序没有什么差别，都是检察官代表国家凭借特定案件中充分的证据条件选择省略初步庭审以达到分流和节约司法资源的目的，而由于预审程序本身的功能设置是为了保障被告人不受任意追诉，因此如果检察官想要省略预审程序，那么法律就要求他必须有充分的证据证明被告人有罪（包括被告人自己表示认罪），而对于被告人而言，则没有这样的限制，只要是自愿放弃就可以。

处罚令程序是意大利刑事诉讼法规定的最后一种特别程序，从分流的角度看，它既无庭审阶段也无预审阶段，是一种直接由法官应检察官要求而发出的独立适用财产刑的案件处理方式，仅适用于检察官认为可以单处罚金（包括为替代监禁刑而适用的罚金刑）的轻微刑事案件。被告人以及对财产刑承担民事责任的人对于检察官关于处罚令程序的建议，可以选择不予接受，并在15日内向法官表示其愿意接受简易审判、立即审判，或依当事人的要求适用刑罚程序，如果该异议被法官驳回，或者被告人没有提出异议，那么法官就有权根据检察官的建议[①]直接判处被告人罚金，并要求被告人承担一定的诉讼费用，同时法官也可以根据自己的判断而拒绝检察官提出的关于适用处罚令程序的要求。

综上不难看出，意大利刑事诉讼法所规定的特别程序分别适用于不

① 检察官可以要求减至法定刑一半的刑罚。

同案件的不同阶段，它们对侦查、预审、审判进行了不同程度的简化和分流，另外，意大利刑事诉讼特别程序给予了预审法官更多的职能，使其发挥了更重要的作用。

第三节　俄罗斯刑事诉讼程序分流考察

从法律体系的角度看，由于社会制度的变化，俄罗斯法律体系在近百年来变化最快，变化内容也最多。就刑事诉讼法律而言，2001 年 12 月 18 日由俄罗斯联邦总统普京签署的第 174 号联邦法律，即《俄罗斯联邦刑事诉讼法典》是其现行刑事诉讼法律的基础。截至 2009 年 7 月 1 日，已有 44 个联邦法律、7 个俄罗斯联邦宪法法院决议、1 个俄罗斯联邦宪法法院裁定对其进行了修订和更改，由此构成了俄罗斯现行刑事诉讼法律的框架。

一、刑事诉讼的一般程序

俄罗斯刑事诉讼的一般程序由以下几个步骤组成：立案、侦查、起诉、审判和执行。

立案程序作为俄罗斯刑事诉讼中一个独立的程序，是每个刑事案件必经的第一阶段。立案决定作出之前，禁止适用强制措施和进行除勘验犯罪现场、检验尸体、指定司法鉴定之外的其他侦查行为。虽然以已故著名俄罗斯刑诉专家彼得鲁辛为代表的许多学者对此不断提出批评，认为俄罗斯刑事诉讼中的立案制度存在很多弊端，建议取消它，并把诉讼性质的审前调查与侦缉性质的审前调查合二为一，① 但 2001 年法典在此问题上一直未作修改。目前，有权立案的机关包括调查②机关、调查人员、侦查机关首长以及侦查员，当他们获得关于已经实施或正在预备犯罪的消息，就应当依据其中存在的犯罪要件材料立案。当该消息是通过

① ［俄］И. ·Л·彼得鲁辛：《俄罗斯刑事诉讼变革的理论根源》（第二部），莫斯科，2005 年，第 44 页。

② 在不必进行侦查的刑事案件中采用的一种审前调查形式，详见本文第三章第二节。

举报人实名检举获得的，应向举报人说明《俄罗斯联邦刑法典》第306条规定的诬告罪的刑事责任；如果是口头自首或口头检举，则制作笔录，内容应包括其个人身份证明材料；如果消息是通过调查人员或侦查员的专门侦缉活动、偶然目击等其他方式获得，则必须制作关于发现犯罪要件的报告；当有关犯罪的消息是通过传媒报道的，则由调查机关检察长以及侦查机关首长委托侦查员进行审查。立案应当形成书面决定，决定中应写明做出决定的日期、时间、地点、做出决定的人员、立案的消息来源和根据，以及立案所依据的《俄罗斯联邦刑法典》的条、款、项。该决定必须立即送交检察长，检察长表示同意后，侦查机关首长、侦查员、调查人员应立即通知检举人和被立案的人。

按照一般程序，侦查自立案之日开始，根据案件的不同，分别由俄罗斯联邦检察院侦查委员会侦查员、联邦安全局机关侦查员、俄罗斯联邦内务部机关侦查员以及麻醉品和精神药物流通管制机关的侦查员进行。侦查应在2个月内终结，该期限可以由相应侦查机关首长延长到3个月，特别复杂的刑事案件，侦查期限可以由俄罗斯联邦主体的侦查机关首长、其他与其级别相当的侦查机关首长以及他们的副职延长到12个月，在特殊情况下，还可以由俄罗斯联邦检察院侦查委员会主席、相应联邦行政权力机关侦查机关首长及他们的副职再延长。侦查员必须在侦查期限届满之五日前将关于延长侦查期限的决定送交其侦查机关首长，并同时以书面形式将延长侦查期限的事宜通知刑事被告人、辩护人、被害人以及被害人的代理人。

侦查员一般独立侦查并承担责任，如果案件复杂或繁重，可以委托侦查组进行侦查，对此应作出单独决定或在立案的决定中说明。关于由侦查组进行侦查的决定以及变更侦查组人员的决定由侦查机关首长作出，决定中应该列举被委托进行侦查的所有侦查员，并指出任命那一位侦查员担任侦查组长，同时还可以吸收进行侦缉活动的机关的公职人员参加侦查组的工作，侦查组的人员构成应向犯罪嫌疑人、刑事被告人宣布。

狭义上的侦查行为是指《俄罗斯联邦刑事诉讼法典》第24章至第27章所规定的搜集、审查证据的行为。其中，不经住户同意进行住宅勘验；在住宅里进行搜查和提取；提取被典当或交于典当行保管的物品；人身搜查；提取含有国家或其他受联邦法律保护之机密以及含有公民在银行或其他信贷机构存款和账户信息的物品和文件；扣押邮件、准许在邮电机构进行勘验和提取；扣押财产、包括自然人和法人在银行和其他信贷组织账户上的资金；监听电话和其他谈话及进行录音等侦查行为，必须根据法院的裁判实施。此时侦查员经侦查机关首长同意，向法院提出实施侦查行为的申请，申请由区法院或同级军事法院的法官在侦查地或侦查行为实施地自收到申请之时起的 24 小时内独任审理，作出许可实施侦查行为或者驳回申请的裁决，并指出驳回的理由。由侦查员可独立采取的侦查行为有询问、当面对质、提供辨认、对陈述进行就地核对、对现场和地点的勘验、一般性的搜查和提取、侦查实验等，但法律要求对于掘尸勘验、检验、搜查和提取等限制公民权利和利益的侦查行为，侦查员必须做出书面决定。

侦查可以采用技术手段和方式发现、固定和提取犯罪痕迹和物证，可以吸收进行侦缉活动的机关的公职人员参加侦查行为，可以聘请专家和翻译人员参加，在实施侦查行为的过程中应制作笔录，同时，不允许在夜间实施侦查，不允许在侦查行为中使用暴力、威胁和其他非法手段，不允许对参加侦查的人造成生命和健康的危险。

广义的侦查行为还包括提出指控和采取强制处分等行为。指控在作出确定刑事被告人的决定之日起的 3 天内提起，如果有辩护人参加刑事案件，应在辩护人在场时提起，同时侦查员应向刑事被告人说明所提出指控的实质，以及刑事诉讼法规定的被告人权利，并将确定被告人的决定的副本发给被告人及其辩护人，同时送交检察长。提出指控是侦查程序中的重要阶段，为侦查程序所特有，是一般程序模式下侦查作为审前调查完备形式的标志之一。一方面，它说明已有足够的证据指控一个人实施了犯罪，侦查员对此已然形成内心确信，另一方面，它在俄罗斯刑事诉讼中最大限度的保障着案件事实的认定和诉讼参加人权利的实现，体现出对被告人辩护权的保护和尊重以及对指控的慎重。强制处分是俄罗斯刑事诉讼法所规定的强制措施体系中针对刑事被告人以及犯罪嫌疑人所采取的带有限制人身自由性质的侦查手段，包括具结不外出、人保、部队指挥机关监管、对未成年犯罪嫌疑人或刑事被告人进行监管、交纳保证金（物）、监视居住和羁押 7 种。

侦查员在确认刑事案件的所有侦查行为均已实施，并且已经收集到的证据足以制作起诉书后，应将此情况通知刑事被告人、他的辩护人、法定代理人以及被害人、刑事附带民事诉讼原告人、刑事附带民事诉讼被告人和他们的代理人。之后，侦查员应将装订成册并编注页码的刑事案件材料提交给刑事被告人及其辩护人，物证也应一并提交，根据被告人及其辩护人的请求还要提交照片、音像资料、电影胶片以及其他侦查行为笔录的附件，如果刑事案件中有几名被告人，则向他们及其辩护人提交刑事案件材料的先后顺序由侦查员决定。在了解有若干卷的刑事案件材料的过程中，被告人及其辩护人有权重复翻阅其中任何一卷，摘抄任何材料，复制文件，包括使用技术手段制作复印件，刑事案件材料含有国家秘密或受联邦法律保护的其他秘密的，文件的复印件和摘抄件应随刑事案卷保存并在法庭审理时交给被告人及其辩护人。

被告人及其辩护人了解刑事案件材料所必需的时间不受限制，但如果被告人和他的辩护人在了解刑事案件材料的时候明显地拖延时间，则可以由法院对了解刑事案件材料确定一定的期限，如果刑事被告人和他的辩护人没有正当原因不在法院规定的期限内了解完毕刑事案件材料，则侦查员有权做出终结实施该诉讼行为的决定。在被告人及其辩护人了解完刑事案件材料后，侦查员应查明他们有何申请或其他声明，同时，还要向他们问明哪些证人、鉴定人、专家应传唤到法庭进行询问和证明辩方的立场。

被害人、刑事附带民事诉讼原告人、刑事附带民事诉讼被告人及他们的代理人了解刑事案件材料的程序也依照上述程序进行，但是他们必须就此提出申请，而附带民事诉讼原告人、附带民事诉讼被告人及他们的代理人只能了解刑事案件中与附带民事诉讼有关的那部分材料。

如果被告人的辩护人、法定代理人或被害人、附带民事诉讼原告、附带民事诉讼被告的代理人因正当理由不能在指定的时间到案了解刑事案件材料，则侦查员应将他们了解刑事案件材料的时间推迟，推迟的时间不得超过5天。侦查员在5日期限届满后对于不能到案了解刑事案件材料的辩护人有权建议刑事被告人选择另一位辩护人或者在刑事被告人提出申请时采取措施让另一位辩护人到案，而如果未被羁押的刑事被告人没有正当理由不到案了解刑事案件材料，则在自宣布侦查行为终止或其他诉讼参加人终止了解案件材料之日起的5日后，侦查员可以制作起诉书。

在起诉书中侦查员应指出：每个刑事被告人的姓、名、父称；关于每个刑事被告人个人情况的材料；指控的实质，实施犯罪的地点和时间，实施犯罪的方式、动机、目的、后果和其他对该刑事案件有意义的情节；叙述提出的指控，并指出《俄罗斯联邦刑法典》中规定该犯罪行为责任的条、款、项；列举证实指控的证据；列举辩护一方所援引的证据；减轻和加重刑罚的情节；关于被害人的情况，犯罪对他所造成的损害的性质和大小；关于附带民事诉讼原告和被告的情况。起诉书还应附上控辩双方应被传唤出庭的人员名单，并说明其住所地和所在地，以及关于侦查期限、所选择的强制处分（同时指出羁押和监视居住的时间）、物证、附带民事诉讼、所采取的保全附带民事诉讼和可能没收财产的措施、诉讼费用等的说明材料，如果有受刑事被告人、被害人供养的人，还应说明所采取的保障他们权利的措施，最后，侦查员应在起诉书上签字，说明制作的地点和日期，并经侦查机关首长同意后，立即向检察长移送所有刑事案件材料。

检察长对侦查员移送来的附有起诉书的刑事案件进行审查，并在10日内对它作出下列决定之一：批准起诉书并将刑事案件移送法院；通过书面指示的形式将案件退回侦查员进行补充侦查、改变指控的范围或对被告人的行为重新评价，或者重新制作起诉书和修改起诉书中已经发现的缺点；在刑事案件归上级法院管辖时，将刑事案件移送上级检察长批准起诉书。

侦查员经侦查机关首长同意，可以对检察长作出的关于将案件退回侦查员的决定向上级检察长提出异议，该异议申请具有中止检察长所作决定的效力。上级检察机关在收到相应材料之时起的72小时内应作出下列决定之一：拒绝侦查员的申请；撤销下级检察长的决定，同时上级检察长批准起诉书并将刑事案件移送法院。在不同意上级检察长决定时，侦查员经俄罗斯联邦检察院侦查委员会主席、相应联邦行政权力机关侦查机关首长同意，可以向俄罗斯联邦总检察长提出自己的异议。

检察长应将批准起诉书并向法院移送刑事案件的事宜通知刑事被告人、他的辩护人，以及被害人、附带民事诉讼原告人、附带民事诉讼被告人和他们的代理人，并同时应向他们说明申请进行庭前听证的权利及其程序。检察长还应将起诉书及附件的副本发给刑事被告人，如果辩护人和被害人要求，也发给他们，如果被告人拒绝领取起诉书副本或传唤不到或者以其他方式逃避领取起诉书副本，则检察长应将案件移送法院，并指出起诉书副本未发给刑事被告人的原因。

预备开庭阶段是审判程序的第一个阶段，法院在收到刑事案件之后，应以裁决方式作出裁判：即或按照审判管辖移送案件；或指定庭前听证；或决定开庭审判。该裁判应在 30 日内作出，如果被告人处于被羁押状态，则在 14 日内。裁决副本应由法官送交刑事被告人、被害人和检察长，同时，法院有权根据控辩方的请求，向他们提供补充了解案件材料的可能。

在一方提出排除证据的申请，或有根据将案件退回检察长，或在严重和特别严重的犯罪案件中一方提出在受审人缺席的情况下进行法庭审理的申请，而该受审人处于俄罗斯联邦境外或一直逃避出庭，并且未曾在外国境内因此刑事案件被追究过刑事责任，或为了解决刑事案件由陪审法庭审理的问题时，就会出现庭前听证阶段。进行庭前听证的申请，由控辩一方在了解案件材料或刑事案件与起诉书一并移送法院后、并在自收到起诉书副本之日起的 3 日内提出，法院根据该申请或主动决定进行庭前听证。庭前听证由法官在不公开的审判庭独任进行，传唤控辩双方出庭的通知至少应在进行庭前听证前 3 日发出，辩方要求补充证据或物品的申请，如果该证据和物品有意义，则应该予以满足。另外，根据控辩双方的申请，除享有作证豁免权的人之外，任何了解侦查行为或了解关于提取文件，以及将其归入刑事案件情况的人均可作为证人被询问。在提出排除证据时，控辩双方有权申请从法庭出示的证据清单中排除任何证据，申请的副本应在向法庭提交申请之日提交给另一方。要求排除证据的申请应包括以下内容：该方要求排除的证据；刑事诉讼法所规定的排除证据的根据以及说明申请理由的情况。当一方申请排除证据，而另一方对该申请也没有异议时，法官应同意申请；当一方反对排除证据，法官则有权询问证人，宣读侦查行为的笔录以及其他案卷中现有的和双方提交的其他文件，法官同时有权将排除证据的申请所涉及的文件一并归入刑事案卷之中。如果辩方提出排除证据申请的理由是证据的获得违反了刑事诉讼法的要求，则在审议时，推翻辩方所提理由的证明责任由检察长承担，在其他情况下，证明责任在提出申请的一方。法院做出排除证据的裁判后，该证据即失去法律效力，不得作为刑事判决或法院其他裁判的根据，在法庭审理过程中也不得进行审查和利用。

如果起诉书的制作违反了刑事诉讼法的要求，致使法院不可能根据该起诉书作出刑事判决或其他裁判；或起诉书的副本没有交给刑事被告人；或存在合并刑事案件的根据；或在被告人了解刑事案件材料时未向他说明刑事诉讼法规定给他的权利，都会导致法官根据一方的申请或主动将刑事案件退回检察长，以排除此类审理障碍。

根据关于申请排除证据或将刑事案件退回检察长的庭前听证程序的结果，法官可以做出按照审判管辖移送案件；将刑事案件退回检察长；决定开庭审判三种裁决。如果在庭前听证过程中检察长改变指控，则法官应在裁决中有所反映并在刑事诉讼法规定的情况下按照审判管辖移送刑事案件；如果法官满足了排除证据的申请并在这种情况下决定开庭审判，则裁决中应指出什么证据被排除，哪些证明该证据排除理由的案件材料不得再进行审查和宣读并不得在证明过程中进行利用。

刑事案件的法庭审理应该在自法官作出关于开庭审判的裁决之日起的 14 日内开始。法官作出的关于决定开庭审判的裁决中，应该写明做出裁决的日期、地点、法院名称、做出裁决的法官的姓以及名和父称的第一个字母，除此之外，还应解决开庭的地点、日期和时间问题；案件是否由法官独任审理还是合议庭审理的问题；指定辩护人的问题；根据控辩双方提出的名单传唤人员出庭的问题；案件是否公开审理的问题；关于强制处分的问题；裁决还应该包含关于开庭审判的决定，指出每个被告人的姓、名和父称以及被指控实施何种犯罪。另外，根据被害人、民事原告人或他们的代理人以及检察长的申请，法官还可以做出对赔偿犯罪所造成的损害或者可能的没收财产采取保障措施的裁决，并由法警执行员执行。

审判庭开庭由审判长宣布，由法庭书记员报告应该出庭人员的到庭情况，以及不到庭人员缺席的原因，出庭的证人在对他们进行询问之前，退出审判庭，法警采取措施使未被询问的证人不与已经被询问的证人以及出席审判庭的其他人员交往。在审判长确定受审人身份及其他相关情况后，应查明起诉书副本或检察长变更指控决定的副本的送达情况，接下来，审判长宣布法庭组成人员，以及向控辩双方说明其申请法庭组成人员或某位法官回避的权利，然后审判长向诉讼参加人说明其各自在庭审中所拥有的权利，首先是受审人，而后是被害人、民事原告人和民事被告人，以及鉴定人和专家，最后，审判长询问控辩双方是否申请传唤新的证人、鉴定人和专家，是否要求调取新的物证和文件，以及是否要求排除证据。提出以上申请的人应该说明理由，法庭在听取刑事诉讼参加人的意见后，要审议每一项提出的申请，或者满足申请，或者作出裁定或裁决驳回申请，被法庭驳回申请的人，有权在以后的法庭审理过程中再次提出申请，对于控辩双方提出的要求新的证人或专家出庭接受询问的申请，法院无权予以驳回。

审判庭的预备部分结束之后，进入法庭审理的核心部分——法庭调查阶段，在这个阶段，法庭在控辩双方的参与下，对证据进行独立、深入、全面的审查。法庭调查自国家公诉人叙述对受审人提出的指控开始，之后，审判长询问受审人是否明白对他的指控，是否承认有罪，以及他或他的辩护人是否希望表示自己对所提出指控的态度。审查证据的先后顺序由向法庭提交证据的一方确定，首先提交证据的是控方，之后审查辩护方提交的证据。当受审人同意进行陈述时，首先对他进行询问的是辩护人和辩方的法庭审理参加人，然后是国家公诉人和控方的法庭审理参加人，审判长对诱导性问题和与案件无关的问题应予以制止，在控辩双方都询问完之后，可以由法庭向受审人提问，而受审人有权经审判长许可在法庭调查的任何时候进行陈述。根据控辩双方的请求或法院主动，可以在其他受审人不到庭的情况下询问受审人，对此应做出裁定或裁决，在这种情况下，当其他受审人回到审判庭后审判长应向他告知在他缺席时他人所作陈述的内容，并让他有可能向在他缺席时被询问的受审人提问。另外，在下列情况下，可以根据控辩双方的请求宣读受审人在进行审前调查时所作的陈述，以及展示附于询问笔录中记录其陈述的照片、录音和（或）录像以及电影片材料：受审人在法庭上所作的陈述与他们在审前调查过程中所作的陈述有重大矛盾，但不包括他们在没有辩护人在场，或者他拒绝辩护人的情况下在审前调查过程中所作的陈述；刑事案件在受审人缺席的情况下审理；受审人拒绝作陈述时。

接下来的程序是询问被害人和证人。证人应分别、并在未被询问的证人不在场的情况下询问，询问前，审判长先确认证人的身份，查明他与受审人和被害人的关系，向他说明法定的权利、义务和责任，然后由提出传唤证人请求的一方首先对该证人提问，而法官则在控辩双方都询问完证人之后再向其进行提问。询问被害人的程序和询问证人相同。在被害人或证人不到庭时，经控辩双方的同意，允许宣读被害人和证人以前在进行审前调查和法庭审理时所作的陈述，以及展示在询问过程中制作的照相底片和照片、幻灯片，播放询问的录音和（或）录像、电影片，在下列情况下，如果被害人或证人不到庭，法庭有权根据控辩一方的申请或者主动地做出决定宣读他们以前所作的陈述：被害人或证人死亡；被害人或证人患严重疾病而不能到庭；被害人或证人是外国公民而且拒绝接受传唤出庭；自然灾害或其他特殊情况致使被害人或证人不能到庭。

法庭有权根据控辩双方的申请，或主动指定司法鉴定、可以传唤在审前调查过程中做出鉴定结论的鉴定人，对他进行询问，要求他对其所作的鉴定结论进行说明或补充，在宣读鉴定结论后，控辩双方可以向鉴定人提问，首先提问的是要求进行司法鉴定的一方，当数名鉴定人的结论存在矛盾，并且矛盾又不能通过法庭审理中对鉴定人进行询问而予以解决时，法庭可以根据控辩双方的申请，或主动指定重新鉴定或补充鉴定。物证的勘验可以根据控辩双方的请求在法庭调查的任何时间进行；地点和房舍的勘验以及侦查实验由法庭在控辩双方的参加下进行，必要时还应有证人、鉴定人和专家的参加；侦查行为笔录、审前调查中提出的鉴定结论，以及归入刑事案卷中的或审判庭上提交的其他文件，可以根据法院的裁定或裁决完全或部分宣读，如果这些文件叙述了或证明了对刑事案件有意义的情况。

控辩双方提交的证据审查完毕之后，审判长对双方是否申请补充法庭调查进行询问，如果有申请对法庭调查进行补充的，法庭应予以讨论并做出相应决定，在解决了申请和完成因此而进行的必要审判行为后，审判长宣布法庭调查结束。

法庭调查完毕后，法庭开始听取控辩双方的辩论，辩论由公诉人首先发言，而受审人及其辩护人则最后发言，在控辩双方辩论的所有参加人发言以后，他们每个人还可以进行一次答辩，最后答辩权属于受审人和他的辩护人。

在控辩双方的辩论结束后，审判长应让受审人作最后陈述，此间，不允许向他做任何提问，法庭也不得对最后陈述做时间上的限制，但是，如果受审人叙述的情况与案件无关，审判长有权加以阻止。如果控辩双方辩论的参加人或者受审人在其最后陈述中提出了对刑事案件有意义的新情节，或者他们表示必须向法庭提交新的证据进行审查，则法庭有权恢复法庭调查，在重新进行的法庭调查结束后，法庭宣布再次进行控辩双方的辩论和让受审人最后陈述。另外，在双方辩论结束、法庭退入评议室之前，双方有权以书面形式向法庭提交他们对法庭即将作出的刑事判决中的部分问题的措辞建议。

刑事判决由法庭在评议室作出，必须合法、有据和公正。判决分为无罪判决和有罪判决两种，有罪判决不得以推测为根据，受审人实施犯罪的罪过必须在法庭审理过程中，被当庭调查核实过的所有证据总和所证实，才能做出有罪的判决。

刑事判决书签字后，法官回到审判庭宣布刑事判决，并在自宣布刑事判决之日起的 5 日内将判决书副本交给被判刑人或被宣告无罪的人、他的辩护人、公诉人、自诉人，如果被害人、附带民事诉讼原告人、附带民事诉讼被告人，他们的代理人提出申请，则判决书也应在相同期限内交给他们。如果被判处剥夺自由的被判刑人有未成年子女，其他受供养人，以及需要他人照料的年迈父母，法庭应在作出有罪判决的同时做出裁定或裁决将上述人送交其近亲属、亲属或他人予以照料，或者安置到儿童教养机构或社会保障机构，如果被判刑人还有财产和住房无人看管，法庭应作出关于采取措施予以保护的裁定或裁决。对于尚未发生法律效力的法院裁判，被判刑人、被宣告无罪的人、他们的辩护人和法定代理人、国家公诉人或上级检察长、被害人及其代理人，有权依照俄罗斯联邦刑事诉讼法第二审诉讼程序提出上诉和抗诉，附带民事诉讼原告人、附带民事诉讼被告人或他们的代理人有权对法院裁判中涉及附带民事诉讼的部分提出上诉。

第一审法院（包括第一上诉审法院）的刑事判决在 10 天上诉或抗诉期限届满而没有被提出上诉或抗诉时发生法律效力，在判决交付执行前，审理案件的审判长或法院院长可以根据羁押中的被判刑人的近亲属、亲属的请求，向他们提供会见的机会。第一审法院的刑事判决在其发生法律效力之日起的3日内，交付执行，有罪判决的副本由法官或法院院长送交刑罚执行机构或机关，后者应立即将刑事判决的执行情况通知作出有罪判决的法院。

二、程序分流第一模式："终止刑事案件"和"终止刑事追究"

在俄罗斯刑事诉讼第一分流模式下，刑事案件因某些条件而被直接过滤，提前终结，不再向法庭审判推进，也不进入其他任何程序流程，最终在客观上取得节约司法资源的效果。

传统上，俄罗斯刑事诉讼理论是以"可以获得平反权[①]的刑事案件终止情形"和"无法获得平反权的刑事案件终止情形"对导致诉讼提前终结的不同情形进行分类的，前者主要包括不存在犯罪事件；行为中不存在犯罪构成；犯罪嫌疑人或刑事被告人与实施犯罪无牵连等，后者主要是指刑事追究的时效期届满；犯罪嫌疑人或刑事被告人死亡；颁布大赦令；双方和解；积极悔过等。现行《俄罗斯联邦刑事诉讼法典》把"终止刑事案件"和"终止刑事追究"规定为诉讼提前终结的两种基本形式。一般来说，终止刑事案件也同时终止刑事追究，而终止刑事追究却不一定必然导致刑事案件的终止，可以对犯罪嫌疑人或刑事被告人终止刑事追究而不终止刑事案件，但在对所有犯罪嫌疑人或刑事被告人终止刑事追究的情况下，刑事案件应予以终止。

在目前的刑事诉讼程序中，出现下列6种情形时，应终止刑事案件：不存在犯罪事件；行为中不存在犯罪构成；刑事追究的时效期届满；犯罪嫌疑人或刑事被告人死亡，但是为了恢复死者名誉而必须进行刑事诉讼的情形除外；刑事案件只能根据被害人的告诉提起而被害人又不进行告诉；法院没有得出关于俄罗斯联邦总检察长、俄罗斯联邦检察院侦查委员会主席的行为存在犯罪要件的结论，或者联邦委员会、国家杜马、俄罗斯联邦宪法法院、法官资格评审委员会不同意对联邦委员会委员和

---

① 平反权包括赔偿财产损失、消除精神损害后果和恢复劳动权、领取赡养金的权利、住房权和其他权利。因刑事追究而对公民造成的损害，国家应全额赔偿，而不论调查机关、调查人员、侦查员、检察长和法院是否有过错。

国家杜马议员、俄罗斯联邦最高法院和俄罗斯联邦最高仲裁法院、共和国最高法院、边疆区法院或州法院、联邦直辖市法院、自治州法院和自治专区法院、联邦仲裁法院、军区（舰队）军事法院的法官立案或作为刑事被告人进行追究。除此之外，如果在刑事判决发生法律效力之前行为的有罪性质和应受刑罚的性质被新的刑事法律所排除，则刑事案件应以“行为中不存在犯罪构成”为由予以终止。对首次涉嫌实施或被指控实施轻罪或中等严重犯罪①的人，如果该人与被害人和解并弥补对被害人造成的损害，法院、侦查员经侦查机关首长同意或调查人员经检察长同意，有权根据被害人或其法定代理人的申请终止对之提起的刑事案件。

而有下列情形之一的，则应终止对犯罪嫌疑人或刑事被告人的刑事追究：犯罪嫌疑人或刑事被告人与实施犯罪无牵连；出现上述 6 种终止刑事案件的情形；因颁布大赦令；对犯罪嫌疑人或刑事被告人已经存在发生法律效力的关于该项指控的刑事判决，或者由法院或法官关于终止该项指控的刑事案件的裁定或裁决；对犯罪嫌疑人或刑事被告人已经存在调查机关、侦查员或检察长关于终止该项指控的刑事案件或拒绝立案的决定，而该决定未被撤销；俄罗斯联邦会议国家杜马拒绝同意对俄罗斯联邦卸任总统剥夺人身不受侵犯权，和（或）联邦委员会不同意剥夺该人的人身不受侵犯权。

但如果犯罪嫌疑人或刑事被告人反对，则不允许以刑事追究的时效期届满为由，以法院没有得出关于俄罗斯联邦总检察长、俄罗斯联邦检察院侦查委员会主席的行为存在犯罪要件的结论，或者联邦委员会、国家杜马、俄罗斯联邦宪法法院、法官资格评审委员会不同意对联邦委员会委员和国家杜马议员、俄罗斯联邦最高法院和俄罗斯联邦最高仲裁法院、共和国最高法院、边疆区法院或州法院、联邦直辖市法院、自治州法院和自治专区法院、联邦仲裁法院、军区（舰队）军事法院的法官立

---

① 故意或过失行为，《俄罗斯联邦刑法典》对之规定的最高刑罚不超过 2 年剥夺自由的，是轻罪；故意行为，《俄罗斯联邦刑法典》对之规定的最高刑罚不超过 5 年剥夺自由的，过失行为，《俄罗斯联邦刑法典》对之规定的最高刑罚超过 2 年剥夺自由的，是中等严重的犯罪。

案或作为刑事被告人进行追究为由，以因双方和解[①]为由，以因积极悔过[②]为由，以因颁布大赦令为由，以俄罗斯联邦会议国家杜马拒绝同意对俄罗斯联邦卸任总统剥夺人身不受侵犯权，和（或）联邦委员会不同意剥夺该人的人身不受侵犯权为由，而终止刑事追究，在这种情况下，刑事案件应依照一般程序继续办理。

对实施行为时未达到刑事法律所规定的追究刑事责任的年龄的人进行的刑事追究，应该以“行为中不存在犯罪构成”为由予以终止。未成年人虽然已经达到刑事责任年龄，但如果由于与精神病无关的心理发育滞后而在实施刑事法律规定的行为时不能完全意识到自己行为（不作为）的实际性质和社会危害性和不能完全控制自己的行为，则对未成年人的刑事追究亦应根据同样的理由予以终止。

. 初次实施轻罪和中等严重犯罪的人，如果在犯罪之后主动自首，协助揭露犯罪，赔偿所造成的损失或以其他方式弥补犯罪所造成的损害，从而因积极悔过而不再具有社会危害性，则法院、侦查员经侦查机关首长同意或调查人员经检察长同意有权终止对涉嫌或被指控实施轻罪或中等严重犯罪的人的刑事追究。对于其他种类犯罪的刑事案件，只有在《俄罗斯联邦刑法典》分则相应条款有专门规定的情况下，才能以同样方式终止刑事追究。在终止刑事追究前，应该向当事人说明因积极悔过而终止刑事追究的根据以及他反对终止刑事追究的权利，如果受到刑事追究的本人反对，则不允许以积极悔过为由终止刑事追究，在这种情况下，刑事案件依照一般程序继续进行。

在俄罗斯刑事诉讼的审前程序中，诉讼提前终结的具体步骤和特点如下：

在立案阶段，根据对犯罪举报审查的结果，如果不存在立案的根据，则调查机关、调查人员、侦查员、侦查机关首长应作出拒绝立案的决定；

---

① 对首次涉嫌实施或被指控实施轻罪或中等严重犯罪的人，如果该人与被害人和解并弥补对被害人造成的损害，法院、侦查员经侦查机关首长同意或调查人员经检察长同意，有权根据被害人或其法定代理人的申请终止对之提起的刑事案件。

② 初次实施轻罪和中等严重犯罪的人，如果在犯罪之后主动自首，协助揭露犯罪，赔偿所造成的损失或以其他方式弥补犯罪所造成的损害，从而因积极悔过而不再具有社会危害性，则法院、侦查员经侦查机关首长同意或调查人员经检察长同意有权终止对涉嫌或被指控实施轻罪或中等严重犯罪的人的刑事追究。

对具体的一人或数人涉嫌实施犯罪的检举进行审查后，侦查机关首长、侦查员、调查机关在根据审查结果作出拒绝立案的决定时，还必须审议对虚假举报或散布犯罪谣言的人进行立案的问题；根据对信息媒体传播的犯罪报道进行审查的结果拒绝立案的，拒绝立案的信息必须予以公布。拒绝立案的决定的副本应在作出决定之时起的24小时内送交检举人和检察长，同时向检举人说明他对该决定提出申诉的权利和申诉的程序。

对拒绝立案的决定可以向检察长、侦查机关的首长或法院提出申诉。检察长在认定侦查机关首长拒绝立案为非法或没有根据之后，应作出关于向侦查机关首长移交相关材料以解决关于取消拒绝立案的问题，并说明理由。检察长在认定调查机关、调查人员关于拒绝立案的决定为非法或没有根据之后，应取消该决定并向调查机关首长移交附有自己指示的相关决定，同时应确定其执行期限。侦查机关首长在认定侦查员拒绝立案为非法或没有根据之后，应取消并立案，或移交材料进行补充审查，并附上自己的指示和确立执行的期限。法官如果认定拒绝立案为非法或没有根据，则做出相应裁决，并将裁决送交侦查机关首长或调查机关首长执行，对此应通知检举人。

在侦查阶段，如果侦查过程中已经提起的指控的某一部分没有得到证实，则侦查员应做出决定终止相应部分的刑事追究，并将此情况通知刑事被告人、他的辩护人以及检察长。而出现下列四种情形之一时，则应中止侦查程序：应该作为刑事被告人受到追究的人没有确定；嫌疑人或被告人躲避侦查或因其他原因下落不明；嫌疑人或被告人所在地明确，但他参加刑事案件的实际可能不存在；有医生证明嫌疑人或被告人临时患有严重疾病，因而不能参加侦查行为或其他诉讼行为，在前两种情形下，只有在侦查期限届满后才可以中止侦查，在后两种情形下，则可在侦查期限届满前中止侦查。在中止侦查前，侦查员应完成所有在犯罪嫌疑人或刑事被告人不在的情况下可能实施的侦查行为，并采取措施侦缉或确定犯罪人。关于终止侦查的事宜，侦查员应做出决定，决定的副本应送交检察长，同时，侦查员应通知被害人、他的代理人、附带民事诉讼原告人、附带民事诉讼被告人或其代理人，并向他们说明对该决定提出申诉的程序。在“嫌疑人或被告人所在地明确，但他参加刑事案件的实际可能不存在，以及有医生证明嫌疑人或被告人临时患有严重疾病，因而不能参加侦查行为或其他诉讼行为”的情况下，关于中止侦查的决定还应通知犯罪嫌疑人、刑事被告人和他的辩护人。

中止侦查后，不允许再实施侦查行为，但如果应该作为刑事被告人受到追究的人没有确定时，侦查员应该采取措施查明应该受到追究的犯罪嫌疑人或刑事被告人；在嫌疑人或被告人下落不明时，侦查员应确定刑事被告人的下落，其中包括侦查员应委托调查机关对他进行侦缉，对此应在关于中止侦查的决定中说明或单独做出决定，而如果刑事被告人躲避侦查，则应对他采取侦缉措施，一旦发现刑事被告人，则对他可以实行拘捕，[①] 以及选择包括羁押在内的强制处分。对犯罪嫌疑人、刑事被告人的侦缉，可以在实施侦查行为时，也可以在中止侦查的同时予以宣布。当中止侦查的根据不复存在，或必须进行可以在犯罪嫌疑人、刑事被告人缺席的情况下实施的侦查行为时，侦查员应恢复侦查，关于恢复侦查的事项应通知犯罪嫌疑人、刑事被告人及其辩护人、被害人及其代理人、附带民事诉讼原告人、附带民事诉讼被告人或他们的代理人，还应通知检察长。

如果在侦查中存在前述终止刑事案件和刑事追究的一般性条件，则侦查员应做出终止刑事案件和刑事追究的决定，决定中应指出：做出决定的日期和地点；做出决定的人员的职务、姓、名和父称的第一个字母；成为立案事由和根据的情况；立案所根据的《俄罗斯联邦刑法典》中规定的犯罪要件的条、款、项；侦查的结果以及受到刑事追究的人的情况；曾适用过的强制处分；终止刑事案件和刑事追究所依据的《俄罗斯联邦刑事诉讼法典》的条、款、项；关于撤销强制处分、扣押财产和邮件、停职、谈话监听和录音等的决定；关于处理物证的决定；对该决定进行申诉的程序。在同时存在数个终止刑事案件的根据时，终止刑事案件的决定应依照其结果对被告人最为有利的那个根据作出。[②] 如果依照刑事诉讼法的规定只有经刑事被告人或者被害人本人的同意才允许终止刑事案

---

① 拘捕犯罪嫌疑人与强制处分都属于俄罗斯刑事诉讼强制措施体系的组成部分，它是指不经法院许可，而短期剥夺涉嫌犯罪的人的人身自由，目的是查明其身份、与犯罪的牵连以及解决对其适用强制处分的问题。

② 参见［俄］B·M·列别捷夫总编，B·П·勃耶夫学编：《俄罗斯联邦刑事诉讼法典学理实践解释》（第六版），优莱特出版社2010年版，第641页。

件，则决定应反映刑事被告人或被害人已经表示同意。决定的副本应送交检察长、递送被终止刑事追究的人、被害人、附带民事诉讼原告人、附带民事诉讼被告人。如果刑事案件的终止是由于下列情形：行为中不存在犯罪构成；刑事追究的时效期届满；犯罪嫌疑人或刑事被告人死亡，但是为了恢复死者名誉而必须进行刑事诉讼的情形除外；刑事案件只能根据被害人的告诉提起而被害人又不进行告诉；法院没有得出关于俄罗斯联邦总检察长、俄罗斯联邦检察院侦查委员会主席的行为存在犯罪要件的结论，或者联邦委员会、国家杜马、俄罗斯联邦宪法法院、法官资格评审委员会不同意对联邦委员会委员和国家杜马议员、俄罗斯联邦最高法院和俄罗斯联邦最高仲裁法院、共和国最高法院、边疆区法院或州法院、联邦直辖市法院、自治州法院和自治专区法院、联邦仲裁法院、军区（舰队）军事法院的法官立案或作为刑事被告人进行追究；双方和解；颁布大赦令；对犯罪嫌疑人或刑事被告人已经存在发生法律效力的关于该项指控的刑事判决，或者由法院或法官关于终止该项指控的刑事案件的裁定或裁决；对犯罪嫌疑人或刑事被告人已经存在调查机关、侦查员或检察长关于终止该项指控的刑事案件或拒绝立案的决定，而该决定未被撤销；俄罗斯联邦会议国家杜马拒绝同意对俄罗斯联邦卸任总统剥夺人身不受侵犯权，和（或）联邦委员会不同意剥夺该人的人身不受侵犯权；积极悔过等，则应向被害人、附带民事诉讼原告人说明他们有权依照民事诉讼程序提起诉讼。如果由于不存在犯罪事件；行为中不存在犯罪构成；犯罪嫌疑人或刑事被告人与实施犯罪无牵连等根据终止刑事案件时，侦查员或检察长还应依照刑事诉讼法的规定采取措施为当事人平反。如果终止刑事追究的根据并不涉及本案的所有犯罪嫌疑人或刑事被告人，则侦查员应作出关于对具体人终止刑事追究的决定，而在这种情况下刑事案件继续进行。如果检察长认定侦查员关于终止刑事案件或刑事追究的决定为非法或没有根据时，应作出关于向侦查机关首长移交相关材料以解决关于取消终止刑事案件问题的决定，侦查机关首长在认定侦查员关于终止刑事案件或刑事追究为非法或没有根据之后，应撤销该决定并恢复刑事案件；如果检察长认定调查人员关于终止刑事案件或刑事追究为非法或没有根据时，则应直接撤销该决定并恢复刑事案件。如果法院认定侦查员关于终止刑事案件或刑事追究的决定非法或没有根据，则应作出相应裁判并将裁判送交侦查机关首长执行。以前终止的刑事案件，可以依照刑事诉讼法对已经发生法律效力的法院刑事判决、裁定和裁决的再审程序中的因新的情况或新发现的情况而恢复刑事案件诉讼[①]的根据恢复，但只能是在追究刑事责任的时效期届满之前。关于恢复刑事案件的决定应通知犯罪嫌疑人、刑事被告人及其辩护人、被害人及其代理人、附带民事诉讼原告人、附带民事诉讼被告人或他们的代理人，还应通知检察长。

在2007年6月5日《关于修改〈俄罗斯联邦刑事诉讼法典〉和〈俄罗斯联邦检察院法〉》的第87号联邦法律生效之前，检察长对侦查员移送来的附有起诉书的刑事案件有权做出终止刑事案件或终止刑事追究的决定的权力，然而随着该联邦法律对检察长在刑事诉讼审前程序中对侦查程序领导权的削弱，直接导致检察长丧失了在审前侦查程序中提前终结诉讼的权力，检察长只保留了在调查终结后，对调查人员移送的附有起诉意见书的刑事案件的终止权力。

审判程序中，案件移送到法院后，如果存在中止或终止刑事案件的根据，法官有权根据控辩一方的申请或者主动地指定庭前听证。在出现下列情形之一时，法官应做出中止刑事案件诉讼的裁决：刑事被告人躲藏起来或者下落不明的；有医疗诊断书证明刑事被告人患有严重疾病的；法院向俄罗斯联邦宪法法院发出咨询或俄罗斯联邦宪法法院受理在该刑事案件中适用的或应该适用的法律是否符合《俄罗斯联邦宪法》的申诉的；虽然已经知悉刑事被告人的下落，但刑事被告人没有现实的可能参加法庭审理的。并且，在中止被羁押的刑事被告人已经脱逃的刑事案件时，法官应在将其退回检察长的同时，委托检察长保证侦缉刑事被告人；在中止未受羁押的刑事被告人已经躲藏起来的刑事案件时，法官应对刑事被告人选择羁押作为强制处分，并委托检察长保证侦缉刑事被告人。但是，如果在严重和特别严重的犯罪案件中，一方提出在受审人缺席的情况下进行法庭审理的申请，而该受审人处于俄罗斯联邦境外或一直逃避出庭，并且未曾在外国因此刑事案件被追究过刑事责任时，那么即便

---

① “因新的情况或新发现的情况而恢复的诉讼”是俄罗斯刑事诉讼再审程序中的特殊类型，以“允许对无罪判决、终止刑事案件的裁定或裁决的进行再审，以及以量刑过轻或必须对被判刑人适用关于更重犯罪的刑事法律为由对有罪判决进行再审”，而区别于普通的俄罗斯刑事诉讼再审程序。

刑事被告人躲藏起来或者下落不明，或者已经知悉下落的刑事被告人没有现实的可能参加法庭审理时，法庭也可以进行缺席审判而无需中止案件。有下列情形之一的，法官应做出终止刑事案件的裁决：刑事追究的时效期届满；犯罪嫌疑人或刑事被告人死亡，但是为了恢复死者名誉而必须进行刑事诉讼的情形除外；刑事案件只能根据被害人的告诉提起而被害人又不进行告诉；法院没有得出关于俄罗斯联邦总检察长、俄罗斯联邦检察院侦查委员会主席的行为存在犯罪要件的结论，或者联邦委员会、国家杜马、俄罗斯联邦宪法法院、法官资格评审委员会不同意对联邦委员会委员和国家杜马议员、俄罗斯联邦最高法院和俄罗斯联邦最高仲裁法院、共和国最高法院、边疆区法院或州法院、联邦直辖市法院、自治州法院和自治专区法院、联邦仲裁法院、军区（舰队）军事法院的法官立案或作为刑事被告人进行追究；在刑事判决发生法律效力之前行为的有罪性质和应受刑罚的性质被新的刑事法律所排除；颁布大赦令；对犯罪嫌疑人或刑事被告人已经存在发生法律效力的关于该项指控的刑事判决，或者由法院或法官关于终止该项指控的刑事案件的裁定或裁决；对犯罪嫌疑人或刑事被告人已经存在调查机关、侦查员或检察长关于终止该项指控的刑事案件或拒绝立案的决定，而该决定未被撤销；以及俄罗斯联邦会议国家杜马拒绝同意对俄罗斯联邦卸任总统剥夺人身不受侵犯权，和（或）联邦委员会不同意剥夺该人的人身不受侵犯权时，另外，如果存在刑事诉讼法规定的“双方和解”或者“积极悔过”的情形，法官亦可根据一方的请求终止刑事案件。终止刑事案件或刑事追究的裁决中应该指出终止刑事案件和终止刑事追究的根据，并且解决撤销强制处分、扣押财产、扣押邮件、停职、对谈话进行监听和录音以及物证等问题。终止刑事案件的裁决副本应在作出之后的5日内送交检察长，并发给被终止刑事追究的人和被害人，对于该决定，区别于对一般的庭前听证结果作出的裁判，控辩双方有权进行申诉。

在法庭审理时，如果查明存在上述应由法官作出终止刑事案件裁决的情形时，以及在国家公诉人确信，已经提交的证据不支持对受审人提出的指控，完全或部分放弃指控时，或者，自诉案件中，被害人无正当理由不到庭时，或者，存在刑事诉讼法规定的“双方和解”或者“积极悔过”的情形时，法院应在审判庭终止刑事案件。

另外，在未成年人轻罪或中等严重犯罪的刑事案件中，如果在审前调查过程中查明，不适用刑罚也可以达到矫正未成年刑事被告人的目的，则侦查员经侦查机关首长同意，以及调查人员经检察长同意，有权做出终止刑事追究并向法院申请对未成年刑事被告人使用强制性教育感化措施的决定，决定应与刑事案件一起由侦查机关首长或检察长送交法院审查裁判，但如果未成年犯罪嫌疑人、刑事被告人或他的法定代理人反对，则不允许中止刑事追究。法院在收到刑事案件和起诉书[①]后，也有权终止刑事案件，并对未成年刑事被告人适用强制性教育感化措施。法院在关于对未成年刑事被告人适用强制性教育感化措施的裁决中有权责成未成年人专门机构监督强制性教育感化措施规定的要求的执行情况，如果未成年人多次不履行这些要求，则法院根据未成年人专门机构的申请可以撤销终止刑事追究和适用强制教育感化措施的决定，而将刑事案件送交侦查机关首长或调查机关首长。

三、程序分流第二模式：简化的审前调查和特别的法庭审理程序

俄罗斯刑事诉讼程序的第二分流模式是指在特定情形下，对部分刑事案件采用不同于一般程序的解决方式，并以此达到节约司法资源的目的，包括简化的审前调查和特别的法庭审理程序等。

1. 调查程序

1917 年十月革命以前，“调查”是非诉讼性质的宪兵警察活动，是维护公共秩序和社会稳定的强制性手段之一。革命之后，调查机关混合了行政法律、侦缉和刑事诉讼多种职能，调查权被赋予每个正式的警员。[②]

现行《俄罗斯联邦刑事诉讼法典》规定，调查是在不必进行侦查的刑事案件中由调查人员（侦查员）进行的一种审前调查形式；调查人员是有权或经调查机关首长授权以调查的形式进行审前调查以及享有刑事

---

① 包括起诉意见书，起诉意见书为审前调查程序所特有，该程序属俄罗斯刑事诉讼分流模式的一种，详见第三章。

② ［俄］雷诺科夫·A·П：《刑事诉讼中的调查机关》，莫斯科，1999 年，第 149、222 页。

诉讼法规定的其它权限的调查机关公职人员；调查机关是依照刑事诉讼法有权进行调查和享有其他诉讼权限的国家机关和公职人员；调查机关首长是有权委托调查人员进行调查和实施紧急侦查行为并行使刑事诉讼法所赋予的其他权限的调查机关公职人员，包括他的副职；调查组长是领导以调查形式进行审前调查的相关专门部门的调查机关公职人员，及其副职。调查程序分别由内务部机关、联邦安全局边防机关、联邦司法警察局机关、俄罗斯联邦海关机关、联邦消防局国家消防监督机关的调查人员，以及俄罗斯联邦检察院侦查委员会的侦查员进行，但不允许将刑事案件的调查权限赋予对该刑事案件进行过或正在进行侦缉活动的人员。检察长、调查机关首长、调查组长依照刑事诉讼法发出的指示对调查人员具有强制力，在这种情况下，调查人员有权对调查组长的指示向调查机关首长或检察长提出申诉，有权对调查机关首长的指示向检察长提出申诉，有权对检察长的指示向上级检察长提出申诉，但对这些指示的申诉不终止其执行。我们可以从程序分流的角度定义俄罗斯联邦刑事诉讼法中规定的“调查程序”，即一种适用于轻罪和中等严重犯罪案件的简易审前调查形式，它和自诉程序一样，在审前阶段对刑事案件进行分流，在审判阶段适用一般审理程序，较之传统的在审判阶段对案件适用特别程序、简易程序，以及部分学者倡导的在审前阶段直接由侦查主体对已构成犯罪的刑事案件作终止诉讼处理，并施以非刑罚性处罚①的分流方式，有着内在正当性和外在功效性两方面的优势。因为，前者——在审判阶段进行案件分流审判，虽然节约了部分审判资源，但是刑事程序的正当性受到部分损害，并且没有节约作为刑事诉讼重要部分——审前程序的司法资源，而后者，虽然节约了司法资源，但案件未经过司法审判，被告人权利缺乏有效保障，丧失了刑事诉讼程序的正当性，而调查程序，针对轻微刑事案件适用简易审前程序，既符合此类案件的侦查要求，又有效节约了审前程序的司法资源。众所周知，审前程序对司法资源的耗费在刑事诉讼中举足轻重。内在正当性方面，刑事案件在调查程序之后进入正式的司法审判程序，从而有效保障了被告人诉讼权利的实现。

---

① 参见张小玲:《论侦查阶段的程序分流》,载《中国人民公安大学学报(社会科学版)》2007 年第 3 期,第 72 页。

调查人员在调查程序中，应在刑事案件的立案决定中确定犯罪嫌疑人，以使其具备犯罪嫌疑人的诉讼地位，或者，在作出根据实施犯罪的事实立案的决定之后，对其后确定的犯罪嫌疑人制作涉嫌实施犯罪通知书，将其副本送交犯罪嫌疑人和检察长，向前者说明犯罪嫌疑人的权利，并于送交涉嫌实施犯罪通知书之时起的 3 日内，对犯罪嫌疑人进行询问。调查程序中通常没有侦查程序必经的“提出指控”程序，诉讼参加人了解刑事案件材料的程序也会被简化。调查终结后，调查人员应制作起诉意见书，起诉意见书的内容包括：制作的日期和地点；制作人的姓、名和父称的第一个字母；被追究刑事责任的人的情况；实施犯罪的地点和时间、方式、动机、目的、后果和其他对该刑事案件有意义的情节；提出的指控，并指出《俄罗斯联邦刑法典》中相关的条、款、项；列举证实指控的证据和辩护方所援引的证据；减轻和加重刑罚的情节；关于被害人的情况，犯罪对他所造成损害的性质和大小；应该传唤出庭的人员名单。调查人员制作的起诉意见书，应由调查机关首长批准，刑事案件材料应与起诉意见书一起送交检察长。检察长审查与起诉意见书一并移送来的刑事案件，并于 2 日内对其作出以下决定之一：批准起诉意见书并将刑事案件移送法院，此时，检察长有权做出决定从中删除个别指控内容或者重新提出较轻的指控；将刑事案件退回补充调查或重新制作起诉意见书，此时检察长可以延长调查期限，为进行补充调查所延长的期限不得超过 10 日，为重新制作起诉意见书所延长的期限不得超过 3 日；终止刑事案件；移送刑事案件进行侦查。起诉意见书的副本应按规定的程序发给被告人、他的辩护人和被害人。

2007 年 6 月 6 日第 90 号联邦法律修改了调查期限的有关规定，调查期限由原来的“在提起刑事案件之日起的 20 日内进行，这个期限可以由检察长延长，但延长期不得超过 10 日”，修改为“调查应在提起刑事案件之日起的 30 日内进行，在必要的情况下，该期限可以由检察长延长至 30 日，该期限还可以由区、市检察长及与其级别相当的军事检察长，以及他们的副职延长至 6 个月，① 由俄罗斯联邦主体检察长及与其级别相当的军事检察长延长至 12 个月②”，对于这一修改的立法行文，斯密诺夫教

① 须在与诸如“司法鉴定程序”有关的所谓“必要情况”下。

② 须在与“执行国际司法协助请求的送达”有关的所谓“特殊情况”下。

授评价为“立法的荒谬”[①]，并根据未修订前的条文对此进行了解释，认为应该是“调查应在提起刑事案件之日起的30日内进行，在必要的情况下，该期限可以由检察长延长至60日”。[②]

2. *在刑事被告人同意对他提出的指控时作出法院判决的特别程序*

俄罗斯刑事诉讼法规定的在刑事被告人同意对他提出的指控时作出法院判决的特别程序，以简化的审判方式解决轻罪、中等严重的犯罪以及重罪案件，实现了较为快速高效的司法审判，同时减轻了受审人的讼累。在谢勒久可夫教授对119名法官、130名检察机关工作人员，以及94名律师进行的关于该特别程序的问卷调查中，对于“是否认可该特别程序”的问题，就有98%的法官、100%的检察机关工作人员，以及85%的律师表示肯定；对于“该程序是否能够保障辩护权”的问题，则有84%的法官、94%的检察机关工作人员，以及77%的律师表示肯定；对于“该程序相比一般程序是否会给受审人带来较轻的刑罚”的问题，有76%的法官、89%的检察机关工作人员，以及85%的律师表示肯定；对于“公诉人在同意被告人关于特别程序的申请时是否有必要附加诸如要求受审人偿付诉讼费用的条件”的问题，有26%的法官、55%的检察机关工作人员，以及9%的律师表示肯定。[③]

如果《俄罗斯联邦刑法典》对刑事被告人所实施的犯罪规定的刑罚为不超过10年剥夺自由，则他可以在取得国家公诉人[④]和被害人同意的情况下，同意对他提出的指控，并申请不经过法庭审理即对刑事案件作出判决。在此情况下，如果能证明以下情况，法院即有权不按一般程序进行法庭审理即作出刑事判决：刑事被告人意识到他所提出的申请的性质和后果；申请的提出是自愿的并向辩护人进行过咨询，相反，如果法院确认，上述任何一项条件没有得到遵守，则作出按一般程序进行法庭审理的决定。

刑事被告人因同意对他提出的指控而要求不经法庭审理即作出刑事

---

① 参见[俄]斯密诺夫·A·B:《俄罗斯联邦刑事诉讼法典解释》(第五版),大道出版社2009年版,第610页。

② 同上。

③ 参见[俄]谢勒久可夫·C·B:《速决审判》,法律书籍出版社2006年版,第90~91页。

④ 在自诉案件中为自诉人。

判决的申请，应在了解刑事案件材料时，或在庭前听证时提出，并且必须有辩护人在场。如果受审人本人、他的法定代理人没有聘请辩护人，其他人也没有根据他们的委托聘请辩护人，则法院应保证辩护人参加该刑事案件。

审判庭根据受审人关于不经过法庭审理即对刑事案件作出判决的特别程序申请开庭时，受审人和他的辩护人必须到庭，审理首先由国家公诉人叙述向受审人提出的指控，而在自诉案件中，则由自诉人叙述指控。法官应询问受审人：他是否明白对他的指控，他是否同意指控，他是否坚持自己不经法庭审理即作出刑事判决的申请，他提出这一申请是否自愿和是否向辩护人进行过咨询，他是否意识到不经法庭审理即作出刑事判决的后果。如果受审人、国家公诉人或自诉人、被害人反对不经法庭审理即作出刑事判决，则法官应做出终止法庭审理特别程序和按一般程序审理刑事案件的裁决，该裁决也可以由法官主动作出。

法官不按一般程序对所收集到的刑事案件证据进行评价，但可以审查与受审人身份有关的情况及减轻和加重刑罚的情节，如果法官得出结论认为受审人所同意的指控根据充分，已经被刑事案件中收集到的证据所证实，则法官作出有罪判决并对受审人处刑，此时刑罚不得超过所实施犯罪法定最重刑种最高刑期或数额的2/3。有罪判决书的叙事和理由部分应该包括：描述受审人所同意的被指控实施的犯罪行为，法庭关于不经法庭审理即作出刑事判决的条件已经得到遵守的结论，刑事判决书不反映法官对证据的分析和评定。

在宣布刑事判决后，法官应向控辩双方说明对判决提出上诉和抗诉的权利和程序，包括可以以审判违反刑事诉讼法、适用刑事法律不正确、刑事判决不公正为由进行上诉和抗诉，但不得以刑事判决中叙述的法院结论不符合第一审法院或第一上诉审法院所认定的案件事实情节为由提出上诉和抗诉。

虽然该程序被称之为“在刑事被告人同意对他提出的指控时不经法庭审理即对刑事案件作出判决的特别程序”，但斯密诺夫教授认为，这一特别审判程序仍然进行了法庭审理，只是采用了一种简化的方式，法院在适用这一程序时省略了一般程序中的法庭调查，不进行证据审查，但审判庭的其他部分还是必须依照刑事诉讼法关于“法庭审理的一般条件、审判庭的预备部分、控辩双方的辩论和受审人的最后陈述以及作出刑事判决”的规范进行。[①] 笔者认为，法庭调查处于法庭审理的核心地位，对证据和事实的认定起着关键作用，是审判程序的标志性步骤，因此，省略这一步骤的法庭审理程序确实很难称之为诉讼意义上的法庭审理。

3. 签订审前合作协议时作出法院判决的特别程序

2009 年 7 月 14 日，俄罗斯联邦总统梅德韦捷夫签署的《关于修订〈俄罗斯联邦刑法典〉和〈俄罗斯联邦刑事诉讼法典〉》的 2009 年 6 月 29 日第 141 号联邦法律正式生效，由此俄罗斯联邦刑事诉讼法引入了全新的法庭审理特别程序——签订审前合作协议时作出法院判决的特别程序。这一程序针对俄罗斯当前日益严重的有组织犯罪，设立了着眼于整个案件的特别侦查、审判程序。如果犯罪嫌疑人或刑事被告人只是以提供其个人参与犯罪活动的信息对侦查活动予以协助，则不适用本程序。但笔者认为，这一新的特别程序体现出裁判方一定程度的追诉倾向，另外在相关立法行文中也存在一些纰漏。

犯罪嫌疑人或刑事被告人以及他的辩护人通过侦查员向检察长提交签订审前合作协议的申请，申请由犯罪嫌疑人或刑事被告人以书面形式提出，辩护人必须在申请上签字。如果犯罪嫌疑人或刑事被告人本人、他的法定代理人没有聘请辩护人，其他人也没有根据犯罪嫌疑人或刑事被告人的委托聘请辩护人，则侦查员在这种情况下应保证辩护人参加刑事案件。嫌疑人或被告人有权从开始刑事追究之时起至侦查宣告结束期间提出签订审前合作协议的申请。在该申请中，嫌疑人或被告人应指出为了协助侦查，他将在揭露和调查犯罪、揭发和追究其他共同犯罪人以及起获赃物方面实施哪些行为。

侦查员自收到该申请之后的 3 日内，或者将该申请连同经侦查机关首长同意作出的向检察长提出与嫌疑人或被告人签订审前合作协议的决定一起送交检察长，并说明理由，或者作出拒绝关于签订申请合作协议申请的决定。犯罪嫌疑人或刑事被告人，以及他的辩护人可以对侦查员作出的关于拒绝签订申请合作协议申请的决定向侦查机关首长提出申诉。

检察长在收到签订审前合作协议申请，以及侦查员关于向检察长提

① 参见[俄]斯密诺夫·A·B:《俄罗斯联邦刑事诉讼法典解释(第五版)》,大道出版社 2009 年版,第 744 页。

出与嫌疑人或被告人签订审前合作协议的决定之时起的3日内，对其进行审议。根据审议的结果，检察长应作出以下决定之一：满足签订审前合作协议的申请；驳回关于签订审前合作协议的申请。侦查员、犯罪嫌疑人或刑事被告人，他的辩护人可以对驳回关于签订申请合作协议的申请的决定向上级检察长提出申诉。

检察长在作出满足关于签订审前合作协议的申请的决定后，应邀请侦查员、犯罪嫌疑人或刑事被告人、他的辩护人，在他们的参与下，由检察长制作审前合作协议。审前合作协议中应说明：协议制作的日期和地点；签订协议的控方检察机关公职人员；签订协议的辩方犯罪嫌疑人或刑事被告人的姓、名、父称，出生日期和出生地；对犯罪进行描述并指出实施犯罪的时间、地点等应在刑事案件诉讼中证明的情况；《俄罗斯联邦刑法典》对该犯罪规定责任的条、款、项；嫌疑人或被告人在履行审前合作协议中规定的义务时将会实施的行为；在嫌疑人或被告人遵守审前合作协议规定的条件并履行其规定的义务时，可以对嫌疑人或被告人适用的减轻情节和刑事法律条款。检察长、嫌疑人或被告人、他的辩护人应在审前合作协议上签字。

在嫌疑人或被告人与检察长签订审前合作协议的情况下，侦查员有权从原刑事案件中分出一个刑事案件单独办理，在该案件程序中：关于签订审前合作协议的申请，侦查员关于向检察长提起与犯罪嫌疑人或刑事被告人签订审前合作协议的申请的决定，检察长所作的满足关于签订审前合作协议的决定，以及审前合作协议应一并归入刑事案卷之中；当签订审前合作协议的嫌疑人或被告人、他的近亲属、亲属和亲近的人的安全受到威胁时，侦查员应作出将关于签订审前合作协议的申请，侦查员关于向检察长提起与犯罪嫌疑人或刑事被告人签订审前合作协议的申请的决定，检察长所作的满足关于签订审前合作协议的决定，以及审前合作协议封入信封保管的决定；侦查终结后刑事案件应移送检察长批准起诉书，并由检察长作出对该案件适用法庭审判和裁判的特别程序的报告，报告中应当说明：被告人在揭露和调查犯罪、揭发和追究其他共同犯罪人以及起获赃物方面协助侦查的性质和范围；在揭露和调查犯罪、揭发和追究其他共同犯罪人以及起获赃物上与被告人合作的意义；与被告人合作所发现的犯罪、提起的刑事案件；刑事被告人、他的近亲属、亲属和亲近的人，因被告人与控方合作而受到的人身安全威胁的程度。检察长还应该在报告中证明被告人在履行其所签审前合作协议所规定的义务时所陈述信息的全面性和真实性。报告的副本应送交被告人和他的辩护人，对此他们有权提出自己的意见。

检察长应在自被告人了解报告之时起的3日内向法院移送刑事案件和报告，并向法院证明：被告人在揭露和调查犯罪、揭发和追究其他共同犯罪人以及起获赃物方面对侦查的积极协助；审前合作协议的签订是自愿的并且有辩护人的参与。如果向法院确认上述条件得到遵守，则对签订了审前合作协议的被告人的刑事案件适用法庭审判和裁判的特别程序，否则，则应作出按照一般程序进行法庭审理的决定。

签订审前合作协议时的法庭审理和判决程序应参照在刑事被告人同意对他提出的指控时作出法院判决的特别程序中的法庭审理和判决程序进行。审判庭开庭时，受审人和他的辩护人必须到庭，审判庭首先由国家公诉人叙述向受审人提出的指控，然后由国家公诉人对受审人协助侦查的行为予以证明，并且向法庭说明其具体表现，同时必须审查：受审人在揭露和调查犯罪、揭发和追究其他共同犯罪人以及起获赃物方面协助侦查的性质和范围；在揭露和调查犯罪、揭发和追究其他共同犯罪人以及起获赃物上与受审人合作的意义；与受审人合作所发现的犯罪、提起的刑事案件；受审人、他的近亲属、亲属和亲近的人，因受审人与控方合作而受到的人身安全威胁的程度；受审人的身份情况，减轻和加重刑罚的情节等。

在证实受审人遵守了审前合作协议所规定的所有条件并履行了其所有义务之后，法官应参考《俄罗斯联邦刑法典》第62条[①]第2款、第4款的规定作出有罪判决，并对受审人处刑。根据法院的裁量，考虑《俄罗斯联邦刑法典》第64条[②]、第73条[③]和第80.1条[④]的规定，受审人可以被判处比法定刑更轻的刑罚、缓刑或被免除刑罚。有罪判决书的叙事和理由部分应该包括：受审人所同意的被指控实施的犯罪行为的描述；

---

① 即“在有减轻情节情况处刑”。

② 即“判处比法定刑更轻的刑罚”。

③ 即“缓刑”。

④ 即“因情况改变而免除刑罚”。

法庭关于受审人遵守审前合作协议所规定的条件并履行了其义务的结论。宣布刑事判决后，控辩双方有权依照一般程序对判决提出上诉和抗诉。对此，米哈伊洛夫斯卡娅教授认为，在刑事被告人同意对他提出的指控时作出法院判决的上诉规定与签订审前合作协议时作出法院判决时的上诉规定中的限制条件理应一致，即都不得以刑事判决中叙述的法院结论不符合第一审法院或第一上诉审法院所认定的案件事实情节为由提出上诉和抗诉，因为两种法庭审理特别程序都不进行法庭调查，米哈伊洛夫斯卡娅教授判断，也许因为签订审前合作协议时作出法院判决的特别程序所针对的犯罪都比较严重，所以立法者决定在此不对自由上诉原则的适用作任何限制。[①]

① 参见[俄]巴什卡塔夫·Л·Н等:《俄罗斯联邦刑事诉讼法典解释》(第七版),大道出版社2010年版,第581页。

第六章 我国刑事诉讼程序分流的萌芽、确立与发展

新中国成立初期的刑事诉讼制度是在废除“伪法统”和巩固红色政权的基础上建立起来的。“革命”的因素占主导地位。即使后来的二十余年，由于实行高度集中的计划经济和比较封闭的对外政策，加之良好的社会风气，犯罪问题并不突出。改革开放以后，政治、经济、文化、社会生活发生巨变，社会进入“转型期”，犯罪问题开始突显，逐渐成为严重的社会问题。于是，刑事诉讼中的程序分流开始受到关注，并从萌芽、确立走向发展。

第一节 我国刑事诉讼程序分流的萌芽（1949—1979年）

总体而言，新中国成立至1979年期间，我国刑事立法领域缺乏反映程序分流思想的体系性和专门性的制度设计，在刑事司法实践中也尚无基于程序分流思想的地方性探索。但是，在这一时期，也出现了极个别或多或少体现程序分流内涵的制度，尽管并非其本意。而且，一些因政治运动等多方面的原因未能公布实施的法律草案中也存在一些体现程序分流思想的规定。

新中国成立初期，国家秉持法律的阶级性、政治性和人民性的理念，彻底批判和废除了中华民国的“伪法统”和“六法全书”，建立了人民司法制度。在人民司法制度的体系中，司法工作是人民民主专政的重要

武器之一，是人民的国家机器的重要组成部分。司法机关在刑事方面的任务就是“惩治反革命罪犯和一切危害人民民主专政政权及其经济基础的罪犯，与制裁破坏人民法律秩序和侵害个人合法利益的一切罪犯”。[①]因此，为维护人民民主专政的社会主义社会秩序，人民检察机关必须对一切刑事案件提起公诉，人民法院必须依法审判一切罪犯。在这种思维模式下，程序分流缺乏产生的土壤和生存的空间。

1951 年 9 月 3 日中央人民政府委员会第十二次会议通过的《中华人民共和国人民法院暂行组织条例》第 3 条明确规定：“人民法院为巩固人民民主专政，维护新民主主义的社会秩序，保卫人民的革命成果和一切合法利益，执行以下任务：一、审判刑事案件，惩罚危害国家、破坏社会秩序、侵害国家、团体和个人合法权益的罪犯……”。同日通过的《中央人民政府最高人民检察署暂行组织条例》第 3 条规定：“最高人民检察署受中央人民政府委员会之直辖，直接行使并领导下级检察署行使下列职权：……（二）对反革命及其他刑事案件，实行检察，提起公诉；……”。同时通过的《各级地方人民检察署组织通则》第 2 条规定：“各级地方人民检察署之职权如下：……（二）对反革命及其他刑事案件，实行检察，提起公诉。……”第 6 条在明确各级地方人民检察署与上下级及同级各机关之关系时规定：“（三）各级地方人民检察署行使检察权时，凡认为应予以刑事制裁者，应向同级人民法院提起公诉。”由此可见，人民司法机关的任务和职责就是检察和审判一切危害国家、破坏社会秩序、侵害国家、团体和个人合法权益的一切罪犯。只有这样，人民民主专政才能得以巩固，新民主主义和社会主义的社会秩序才能得以维护，一切合法利益才能得以保卫。

需要说明的是，在 1950 年 7 月召开的第一届全国司法会议上讨论的由中央人民政府法制委员会起草的《中华人民共和国诉讼程序试行通则（草案）》尽管最终未获得通过，但其中有条文或多或少反映了程序分流的内容。如该草案第 11 条规定了三种类型的不起诉：“人民检察署对于侦查的案件，因犯罪嫌疑不足，或案件轻微，已经调解处理，或其他理

① 陈绍禹：《关于目前司法工作的几个问题——1950 年 7 月 27 日中央人民政府政务院政治法律委员会副主任兼中央人民政府法制委员会主任委员陈绍禹在第一届全国司法会议上的报告》，载《中央政法公报》1951 年第 31 期。

由，认为不应起诉者，应为不起诉处置。”第30条规定了轻微刑事案件的调解制度：“民事或轻微刑事案件的当事人得向人民法院声请调解。起诉的民事或轻微的刑事案件，法院亦应视具体情况，先行调解。调解如不成立，应即进行审判。但调解非诉讼必经程序。法院进行调解，必须分清是非，不违反政策法令，且不得强使当事人接受。”第46条规定：“人民法院应视工作情况，在收案处置审判员，分别案件的缓急难易，将急迫简易的案件即时自行处理或分送其他审判员处理。”非常遗憾的是，由于该草案集刑事诉讼程序和民事诉讼程序于一体，加之一些诉讼程序规定不尽合理，因此，在提交第一届全国司法会议讨论时并没有获得通过，没有正式生效实施。

1954年9月，第一届全国人民代表大会第一次会议在北京举行。根据第一部社会主义宪法，全国人民代表大会通过了新中国历史上第一部人民法院组织法和第一部人民检察院组织法。该《人民检察院组织法》第10条规定：“人民检察院发现并且确认有犯罪事实的时候，应当提起刑事案件，依照法律规定的程序进行侦查或者交给公安机关进行侦查；侦查终结后，认为必须对被告人追究刑事责任的时候，应当向人民法院提起公诉。”从这一规定中，首先可以得知，是否对刑事案件进行立案侦查由人民检察院决定，而非现行的由公安机关或者人民检察院决定。其次，人民检察院遵循侦查法定主义原则，即只要“发现并且确认犯罪事实”就必须开始侦查，而没有自由裁量的权力。最后，从这一规定的后半部分还可以得知，在是否向人民法院提起追诉的问题上，人民检察院享有一定的自由裁量权，即只有必须追究犯罪嫌疑人刑事责任的，才应当向人民法院提起公诉。换而言之，即便犯罪嫌疑人的行为构成犯罪但是不需要追究刑事责任的，人民检察院可以不向法院提起公诉，至于该如何处理，该法并没有作进一步明确的规定。① 与此同时，第一部《人民法院组织法》第3条明文规定了法院的任务是“审判刑事案件和民事案件，并且通过审判活动，惩办一切犯罪分子，解决民事纠纷，以保卫人民民主制度，维护公共秩序，保护公共财产，保护公民的权利和合法利益，保障国家的社会主义建设和社会主义改造事业的顺利进行。”

---

① 当时有的学者甚至认为《人民检察院组织法》的这一规定为后来创设“免予起诉”制度提供了重要的法律依据。参见应后俊：《我对“免予起诉”的看法》，载《法学》1957年第6期。

1956年，在处理日本侵华战争犯罪中战争犯罪分子[①]的司法实践中，我国的检察机关创设了独具中国特色的免予起诉制度。1956年4月25日，全国人大常委会通过的《关于处理在押日本侵略中国战争中战争犯罪分子的决定》规定："对于次要的或者悔罪表现较好的日本战争犯罪分子，可以从宽处理，免予起诉。"免予起诉制度在法律上得到正式确认。[②]依此规定，可以作出免予起诉包括两种情形：一是次要的犯罪分子，二是悔罪表现较好的犯罪分子。当然，全国人大常委会的这一规定针对的对象仅限于日本战争犯罪分子。那么为什么免予起诉制度首先会适用日本战争犯罪分子而不是其他犯罪分子？这具有深刻的历史根源。当时，对日本战争犯罪分子适用免予起诉制度有以下几个方面的原因：首先，这些犯罪分子除少数犯有严重罪行的外，其余多数是在日本侵略战争过程中犯有一般罪行的次要的战争犯罪分子，也有一些是被日本帝国主义驱使参加侵略战争，在其上级长官的命令指示下犯罪的。其次，这些犯罪分子大部分都有着不同程度的悔罪表现。在关押期间，他们受到了反对战争维护和平的教育和人道主义待遇的感化，同时他们也看到了战后世界和平力量的日益加强和日本人民在美军占领下所遭受的苦难。最后，鉴于日本投降后情况的变化与所处的境地以及中日友好关系的发展。[③]

后来，由于这种制度取得较好的社会效果，检察机关将其适用的对象扩展至国内的国民党特务等犯罪分子。如1956年12月28日《人民日

---

① 截至1956年6月，拘押在我国的日本战争犯罪分子共计1062名。其中一部分是被我国逮捕的，共计140人（他们中间有些是日本投降后又参加了蒋介石、阎锡山反革命内战，于1948年、1949年被逮捕的），另一部分是1945年为苏联军队俘获的在我国犯有罪行的战争犯罪分子，于1950年7月经苏联政府移交我国的，共有969名。1950年至1956年期间又死亡47名。参见张鼎丞：《关于镇压反革命斗争问题和处理拘押在我国的日本战争犯罪分子问题》，载《人民日报》1956年6月23日。

② 1956年10月17日最高人民法院发布的《各级人民法院刑事案件审判程序总结》规定："人民检察院提起公诉应当用起诉书，并且将案卷、证物一并移送人民法院。如果被告人的罪行依法可以免予起诉的；可经由人民检察院作出免予起诉的决定，不向人民法院起诉。应当由人民检察院提起公诉的案件，如果被害人或者其他公民直接向人民法院提出控诉，或者是经人民检察院决定不起诉或免予起诉的案件，被害人又直接向人民法院提出控诉的时候，人民法院都应当接受控诉，再移送人民检察院处理，并告知控诉人。"

③ 参见张鼎丞：《关于镇压反革命斗争问题和处理拘押在我国的日本战争犯罪分子问题》，载《人民日报》1956年6月23日。

报》专门报道了检察机关对一名国民党特务作出免予起诉的案件。[1] 1957年7月1日，时任最高人民检察院检察长的张鼎丞在第一届全国人民代表大会第四次会议上作的《关于一九五六年以来检察工作情况的报告》指出："各级人民检察院在对残余反革命开展政治攻势中，执行了对于投案自首分子的宽大政策，对于按其罪行应该追究刑事责任，但系真诚坦白或者有立功表现可以免予刑罚的分子，作出免予起诉的决定。……根据21个省、市检察院和专门检察院的统计，在1956年，经检察机关作了免予起诉决定的共18400余人。"因此，1956年免予起诉就已经相当普遍了。从当年的司法实践来看，免予起诉适用的对象主要是反革命分子；适用条件包括两种情形：一是真诚坦白可以免予刑罚的；二是有立功表现可以免予刑罚处罚的。

但是，随着免予起诉的普遍适用，免予起诉在学术界引起了很大的争议。[2] 当时仅有的两家法学刊物之一《法学》1957年第2期刊发叶景荪先生《关于"免予起诉"的问题》（以下简称"叶文"）一文，该文认为："人民检察院对这些案件'免予起诉'而不予以'不起诉'，想是要将其与那些因根本不构成犯罪或证据不足而'不起诉'的案件加以区别。这样区别一下是对的，但这个做法却牵涉到检察院有没有权限对这类案件不提交法院审理的问题。同时对'起诉'这个程序的含义是什么、是否为一种处分的问题，也有加以明确的必要。"[3] 同年，该期刊第6期发表了两篇反驳文章，一篇是应后俊先生的《我对"免予起诉"的看法》（以下简称"应文"），另一篇是吴锦文先生的《对"关于免予起诉的问

① 基本案情为：1956年11月7日，图谋爆破鹰厦铁路的蒋介石集团"国家安全局情报局"派遣特务陆炳坤以泥水匠身份从九龙潜入广州，11日回到上海西郊区他的家里，企图以家庭作掩护，再到鹰厦铁路沿线勘察地形，制定爆破计划。这个干了七八年国民党特务的"泥水匠"回家后，看到原先一家人住的搁楼已经变成两间宽敞的房屋，家四周的破烂棚房变成美丽的曹阳新村。亲戚们经常向他畅谈解放后生活改善的情况，母亲责怪他当年不该逃往香港。知道他参加过特务组织的朋友耐心向他讲解政府对反革命分子宽大处理的政策。陆炳坤考虑了两天，13日就自动到公安机关投案自首。上海市检察机关在11月25日宣布对陆炳坤免予起诉。参见《一名特务自动投案，检察机关宣布免予起诉》，载《人民日报》1956年12月28日。

② 参见叶景荪：《关于"免予起诉"的问题》，载《法学》1957年第2期；吴锦文：《对"关于免予起诉的问题"的商榷》，载《法学》1957年第6期；应后俊：《我对"免予起诉"的看法》，载《法学》1957年第6期。

③ 叶景荪：《关于"免予起诉"的问题》，载《法学》1957年第2期。

题”的商榷》(以下简称“吴文”)。应文认为，1954年《人民检察院组织法》第11条第二款赋予了检察机关不起诉的权力，[①] 而且该法第10条也明确规定了“人民检察院……侦查终结后，认为必须对被告人追究刑事责任的时候，应当向人民法院提起公诉”，但是对刑事案件侦查结束后，被告虽然已构成犯罪，但由于某些情节，人民检察院认为可以免除被告人刑事责任的时候，应当如何处理，条文并未作明确的规定。然而，这种情况是存在的，并且在1955年以后还显著增多起来，尤其表现在反革命案件方面。但是，对这一部分反革命分子由哪一个部门用什么方法来处理呢？在开始时，各地均处在摸案创造过程中，主要提出了以下三种处理意见：一是由人民法院处理，即由检察院提起公诉，人民法院判处无罪；二是人民检察院处理，即作出免予起诉；三是由公安机关处理。第一种意见显得多此一举，而第三种完全由公安机关决定犯罪嫌疑人的定罪刑罚也是不合适的，因此，第二种意见即由检察机关作出免予起诉得到普遍采用。应文还对上述叶文中提出的两种问题作了回应：关于检察院是否有权作出免予起诉决定的问题，该文认为，已由全国人民代表大会常务委员会在《关于处理在押日本侵略中国战争中战争犯罪分子的决定》中加以肯定，正式以法律形式授权人民检察院以“免予起诉”的权利；关于免予起诉是否是一种处分，该文认为，免予起诉是我国刑事诉讼中的一个程序，就是在刑事案件侦查结束以后由检察机关以国家名义对犯罪人赦免其刑事责任的一种决定，这一“决定”与“处分”是不同的，他本身并不是一种“处分”，最多也只能算是一种“处理”。[②] 吴文认为，人民检察院对案件不仅应当具有可以决定“起诉”“不起诉”的权限，而且也应具有可以决定“免予起诉”这一本质上的概念内的权限属于“有权终止诉讼”和有权“决定控诉今后的命运”。人民检察院对案件决定“免予起诉”，可以说是由其所固有的控诉职能所派生出来的一种诉讼职能，也属于人民检察院所固有。该文还进一步认为，这种“免予起诉”的决定，在内容上可能与法院对某些案件所作的免予处刑的判决是相似的，案件的实际后果也相同。但决不能因此说：前者与后者

---

① 1954年《人民检察院组织法》第11条第二款规定：“公安机关提起的刑事案件，侦查终结后，认为需要起诉的，应当依照法律的规定移送人民检察院审查，决定起诉或者不起诉。”

② 应后俊：《我对“免予起诉”的看法》，载《法学》1957年第6期。

在诉讼本质上是一样的。因为前者可以说是一种属于控诉行为的派生性的诉讼行为，而后者则是一种审判行为。二者不能互相混淆。正如人民检察院决定“不起诉”，与人民法院作出“无罪”判决，在内容上是相似的，案件的实体命运也相同。但决不能因此说：人民检察院对案件决定“不起诉”，是行使了“处分权”，“是和人民检察院作为国家法律监督机关，本身没有任何处分权的原则不符的。”①

对于上述学术界的争论，最高检察机关作了积极的回应。1957 年 12 月 20 日，时任高检院副检察长的梁国斌在全国省、市、自治区检察长会议上作《关于一九五七年检察工作的情况和一九五八年检察工作的意见》报告中指出：“在审查起诉工作中，对免予起诉的案件必须慎重掌握，除少数有特殊政治意义的案件，为了分化瓦解敌人，可以免予起诉外，一般案件不宜采取免予起诉。”因此，梁国斌副检察长强调免予起诉只适用于少数有特殊政治意义且为了分化瓦解敌人的案件。1958 年 8 月 16 日，张鼎丞检察长在《关于第四次全国检察工作会议的总结》中再次重申免予起诉只适用于少数有特殊政治意义的案件，即“关于免予起诉是否取消的问题。免予起诉是我国法律上的创举，是一个分化敌人的策略，实际证明有它的积极作用，不应当取消；但在适用范围上，除少数有特殊政治意义的案件外，一般案件不宜采用。”从上述两位高检院领导的讲话中可以看出，最高检察机关也意识到了免予起诉制度所存在的问题，主张严格限制免予起诉的适用范围。这在当时的历史背景下是值得高度肯定和赞赏的。

然而，在随后的司法实践中是否与以上两位领导的讲话精神相符，笔者目前尚没有查阅到确切的资料，但是从 1963 年《中华人民共和国刑事诉讼法草案（初稿）》（以下简称《初稿》）、1963 年《最高人民检察院关于审查逮捕、审查起诉、出庭公诉工作的试行规定（修改稿）》和 1979 年《刑事诉讼法》都明文规定了免予起诉制度这点来看，免予起诉的适用范围非但没有缩小，反而进一步扩大了。《初稿》在第三编“起诉”下专设一章规定“免予起诉”。其中第 122 条规定：“依照本法第一一九条的规定，对被告人应当起诉，但是人民检察院认为确有必要的时

---

① 吴锦文:《对“关于免予起诉的问题”的商榷》,载《法学》1957 年第 6 期。

候，对于有下列情形之一的被告人，可以免予起诉：（一）确有显著悔罪、立功表现需要免予起诉的；（二）罪行较轻，有悔罪表现的。”可见，这里的“免予起诉”的适用对象不限于具有特殊政治意义案件的犯罪分子，而且在适用条件上也取消了“免予追究刑事责任”的规定，只要是“显著悔罪并且有立功表现”或者“罪行较轻，有悔罪表现”的都可以由检察机关作出免予起诉决定。因此，若按此规定，此时的检察机关享有最大限度的起诉裁量权。尽管该《初稿》因政治运动的原因并没有正式颁布实施，但却反映了当时立法者对免予起诉制度的基本认识。1963年《最高人民检察院关于审查逮捕、审查起诉、出庭公诉工作的试行规定（修改稿）》规定：“对于已构成犯罪，本应依法追究刑事责任，但由于政治斗争的需要或者被告人确有显著悔罪、立功表现，根据政策可以宽大处理的罪犯，可以作了免予起诉。”至于1979年《刑事诉讼法》关于免予起诉的规定将在本章第二节中叙述。

在新中国刑事诉讼制度史上，“免予起诉”既是具有重要历史地位的制度，也是一项争议最大的诉讼制度之一。笔者认为，免予起诉制度既有“功”，也有“过”。就其“功”而言，首先体现在处理数量较大的日本战犯问题上，免予起诉发挥了不可替代的重要作用。① 由检察机关对日本战争犯罪分子作出免予起诉的决定，既抚慰了受日本法西斯行为践踏的中国人民的心灵，照顾了我国人民的感情，同时也有利于中日关系的恢复和发展。因为由检察机关作出免予起诉决定并不意味着宣告这些犯罪分子无罪，而是说他们构成犯罪但是可以免予刑事处罚，这与人民法院宣告无罪是有本质区别的。如果由检察机关起诉到法院，由法院作出无罪判决，则我国人民肯定是无法接受的，如若作出有罪判决，则不易日方接受。而且，由检察机关而不是法院作出有罪决定也更有利于日本的接受。因此，对日本战争犯罪分子作出予以起诉是一种折中的但又恰如其分、权衡了各方面利益的制度设计。诚如全国人民代表大会常务委员会于1956年4月25日通过的《关于处理在押日本侵略中国战争中战争犯罪分子的决定》中指出：“鉴于日本投降后十年来情况的变化和现在的

---

① 因此，目前，有检察系统人士提出恢复免予起诉制度，即对于少数具有政治和其他特别因素的案件，最高人民检察院可以作出免予起诉的决定。参见孙谦主编：《人民检察制度的历史变迁》，中国检察出版社2009年版，第271～272页。

处境，鉴于近年来中、日两国人民友好关系的发展，鉴于这些战争犯罪分子在关押期间绝大多数已有不同程度的悔罪表现，因此，决定对于这些战争犯罪分子按照宽大政策分别予以处理。”

其次，免予起诉制度开创了新中国刑事诉讼起诉便宜主义之先河，尽管并非其创立的初衷。起诉便宜主义是相对于起诉法定主义而言的，是指犯罪嫌疑人构成犯罪，本应当起诉，但起诉机关根据案件以及犯罪嫌疑人的不同情形，认为需要时，可以裁量作出不起诉决定。在19世纪中叶之前，由于奉行有罪必罚的刑罚报应观念以及注重对犯罪人的一般预防，起诉法定主义是刑事诉讼的基本原则，即只要犯罪嫌疑人构成犯罪具备起诉要件，起诉机关就必须依法向法院提起公诉。但随着社会政治、经济等方面的变化和发展，人类对刑事诉讼追求的价值目标也日趋多元化，有罪必罚的刑罚报应理应也逐渐向非刑罚化的转变，绝对的起诉法定主义越来越受到起诉裁量权的挑战。因此，越来越多的国家纷纷摒弃绝对的起诉法定主义，并在保留起诉法定主义的同时，采用起诉便宜主义。当前，起诉便宜主义已经成为与起诉法定主义同等重要的追诉原则。我国的免予起诉制度适用于犯罪嫌疑人构成犯罪，但不需要追究刑事责任的情形，赋予了检察机关一定的自由裁量权，属于起诉便宜主义的重要体现。当然，需要指出的是，我国规定的“免予起诉制度”与域外刑事诉讼中集中体现起诉便宜主义的酌定不起诉制度或者裁量不起诉存在重大差异，即前者具有对犯罪嫌疑人定罪的法律效果，换言之，犯罪嫌疑人被免予起诉后，实际上相当于被宣告有罪，只不过是免予刑事处罚而已，而域外刑事诉讼中的酌定不起诉或者裁量不起诉并不具有定罪的法律效果，被作出酌定不起诉的犯罪嫌疑人依法是无罪，与法院的无罪判决具有同等的法律效果。

最后，免予起诉为我国当前刑事诉讼的酌定不起诉提供了重要的制度基础。两者都是由检察机关在审查起诉阶段依法作出，都是适用于已经构成犯罪但依法不需要追究刑事责任的被告人。而且，尽管从法律层面上讲，酌定不起诉必须遵循现行刑事诉讼法第12条规定的法院统一定罪原则，即被酌定不起诉人是无罪的，但是从实际操作层面上看，被酌定不起诉人被当作有罪的人看待。其一是酌定不起诉的条件就是“犯罪情况轻微”，其二，被酌定不起诉人在公安机关和检察机关仍然保留有污点记录。因此，可以说，现行的酌定不起诉直接脱胎于免予起诉制度。

与此同时，免予起诉的“过”也是相当明显的。对此，在1996年修改刑事诉讼法时学界展开了热烈而又富有成效的讨论[①]，笔者在此不再赘述。

如果说免予起诉制度是检察制度中体现程序分流思想的典型代表，那么刑事自诉案件中的和解和调解制度则是法院制度中反映程序分流思想的典范。1951年9月3日中央人民政府委员会通过的《人民法院暂行组织条例》第12条就明确规定了县级人民法院管辖下列事件包括调解轻微刑事案件：“县级人民法院管辖下列事件：……二、调解民事及轻微刑事案件……”1954年《人民法院组织法》在规定县级人民法院管辖的案件范围时尽管没有使用“调解轻微刑事案件”的表述，但从规定中可以看出，处理轻微刑事案件是法院审判案件之外的工作。该法第19条规定：“基层人民法院除审判案件外，并且办理下列事项：（一）处理不需要开庭审判的民事纠纷和轻微的刑事案件……”1956年10月17日，最高人民法院在整理和总结全国法院刑事审判经验的基础上颁布了具有刑事诉讼法效力的法律文件——《各级人民法院刑事案件审判程序总结》（以下简称《刑事程序总结》）。该《刑事程序总结》包括“案件的接受”“审理案件前的准备工作”“审理”“裁判”“上诉”“死刑复核”“再审”“执行”等八部分。在“审理”部分规定：“对轻微的刑事自诉案件，自诉人可以具状或者当庭口头撤销案件，双方当事人可以在外自行和解，人民法院也可以当庭进行调解。双方当事人在外自行和解而具状请求撤销案件的，可准予撤销。当庭调解成立的案件，由人民法院制作调解书，分别存卷和发给双方当事人。经当事人撤销的案件，除有正当理由外，不得就同一案件再行起诉。当庭调解成立的案件，如果当事人一方事后翻悔，经审查确有错误的，可以参照人民法院组织法第十二条第一款规定的审判监督程序处理。首先可以由合议庭传唤当事人再进行调解，如果调解不成，即进行审判。如果经过审查并无错误，可以将审查的结果通知当事人。”1963年《初稿》第152条：“自诉案件在诉讼过程中可以进行调解；自诉人在判决宣告前，可以同被告人自行和解或者撤回

---

① 陈光中、严端主编：《中华人民共和国刑事诉讼法修改建议稿与论证》，中国方正出版社1999年版，第269～278页。

自诉。”

在此后的反右派斗争、“大跃进”、“反右倾”以及“文化大革命”等政治运动的影响下，新中国司法制度停滞不前甚至遭到毁灭性的破坏，作为反映现代刑事诉讼重要发展潮流之一的程序分流更无从谈起。

第二节 我国刑事诉讼程序分流的确立（1979—1995年）

1976年10月，中共中央粉碎了江青反革命集团，结束了“文化大革命”，我国进入了新的历史发展时期，社会主义各项建设事业逐步走上正轨，社会主义法制事业也开始了新的征程。1979年7月新中国第一部刑事诉讼法正式颁布。该法既借鉴和吸收了域外特别是苏联刑事司法制度的有益经验，也全面总结和整理了新民主主义革命以来特别是新中国成立以来的司法实践经验。在程序分流制度设计上，该法肯定了之前在司法实践中普遍实施以及其他一些法律明确的制度，如免予起诉制度、自诉案件的调解与和解制度等，但是，由于1979年《刑事诉讼法》制定的紧迫性，加之主要是在1963年《中华人民共和国刑事诉讼法草案（初稿）》的基础上完成的，所以，在程序分流理念的制度设计上并没有实质性的重要突破和发展，只是将原有的一些做法上升为基本法的规定。

一、起诉便宜主义的发展

在1979年至1996年期间，我国起诉便宜主义的重要发展是免予起诉制度的完善，不仅刑事诉讼法明确规定了免予起诉的条件、适用对象以及程序，而且最高人民检察院也多次出台司法解释丰富和健全免予起诉制度。

1979年《刑事诉讼法》第100条规定：“人民检察院认为被告人的犯罪事实已经查清，证据确实、充分，依法应当追究刑事责任的，应当作出起诉决定，按照审判管辖的规定，向人民法院提起公诉。”第101条规定："依照刑法规定不需要判处刑罚或者免除刑罚的，人民检察院可以免予起诉。"由此可见，我国1979年刑事诉讼法在起诉上遵循起诉法定主义和起诉便宜主义相结合的基本原则。

根据刑事诉讼法的规定，免予起诉的决定，应当公开宣布，并且将免予起诉决定书交给被告人和他的所在单位。如果被告人在押，应当立即释放。对于公安机关移送起诉的案件，人民检察院决定免予起诉的，应当将免予起诉决定书送公安机关。公安机关认为免予起诉的决定有错误的时候，可以要求复议，如果意见不被接受，可以向上一级人民检察院提请复核。对于有被害人的案件，决定免予起诉的，人民检察院应当将免予起诉决定书送被害人。被害人如果不服，可以在收到后七日内向人民检察院申诉。人民检察院应当将复查结果告知被害人。对于免予起诉的决定，被告人如果不服，可以在七日内向人民检察院申诉。人民检察院应当作出复查决定，通知被告人，同时抄送公安机关。

综上，1979年刑事诉讼法对免予起诉制度作出了重要的修改完善。首先，在适用条件，一是规定"依照刑法"，二是"不需要判处刑罚"或者"免除刑罚"的。这使得免予起诉的条件更为刚性，更具操作性。无论是1956年全国人大常委会的《关于处理在押日本侵略中国战争中战争犯罪分子的决定》，还是1963年《中华人民共和国刑事诉讼法草案（初稿）》，抑或是1963年《最高人民检察院关于审查逮捕、审查起诉、出庭公诉工作的试行规定（修改稿）》，在免予起诉的适用条件上更为弹性，不易操作，如"悔罪""立功"等。其次，明确了免予起诉的宣告方式和送达制度，即免予起诉决定书必须"公开宣布"，必须送达"被告人和他所在的单位"、"公安机关"和"被害人"。最后，规定了公安机关申请复议复核的权力和被害人申诉的权利。这些监督制约、救济的权力或者权利能促使检察机关依法正确合理地使用免予起诉权。

但是，司法实践并没有严格按照刑事诉讼法的规定严格执行。自1980年1月1日刑事诉讼法正式生效实施以来，一些检察机关滥用免予起诉的现象越来越严重。"在司法实践中，把一些'问题很小，态度不好'、'情节显著轻微，危害不大，不认为是犯罪'的案件和'事出有因，查无实据'，以及'认定无确实根据，否认无充分理由'的案件，作为免予起诉处理。以此调和矛盾，解决疑难，保全面子，维护‘威信’。”[①] 这种滥用免予起诉的错误做法，无疑对法律的正确实施和维护法律尊严是有害的，很容易造成冤屈无辜的不良后果。最高人民检察院也意识到了问题的严重性，于1982年12月25日出台了《关于在办理贪污、受贿等经济犯罪案件中正确运用免予起诉的几点意见》。该意见首先总结了免予起诉适用面过宽的原因，[②] 还重申了刑事诉讼法关于免予起诉的法定条件，并明确了贪污、受贿案件可以免予起诉和不宜免予起诉的情形。包括：“贪污、受贿或者其他个人非法所得在一千元以下的，除情节恶劣或后果严重者外，一般应由党政部门处理，不要免予起诉”；“贪污、受贿或者其他个人非法所得在一千元以上两千元以下，能够如实坦白认罪，积极退赃的，一般可作免予起诉处理”；“贪污、受贿或者其他个人非法所得在两千元以上不满五千元的，一般应当起诉。对于少数主动投案自首，坦白交代全部罪行，积极退赃，或有立功表现的，亦可作免予起诉处理”；“贪污、受贿或者其他个人非法所得在五千元以上不满一万元的，原则上都应该起诉。其中，确因斗争形势和体现政策的需要，个别需作免予起诉处理的，应严格控制，由省、直辖市、自治区人民检察院，中国人民解放军军事检察院等专门检察院审定”；“对于罪与非罪界限一时难以分清的案件，可先由党政部门处理，不能免予起诉”。应当说，上述意见明确规定不宜免予起诉和可以免予起诉的情形，便于检察机关遵照执行，但是由于上述意见大多使用“一般”“不要”“亦可”“原则上”等不具有强制性的表述，使得在司法实践中滥用免予起诉的现

---

① 刚烈:《谈谈免予起诉》,载《现代法学》1982年第3期。

② 一是对全国人大常委会《关于严惩严重破坏经济的罪犯的决定》中关于投案自首、坦白交代人员从宽处理的理解不够全面,在《决定》公布后,特别是报纸上公布了几起免予起诉的重大经济犯罪案件后,有的地方就把一些虽有自首、坦白等情节,但犯罪所得数额巨大,情节较重,依法应追究刑事责任的案件也作了免予起诉处理。二是有的地区原定立案的金额标准较低,并只把金额标准理解为罪与非罪的界限,对一些情节显著轻微,坦白交代好,不认为是犯罪,应予撤销案件,移交党政部门处理的,也作了免予起诉处理。三是有的案件,在认定犯罪事实,证据和罪与非罪等问题上与有关部门意见有分歧,或者有的案件认定犯罪证据不够充分,否定犯罪的理由又不足,为了减少麻烦,而作了免予起诉处理。四是在全国人大常委会《决定》公布后的一段时间内,有的地方出于宽严大会体现政策的需要,在主要犯罪事实还没有调查核实也没有依照法律程序办理的情况下,仓促宣布免诉了一些案件,以至有的案件作免予起诉处理后又发现新的重要犯罪事实。也有的案件未通过检察机关就由党、政部门或联合调查组决定和宣布免予起诉。

象并没有得到改观。1985 年据某省检察院对全省半年中办理的自侦经济犯罪案件的统计，免予起诉的被告人竟占审结总数的41%。[①] 虽然最高人民检察院在1986 年3 月24 日出台的《人民检察院直接受理侦查的刑事案件办案程序（试行）》中进一步重申了“免予起诉案件是已经构成犯罪，依照刑法规定不需要判处刑罚或者免除刑罚的案件，”并规定了免予起诉案件附带民事诉讼的处理办法，但是最高人民检察院 1990 年 10 月 23 日在《关于进一步加强自侦案件免予起诉工作的通报》中坦承：“据统计，今年上半年，全国检察机关共审结贪污、贿赂等自侦案件的案犯三万七千九百七十二人，其中免予起诉二万二千五百零三人，占审结总数的百分之五十九点二。与去年同期相比，免诉率上升百分之十四点一。全国除北京、上海、浙江、海南、云南、西藏、甘肃等七个省、市、自治区自侦案件免诉率低于百分之五十外，其他二十三个省、市、自治区均超过百分之五十以上，最高的达百分之七十四点三。其中山东、黑龙江、山西三个省超过百分之七十，天津、河北、内蒙古、辽宁、吉林、安徽、江西、河南、湖南、广东十一个省、市、区超过百分之六十。”

为了解决上述免予起诉滥用的问题，该通报还提出以下若干重要的制度创新：一是要坚持立案侦查与决定逮捕、起诉分开的制度，即“凡由检察机关直接受理侦查的案件，在侦查部门侦查终结后，需要起诉或免予起诉的，一律要移送刑事检察部门审查。刑事检察部门依法提出自己的意见，经检察长批准，报请检察委员会讨论决定”。二是建立免予起诉案件被告人辩护和申诉制度，即“检察机关在作免诉决定之前，应将审查认定的犯罪事实、证据和定罪的法律依据、处理意见向被告人公开，并告知被告人有进行辩护的权利。对被告人的辩护意见应充分予以考虑，并记录在卷，送请检察委员会讨论时参考。在检察机关作出免诉处理的决定后，被告人不服的，要允许申诉，并由上一级检察院控告申诉检察部门受理复查。复查结果要及时通知被告人”。三是建立免诉案件的审批和备案制度，即“个人贪污、受贿数额在三千元以上不满五千元的案件，需要作免予起诉处理的，由分、市、州院审查批准，并报省级院备案；五千元以上不满一万元的，由省级院审查批准，并报高检院备案；一万

① 参见曾龙跃:《关于免予起诉的几个问题》,载《法学》1985 年第 3 期。

元以上的，由高检院审查批准”。应当说，上述规定对于控制免予起诉案件的数量，正确把握免予起诉的条件和标准，保障被告人和被害人的合法权益具有相当重要意义。但是，这毕竟只是一个“通报”，从严格意义上讲，其并不具有任何法律效力。

1991 年 2 月 21 日最高人民检察院第七届第五十九次检察委员会通过《最高人民检察院关于贪污受贿案件免予起诉工作的规定（试行）》，并于 1991 年 12 月 26 日正式通过了《最高人民检察院关于贪污受贿案件免予起诉工作的规定》。该规定包括“免予起诉的原则”“免予起诉的条件”“免予起诉的审查”“免予起诉的决定和备案”“免予起诉的宣布”“免予起诉的申诉和复查”“附则”7 个部分，共计 27 条。这个规定是新中国第一个也是唯一一个专门系统规定免予起诉制度的法律文件。主要内容包括：第一，免予起诉的条件。对被告人免予起诉的条件包括：（一）个人贪污、受贿数额在二千元以上不满五千元，犯罪后自首、立功或者有悔改表现、积极退赃，可以免予刑事处罚的；（二）其他依照法律规定可以免予起诉的。不得适用免予起诉的情形包括：（一）有附带民事诉讼的；（二）一人犯有数罪，需要数罪并罚的；（三）共同犯罪案件的同案被告人，由人民法院一并审理更为适宜的；（四）其他依法不应当免予起诉的。第二，免予起诉的审查。对于贪污、受贿案件，侦查部门负责侦查，刑事检察部门负责审查。检察部门在审查免予起诉案件时，应当讯问被告人，并告知其享有自行辩护、申请回避、申请重新鉴定和提供新的证人、物证、书证的权利。审查后，如果符合免予起诉条件的，应当报经检察长审核，提交检察委员会讨论决定；对需要撤销案件的，经检察长或检察委员会决定，由侦查部门办理撤案手续。如果案件主要犯罪事实不清、证据不足的，可以退回侦查部门补充侦查或者自行补充侦查，也可以配合侦查部门共同补充侦查。对于补充侦查的案件，被告人被羁押的，应当在一个月内补充侦查完毕。对被羁押的被告人审查免予起诉，《中华人民共和国刑事诉讼法》第 97 条规定，应当在受理后一个月内作出决定，案情复杂的，可以延长半个月。第三，免予起诉的决定和备案。个人贪污、受贿数额在二千元以上不满五千元需要免予起诉的，由承办案件的人民检察院决定，报上一级人民检察院备案。其他依照法律规定可以免予起诉的，由省级人民检察院核准，报最高人民检察院备案。第四，免予起诉的申诉和复查。对免予起诉的决定，被告人如果不服，可以在七日内向人民检察院申诉，但一律由上一级人民检察院控告申诉检察部门复查。上一级人民检察院控告申诉检察部门应当认真复查，并经检察委员会讨论，根据事实和法律，分别作出维持原决定、改变原决定或者指令下级人民检察院予以纠正的决定。对上一级人民检察院复查后作出的决定，出具《免予起诉决定书》的人民检察院必须执行，执行情况应当及时报告上级人民检察院。

至此，我国的免予起诉制度发展到了顶峰。由于其本身无法克服的固有缺陷，最终在1996年刑事诉讼法修改时被取消。

二、刑事调解制度的发展

刑事自诉案件的调解制度一直以来是人民法院制度的重要组成部分和优良传统。1979年《刑事诉讼法》也明确规定了对轻微刑事案件的法院调解制度。该法第13条规定："告诉才处理和其他不需要进行侦查的轻微的刑事案件，由人民法院直接受理，并可以进行调解。"第127条进一步重申："人民法院对自诉案件，可以进行调解；自诉人在宣告判决前，可以同被告人自行和解或者撤回自诉。"1979年《人民法院组织法》作了类似的规定。但是以上两个法律都没有对调解的程序以及效力予以明确。1994年最高人民法院颁布的《关于审理刑事案件程序的具体规定》第140条规定："调解应当在自愿、合法、不损害国家和集体以及公民利益的前提下进行。调解达成协议的。人民法院应当制作刑事调解书，由审判员和书记员署名，并加盖人民法院印章。调解书一经送达，即发生法律效力。调解没有达成协议或者调解书送达前一方反悔的，人民法院应当进行判决。"

第三节　我国刑事诉讼程序分流的发展（1996—2011年）

1996年以来，我国刑事司法制度取得了重大发展。在立法上，为适应社会主义法制建设的需要，全国人大对1979年《刑事诉讼法》作了重要的全面修改；在司法实践中，司法实务部门积极探索，勇于创新，开展了大量体现现代刑事司法发展潮流的制度探索。在程序分流方面，1996年《刑事诉讼法》确立了酌定不起诉制度和简易程序，司法实务部门也对附条件不起诉（或称为暂缓不起诉、暂缓起诉、犹豫起诉）、刑事和解、辩诉交易、简化审程序、非羁押替代措施等进行了探索。

一、立法层面的重要发展

1996年3月17日，第八届全国人民代表大会第四次会议通过了《关于修改〈中华人民共和国刑事诉讼法〉的决定》。此次刑事诉讼法再修改是对我国几十年来形成的刑事诉讼制度作了重大的改革，是我国社会主义民主和法制建设的重要成果，是我国刑事司法制度发展的新的里程碑，意义重大而深远。在程序分流方面，刑事诉讼法新增了酌定不起诉和简易程序。

1. 酌定不起诉

根据1996年《刑事诉讼法》第142条的规定，酌定不起诉是指犯罪嫌疑人的行为已经构成犯罪，但是犯罪情节轻微，依照刑法规定不需要判处刑罚或者免除刑罚的，人民检察院可以作出不起诉决定。酌定不起诉制度直接来源于免予起诉制度，但是由于免予起诉制度的实质是未经审判机关便由公诉机关对被告人定罪，不符合现代法治原则和精神，不符合人民法院独立行使审判权和公检法三机关相互制约原则。因此，1996年《刑事诉讼法》取消了免予起诉制度，但同时将原来可以适用免予起诉的情形融入不起诉的范围，进而建立了新的不起诉类型——酌定不起诉制度。《刑事诉讼法》第142条规定中的“不需要判处刑罚”主要是指《刑法》第32条规定的情况：“对于犯罪情节轻微不需要判处刑罚的，可以免予刑事处分。”《刑事诉讼法》第142条规定中的“依照刑法规定免除刑罚的”是指刑法规定的应当或者可以免除刑罚的不同情况。例如，在我国领域外犯罪，依照我国刑法应当负刑事责任，但在外国已经受到刑事处罚的（第7条）；又聋又哑的人或者盲人犯罪的（第16条）；正当防卫超过必要限度，造成不应有的危害的（第17条）；紧急避险超过必要限度，造成不应有危害的（第 18 条）；预备犯（第 19 条）；中止犯（第 21 条）；共同犯罪中的从犯（第 24 条）；被胁迫、被诱骗参加犯罪的（第 25 条）；犯罪以后自首的（第 63 条）等。[①]

在司法实践中，人民检察院审查起诉部门的承办检察官审查案件后，如果认为可以作出酌定不起诉决定，应将意见报部门负责人，部门负责人如同意承办检察官的意见，再报主管起诉工作的副检察长，副检察长决定后报检察委员会，检察委员会决定后还得报请上级检察机关备案。[②]酌定不起诉的决定，应当公开宣布，并且将酌定不起诉决定书送达被不起诉人和他的所在单位。如果被不起诉人不服，可以自收到决定书后 7 日以内向作出酌定不起诉决定的人民检察院申诉。人民检察院应当作出复查决定，通知被不起诉的人，同时抄送公安机关。如果是公安机关移送起诉的案件，人民检察院还应当将不起诉决定书送达公安机关。公安机关认为酌定不起诉的决定有错误的时候，可以要求复议，如果意见不被接受，可以向上一级人民检察院提请复核。如果案件有被害人，人民检察院还应当将酌定不起诉决定书送达被害人。被害人如果不服，可以自收到决定书后 7 日以内向上一级人民检察院申诉，请求提起公诉。对人民检察院维持不起诉决定的，被害人可以向人民法院起诉。被害人也可以不经申诉，直接向人民法院起诉。人民法院受理案件后，人民检察院应当将有关案件材料移送人民法院。

从免予起诉到酌定不起诉的跨越，是我国刑事诉讼起诉便宜主义发展的重要转折。如前所述，免予起诉从法律效力上等同法院的有罪免刑判决，也就是说被免予起诉人仍然是有罪的，只不过是未被处以刑罚。然而，酌定不起诉则完全不同，从法律效果上，它与法院的无罪判决的法律效果是完全一样的。因为根据《刑事诉讼法》第 12 条，只有人民法

---

① 参见最高人民检察院 1996 年 12 月 31 日发布的《关于审查逮捕和公诉工作贯彻刑诉法若干问题的意见》。

② 陈光中:《论我国酌定不起诉制度》,载《中国刑事法杂志》2001 年第 1 期。

院有定罪权，未经人民法院审判都不得确定为有罪的。[①] 因此，酌定不起诉才是真正意义上的起诉便宜主义。

但是，刑事诉讼法关于酌定不起诉的规定过于原则，其中适用酌定不起诉的范围、运作程序以及制约机制难以适用起诉便宜主义发展的需要。最高人民检察院发布了系列司法解释予以规定和明确。首先，在酌定不起诉的适用范围方面，2001 年 3 月 5 日最高人民检察院发布的《人民检察院办理不起诉案件质量标准（试行）》对不宜适用酌定不起诉的标准作了进一步明确的规定。根据该标准，下列情形一般不适用酌定不起诉决定：实施危害国家安全犯罪的；一人犯数罪的；犯罪嫌疑人有逃脱行为或者系刑满释放后五年内犯罪的；犯罪嫌疑人系共同犯罪中的主犯，而从犯已被提起公诉或者已被判处刑罚的；共同犯罪中的同案犯，一并起诉、审理更为适宜的；犯罪后订立攻守同盟，毁灭证据，逃避或者对抗侦查的；因犯罪行为给国家或者集体造成重大经济损失或者有严重政治影响的；需要人民检察院提起附带民事诉讼的。2007 年 6 月 19 日修订后的《人民检察院办理不起诉案件质量标准（试行）》还明确规定了依法作出酌定不起诉决定的情形：①未成年犯罪嫌疑人、老年犯罪嫌疑人，主观恶性较小、社会危害不大的；②因亲友、邻里及同学同事之间纠纷引发的轻微犯罪中的犯罪嫌疑人，认罪悔过、赔礼道歉、积极赔偿损失并得到被害人谅解或者双方达成和解并切实履行，社会危害不大的；③初次实施轻微犯罪的犯罪嫌疑人，主观恶性较小的；④因生活无着偶然实施盗窃等轻微犯罪的犯罪嫌疑人，人身危险性不大的；⑤群体性事件引起的刑事犯罪中的犯罪嫌疑人，属于一般参与者的。此外，该规定还增加了一项对于自侦案件作出酌定不起诉的程序要求，即对于自侦案件，拟作不起诉处理的，应由人民监督员提出监督意见。其次，在酌定不起诉的程序上，2001 年 3 月 5 日最高人民检察院发布的《人民检察院办理不起诉案件公开审查规则（试行）》规定了“不起诉案件公开审查”制

---

① 当然，被酌定不起诉人是无罪的人，这是从刑事诉讼法层面意义上讲。然而，在司法实践中，直至今日，酌定不起诉虽然不被认为等同于法院的有罪判决，但显然也不认为是无罪判决。如有的检察机关称：“根据《刑事诉讼法》，一旦作出相对不起诉处理的决定，并不意味着犯罪嫌疑人的犯罪行为没有构成犯罪，只是犯罪嫌疑人免除了刑事处罚。不起诉书出来以后，检察机关会按照法律规定，把文书送到犯罪嫌疑人的户籍所在地、当地派出所会、工作单位，而这些机构和单位，都会把文书进行存档。”参见《刑事和解首开听证会》，载《东莞时报》2009 年 4 月 14 日。

度，即对于存在较大争议并且在当地有较大社会影响的，经人民检察院审查后准备作不起诉的案件，人民检察院根据侦查机关（部门）的要求或者犯罪嫌疑人及其法定代理人、辩护人，被害人及其法定代理人、辩护人，被害人及其法定代理人、诉讼代理人的申请，经检察长决定，进行公开审查的制度。人民检察院在公开审查不起诉案件时，必须听取侦查机关（部门），犯罪嫌疑人及其法定代理人、辩护人，被害人及法定代理人、诉讼代理人的意见，但是不得直接进行辩护。公开审查结束后，应制作《不起诉案件公开审查的情况报告》，并连同公开审查笔录，呈报检察长或者检察委员会，但只是作为案件是否作出不起诉决定的参考。此外，2005 年 9 月 23 日最高人民检察院发布了《关于省级以下人民检察院对直接受理侦查案件作撤销案件、不起诉决定报上一级人民检察院批准的规定（试行）》。该规定要求省级以下（含省级）人民检察院办理直接受理侦查的案件，拟作不起诉决定的，应当报请上一级人民检察院批准。

2. 简易程序

简易程序是 1996 年《刑事诉讼法》新增设的程序，是指第一审人民法院对于案件事实清楚、证据充分的轻微案件，不经普通诉讼程序，径以简化程序进行审判的程序。增设简易程序是我国司法实践的客观需要，也是世界上多数国家刑事诉讼制度改革发展的大趋势。

根据 1996 年《刑事诉讼法》第 174 条的规定，适用简易程序的案件包括三类：一是对依法可能判处三年以下有期徒刑、拘役、管制、单处罚金的公诉案件，事实清楚、证据充分，人民检察院建议或者同意适用简易程序的；二是告诉才处理的案件；三是被害人起诉的有证据证明的轻微刑事案件。

简易程序中的“简易”主要体现在以下三个方面：一是在公诉案件中，人民检察院可以不派员出席法庭；二是在自诉案件中，宣读起诉书后，经审判人员许可，被告人及其辩护人可以同自诉人及其诉讼代理人互相辩论；三是不受《刑事诉讼法》第三编“审判”第二章第一节关于讯问被告人、询问证人、鉴定人、出示证据、法庭辩论程序规定的限制。但是被告人的以下两项诉讼权利不得简化和剥夺：一是对起诉书指控的犯罪进行陈述和辩护的权利；二是在法庭审理中最后陈述意见的权利。

1998年最高人民法院《关于执行〈中华人民共和国刑事诉讼法〉若干问题的解释》对简易程序的适用范围作了进一步的明确。首先，对《刑事诉讼法》第174条规定的适用简易程序的第一类案件增加限制性条件，即必须人民检察院和人民法院都同意适用简易程序才能适用。同时增加一种可以适用简易程序的情形，即被告人可能判处免予刑事处分的。其次，明确五种不得适用简易程序的情形，即公诉案件的被告人对于起诉指控的犯罪事实予以否认的；比较复杂的共同犯罪案件；被告人是盲、聋、哑人的；辩护人作无罪辩护的；其他不宜适用简易程序的。再次，明确简易程序的具体程序，即被告人委托辩护人的，辩护人可以不出庭，但应当在开庭审判前将书面辩护意见送交人民法院。被告人、自诉人要求证人出庭的，可以准许。在适用简易程序审理的案件中，如果发现以下不宜适用简易程序情形的，应当决定中止审理，并按照公诉案件或者自诉案件的第一审普通程序重新审理：（一）公诉案件被告人的行为不构成犯罪的；（二）公诉案件被告人应当判处三年以上有期徒刑的；（三）公诉案件被告人当庭翻供，对于起诉指控的犯罪事实予以否认的；（四）事实不清或者证据不充分的；（五）其他依法不应当或者不宜适用简易程序的。此外，为依法适用简易程序，提高审理刑事案件的质量和效率，2003年3月14日最高人民法院、最高人民检察院、司法部联合发布了《关于适用简易程序审理公诉案件的若干意见》。该意见详细规定了可以适用简易程序、不得适用简易程序、适用简易程序审理的基本程序以及简易程序转普通程序审理的情形。该意见还规定，“被告人自愿认罪，并对起诉书所指控的犯罪事实无异议的，法庭可以直接作出有罪判决”；“人民法院对自愿认罪的被告人，酌情予以从轻处罚”。

二、司法解释层面的制度创新

1. 普通程序简化审

进入21世纪以来，我国许多地方法院刑事审判人员少，案件多、压力大，有的法院审判员年平均按照普通程序审理案件的总数达到300件以上，有限的刑事诉讼资源与不断增加的审判任务之间的矛盾十分突出，客观上要求对现有的刑事审判方式进行改革。为此，2003年3月14日最高人民法院、最高人民检察院、司法部联合出台了《关于适用普通程序审理“被告人认罪案件”的若干意见（试行）》。理论界和实践中将此称为“普通程序简化审”，即指适用普通程序审理“被告人认罪”的案件时予以简化审理的一种程序。

根据该意见，被告人对被指控的基本犯罪事实无异议，并自愿认罪的第一审公诉案件，一般适用该意见审理。但是被告人系盲、聋、哑人的，可能判处死刑的，外国人犯罪的，有重大社会影响的，被告人认罪但经审查认为可能不构成犯罪的，共同犯罪案件中有的被告人不认罪或者不同意适用的除外。与适用简易程序一样，适用普通程序简化审必须同时获得人民检察院和人民法院的同意，否则不得适用。对于决定适用本意见审理的案件，人民法院在开庭前可以阅卷。

根据该意见，对于被告人自愿认罪并同意适用本意见进行审理的，可以对具体审理方式作如下简化：（一）被告人可以不再就起诉书指控的犯罪事实进行供述；（二）公诉人、辩护人、审判人员对被告人的讯问、发问可以简化或者省略；（三）控辩双方对无异议的证据，可以仅就证据的名称及所证明的事项作出说明。合议庭经确认公诉人、被告人、辩护人无异议的，可以当庭予以认证。对于合议庭认为有必要调查核实的证据，控辩双方有异议的证据，或者控方、辩方要求出示、宣读的证据，应当出示、宣读，并进行质证；（四）控辩双方主要围绕确定罪名、量刑及其他有争议的问题进行辩论。

2. 人民检察院快速办理轻微刑事案件的工作机制

2006年12月28日最高人民检察院通过了《关于依法快速办理轻微刑事案件的意见》。所谓快速办理轻微刑事案件，是对于案情简单、事实清楚、证据确实充分、犯罪嫌疑人、被告人认罪的轻微刑事案件，在遵循法定程序和期限、确保办案质量的前提下，简化工作流程、缩短办案期限的工作机制。适用快速办理机制的轻微刑事案件，应当同时符合以下条件：案情简单，事实清楚，证据确实、充分；可能判处三年以下有期徒刑、拘役、管制或者单处罚金；犯罪嫌疑人、被告人承认实施了被指控的犯罪；适用法律无争议。对于符合上述条件的以下案件，人民检察院必须依法快速办理：未成年人或者在校学生涉嫌犯罪的案件；七十岁以上的老年人涉嫌犯罪的案件；盲聋哑人、严重疾病患者或者怀孕、哺乳自己未满一周岁婴儿的妇女涉嫌犯罪的案件；主观恶性较小的初犯、过失犯；因亲友、邻里等之间的纠纷引发的刑事案件；当事人双方已经就民事赔偿、化解矛盾等达成和解的刑事案件；具有中止、未遂、自首、立功等法定从轻、减轻或者免除处罚情节的案件。对于以上案件，人民检察院审查批捕时，如果犯罪嫌疑人已被拘留的，应当在三日内作出是否批准逮捕的决定；未被拘留的，应当在五日内作出是否批准逮捕的决定。审查起诉时，应当在二十日内作出是否提起公诉的决定；办案任务重、案多人少矛盾突出的，应当在三十日内作出决定，不得延长办理期限。对于适用快速办理机制的轻微刑事案件，应当简化制作审查逮捕意见书和审查起诉终结报告。对于符合适用简易程序的轻微刑事案件，应当建议人民法院适用简易程序审理。对于适用普通程序审理的被告人认罪的轻微刑事案件，应当建议人民法院简化审理。要根据案情的繁简程度，对刑事案件实行繁简分流，分工办理，指定人员专门办理轻微刑事案件，具备条件的可以在侦查监督部门和公诉部门成立相应的办案组。

三、司法实践中程序分流制度的积极探索

1. 认罪轻案办理程序

2008 年 8 月，中国检察官协会《辩诉交易制度研究》课题拟定了《认罪轻案办理程序实施细则》。从 2008 年 8 月 1 日起，认罪轻案程序在北京市东城区、石景山区检察院，河北省承德县检察院，重庆市合川区检察院，江西省婺源县检察院，江苏省苏州市吴中区检察院，无锡市惠山区检察院，浙江省绍兴市上虞市检察院等 8 家有代表性的检察院开始试点。[①]

根据该细则，适用认罪轻案办理程序的刑事案件，要同时符合三个条件：事实清楚，主要证据确实充分；犯罪嫌疑人、被告人自愿认罪；依法可能判处三年以下有期徒刑、拘役、管制或者单处罚金。

与最高人民法院、最高人民检察院、司法部制定的《关于适用简易程序审理公诉案件的若干意见》和《关于适用普通程序审理“被告人认

① 吴晓锋、马培训、马国琴：《认罪轻案程序在全国 8 个基层检察院开始试点》，载《法制日报》2008 年 8 月 24 日。

罪案件”的若干意见（试行）》以及最高人民检察院制定的《关于依法快速办理轻微刑事案件的意见》相比，本《细则》的主要创新点包括：①诉讼程序全程性简化。《实施细则》不仅简化了审判程序，而且简化了审查起诉程序尤其是侦查程序，而《意见》的程序简化主要集中在审判程序，部分涉及审查起诉程序，但不涉及侦查程序。②律师必须参与。《细则》规定从审查起诉阶段起，适用认罪轻案办理程序的，必须要有律师参与，而以往规定没有这方面的硬性要求。③办案更快速。根据《细则》的规定，如果刑事诉讼活动全程适用认罪轻案办理程序，最长期限为35天（侦查阶段15天、审查起诉阶段10天、审判阶段10天），这比以往规定的办理案件的期限更短，速度更快。④制作认罪答辩笔录。为了确保犯罪嫌疑人、被告人认罪答辩的自愿性和固定认罪的有关内容，防止其反悔，同时保证程序简化具有坚实的认罪基础，《细则》在吸收美国认罪协议合理成分的基础上，创设了认罪答辩笔录，这是以往规定所没有的。⑤证据开示。为了保证犯罪嫌疑人、被告人认罪的自愿性和真实性，《细则》规定，在制作《认罪答辩笔录》前，检察机关应当向其展示有关证据，并记录在案，以往没有这方面的规定。⑥认罪答辩确认。为了进一步简化审判程序，《细则》设立了认罪答辩确认程序，即法院通过询问被告人及其律师，确认被告人认罪是其真实意思表示，原则上按照认罪答辩笔录（被告人、律师与检察官都有签字）上的内容进行判决。这样就可以大大简化审判程序，节约司法资源。⑦收集、核实证据更简化。《细则》规定，尽量减少讯问（或询问）笔录的制作次数，核实证据时，可以通过电话的方式进行核实，如有关证人外出打工的，可以通过电话核实其证人证言，这样既简便，也比较可行。⑧证据标准降低。为了简化认罪轻案的侦查程序，《细则》第7条规定，侦查机关应当迅速收集、固定主要证据。对于其他次要证据的收集和固定，没有硬性要求，这样就降低了证据标准，从而可以缩短侦查时间。[①]

2. 附条件不起诉

附条件不起诉，又称暂缓起诉、暂缓不起诉，是一些地方检察机关近年来在司法实践中积极探索的一种不起诉方式，是指对于可能判处三

---

① 《“我们借鉴了辩诉交易的合理成分”——访中国检察官协会秘书长张智辉》，载《法制日报》2008年8月24日。

年以下有期徒刑、管制、拘役的案件，人民检察院根据犯罪嫌疑人的年龄、性格、境况、犯罪性质和情节、犯罪原因以及犯罪后的悔过表现、赔偿情况等进行权衡，在认为不起诉符合公共利益时，可附具一定条件作出不起诉决定。[①]

根据笔者掌握的资料，我国最早出现的类似于“附条件不起诉”制度的是上海市长宁区人民检察院于1992年探索的“未成年人缓予起诉制度”。[②] 所谓的“缓予起诉”是“人民检察院审查公安机关侦查终结移送起诉及检察机关自行侦查终结的案件，对罪该起诉，但由于具有某些可宽有的情节，以暂不起诉为宜的被告人规定一定考验期，视其表现，再决定是否提起公诉的一种刑事诉讼制度”。[③] 缓予起诉的适用对象是已构成犯罪应负刑事责任者，可能被判处管制、拘役或三年以有期徒刑，社会危害不大，属于初犯、偶犯或者过失犯罪或者盲人、聋哑人和身患严重疾病者的未成年被告人。适用的条件包括两个方面：一是真诚悔罪，有悔改表现；二是有良好的家庭和社会帮教条件，即必须有近亲属或具有管教能力的监护人在身边共同生活以及被告人的学校、单位、里弄等有关人员愿意帮教并设立帮教小组，签订帮教协议。检察机关审查起诉部门在审查案件时，如果被告人符合缓予起诉的条件，可向少年起诉部门领导提出对其适用缓诉的书面意见，科领导同意并经起诉部门集体讨论通过后，呈院检察长同意或检察委员会讨论决定后方能执行。宣布缓予起诉决定时，首先由检察人员宣读，然后由被告人具结悔过，再由检察人员发表缓诉词，然后各帮教人员对其进行教育并签订帮教协议书。缓予起诉考验期应从向被告人宣布之日起计算，时间应视案件不同情况，规定为三个月以上二年以下。对于缓予起诉的决定，如果被告人或被害人不服，都可以自收到缓予起诉决定书之日起向决定机关申诉。公安机关如认为缓予起诉有错误，可以提请复议，如果意见不被接受，可以提

---

① 陈光中、张建伟:《附条件不起诉:检察裁量权的新发展》,载《人民检察》2006年第4期。

② 1992年初,长宁区一名16岁的待业青年和几个朋友偷窃了价值1000多元的物品。公安机关侦查完毕后将案件移送到长宁区检察院审查起诉。未成年人起诉科的办案人员考虑到这个男孩年龄小,犯罪情节也较一般,决定对他延期起诉,考察3个月。考察期内这个男孩表现良好,当年5月,长宁区检察院决定对他从宽处理,按当时规定,实行“暂予起诉”。

③ 上海市长宁区人民检察院未成年人刑事检察科:《缓诉在未成年人案件中的地位及运用》,载《青少年犯罪问题》1995年第1期。

请上一级人民检察院复核。[①] 但是，需要明确的是，这里的“缓予起诉”并不完全等同于现在提出的“附条件不起诉制度”。因为被缓予起诉的适用对象是已经构成犯罪，需要承担刑事责任的被告人，而适用附条件不起诉的被告人仍然是无罪的。其实，当时的“缓予起诉”是1979年《刑事诉讼法》规定的“免予起诉制度”的变种。

1996年修改刑事诉讼法时，免予起诉制度被取消，取而代之的是酌定不起诉制度。同时，由于新刑事诉讼法规定了人民法院统一定罪原则，检察院不起诉只具有程序意义上终止诉讼程序的效力，而不具有定罪的效力。为此，一些地方检察机关开始采用暂缓起诉制度、暂缓不起诉制度以及社会服务令制度等。自2000年6月湖北省武汉市江岸区人民检察院首次适用暂缓起诉制度以来，[②] 石家庄、南京、北京、宁波、抚顺、长春等地的一些基层检察机关随后也纷纷适用。其中河北省石家庄市长安区推出的社会服务令制度、江苏省南京市浦口区人民检察院推出的暂缓不起诉制度、北京市海淀区人民检察院推出的暂缓起诉制度或者附条件不起诉制度以及浙江省宁波市北仑人民检察院推行的附条件不起诉制度影响较大，效果较好。

2001年5月，河北省石家庄市长安区人民检察院出台《关于实施“社会服务令”暂行规定》，明确规定了社会服务令制度。同年5月26日，该检察院审查起诉部门向犯有盗窃的未成年犯罪嫌疑人黎明（化名）下达了一个特殊的法律文书——《社会服务令》，指令黎明到光达居委会（代名）进行无薪社会服务，服务期限自2001年5月26日至2001年7月26日。《社会服务令》下达后，黎明自愿到远离居住地的长安区光达居委会，以“社会志愿者”的身份进行无薪社会服务。光达居委会受长安区检察院的委托，组成了帮教感化小组，制订了对黎明进行帮教的具体计划。在《社会服务令》执行期间，黎明除参加了一些公益性劳动外，还被安排了读法律书，听残废军人讲人生、讲传统，参观烈士陵园等有益活动，以净化其心灵，促使其悔过自新。2001年7月26日，社会服务令期满，长安区人民检察院鉴于黎明在社会服务令期间表现良好，对其

---

① 参见上海市长宁区人民检察院未成年人刑事检察科：《缓诉在未成年人案件中的地位及运用》，载《青少年犯罪问题》1995年第1期。

② 张明泉：《武汉江岸区检察院首试“暂缓起诉”以挽救失足少年》，载《长江日报》2000年6月20日。

作出了不起诉的决定。[①] 社会服务令是长安区检察院对犯罪情节轻微、不宜交付审判的未成年犯罪嫌疑人创设的一项重要制度。它与西方国家普遍存在的社会服务令不同，西方国家的社会服务令制度都是法院在定罪后所采取的一种非监禁刑，而长安区的这项制度却是检察院决定实施的，被要求执行社会服务令的犯罪嫌疑人并没有定罪。因此，这项制度实质是暂缓起诉制度的一种具体方式，只不过是将考察期的内容换成了社会服务。

2002 年，南京市的一些区检察院开始尝试“暂缓不起诉”制度。2002 年 10 月，南京市人民检察院通过了《检察机关暂缓不起诉试行办法》。根据该办法，暂缓不起诉是指“对特定刑事案件经公诉部门审查，认为犯罪嫌疑人（单位）的行为触犯刑法，符合提起公诉的条件，但为了促其改过自新、服务社会，在设定的期间内暂不提起公诉，期间届满后根据犯罪嫌疑人（单位）的悔改表现等情况作出最终处理决定的一项审查起诉工作制度。”“暂缓不起诉”的条件包括：无前科劣迹；犯罪情节较轻，不致再危害社会；能如实供述自己的罪行，积极退赔或者协助挽回损失；能够提出保证人或者足额交纳保证金。“暂缓不起诉”的期限是自决定之日起至作出最终处理决定之日止，最长不得超过 12 个月，最短不得少于 3 个月。[②] 其中，南京市浦口区检察院被确定为“暂缓不起诉”的试点单位。为此，浦口区检察院于 2003 年 3 月 28 日成立了“大学生犯罪预防中心”，并制定了《大学生犯罪预防、处置实施意见》，其中规定：“对于已构成犯罪的在校大学生，针对不同情况，有选择性地对有帮教条件和具有可塑性的初犯、偶犯，综合考察其犯罪情节、作案手段以及犯罪动机，检察机关可相应地作出暂缓不起诉的决定。”但是，该制度推行以后，受到社会各方面和学术界的批评。如有论者认为，这一做法突破了法律规定，是对审判权的阻击，对办案期限的对抗，损害了被害人的权利，对犯罪嫌疑人处罚的加重等等。[③]

---

① 《我国第一批“社会服务令”在河北部分检察院试行》，载《北京晚报》2001 年 8 月 22 日；黄道诚、裴维奇：《对长安区检察院“社会服务令”的理论评价》，载《河北法学》2002 年第 2 期。《首例“社会服务令”：一石激起千层浪》，载《东方新报》2001 年 9 月 24 日。

② 刘建平：《“暂缓不起诉”捅了法律的娄子？》，载《南方周末》2003 年 4 月 11 日。

③ 赵维清、陈一新：《“暂缓不起诉”不可行》，载《检察日报》2002 年 12 月 12 日。

2004年，北京市海淀区人民检察院制定了《实施附条件不起诉制度细则》开始探索暂缓起诉制度。[①] 根据该细则，适用暂缓起诉的条件包括：(1) 案件事实清楚，证据确实充分；(2) 犯罪情节较轻，可能判处三年以下有期徒刑；(3) 犯罪后有悔改表现，不致再继续危害社会 (4) 系初犯、偶犯或者是共同犯罪中的从犯、胁从犯；(5) 具备较好的帮教条件。在考察机构和方式上，经历了“四方帮教委员会模式”到“检察机关牵头负责模式”的转变。2004—2008年期间，由北京市海淀区人民检察院、北京市公安局海淀分局、共青团北京市海淀区委员会、北京市海淀区妇女联合会共同设立未成年犯罪嫌疑人帮教委员会，负责落实具体的帮教工作。2008年以后，由海淀检察院公诉一处的未成年人犯罪案件办案组对拟暂缓不起诉的未成年人负责帮教。帮教的措施主要包括召开帮教座谈会、定期提交思想汇报、接受专家心理辅导、家长课堂以及参加公益活动等。暂缓起诉的考察期为1个月至6个月。从实施效果上看，暂缓起诉能更好地教育挽救未成年犯，使其更易回归社会；能更好地化解矛盾纠纷，重建和谐社会关系；能真正实施区别对待，充分体现宽严相济刑事政策。但同时也存在以下问题：暂缓起诉与酌定不起诉难以区分适用；适用对象是否包括成年人；所附条件难以确定；没有专门的考察机构；等等。[②]

2010年，浙江宁波市北仑区检察院推行附条件不起诉制度再度引起了全社会对该制度的关注。据2010年7月4日《民主与法制时报》报道，2010年3月24日7时许，犯罪嫌疑人王左驾驶卡车发生交通事故致一人死亡。交警部门认定其对事故负全部责任，并以涉嫌交通肇事罪将该案移送宁波市北仑区检察院。其间，王左积极筹款赔付60余万元，得到了死者亲属谅解。北仑区检察院随后安排王左做义工以考查其悔罪表现，若通过考查期，将作出相对不起诉决定。这被媒体解读为“行善代刑”。[③] 对于这一制度创新，支持者认为，对轻微犯罪实行“行善代刑”

---

① 现在已经将“暂缓起诉”改名为“附条件不起诉”。

② 北京市人民检察院公诉课题组：《附条件不起诉制度实证研究》，载《国家检察官学院学报》2009年第6期；张涛：《对未成年人犯罪暂缓起诉》，载《人民日报》2004年5月23日；倪晓：《海淀检院对犯罪未成年人实施暂缓起诉》，载《法制日报》2004年5月22日。

③ 参见《农民工驾车肇事被检察院安排做义工引争议》，载《民主与法制时报》2010年7月4日。

的管教措施，符合宽严相济的刑事司法政策；质疑者则认为，检察机关以当义工来为犯罪嫌疑人脱罪，不仅没有法律依据，也不符合刑事诉讼原则，认为检察机关没有权力对刑罚的方式进行创新。北仑区检察院检察长李钟回应说，附条件不起诉实则类似国内的社区矫正，只不过是把关口前移，是符合刑法和宽严相济的刑事司法政策的。北仑区检察院的流程是，由办案检察官拿出附条件不起诉方案，公诉科全体成员集体讨论决定，再经分管副检察长同意，经过两次检委会集体讨论决定。在检委会最终决定不起诉之前，公诉科要递交对犯罪嫌疑人在考察期内的评估报告。这个报告必须根据犯罪嫌疑人是否履行相关义务，悔罪表现是否明显，提出拟撤销附条件不起诉决定或拟作不起诉的意见。从实践效果来看，既达到了惩治、教育的目的，又使被害方的利益得到了保护，减少了社会矛盾冲突和对抗，营造了和谐社会、和谐司法的效果。[①]

3. 辩诉交易

辩诉交易也是检察机关探索的体现起诉自由裁量权和程序分流思想的重要成果。据 2002 年 4 月 19 日《法制日报》报道，2000 年 12 月 18 日，被告人孟广虎等五六人因车辆争道引发争吵互殴，并将被害人王玉杰打成小腿骨折、脾脏破裂。案发 15 个月后公安机关没能抓到孟广虎同案的其他人。公诉机关牡丹江铁路检察院欲以故意伤害罪起诉孟广虎。辩护人认为：尽管是孟广虎找来的人对被害人殴打并造成了被害人重伤的后果，但由于本案其他犯罪嫌疑人在逃，无法确定被害人的重伤后果是何人所为。因此本案事实不清，证据不足。公诉机关则认为：追逃需要大量时间及人力物力，而且由于本案是多人混战造成的后果，证据收集也将困难重重。但此案系共同犯罪案件，主要原因是孟广虎找人行凶导致被害人重伤的后果，对此后果犯罪嫌疑人孟广虎理应承担全部责任。可见，控辩双方意见存在严重分歧。为此，公诉方建议辩方同意采用案件管辖法院准备试用的诉辩交易方式审理本案。辩护人征得孟广虎的同意，向公诉机关提出了诉辩交易申请。经双方协商：辩方同意认罪，并自愿承担民事责任；控方同意建议法院对被告人适用缓刑从轻处罚。协议达成后，公诉机关向法院提交了诉辩交易申请，请求法院对双方达成

---

① 《农民工驾车肇事被检察院安排做义工引争议》，载《民主与法制时报》2010 年 7 月 4 日。

的诉辩交易予以确认。牡丹江铁路运输法院收到该申请，对诉辩交易程序进行严格审查后，决定受理。开庭前，合议庭组织被告人和被害人双方就附带民事赔偿进行庭前调解，达成赔偿人民币4万元的协议。2002年4月11日，牡丹江铁路运输法院开庭审理此案。首先，由公诉人向法庭陈述与辩方就此案的刑罚进行诉辩交易的过程及诉辩交易的主要内容。法官当庭询问被告人是否委托其辩护人就其刑罚问题与控方进行交易，对诉辩交易内容是否清楚，是否明了法庭一旦确认该诉辩交易其将面临的刑罚后果等问题。法庭还对被害人提出了对本案刑事处罚和民事赔偿有何意见等问题。法庭休庭合议后，当庭宣判：孟广虎犯故意伤害罪判处有期徒刑三年缓刑三年。该案开庭时间仅用了25分钟。[①] 该案经《法制日报》报道后，引起了诉讼法学界和司法实际工作者的广泛关注和争议。[②] 为此，2002年8月13—17日中国法学会诉讼法学研究会刑事诉讼专业委员会在贵州召开会议，集中研讨辩诉交易制度能否洋为中用。与会学者对于我国现阶段能否采用辩诉交易形成了肯定说、否定说和缓行说三种观点。最终，由于辩诉交易与我国的诉讼文化、诉讼模式以及诉讼制度存在较大的差异，辩护交易并未得到广泛的认同和推行。

总之，自1997年以来，不仅在立法和司法解释上建立了刑事诉讼程序分流的相关制度，而且在司法实践中，在中央提出建设社会主义和谐社会和宽严相济的刑事政策的推动下，各种探索程序分流、简化办案方式的活动如火如荼地开展起来。特别是在国外恢复性司法理论和实践的影响下，有关建立刑事和解制度的探索大有“星星之火，可以燎原”之势。这些问题需要深入的地研究和探索，也需要立法上给予积极的回应。这些问题在2012年3月立法机关对刑事诉讼法的第二次大修改中成为一个重点解决的问题。

---

① 郭毅：《黑龙江牡丹江铁路运输法院试用新审理方式——国内诉辩交易第一案审结》，载《法制日报》2002年4月19日。

② 胡勇：《审慎评价诉辩交易》，载《法制日报》2002年4月24日；郑利明：《诉辩交易的生命力》，载《法制日报》2002年4月27日；黄龙：《司法改革的合法性不容回避》，载《法制日报》2002年4月27日；宋英辉：《理性看待辩诉交易》，载《法制日报》2002年7月28日。

第四节　我国刑事诉讼程序分流的全面发展（2012—2016年）

1996年我国刑事诉讼法的第一次大修改，应该说在刑事诉讼程序分流上已有重要发展，比如在审查起诉和起诉程序中确立了酌定不起诉制度，在审判程序中确立了简易程序。但是，这些新制度在运行中一方面开始发挥积极的作用，另一方面也表现出不能适应社会发展和刑事诉讼情势变化的一些新情况。于是如前所述，司法实践中出现了种种探索创新之举，比如前面所述的“普通程序简化审”，轻微刑事案件快速办理机制，认罪轻案办理程序，附条件不起诉等。甚至有的地方还探索建立中国式的“辩诉交易制度”。特别是2006年10月中共中央做出《关于构建社会主义和谐社会若干重大问题的决定》后，最高人民法院、最高人民检察院先后制定发布文件落实中央决定。在刑事司法领域强调贯彻宽严相济刑事政策，刑事和解制度在各地应运而生。这些现象具有非常积极的一面，同时也暴露出一些问题，其中比较突出的是，一些改革探索已经超出现行法律的规定，急需立法规范和完善。在此情形下，2012年3月我国刑事诉讼法进行了第二次大修改，其中相当一部分内容涉及刑事诉讼程序分流的立法完善，从而使我国刑事诉讼程序分流迈出更大的步伐。不仅如此，同年11月，党的十八大胜利召开，提出全面深化改革，全面依法治国。在此背景下，2014年10月党的十八届四中全会做出《关于全面推进依法治国若干重大问题的决定》，仅在刑事诉讼领域就推出了一系列重要改革，使我国刑事诉讼程序的分流进入全面发展的新阶段。

一、2012年刑事诉讼法修改中确立的程序分流重要举措

2012年刑事诉讼法的修改涉及面很广，其中在程序分流方面也推出了多项重大举措。

1. 在特别程序中专门设立了“当事人和解的公诉案件诉讼程序”，把之前各地如火如荼开展的刑事和解从立法上进行了确立，一方面为刑事公诉案件的和解提供了法律依据，另一方面也对各地不同的探索做出了回应，统一了刑事和解的条件、范围及程序，维护了法律的严肃性和统一性。

2. 在原有三种不起诉制度的基础上，从立法上确立了附条件不起诉制度，但只限于未成年人案件，并规定了比较严格的适用条件和程序。

3. 在原有简易程序的基础上，根据司法实践的客观需求，把简易程序适用的案件范围从过去限于只能判处三年有期徒刑以下刑罚的案件，扩大到基层人民法院管辖的、符合《刑事诉讼法》第 208 条规定条件的所有案件，除非属于《刑事诉讼法》第 209 条规定的不可适用的案件。按照新的规定，简易程序较普通程序明显简化，可以大大提高诉讼效率。但是，为了防止滥用简易程序，侵犯当事人的合法权益，强调只有被告人对指控的犯罪事实没有异议，对适用简易程序没有异议的案件才可以适用简易程序。不仅如此，还明确规定人民法院在审理过程中发现不宜适用简易程序的，应当转为普通程序审理案件。

4. 在出台一系列“简化”措施分流案件的同时，“强化”对复杂、疑难、重大案件适用普通程序审理的相关要求，以保障被告人及其辩护人的诉讼权利，包括对证人、鉴定人、侦查人员出庭的相关规定，对非法证据排除的相关规定等等。

5. 在强制措施体系内，针对我国逮捕措施适用率较高的现象，对原有的监视居住的强制措施，重新定位，确定为逮捕措施的代替措施，力图通过此举分流一部分以往被逮捕的犯罪嫌疑人，降低刑事诉讼的羁押率。

二、党的十八大以来通过试验性立法推出的重大程序分流改革措施

党的十八大以来，全面推进依法治国，建设社会主义法治国家成为我国法治建设的主基调和主旋律。在此背景下，一系列重大改革措施先后出台。但是，与此以往不同，在习近平总书记“凡属重大改革都要于

法有据”的重要指示下，重要的改革都通过由国家立法机关制定试验性立法向前推进，其中涉及刑事诉讼制度改革，旨在解决刑事诉讼程序分流的主要法律文件如下：

其一，全国人大常委会《关于授权最高人民法院、最高人民检察院在部分地区开展刑事速裁程序试点工作的决定》。

为了进一步完善刑事诉讼程序，合理配置司法资源，提高审理刑事案件的质量与效率，维护当事人的合法权益，2014 年 6 月 27 日第十二届全国人民代表大会常务委员会第九次会议决定：授权最高人民法院、最高人民检察院在北京、天津、上海、重庆、沈阳、广东、南京等十八个地区开展刑事案件速裁程序试点工作。对事实清楚，证据充分，被告人自愿认罪，当事人对适用法律没有争议的危险驾驶、交通肇事、盗窃、诈骗、抢夺、伤害、寻衅滋事等情节较轻，依法可能判处一年以下有期徒刑、拘役、管制的案件，或者依法单处罚金的案件，进一步简化刑事诉讼法规定的相关诉讼程序。还强调试点刑事案件速裁程序，应当遵循刑事诉讼法的基本原则，充分保障当事人的诉讼权利，确保司法公正。同时明确试点期限为二年。试点期满后，对实践证明可行的，应当修改完善有关法律，对实践证明不宜调整的，恢复施行有关法律规定。

2014 年 10 月，根据决定中关于试点办法由最高人民法院、最高人民检察院制定，报全国人民代表大会常务委员会备案的要求，最高人民法院、最高人民检察院、公安部、司法部共同制定《关于在部分地区开展刑事案件速裁程序试点工作的办法》，对开展刑事速裁程序试点工作的具体问题做出了明确规定，此后这项工作在试点地区正式铺开。

其二，全国人大常委会《关于授权最高人民法院、最高人民检察院、在部分地区开展刑事案件认罪认罚从宽制度试点工作的决定》。

为了进一步落实宽严相济刑事政策，完善刑事诉讼程序，合理配置司法资源，提高办理刑事案件的质量和效率，确保无罪的人不受刑事追究，有罪的人受到公正惩罚，维护当事人的合法权益，促进司法公正。2016 年 9 月 3 日第十二届全国人民代表大会常务委员会第二十二次会议决定，授权最高人民法院、最高人民检察院在北京、天津、上海、重庆、沈阳、大连等十八个地区开展刑事案件认罪认罚从宽制度试点工作。对犯罪嫌疑人、刑事被告人自愿如实供述自己的罪行，对指控的犯罪事实没有异议，同意人民检察院量刑建议并签署具结书的案件，可以依法从宽处理。《决定》还对自2014年以来开展的刑事案件速裁试点工作明确指出“按照新的试点办法继续试行”。也就是按照认罪认罚从宽制度的试点期限再试行二年。

根据决定的授权，2016年11月16日，最高人民法院、最高人民检察院会同公安部、国家安全部、司法部遵循《刑法》《刑事诉讼法》的基本原则，制定了《关于在部分地区开展刑事案件认罪认罚从宽制度试点办法》，对适用条件，从宽幅度，办理程序，证据标准，律师参与等作出具体规定。

目前这项试点工作还在全国十八个地区继续试行中。试点期满后，对实践证明可行的，应当修改完善有关法律，对实践证明不宜调整的，恢复施行有关法律规定。

第七章　我国刑事程序分流背景下应运而生的刑事和解

在我国刑事程序分流理论研究和社会实践如火如荼的大背景下，刑事和解迅速成为与这种大方向相契合的理论热点和实践亮点，相关学术文章如雨后春笋，实务部门也以极大的热情投身其中，积极推出相关试点和规范性文件。本章将从探讨刑事和解的概念出发，宏观概括刑事和解在中国兴起的复杂动因、实践状况以及对它未来走向的预测，并厘清刑事和解与程序分流之间的关系，概括性地梳理刑事和解案件应有的分流环节。最后，还将对2012年3月修改后的刑事诉讼法对于刑事和解问题的有关规定加以解读和评述。

第一节　刑事和解之兴起与走向

一、刑事和解的概念

在2012年《刑事诉讼法》正式确立刑事和解制度之前，何谓刑事和解，在理论上和法律上并无明确、统一的定义。一般认为，刑事和解是指某些进入诉讼程序的刑事案件，在被害人与加害人达成以赔偿、道歉及相互和解为内容的协议后，向国家专门机关提出书面协议，国家专门机关根据具体情形以不再对加害人采取强制措施、不再追究加害人的刑事责任，或者对加害人从轻处罚等方式处理案件的诉讼制度。它包括两个阶段、三种关系。两个阶段是指被害人和加害人以不同形式达成和解阶段和国家专门机关根据和解协议和案件的具体情形对案件作出相应处理的阶段；三种关系是指被害人与加害人之间的和解关系，国家专门机关与加害人之间的追究与被追究关系，以及被害人与国家专门机关之间被害人基于和解协议申请对加害人从轻处理与国家专门机关被申请的关系。

刑事和解的特征可以从三方面来理解：

首先，以常规诉讼程序和刑罚结果作为参照——区别于一般意义上的谈判。加害人和被害人的协商是以没有和解因素的常规诉讼程序和刑罚结果为参照物进行的，哪一方当事人都不可能对常规诉讼程序和刑罚结果视而不见，由于常规诉讼程序和刑罚结果的确定性，双方当事人对正式程序的结果非常清楚，他们也正是据此判断得失利弊，从而作出必要的妥协和让步。正如学者季卫东所指出的，“所谓交涉，不是单纯的利益交易，而是指‘在法律阴影之下的交涉’”。[①] 正是那些没有特殊性的常规制度的存在，才促使一些刑事案件中的加害人在经过理性的利害权衡之后，努力寻求与被害人达成和解协议。和解虽然发生在加害人与被害人之间，其过程却反映了国家刑事法规范与私人意志之间的相互影响和相互对话。同时，在和解过程中，刑事法所强调的观念和保护的权益也得到了体现，比如，对加害人非法侵犯他人人身权利和财产权利的谴责，对行为人必须对自己的行为承担责任的原则的肯定，等等。正是因为这一特点，刑事和解区别于一般意义上的结果不可预测的谈判。

其次，属于被害人与加害人的合理的“意思自治”——区别于国家与被告人达成合意的辩诉交易。刑事和解能否达成主要取决于被害人和加害人的自主意志。这种自主意志体现为明知行为后果的自愿。正因为这一特点刑事和解被一些学者称为“刑事契约”，但“刑事契约”是一个涵盖面较广的概念，包括了刑事和解、辩诉交易在内的一切发生在刑事法领域的具有“意思自治”性质的现象。与辩诉交易相比，刑事和解显然更具有契约的性质，真正体现了纠纷直接当事人的“意思自治”。当然，这种“意思自治”并非绝对，而是存在于不损害国家和社会利益的

① 季卫东：《法治秩序的建构》，中国政法大学出版社 1999 年版，第 385 页。

合理的范围内。

第三，在公权力机关的“视野”范围内，和解协议将被纳入正式程序处理——区别于民事契约和“私了”。刑事和解毕竟不是完全意义上的民事契约，只是与辩诉交易之类制度相比更像“契约”而已。在形成完全意义上的民事契约过程中，当事人享有最充分的自由处分权，只受合同规范的事后监督，不受事前审查。而出于保护不在场的广大“潜在被害人”的利益考虑，刑事和解的范围有严格的条件限制，必须纳入公权力机关的视野，和解协议需要接受监督和确认，最终处理结果必须纳入正式的诉讼程序，转化为法定处理结果。“私了”行为是刑事纠纷解决的彻底契约化，它在规避公权力机关监督的同时也失去了法律的保护，一旦不守信用、恃强凌弱等情形发生，就会产生新的纠纷，双方当事人的权利都会受到损害。正是由于脱离了公权力的视野，“私了”只具备了刑事和解的一部分特征，因此不是我们所研究的刑事和解。

二、刑事和解在中国兴起的复杂动因

（一）回应构建和谐社会的重大政治决定是刑事和解出现的政治动因

中国共产党十六届六中全会《关于构建社会主义和谐社会若干重大问题的决定》指出：“完善司法体制机制，加强社会和谐的司法保障。坚持司法为民、公正司法，推进司法体制和工作机制改革，建设公正、高效、权威的社会主义司法制度，发挥司法维护公平正义的职能作用。”最高人民法院随后相继发布《最高人民法院关于为构建社会主义和谐社会提供司法保障的若干意见》《最高人民法院关于建立健全诉讼与非诉讼相衔接的矛盾纠纷解决机制的若干意见》《最高人民法院关于进一步发挥诉讼调解在构建社会主义和谐社会中积极作用的若干意见》等规范性文件，把为构建社会主义和谐社会提供司法保障确定为人民法院的重大历史使命。与之相适应，法院系统随即提出了“司法和谐”“能动司法”的司法理念和司法政策，力争通过审判工作化解社会矛盾、促进社会和谐。最高人民检察院则出台了《关于深入推进社会矛盾化解、社会管理创新、公正廉洁执法的实施意见》等规范性文件。检察系统也相继提出了“平和司法”“刑事和解”“检调对接”等与解决纠纷构建和谐社会的理念。

“两高”一系列诸如“平和司法”“刑事和解”“司法和谐”“能动司法”等理念的提出与《关于构建社会主义和谐社会若干重大问题的决定》的作出存在着直接的联系。“刑事和解”只是与这种大环境相契合的理念和制度之一，它在中国的兴起在一定程度上是司法对政治意识形态迎合和回应的结果。

我国司法的政治性决定了我国司法机关理应积极回应构建和谐社会的重大决定。应当说，任何国家的司法与政治都关系紧密，而我国司法与政治的关系尤为密切，司法服务于政治、依附于政治的程度尤甚。自近现代以来，从中国司法的最早变革开始，法治和司法不但一直是受政治的引导和塑造，甚至其发生就是对社会变革的一种政治回应。[①] 最高人民法院第一任院长沈钧儒曾专门谈过司法与政治的关系问题：我们人民司法工作必须积极地为政治服务，必须与当前的政治中心任务与群众运动相结合。在各种中心任务与运动中，各地领导机关应把司法工作组织进去，注意运用这一武器，使中心工作做得更好。司法机关本身尤应积极主动配合中心任务与运动，充分发挥人民司法的作用。[②] 最高人民法院副院长沈德咏也指出：“强调司法的政治性一直是我国司法制度的一个重要特色。”[③] 检察机关由于一体化的领导体制和准司法属性，其政治性较法院更为明显，最高人民检察院检察长曹建明曾明确表示，检察工作必须始终坚持“三个至上”，实现政治性、人民性、法律性的统一。[④] 政治性被排在首位。

可见，我国的司法机关在很大程度上是中央政策的执行机构，在制定和执行政策的过程中需要考虑多方面的因素，特别是政治正确的考虑，很多决策都与当时的政治意识形态要求有关。我国司法的政治性以及在权力结构中的特定地位，使得任何政治方面的重大要求都会直接或间接在司法领域中得到反映。尽管新中国成立以来不同时期的形势和任务在不断地变化，司法工作重心也在不断地调整，但我国的司法总是在以不

① 苏力：《崇山峻岭中的中国法治——电影〈马背上的法庭〉透视》，载《清华法学》2008年第3期。

② 参见侯猛：《中国最高法院研究》，法律出版社2007年版，第40页。

③ 沈德咏主编：《中国特色社会主义司法制度论纲》，人民法院出版社2009年版，第429页。

④ 肖玮：《曹建明参加专题研讨班小组讨论时表示：检察工作必须始终坚持“三个至上”实现政治性人民性法律性统一》，载《检察日报》2008年6月17日。

同的方式服务于党和国家的工作大局，将贯彻中央政策，或者将中央政策司法化作为司法工作的基本任务。比如，司法为民的提出，就是中央执政为民政策的司法表达；和谐司法则是中央提倡构建和谐社会的司法政策的翻版。[①] 具体到刑事司法领域，如何将化解矛盾、构建和谐社会的要求和目标变成具有操作性的具体制度成为公检法各机关思考的问题。刑事诉讼原本是三大诉讼之中矛盾最为尖锐、最不可调和的诉讼种类，一直以来公诉案件和解被视为绝对的禁区。但刑事法领域的案件数量和处理质量对社会和谐的影响极大，处理不当会激化矛盾，造成当事人反复上访和社会公众对司法制度的普遍质疑，影响社会稳定与和谐。因此，刑事案件的处理方式就理所当然地成为刑事司法领域落实构建和谐社会政治目标的着眼点之一，以纠纷解决为目标的刑事和解恰恰顺应了这种思路，指出了一条不同于严格依法判决的案件处理路径，故而迅速受到青睐。如果不是受到构建和谐社会的政治目标和要求的影响，刑事和解即使是司法实践中普遍存在的现象和要求，也不会在短期之内在理论极不成熟的情况下成为刑事司法机关普遍关注的热点，并得到积极的推行。

（二）能够满足司法实践中的真实需求是刑事和解被官方和民间迅速接受的客观原因

在刑事和解大范围推行之前，我国由于人口众多和转型时期国内社会矛盾的积聚，传统刑事司法体系显示出更为复杂的特征，最为突出的问题主要包括三个方面。

1. 司法系统和监狱负担沉重

据有关统计资料，仅 2005 年，全国公安机关破获各类刑事案件 209.72 万件，同比上升4.6%。检察机关共受理公安、国家安全机关提请审查批捕刑事案件 638453 件、976281 人，经审查，批准逮捕 581448 件、876419 人，件数和人数均比上年上升 7%、8%；提起公诉 654871 件、981009 人，同比分别上升幅度 11.5% 和 13.1%。人民法院共审结刑事一审案件 68.4 万件，同比上升幅度 6.17%，判决发生法律效力的各类犯罪

---

① 参见吕芳著:《中国法院文化研究》,人民法院出版社 2008 年版,第 188 页。

分子 84.47 万人，同比上升 10%。[①]

庞大的案件数量给司法系统带来的巨大的压力。以北京市的审判工作为例，2004 年北京市法院审结案件已经突破 30 万件。一线法官的年均审判案件由 31 件增加到 167 件。[②] 北京市海淀区法院每年要审理 3 万件案件，而一线法官只有 140 多人，常常是主办法官要开庭，而合议庭中其他的法官也要开庭或忙得无法脱身。北京朝阳区法院的法官编制为 308 人，2003 年审结案件超过 5 万件，年人均 162 件。[③] 而一线法官的人均办案量远不止这些，有的已经达到人均四、五百件。几乎所有的基层一线法官都声称，他们现在办案就是在拼体力，体力已到了极限。[④] 刑事司法系统的压力绝大部分最终转移给了监狱系统。2005 年，全国监狱在押犯 156.29 万人，同比上升 2.8%，[⑤]监狱的压力可以想见。

2. 再犯率不容乐观

对刑罚改造效果的最重要的衡量标准就是再犯率，而传统刑事司法体系的成果却经常经不起检验。根据司法部对 1997—2001 年监狱释放罪犯重新犯罪调查，我国 1997—2001 年监狱释放罪犯在三年内和五年内重新犯罪率分别为 8.15% 和 10.32%（1979 年的刑法构成累犯的标准是三年内重新犯罪，1997 年刑法改成五年）。与我国 1982—1986 年监狱刑释罪犯在三年内重新犯罪的 5.39% 相比，增长了 51.2%。其中，前后犯罪罪名相同的占总体重新犯罪的 53% ~59%，也就是说，在超过一半的重新犯罪中，罪犯前后实施了相同罪名的犯罪。按照这个比例计算，我国目前监狱在押犯 156.29 万人，每年释放约 60 万人，5 年释放 300 万人，大约有 30 万刑满释放的犯人重新犯罪；监狱每年新收犯人约 30 多万人。5 年收 150 多万人，也就是说在监狱新收的犯人中有五分之一属于重新犯

---

① 参见王珏：《保持和维护社会稳定需要宽严相济“打防并举”》，http://www.chinapeace.org.cn/zhzl/2006-10/27/content_3909.htm，2006 年 11 月 18 日。

② 参见廖卫华、谢炜、林文龙：《北京吁请中央增拨法官编制》，载《新京报》2005 年 3 月 12 日。

③ 参见李郁：《人民陪审员制度日趋完善》，载《人民文摘》2004 年第 7 期。

④ 参见魏黎明、任宣：《广东部分法院加夜班审案》，参见国法网，http://www.law.com.cn/lcs/program/html/news_content.php? ItemID = 1632564558&ID = 2566，2004 年 11 月 24 日。

⑤ 参见王珏：《保持和维护社会稳定需要宽严相济“打防并举”》，http://www.chinapeace.org.cn/zhzl/2006-10/27/content_3909.htm，2006 年 11 月 18 日。

罪。这还不包括劳教人员的重新违法犯罪。[①] 至于在国外记入犯罪率和再犯率的治安案件我国并没有包含在这些数据内。

3. 对被害人的抚慰和赔偿难以到位

被害人除了从刑罚的执行获得了短暂的报复快感之外，经济上的补偿和心灵的抚慰都很难到位。他们很少获得宣泄情感，倾诉痛苦的渠道，心灵创伤难以抚平，有的人因为一次受害在内心留下了终生的阴影，长期生活在痛苦和仇恨之中，甚至转变为犯罪人。目前被害人心理矫治已经开始引起社会的关注。

除了心理问题之外，对于中国的被害人而言最紧迫的还是经济补偿的缺位。由于受犯罪行为的直接伤害，有的被害人及其家庭从此跌入困顿的境地，而赔偿却常常难以到位。2004 年震惊全国的马加爵案一审附带民事诉讼判决马加爵赔偿三名被害人家属每家人民币 2 万元，而实际上被害人根本无法获得赔偿。2005 年北京一对教师夫妇被杀案的凶手被法院判处死刑，附带民事赔偿 65 万余元，同样也是一张无法兑现的“白条”。[②] 2006 年媒体就曾报道过一位父亲因为无钱给为摆脱歹徒强奸而跳楼导致高位截瘫的女儿看病而忍痛将其掐死的人间惨剧。[③] 有人曾对北京市某中级人民法院审结的 614 起案件进行调查，统计结果是：在身体受到损害的被害人中，只有 64.3% 的人得到了赔偿，而且其中还有 10.8% 的人不是从罪犯那里获得赔偿。在财产受到损失的被害人中，只有 62.8% 的人得到了赔偿，其中 12.1% 的人不是从罪犯那里获得的赔偿。[④] 但这并不是因为法院的支持率低，一般来说，只要被害人家属提起附带民事诉讼，法院都会支持，但获赔率仍然极低，法院判决的象征意义总是大于实际意义。造成这种现象的原因是多方面的，一些刑事案件的被告人及其家属本身就一贫如洗，根本没有能力赔偿被害人，另一些被告人及其家属虽然有赔偿能力，但一般是附条件的，一旦获悉判处重刑或死刑的结果无法改变也就失去了赔偿的积极性。我国规定只能使用犯罪

---

① 王珏：《保持和维护社会稳定需要宽严相济“打防并举”》，http://www.chinapeace.org.cn/zhzl/2006-10/27/content_3909.htm，2006 年 11 月 18 日。

② 《死刑案九成赔偿成“白条”》，载《法制晚报》2005 年 9 月 25 日。

③ 傅剑锋：《老父忍痛终结女儿生命 被害救助困境亟待改观》，载《南方周末》2006 年 4 月 27 日。

④ 傅剑锋：《被害人不该被遗忘》，载《南方周末》2006 年 4 月 27 日。

人的个人财产来进行赔偿，其亲友没有赔偿的义务，现行法律也没有给他们提出条件留出多大的空间。

上述问题已经成为我国刑事司法制度所必须面对和解决的问题。学者们已经开始对刑罚的作用和传统刑事司法的一元目的进行反思，也从不同角度开出了多种药方，如非刑罚化、轻刑化、监管制度改革、社区矫正、被害人国家补偿制度等。

（三）谋求政绩是刑事和解被司法机关积极推动的主观原因

尽管很多人期待司法成为化解社会矛盾、维护社会公平正义的最后一道防线，但我国的司法状况并不尽如人意，司法腐败现象时有发生，司法公信力不足，民众对司法工作的认同程度不高。司法机关承受了各方压力，急于挽回形象，树立威信。而挽回形象、树立威信必须要有切入点或突破口，这就是司法业绩。政绩的有无与多少是衡量官员在职期间工作状况的一个重要标准。司法工作与行政机关的行政工作一样，同样强调业绩。司法机关领导在职期间必须做出成绩，来证明自己是优秀的官员，否则就没有升迁的希望。那么，司法机关的政绩如何衡量呢？出色地完成日常工作是司法业绩的衡量标准之一，所以，办案数量、质量、效率等是司法机关业绩的重要体现，但这种业绩只是常规工作，不容易在本系统中脱颖而出，受到瞩目。根据中国的历史经验，锐意改革、推陈出新是官员或单位脱颖而出受到关注的重要途径，尽管这存在一定的风险，但还是要比循规蹈矩更易受肯定。更何况在中国，符合政治大方向的创新只怕不够快，不怕胆子大，因此一些希望有所作为的司法机关领导很自然地把出台新的改革措施作为出政绩的另一重要途径，司法系统也把推出新的改革理念和措施作为树立自身良好形象的重要方式。刑事和解刚好具备了“创新改革措施”的各项基本要素，它在政治方向上与中央提出的和谐社会理念遥相呼应，在理论上对既有的刑事司法理念有所突破，而又不是纯粹的理念，可以转化为具体制度，具有可操作性，也确实能在一定程度上缓解刑事司法制度现有的问题，特别是降低上诉、上访率这种影响升迁的关键因素。此外，刑事和解给予了司法人员较大的自由裁量空间，给不同司法机关扩大各自的权力范围找到了突破口。刑事和解的这些特质都可以被司法机关转化为工作亮点，从而对司法机关的领导具有很大的吸引力。这就是为什么虽然学界一些人对“刑事和解”以及其他的改革措施存在僭越现行立法规定的指责，但司法机关从上到下的改革尝试却从未停歇。

（四）现代法治治理模式对我国国情的有限妥协是刑事和解被广泛推行的内在实质

在刑事和解兴起之初，许多学者认为其理论根据是国外兴起的恢复性司法理念与制度。然而，持此论者却不能解释为什么在美国盛行并更早被介绍入中国的辩诉交易制度却并没能在中国生根发芽。其实根本原因在于刑事和解更加符合我国关注“苦主”（被害人）、“细事”不讼的文化心理，更容易为民众所接受。与其说刑事和解是恢复性司法潮流盛行的产物，不如说是碰巧与恢复性司法有着某些相似诉求的中国传统文化心理在刑事司法中的显现。法律移植的不同结果本身就说明，被移植载体并非被动接受移植来的制度，而是在进行着主动地选择，最终效果就是选择的结果，这是一种类似大浪淘沙一样的自动筛选机制，其关键还是文化传统作用下的民众心理。“法律就其效力来说，依赖广大人民群众对其基本先决条件的接受，人民的接受，而不是形式上的法律机构是法律得以贯彻的决定性力量。”[①] 萨维尼也曾经指出：“法律绝不是那种应当由立法者以专断刻意的方式制定的东西，法律应当是‘那些内在地、默默地起作用的力量’的产物。”它深深地植根于一个民族的历史当中，而且其真正的源泉乃是普遍的信念、习惯和“民族的共同意识”。就像一个民族的语言、构成和举止一样，法律也首先是由一个民族的特征，亦即“民族精神”决定的。[②] 刑事和解的兴起在很大程度上是我国传统文化心理在刑事司法中的体现，在兴起之前它基本上以习惯法的身份潜存于正式刑事司法体制之外，因此与居于主流的现代法治观念存在着一定的差异。我国法制的框架在整体上是舶来品，不仅整个法律体系模拟西方，法律条文也多照搬西方法典。由于在法律移植过程中对中国社会自身的独特性缺少足够的关注，现行主流法治理念和法律框架与我国国情

① ［美］施瓦茨：《美国法律史》，王军等译，中国政法大学出版社 1990 年版，第 60 页。

② 参见［美］E·博登海默：《法理学 法律哲学与法律方法》，邓正来译，中国政法大学出版社 1999 年版，第 90 页。

及民众文化心理有时难以契合。比如，以各方对簿公堂通过司法裁判来解决一切纠纷的现代法治理念与中国传统中重情理重颜面、一般纠纷倾向于息事宁人的传统习惯不相符合；讲求程序正义，尊重公正程序下的一切实体结果的现代法治理念与我国民众轻视程序、注重实质正义的心理不相符合；现代法治理念中司法被动性与中国百姓习惯的“青天”情结和群众路线格格不入；至于举证责任、诉讼时效等规则也让没有程序意识的普通民众不太适应。

学者梁治平认为，我们的现代法律制度不但没有融入我们的历史，我们的经验，反倒常常与我们固有的文化价值相悖。于是，当我们最后不得不接受这套法律制度的时候，立即就陷入无可解说的精神困境里面。我们并不是逐渐失去了对法律的信任，而是一开始就不能信任这法律。因为它与我们五千年来一贯遵行的价值相悖，与我们有着同样久长之传统的文化格格不入。[①] 这种格格不入在农村乡土社会显得尤为明显。农村乡土社会是中国传统文化和习惯法影响最为凸显的区域，据统计，截至2009年底，中国农村土地面积占全国总量的94.7%，人口占53.4%，这意味着农村乡土社会在中国社会还占有相当比重，是现行法律不可忽视的领域。而以西方文化和法律理念为蓝本的现代法治体系的内容与乡土社会的实际生活相去甚远，很多法律规定与乡土社会的乡规民约并不相符，有些甚至与之有剧烈的冲突。如同有的学者所指出的，“制定法从来都是更关注商业生活或城市地区，即使是打着公民权利普遍性的旗号，如今法律浪漫地自称穷人、弱者的朋友，但是骨子里仍然时不时流露出豪门子弟甚或是纨绔子弟的气息。传统的农业经济地区，无论在任何社会，都在一定程度上是现代的‘法律不入之地’”。[②] 中国现代法律体系显然就没有或者无力关照城市和农村的巨大差异。乡土社会中的普通民众往往会因贫穷、文化程度低、不熟悉国家制定法、律师的法律服务不能满足需要等因素而成为规则之治下的弱势群体，无论是被害人还是加害人都得不到自己希望获得的正义，从而对国家司法制度丧失信心，这使得我国现代司法制度面临信任危机。为了扭转这种局面，一度大力推行现代审判方式改革的司法机关开始积极推行淡化诉讼意识、让度一部

---

① 参见[美]伯尔曼:《法律与宗教》,梁治平译,中国政法大学出版社2003年版,第12~13页。

② 苏力:《送法下乡》,中国政法大学出版社2000年版,第227页。

分处分权给当事人的刑事和解，这意味着在现阶段的我国，现代法治治理方式，至少是刑事法治模式对我国本土文化传统进行了有限的妥协，通过放弃部分法律效果来获得社会效果，从而缓解现代司法制度与民众法律意识及中国本土文化的冲突。这种妥协的确能在一定程度上缓解上述冲突，但也有使一直以来倡导规则之治的意识认同和行为导向的努力付之东流的风险，这究竟是权宜之计还是开创符合中国本土特色的司法制度的必由之路还需要实证数据的支持，有待进一步观察。

三、刑事和解的诉讼功能

刑事和解以中国传统的合和文化为依托，成为众多药方中引人瞩目的本土资源，开始冲破刑事法领域的传统定论为学者所关注和讨论。针对刑事司法领域的上述症结，刑事和解具有以下正面功能。

1. 有利于被害人心理创伤的平复和物质损失的弥补

无论是何种模式下刑事和解，对被害人的重视都是这一制度产生的最初动因。人类进入文明社会以后禁止了私人复仇等私力救济行为，这使得被害人的报复情感很难发泄，有些人心中的被害疑团也因为再也不与加害人谋面而从此成谜。刑事和解制度为被害人的情感发泄和与加害人的沟通提供了合适的机会。在达成刑事和解的过程中，被害人与加害人一般都有会面可能，被害人就有机会将自己因受害而产生的怨恨、痛苦、悲伤等情绪当面向加害人发泄出来，以此解开心结，获得心理上的放松。

迅速而有效地弥补物质损失是刑事和解对被害人的另一个重要功能。自从个人报仇的权利被国家剥夺之后，对犯罪人实施刑事处罚就成为国家对被害人的主要职责，被害人也默认了国家的这种职责，习惯于物质赔偿权利的被忽略。此外，中国人“重义轻利”的传统心理也使被害人往往羞于以不追究为条件换取赔偿，更不用说精神损害的赔偿了。刑事和解以保护被害人的利益为出发点，给了被害人和加害人一个交流协商的制度化平台，在加害人的道歉和积极要求之下，被害人不仅可以提出赔偿要求，获得迅速而充分的赔偿，而且还可以在协商的基础上获得一部分高出物质损失的精神赔偿。加害人及其亲属因积极追求减轻或免除处罚，必然尽量满足被害人的要求。因此，刑事和解能够在一定程度上甚至完全实惠地解决被害人的赔偿问题。

2. 有利于加害人悔过自新和复归社会

对于加害人而言，与被害人和解也有重要意义。首先，加害人通过倾听被害人的倾诉可以真实地了解自己的加害行为给被害人造成的痛苦和创伤，通过事实的震撼而从对犯罪的麻木态度中苏醒过来，真正意识到犯罪行为的危害和自己的过错，从内心深处悔过自新，从而起到预防再犯罪的效果。其次，加害人也可以向被害人倾诉自己实施加害行为的外部因素和心理动因以及实施行为之后自己所受到的心理煎熬和痛苦，争取获得被害人的谅解，从而卸下沉重的心理负担，积极地面对未来的生活。第三，通过与被害人达成谅解，加害人可以获得从轻、减轻或免于刑事处罚的处理结果，从而将那些初犯、过失犯、激情犯、少年犯等排除出犯罪圈以外，避免了适用刑罚而带来的从此贴上“犯罪标签”的负面效果，从而为他们的再社会化创造良好的条件。

3. 促进纠纷的彻底解决，有助于纠纷双方关系的恢复

日本学者棚赖孝雄指出，“就合意的形成而言，只有在当事者的意思渗透到解决过程和结果的一切方面才具有真正的合理性”。[①] 刑事和解正是通过在不明显有损公共利益的前提下充分尊重当事人的个人意愿来解决纠纷。案件如果能够成功和解，说明至少纠纷双方最低限度的要求得到了满足，双方都因对方的让步而获益，这种方式可以化解当事人的对立情绪，防止矛盾激化，有利于减少纠纷的对抗性，有助于维护当事人的长远利益和友好关系，从而促进纠纷的彻底解决。此外，通过和解解决纠纷有利于当事人充分参与纠纷解决，表达自己的意愿，发挥当事人的程序主体性作用，从而使当事人的合法权益得到较好维护，达到双赢的结果。

4. 增强当事人和社会公众对纠纷解决结果的认同，减少上诉、申诉率

民事案件的司法实践已经证明，案件和解的结案率越高，纠纷当事人的上诉、申诉率也就越少。因为，接受和解意味着刑事纠纷的双方当

---

① ［日］棚濑孝雄:《纠纷的解决与审判制度》,王亚新译,中国政法大学出版社 2004 年版,第 73 页。

事人对纠纷解决结果的认同，既然当事人的基本要求已经在和解的过程中得到了满足，就自然不会再将问题延至二审、再审中解决。对社会公众而言，刑事案件在两个方面刺激着社会公众的敏感神经，第一是案件本身是否有严重危害公共利益或严重背离公众的正义观念的情节，第二是案件的当事人是否受到公正对待。如果前者的情节并不突出，则公众的关注点就会集中在后者上，特别是被害人的满意度将是公众衡量案件结果是否公正的重要标准。所以社会公众对多数普通刑事案件处理结果的评价与案件当事人对案件处理结果的满意度常常是相一致的，最终取决于当事人的满意度。当当事人和社会公众对案件结果都趋于正面的、积极的评价时，刑事案件处理方式对于促进社会价值观的统一、促成社会和谐的功能就显现无疑了。多数以刑事和解解决的案件恰恰可以实现这种功效。

5. 有利于促进刑事诉讼的民主化，增强当事人的权利意识

刑事和解的根本特征在于在尊重加害人和被害人协商结果的基础上处理案件，充分尊重了被害人和加害人的自主意志。这种对当事人意志的合理尊重的制度化设置必然会提高当事人行使权利和保护权利的积极性，使人们更加注重自身权利的维护和个体意志的张扬，从而使达到权利保护的最佳效果。当然，民主不是无范围无限制的，刑事诉讼中的民主化因素也必然受到法律、社会舆论等多方面的限制，具体到刑事和解中，被害人和加害人的自主意志在公共利益面前从来都不可能是绝对的，而是当然地受到相应的制约。即便如此，刑事和解制度所体现出的民主因素和权利保障理念仍将使刑事诉讼制度向科学、文明的方向迈进一步，使诉讼当事人的权利意识有所增强。

6. 从总体上提高办案效率，节省司法资源

诉讼效率直接决定了现有的诉讼制度框架能否满足社会的需求量。能够达成刑事和解的案件一般都是事实明确，双方就关键性问题没有争议的案件，并不必须经历刑事诉讼的每个阶段，和解达成在哪个阶段就可以在哪个阶段结束诉讼，这种灵活的处理方式势必大大提高案件的处理速度，使得司法机关可以节省更多的精力，解决更多的案件。因此，尽管和解过程在某个诉讼阶段有可能呈现复杂、迟缓的状态，但一旦达成就无需再进入下一阶段或者下一阶段的过程相对简化，无疑在总体上

提高了办案效率。

解决冲突是一种恢复原有秩序的活动，不仅不能创造效益而且要浪费大量资源。诉讼是昂贵的，除了直接的法院成本和法律费用外，还要耗费当事人的时间和精力。就整个社会而言，随着各类案件数量和复杂性的增加，司法资源的紧缺已经是一个不争的事实。正是在司法资源紧缺与社会需求无限的挤压下，刑事诉讼的成本效益理念才逐步凸显出来。由于司法人员、场所、经费都是有限的，要想尽量满足社会上纠纷解决的需要就必须对不同情况进行不同处理，尽可能地合理分流，使司法资源与案件的复杂程度相适应。“和解”就是一种冲突解决成本很低的方式，它是基于纠纷双方满意而达成，从经济效益上讲，“合作”显然比“对抗”更能节省资源提高效率。

刑事和解的上述功能在一定程度上可以解决或缓解我国现行司法实践所面临的难题，满足司法实践的迫切需求，官方和民间从中各取所需，因此受到了官方和民间的一致接纳。但刑事和解制度也因此自高调兴起之初就负担了过于厚重的制度期待，众多原本属于刑事司法制度固有的弊端也都被认为能由刑事和解来解决，这势必给刑事和解的理性推行埋下一定的隐患。

四、刑事和解的实践状况

（一）刑事和解在司法实践中呈现的特点

刑事和解自2005年左右高调兴起之后，各地试点层出不穷，相关报道不胜枚举，概括而言，我国的刑事和解实践呈现出如下特点。

1. *以轻罪或轻微犯罪为主要适用范围，重罪也有所涉及*

由于法律对公诉案件的刑事和解没有明文规定，实务部门不敢明显突破法律规定，检警机关提出的刑事和解试点一般都选取介于自诉和公诉之间的轻微犯罪（较为典型的是轻伤害案件、交通肇事案件）或者起因偶然的民间纠纷进行。人民法院虽然极少有试点明确提出建立“刑事和解”制度，但许多法院在实践中已经采取了以“积极弥补犯罪所造成的损害，赔偿损失，获得被害人谅解”的理由从轻或减轻量刑的方式体现了刑事和解因素，审判阶段对轻罪或轻微刑事案件的和解判处缓刑的方式居多，少数重罪案件的和解则以从轻量刑的方式处理。

2. 达成和解过程呈现为三种模式

从各地试点的不同做法来看，部分地区实行自和—申请模式，公权力机关不介入和解过程，仅根据双方提交的和解协议作出决定，比如吉林、福建等地检察机关推出的和解模式。部分地区试点是利用我国现有的民间调解机构，人民调解委员会、街道、村委会等资源，将有和解意愿和可能的案件转交民间调解机构处理，公检法机关只是在确认是否有和解可能和审查和解过程和结果的合法性方面履行责任，这种方式减轻了公检法机关的负担，也避免了公检法机关直接促和所引发的中立性质疑，比如上海、江苏南通等地推行的“检调对接”模式。还有一些地区采取公检法机关直接促和的模式，比如北京市朝阳区人民检察院专门成立了刑事和解办公室处理刑事和解案件，此类方式具有迅速解决纠纷的特点，办案人员利用熟悉案件情况的便利条件可以随时促成双方和解，并根据和解结果作出处理决定，但也耗费了办案人员的大量精力。数年的司法实践显示，在三种模式中，公权力机关促和模式占有明显优势，自和—申请模式中的许多案件也有公权力机关的介入调解，这与刑事和解制度本身由公检法机关积极推行的兴起模式直接相关。

3. 公权力机关对和解过程予以监督，并最终对和解协议予以确认

无论公权力机关是否直接促成和解，整个和解过程都处于公权力机关的监督之下。即使是交给人民调解委员会促成和解的案件，一般也会有公检法机关的办案人员列席或旁听，从而实现了对和解过程的监督。对于当事人双方达成的和解协议，公权力机关要对其自愿性和合法性进行最终审查，最后以法定文书的形式予以确认。

4. 刑事和解多发生在审前阶段，审判中多体现在刑事附带民事案件中

从司法实践的试点情况来看，刑事和解多发生在侦查、起诉阶段，以起诉阶段最为常见。因为我国的起诉阶段作为连接侦查和审判阶段的中间环节，本身就是案件分流的重要阶段，检察官具有较大的自由裁量权，法律也明确规定了酌定不起诉的案件分流方式，这为刑事和解提供了比较宽阔的适用空间。侦查阶段虽然也有刑事和解的尝试，但由于公安机关承担着维护社会治安打击犯罪的职责，过多适用刑事和解会使警

察权得到不合理扩张，容易放纵犯罪，造成民众的不满情绪，所以近几年，侦查阶段的刑事和解没有起诉阶段的刑事和解更为学界和实务界所关注。在审判阶段，刑事和解因素一般体现在刑事附带民事诉讼结果对量刑的影响上，刑事附带民事诉讼的赔偿数额如果能够迅速到位，并令被害人满意，人民法院在量刑时一般会予以从轻考虑。这种方式虽然没有明确以“刑事和解”为量刑的考虑因素，但近年来人民法院的判决已经十分重视被害人的意愿和满意度，吸收了刑事和解的精神实质。除了侦查、起诉和审判阶段之外，执行阶段的刑事和解的重要性还未受到足够的重视，虽然已经有学者提出了在执行阶段建立犯罪人和被害人谅解制度的构想，但我国还没有相关的试点，在此方面我国与国外还有相当的差距。

5. 被害人在和解中重经济赔偿而轻情感交流

从目前的试点情况来看，除了一些轻微刑事案件可以做到双方彻底地捐弃前嫌外，大部分案件还只能做到尽量弥补被害人的损失，双方关系不再尖锐对立。经济赔偿在我国现阶段的刑事和解中占了绝对地位，这种方式可以弥补犯罪造成的物质损失，解决被害人的现实困难，也能在一定程度上起到精神抚慰的作用。能够真正达成精神意义上的和解的案件数量随案件后果的严重程度而呈降低趋势，越是严重犯罪的案件加害人和被害人就越难实现真正意义上的精神和情感交流，这与我国偏于内向的民族性格、重实体正义的文化心理不无关系。我国是一个重视实体正义的国家，从法律制度到民众心理，都体现出对实体正义的追求，民众对过错行为的宽容度仍然受到报复心理的严重影响。而以心灵感化犯罪人、抚慰被害人，从而达成真正的情感和解的标准来看，实现了经济赔偿才仅仅是刑事和解的最浅层功能。目前，我国的刑事和解仍然以实现经济赔偿为最主要目的。长远来看，加害人和被害人的精神和情感沟通，双方矛盾在心理上的根本化解才是刑事和解制度所追求的终极目的。

（二）刑事和解在司法实践中发挥的积极效果

1. 被害人获得赔偿的满意度较高

根据北京市检察院七个基层检察院 65 件和解案件的调查统计，犯罪嫌疑人（被告人）对被害人赔偿数额的最低数额 800 元，最高数额 12.5 万元，平均为 18200 元。[①] 而据北京市朝阳区人民检察院对 24 名当事人进行的回访，由法院判处的轻伤害赔偿金远远低于此平均数，仅为 6300 余元，该院达成和解后被害人得到的赔偿金则平均为近两万元。

2. 增强了对加害人的教育矫正功能

在司法实践中，只要犯罪嫌疑人被提起公诉，其公职、学籍都将被取消，在其档案上也会留下犯罪记录，使其难以回归社会。而和解之后一些案件的犯罪嫌疑人被撤销案件或相对不诉，相当于无罪处理，有利于加害人放下思想包袱，积极融入社会。很多试点地区都有未成年人在和解后积极进行社会公益服务或考上大学的案例。

3. 刑事和解后加害人和被害人的关系得到普遍缓和，社会效果良好

一些熟人之间犯罪案件和偶发犯罪案件达成和解后，加害人和被害人的矛盾得到缓和，促进了双方之间的相互谅解。从北京市对七个基层检察院 15 名公诉处长和主诉检察官的调查来看，一致反映案件经和解（成功）后社会效果比起诉好，也没有出现任何当事人另行提起自诉、民事诉讼、申诉、上访等情况。[②]

4. 公权力机关的办案效率有所提高，司法资源得到节省

根据河南义马市检察机关的调查，对轻伤害案件以故意伤害罪起诉，往常需要 115 天至 135 天；而按相对不起诉处理，平均仅需约 90 天，若直接在侦查机关调解撤案，平均只需 30 天。最大程度上节约了诉讼资源，减轻了当事人的讼累。如方某涉嫌故意伤害罪一案，仅用 47 天，经调解后，双方达成赔偿，最终由检察机关建议侦查机关撤案。[③] 当然，也有检察机关反映由于烦琐的审查报批程序和解不但不能提高办案效率，反而会降低效率。但从刑事诉讼程序整体来看，起诉阶段进行刑事和解就必然节省了以后诉讼阶段的办案时间和司法资源，侦查阶段的和解亦然。因此刑事和解在总体上提高了诉讼效率，节省了司法资源。

---

① 参见北京市东城区人民检察院课题组：《北京市检察机关刑事和解实证研究——以轻伤害案件的处理为切入点》，载《“和谐社会语境下的刑事和解”学术研讨会文集》（2006 年 7 月 21—22 日）。

② 参见北京市东城区人民检察院课题组：《北京市检察机关刑事和解实证研究——以轻伤害案件的处理为切入点》，载《“和谐社会语境下的刑事和解”学术研讨会文集》（2006 年 7 月 21—22 日）。

③ 茹凤梧：《义马市人民检察院处理轻伤害案件的调查报告》，载正义网，http://www.jcrb.com/zyw/n104/ca491983.htm，2006 年 5 月 22 日。

（三）刑事和解推行中面临的困境

1. 刑事和解推行中的困境表现

经过数年的理论研讨、试点试验，刑事和解在获得广泛认可的同时也遭遇了一些现实困境，这主要体现在：

（1）法律依据：缺乏明文规定，地方性文件规定各异

虽然在《刑法》《刑事诉讼法》《人民检察院刑事诉讼规则》《公安机关办理刑事案件程序规定》以及最高人民检察院《关于在检察工作中贯彻宽严相济刑事司法政策的若干意见》《关于依法快速办理轻微刑事案件的意见》，最高人民法院《关于刑事附带民事诉讼范围问题的规定》《关于审理交通肇事刑事案件具体应用法律若干问题的解释》等法律法规及司法解释中能找到或根据条文内容引申出刑事和解的精神，但“刑事和解”的正式提法并没有出现在这些法律法规和司法解释中。一些地方试点推出的规范性文件也有意回避“刑事和解”的提法，[①] 而代之以“轻伤害案件处理程序规则”“办理故意伤害案（轻伤）若干问题的意见”等名称，主要是依托于微罪不处的法律精神进行探索性的尝试，缺乏明确的法律依据。这使得刑事和解实践屡屡遭到“无视现行法律秩序”的诟病。不仅如此，由于没有明确的法律规定，各地试点在具体操作中没有统一尺度和标准，案件范围各异，适用条件各异，操作规程各异，侧重点、切入点各有不同，真可谓“八仙过海，各显神通”。在制度呈现多样化、灵活性的同时，和解案件的办理也存在随意性、临时性、操作性不强的问题。

（2）地区试点：和解结案数量普遍偏少，“雷声大、雨点小”

尽管学界讨论热烈，各地试点纷纷建立，但近年来有关刑事和解的一些实证研究却不约而同地反映，以刑事和解解决的案件数量比例明显偏低。比如，某调研显示，北京朝阳区检察院2006年轻伤害案件的刑事和解适用率仅为2.9%。[②] 另一个对北京市东城、西城、朝阳、海淀、丰

① 2006年11月出台的《湖南省人民检察院关于检察机关适用刑事和解办理刑事案件的规定（试行）》是少有的直接使用“刑事和解”提法的地方规范性文件。

② 封利强、崔扬：《刑事和解的经验与问题——对北京市朝阳区刑事和解现状的调查》，载《中国刑事法杂志》2008年第1期。

台、大兴、昌平共七个区检察机关的轻伤害案件刑事和解情况的调研表明：2003 年 7 月 1 日至 2005 年 12 月 31 日，7 区检察院公诉部门共受理各类刑事案件 27427 件，其中轻伤害案件共 4607 件，占全部案件的百分比为 16.8%。轻伤害案件中，检察机关适用刑事和解结案的共 667 件，和解适用率为 14.5%。[①] 宋英辉教授主持的实证调查显示，基层人民检察院适用刑事和解的案件数量较少，平均每年约为 9 件，而平均每年发生的刑事案件约为 560 件，适用率仅为 17%。[②] 相对偏少的和解结案数量与媒体热火朝天的宣传报道形成了明显的反差。

（3）实现形式：经济赔偿成为刑事和解最主要的实现形式，“有失公平”“富人花钱买刑”的舆论非议始终不绝

目前在各地试点实行的刑事和解制度中，加害与被害双方是否达成了心理上的沟通与谅解往往是通过经济赔偿的形式来确认的，仅通过道歉、沟通形式达成和解的情况比较少见。这使实践中的运作显示出较强的功利色彩，与原先预想的消除仇恨、彻底化解纠纷、恢复和谐关系的目标有一定的差距。实践中已经出现了加害人以不合理减刑为赔偿条件，而毫无悔过之心的情况；或者被害人为了赔偿而答应和解，其实心理上并未谅解，事后又反悔的情况。刑事和解制度因此而招致“国家对被害人补偿责任的推卸”、[③] “有钱就减刑、无钱就坐牢”、[④] “刑罚面前不平等”等指责，给司法机关适用刑事和解造成了不小的压力。

2. *刑事和解推行中的困境之原因解析*

在上述总结的三种困境中，法律依据缺失和操作方式各异的困境是浅层次的，它虽然在目前对刑事和解的发展造成了一定的障碍，但却并不是制约刑事和解制度发展的关键因素，只是围绕刑事和解的众多问题纠结后的一种外在表象，即使立法立即赋予刑事和解明确的法律依据，有些问题也未必能得到解决。立法是建立在充分论证和各利益相关方的最终共识的基础上的，如果在立法前出现过多的表达差异和操作差异，

---

① 王立：《轻伤害案件刑事和解的实务现状》，载黄京平、甄贞主编：《和谐社会语境下的刑事和解》，清华大学出版社 2007 年版。

② 参见宋英辉等：《我国刑事和解实证分析》，载《中国法学》2008 年第 5 期。

③ 孙万怀：《死刑案件可以并需要和解吗?》，载《中国法学》2010 年第 1 期。

④ 李洪江：《刑事和解应该缓行》，载《中国检察官》2006 年第 5 期。

说明统一立法的时机还不成熟，在理论和实务操作性上都有进一步深入研究的必要。后两种困境所反映出的则是更直接和更深层次的问题，笔者予以重点分析。

（1）追求个案正义的刑事和解与规则之治存在矛盾

刑事和解是以追求个案正义的方式来实现社会正义，所着眼和关注的是个案处理的和谐和圆满，这与讲求“规则之治”的现代法治理念有所差异。按照博登海默对个体正义的解释，它是“满足个人的合理需要和主张”[①]，在刑事和解中，“满足个人的合理需要和主张”的个体正义理念体现在对具体案件当事人合理需要和主张的满足。而由于当事人具体情况的千差万别，和解的标准不可能严格统一，很可能会出现相似情形的案件因当事人的差异而以不同标准或形式和解的结果。比如，同等程度的伤害案件，有的被害人获得 2 万元的赔偿就心满意足地接受和解了，有的被害人拿了 10 万元还嫌不够，还有的被害人一分钱不要，就要对方接受刑事处罚，因此而产生的不同的案件处理结果很容易招致社会舆论“有失公平”的非议。应当说这是刑事和解与生俱来的弱点，它与追求适用标准和结果都整齐划一的“规则之治”理念之间存在着本质的差异，它的标准、结果乃至过程由于个案的差异必然是五花八门，难以统一。而现代法治治理的核心理念是“规则之治”，成文法典一旦制定出来，即可为人们的行为提供普遍的规范，足以解决各种各样的社会纠纷。司法者只需要根据适当的逻辑和推理，就可以从现有的由概念构成的法律条文中得出正确的判决，而无需考虑法律的目的和社会的实际需要。刑事法治中的“罪刑法定”、“正当程序”原则就是规则之治下的产物。而正如有的学者所指出的，实际上具体纠纷的妥善解决并不完全依靠规则之治而是具体的知识，不同的人或不同地区对纠纷解决的需求都不一样[②]，有些可行的标准或解决办法可能就是地方性的或属于具体案件本身的。这就意味着带有后现代法治意味的刑事和解在以规则之治为主流法治理念的现代中国社会中必然充满争议。由于社会转型时期的许多社会矛盾的蓄积，民众和媒体会将某些刑事和解个案与其他案件结果进行比

---

① ［美］E·博登海默：《法理学 法律哲学与法律方法》，邓正来译，中国政法大学出版社 1999 年版，第 252 页。

② 苏力：《司法的变迁：走向规则之治》，载《解放日报》2005 年 10 月 23 日。

较，对结果所表现出的“不平等”“让富人受益”等现象极为敏感，而忽略更多的当事人基于共同意愿和解也共同受益的和解案件。尽管现实需求无法否定刑事和解存在的价值，但社会舆论的压力势必会影响公权力机关适用刑事和解的积极性，影响刑事和解制度的范围和推广力度。

（2）理论研究低估了刑事和解案件办理的复杂性

在刑事和解被论证和推行之初，学界和实务界都乐观地认为刑事和解能够提高诉讼效率，节省司法成本，因为从理论上说，加害人接受和解后主动认罪，可以减轻受害人或检察院的举证责任，司法机关在和解时的诉讼阶段及时作出处理，也会节省案件在随后的诉讼环节的司法资源的支出，从而使司法机关合理配置司法资源，集中力量办理对社会秩序造成严重破坏、社会影响较大的案件。然而一些实证研究数据已经表明：采用刑事和解的方式处理案件比按照传统办案方式办理案件需要花费更多的时间和精力。虽然刑事和解可以通过扩大审前分流、减少审前羁押、从轻量刑等方式在总体上节约司法资源，但对具体办理案件的人员来说，适用刑事和解会在相当程度上增加他们的工作量和负担。[①] 由于案件的复杂性、做双方思想工作的艰巨性等因素的客观存在，促成刑事和解客观上会大量占用办案时间，即使是轻微刑事案件，其当事人未必理性，矛盾纠纷也未必容易轻易化解，在涉及赔偿的刑事和解案件中，办案机关往往需要花费大量时间去协调赔偿金额，督促加害人履行赔偿责任，这直接导致一些案件办案周期长，效率不高，与轻微刑事案件从快处理不相吻合。而且，当事人事后一旦反悔，不履行和解协议，承办人之前的工作就前功尽弃，还可能遭受“偏向某方”的指责，承担不小的舆论压力和职业风险，属于典型的“吃力不讨好”，所以一些案件承办人宁愿直接走正常程序也不愿过多案件以和解方式结案。在基层司法实践中有一种规律性的现象，那就是能够提高工作效率的改革措施一般实施得比较顺利，具体办案人员会对那些手续繁复、耗时耗力的改革措施敷衍了事或阳奉阴违，这与追求政绩的领导层决策和预期并不合拍，却是不可回避的现实。刑事和解虽然能从总体上节省司法资源，提高效率，

① 参见宋英辉等:《我国刑事和解实证分析》,载《中国法学》2008 年第 5 期;《我国刑事和解现状实证分析》,载正义网 http://www.jcrb.com/zhuanti/fzzt/xshj/jj/200901/t20090120_128359.html,2010 年 3 月 21 日。

但具体环节的办案人员却并不能在短期内体会和分享这种预期利益，反而要付出更多精力和时间，在内部遇冷就是必然的。这就是为什么刑事和解在司法实践呈现出一种外部宣传如火如荼，实际结案数量偏低的尴尬局面。

（3）复杂的中国传统文化心理与刑事和解所倡导的理念仍存在微妙差异

就社会文化心理而言，中国人民族性格既有“和为贵”的息事宁人观，也有“不共戴天”的“不宽恕”观，二者相映成趣，形成了中国文化的奇特悖论，如同人有双重性格。和合观念固然源远流长，报应观念也有深厚的文化土壤，有时极端得惊心动魄，从历史上的复仇案例可见一斑，从伍子胥鞭尸、勾践卧薪尝胆到近代的白毛女故事，都体现出对朴素的报应观念的极端追求。在“和为贵”为主导理念的刑事和解制度发挥正面功效的同时，“不宽恕”的文化心态又以其负面影响抵消着正面功效。仔细分析中国的“和为贵”思想可以发现，与西方基于宗教观念而生发出的无所求的“宽恕”观念不同，中国的“和为贵”是有利益考量的，[①]“和气生财”“家和万事兴”中的“和”背后都有利益期待，国人对属于自己关系圈范围内或有利益牵涉的人才讲求“以和为贵”，目的是继续维持长久的关系，获得长久的利益，而一旦与关系圈无关或者由于矛盾冲突到退出关系圈的程度，国人的态度或许就是锱铢必较，绝不宽恕。

此外，在重大刑事案件特别是死刑案件的和解问题上，决定是否接受以金钱赔偿为主要形式的和解会使被害人家属痛苦地面对“义”与“利”的抉择。在中国的历史上，“义利之辩”一直是长期争论的问题，总体上是“重义轻利”的儒家占据了主流。儒家反对谈“利”，孔子就“罕言利”，还说过“君子喻于义，小人喻于利”。孟子更是明确地把仁义与利欲截然对立起来，甚至主张“舍生而取义”。在这种“重义轻利”思想的影响下，因公废私与大公无私是中国传统思想弘扬的基调，基于私人利益的争讼被视为个人修养不足，也是对国家正常秩序的妨碍。为了些许私人小利而争讼不息没有道德上的正当性可言，因此，民事纠纷

① 翟学伟著：《人情、面子与权力的再生产（社会学论丛）》，北京大学出版社2005年版，第167页。

和轻微刑事案件和解正是识大体、重情义的表现，历来受到官府的推崇和民间舆论的肯定。但对于刑事重罪案件又当别论，特别是命案，在中国的传统道德观念上，这不仅仅是私人利益的争讼问题，而是必须较真的关涉人伦道德的大是大非问题，被害人亲属如果接受钱财而放弃对凶手的追究就意味着弃人伦大义于不顾，成为见利忘义的小人甚至禽兽，在内心不得安宁，在舆论上也被重义轻利的道德观所谴责。所以，在中国古代，统治者宁可宽恕甚至纵容替亲人报仇的杀人行为，也不轻易赦免命案私和行为。直至今天，这种心理仍然对被害人的最终抉择产生着至关重要的影响。

总之，刑事和解与中国传统文化的契合并非丝丝入扣、天衣无缝，它顺应了一些传统文化理念，却又和另一些传统文化理念相龃龉，这并非刑事和解制度本身的缺陷，整个以现代法治理念为基础构建的刑事司法体系都可能面临这样的悖论，文化就是这样的矛盾统一体，而制度与观念的碰撞与博弈还会一直持续下去。复杂的文化心理使得刑事和解制度在运行过程中呈现复杂的状态，相当数量的案件难以达成和解，或者当事人只能通过经济赔偿获得表面上的“和解”，被害人即使出于现实考虑接受了赔偿而不再要求追惩，也很难做到心灵上的真正谅解和宽恕。

（4）刑事和解的实际制度功能与社会各界对其的过高功能预期不相符合

刑事和解自高调兴起之初就承载了社会各界的过高功能预期，希望它有利于被害人获得心理安慰和经济补偿，有利于加害人悔过自新和复归社会，有利于纠纷的彻底化解，有利于降低上访、上诉率，有利于促进诉讼分流，有利于提高诉讼效率、节省司法资源，乃至有助于构建和谐社会等等。这些功能的实现其实需要刑事司法体系的整体改进，不应也无法在刑事和解之类的单一制度上寄予过高期望。在目前的司法实践中，刑事和解普遍以经济赔偿为主要实现形式，以公权力机关积极促和为主要方法，这决定了它的实际制度功能是相当有限的。首先，虽然是否能进行经济赔偿是刑事和解的可操作性标准，但它并不代表加害人就彻底悔过自新，对社会不再有危害性，也不代表被害人必然获得了心理安慰，仅仅解决了附带民事诉讼赔偿金无法兑现和被害方经济救助的问题。其次，公权力机关积极促和在很大程度上会架空刑事和解的自愿原则，造成了一些案件上访、上诉率暂时降低的表象，实际上双方矛盾却并未真正化解，并可能在日后有所反弹。

客观地说，以经济赔偿和办案机关积极促和为刑事和解的主要实现形式是目前中国现实背景下的一种必然。由于刑事附带民事诉讼和被害人国家补偿制度都不完善，和解后及时的经济赔偿可以使被害人的艰难处境得到及时的缓解，司法机关以此作为认定和解的可操作性标准，积极促和，从而缓解执行难，上诉、上访率高的压力。由于我国程序分流空间过于狭窄，所以刑事和解的推行可以让一部分案件以更合理的方式得到解决。但刑事和解的这些功能的实现都是以现有的刑事司法制度体系不健全为前提的，注定带有过渡性质，在相关配套制度完善之后将难以在司法实践中发挥更大的作用。

五、刑事和解之理性走向

心灵上的真正和解要靠文化的内在变迁来实现，这超出了法律的效力范畴，但我们依然可以从制度层面上为刑事和解的理性发展做一些努力，其中最为重要的是明确刑事和解的发展方向，避免其发生异化，走上歧路。

（一）明确刑事和解在刑事司法体系中的辅助地位

目前，刑事和解是一项非常有价值的制度已经是学界和实务界的普遍共识，也通过试点得到了证明。但我们不能因为它的价值以及它与中央提出的政治理想相契合就过分夸大其在我国刑事司法体系中的功能，甚至将之视为包治我国刑事司法体系诸多痼疾的唯一良药，这种极端心态只能让它背负超出其承载能力的过度期待，也使全面理顺刑事司法体系的努力发生懈怠。与刑事和解制度密切相关的诸如被害人国家补偿制度、刑事附带民事诉讼制度、分流转处之后的社区监督体系中的问题也都并非刑事和解理念和制度本身所能涵盖和解决。另外，必须承认的是，刑事纠纷矛盾的尖锐性决定了必然有一大部分案件是无法通过协商来化解的，规则之治仍然也应当是正处在现代法治进程中的中国社会的主流。

这些都决定了刑事和解在刑事纠纷解决体系中注定处于补充者和辅

助者的地位，倡导刑事和解并不是要用它来取代主流刑事司法体系，也不等于要司法机关放弃最基本的司法正义原则。正因为要守住司法正义的底线，又不至于牺牲当事人的利益，就不能指望所有被害人的损失赔偿问题都用刑事和解来解决。否则一旦出现加害人拒不悔过，以赔偿为条件提出明显不合理的要求，而被害人又为获赔而站在加害人一方的情形，司法的天平在救助弱者和实现刑罚正义之间就势必难以平衡。所以，国家在强调坚守司法正义底线的同时，还必须构建国家补偿、社会救助等多元化被害人救助体系，让被害人获得社会全方位的关心和救助，而不至于因生活所迫而勉强和解，折损必要的刑罚正义。

（二）公检法机关淡出实质性的和解过程

办理刑事和解案件的难点在于当事人双方心态的复杂性，而公、检、法机关是代表国家追究犯罪和审理犯罪的机关，其本身担负着“严格执法”的职责，如果办案人员过于积极地去影响当事人的心态，反复促和，容易使当事人对办案人员的中立性和公正性产生怀疑，也会耗费具体办案人员的大量精力。事实上公检法机关的主要职责在于决定某案件是否适用刑事和解，监督、审查和解过程和和解协议内容有无违法和非自愿情形，决定是否接受和解协议。办案人员可以应当事人的要求为双方提供和解的一切便利条件，但不应介入实质性的和解过程。刑事和解的本质是国家追诉权在一定程度上的合理让度，给刑事案件双方当事人留出一定的自主意志空间，让他们自行协商解决。可以说，自行协商模式更符合刑事和解的本质特点，但其弱点在于缺乏规范制度所要求的专业性、透明性和程序性，因此，民间调解机构的介入可以成为自行协商模式的有益补充，同时吸收社区、村委会、街道、单位的全面参与，公检法机关则应淡出实质性的和解过程，只有如此才能真正节省司法资源，减轻他们所承受的舆论压力，也调动全社会的力量对纠纷解决作出努力。

（三）引导和解形式从单一的经济赔偿走向多元体系

我们必须认识到，单纯地促成经济赔偿只是刑事和解的相对初级的目的，刑事和解的发展方向应当是以追求心理抚慰、心灵感化、恢复关系、弥补损失等目的在内的多元目标体系。如果经济赔偿成为刑事和解的单一目的，不但会降低社会的道德要求，给公众造成“和解就是以钱赎刑”的误解，也达不到预防犯罪的功效。所以公权力机关审查是否准许和解不能仅仅以赔偿金额为依据，关键性的标准是加害人是否诚心悔过。面对一个表示忏悔、保证痛改前非的加害人和一个满不在乎、拒不认罪的加害人，被害人和公众的态度显然会有所差异。尽管一时难以判断其是发自内心还是伪装，但这种表面形式却并非可有可无，它表明了加害人认罪服法的态度，不再对法律权威和公认道德秩序构成挑战。相反，如果犯罪者毫无悔意，还理直气壮地以赔偿被害人作为筹码与国家刑罚秩序叫板，国家还无奈妥协，那么法律的威严将土崩瓦解，还会助长社会上为富不仁者的嚣张气焰，对社会公众的正义感的打击也是毁灭性的。此外，还应当在经济赔偿之外建立更加灵活和更具公益性的和解形式，如公开赔礼道歉、义务为被害人服务、社区服务、捐赠公益事业等，不但强调刑事和解的被害人经济补偿功能，还要强调刑事和解对道德水准和公益观念的提升功能。只有这样才能回应社会上的某些质疑，实现刑事和解的根本目的。

第二节　刑事和解与程序分流

刑事和解与程序分流有着密切联系。随着犯罪数量的急剧增加和刑事诉讼程序的日趋复杂，刑事司法资源越来越呈现出稀缺的状态。如果不考虑合理配置司法资源盲目地对所有案件都投入等量的资源，势必造成司法资源的严重浪费和刑事司法程序的不堪重负。因此，世界各国都在积极探索节约司法资源、提高诉讼效率的方式，诉讼程序分流机制和“宽严相济”的刑事政策的提出都是基于合理利用司法资源的考虑。有刑事和解因素的案件只是整个刑事案件中的一部分，但却是贯彻“宽严相济”刑事政策一种重要制度性创新，也是对案件进行分流处理的原因之一。

一、刑事和解与程序分流的关系

在法治社会中，法律似乎应当是无所不能的。而作为法律秩序的实现途径，正式的司法程序却不一定是唯一选择，对不同种类案件进行合理分流已经成为世界各国实现公正的必经之路。在民事法领域，多元化纠纷解决机制的提法已被广泛接受，诉讼和包含仲裁、调解等替代性纠纷解决机制（ADR）正在构建一个完善的民事诉讼多元化纠纷解决机制。在原本信奉“公权不可让度”的行政法领域，行政调解也已被广泛接受，与行政复议、行政诉讼一起构成了行政纠纷多元解决方式体系的初步体系。在刑事诉讼领域，虽然刑事案件的性质较民事案件、行政案件更为特殊，能否视为“纠纷”还存在众多争议，但刑事诉讼程序的多元化正在逐渐得到各国的普遍认可，正式的司法程序不再一统天下，甚至不再是主要的诉讼模式。美国的辩诉交易解决了 90% 以上的案件就是明证。刑事和解也可以被视为诉讼分流体系中的一根茁壮成长的新枝。曾经对诉讼分流作过专门研究的姜涛博士指出，诉讼分流制度经历了这样一种发展过程：最初的分流是局限于判决执行上的替代性措施，即行刑方法的分流；而后分流又逐步体现在审判阶段中审理方式的繁简分流，直至审判前程序中裁量决定是否追诉的审前分流。① 从目前来看，各国的刑事诉讼分流已经日益集中于审判前阶段，无论是微罪处分、暂缓起诉还是起诉犹豫都力争在诉讼过程中消化案件，而不是将所有的案件都推向审判阶段；在审判阶段也依然存在程序繁简分流的空间。也只有在整个诉讼程序中实现有效而合理的分流，才能真正实现司法资源的有效节省和有效配置。从这个意义上说，刑事和解的兴起实际上是诉讼分流机制发展的必然结果之一。

诉讼程序分流机制的本质就是根据刑事案件的不同特点有针对性地进行处理，从而达到节省司法资源、提高诉讼效率、尊重诉讼规律的目的。如果说主张根据犯罪人的具体特点有针对性地科处刑罚的“刑罚个别化”是实体法领域对刑罚科学性性和经济性的尝试，那么程序分流机

---

① 参见姜涛:《刑事程序分流研究》,人民法院出版社 2007 年版,第 43 ~44 页。

制就是程序法领域对程序设置科学性和经济性的必要探索，是根据刑事案件的具体特点进行程序处理上的分类化或个别化。[①] 因此，对刑事案件的科学分类是程序分流的前提，目前现行刑法的罪名分类并不足以满足程序分流机制的需要，刑事案件可以根据不同的目的设定不同的分类标准。比如，以被告人是否认罪为标准，可以将案件划分为被告人认罪的案件和被告人不认罪的案件；根据案件的处理方式，可以划分为有和解因素的案件和无和解因素的案件等等。

刑事和解虽然并不完全因程序分流的目的而兴起，却与程序分流密切相关。如前文所述，刑事和解包括两个阶段，被害人和加害人以不同形式达成和解阶段和国家专门机关根据和解协议和案件的具体情形对案件作出相应处理的阶段，后一阶段在性质上就是诉讼分流，这种分流形式的原因是前一阶段的和解结果决定的。整个刑事和解机制也可以被解读成基于和解原因的程序分流，它实际上就是针对加害人和被害人达成和解的刑事案件的一整套专门的诉讼程序，这种专门诉讼程序以加害人和被害人和解的达成为条件，一旦条件满足，诉讼程序即根据案件发生的阶段、加害人具体的犯罪危害性和主观恶性进行分流处理，从正式诉讼程序中脱离出来，从而减轻司法机关办案压力、提高诉讼效率、节省司法资源提供了途径。

因此，可以这样概括刑事和解与诉讼分流的关系：程序分流是一种程序个别化的机制，它的根本宗旨是让不同性质的案件在诉讼中进入各自适宜的诉讼程序，对于“不同性质”可以有多种细化分类，比如案件复杂还是简单、被告人认罪还是不认罪、犯罪情节轻还是重，加害人和被害人是否达成和解等等，刑事和解案件就是其中的一种类型，对于此种类型的案件会有一套专门的程序来处理，比如不再对加害人采取刑事强制措施、不再追究加害人的刑事责任，对此种案件适用简易程序等等。因此可以说刑事和解是多种程序分流中的一种，如果将整个诉讼程序分

---

① 餐厅的服务设置与诉讼中的合理分流是类似的。一个在固定时段营业的餐厅老板总是希望座位的流动快一些，以满足尽可能多的顾客用餐。为了在有限的资源条件下尽量满足顾客的用餐需要，有的餐厅老板想出了分区满足不同种类用餐需求的办法。在餐厅的一些区域专门提供点菜服务，另一些区域则供应快餐或外卖，顾客可以带走用餐，也可以领取份饭，这样的区分使得顾客发生了分流，接受快餐或外卖服务的顾客显然提高了座位的使用率，可以节省出一部分座位，留给那些有充裕的时间来享受更周到的点菜服务的顾客。

流机制视为一棵大树，那么刑事和解就是这棵大树上的一根枝丫，和解因素是进行分流的诸多条件或原因之一。刑事和解的结果实质上起到了诉讼分流的作用，它将一部分加害人积极悔过获得被害人谅解，双方矛盾冲突不激烈，社会危害性降至较低程度的案件从正规的刑事诉讼程序中分流出来，发生在哪一阶段就在哪一阶段予以解决，从而避免了一些案件在程序过程中的久拖不决，各个程序从头走一遍的弊端。当然，程序分流不限于刑事和解，还包括与无关和解因素的繁简分流、立法分流等其他种类。

二、刑事和解案件的分流环节

西方轻罪案件中有和解因素的案件几乎都是以诉讼分流为依托的。在美国，恢复性司法中的加害人—被害人和解/调解模式是由中立的调停者召集，通过会面和协商达成解决纠纷的合意的纠纷解决方式。一般适用在审前转处阶段，达成和解之后对案件就不再提起诉讼。另一种适用方式则是在法庭接受犯罪人的正式认罪之后将案件提交该计划，在这种情况下，调解是作为缓刑的条件。还有的使用方式则是在起诉和审判两个阶段都接受调解的建议。[①] 而起源于加拿大土著居民传统，现在普遍适用于青少年犯罪的家庭小组会议制度，一般都发生在审前转处阶段或者量刑前阶段。在澳大利亚，新南威尔士州瓦格瓦格（Wagga Wagga）市的警察创造了协商会议模式（Conferernci ng）形式，由警察领导和指导，多用于青少年犯罪案件，一般在侦查阶段案件即被分流。德国 1999 年在《刑事诉讼法典》中增设第 153 条 a，将“犯罪人—被害人和解”规定进了刑事诉讼程序中，使之成为暂时停止追诉或审判后的一种观察性负担。这些不同的制度形式都被各国视为分流程序中的制度分支。刑事和解通过分流程序才得以与正式的刑事司法制度相融合，成为其中的一个关节点。

① 郭建安、郑霞泽:《社区矫正通论》,法律出版社 2004 年版,第 320 页。

概括而言，西方刑事和解案件的诉讼分流环节可见下图：

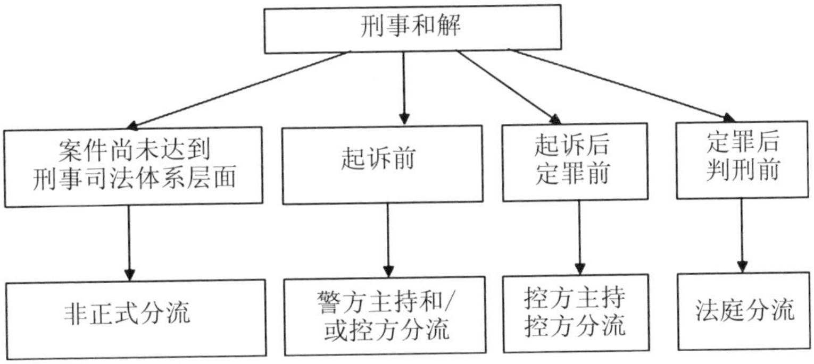

我国的刑事和解也以诉讼分流为依托，而且主要目的也是让一些案件从传统的正式诉讼处理方式中分流出来，用有针对性的方式解决。如果分流路径有限，那么用刑事和解方式处理案件的功能也就相对有限。从司法实践中诉讼分流的实际情况来看，我国分流方式还十分不足。这主要是因为在2012年刑事诉讼法修改之前，我国诉讼分流的法律依据不足，主要有：

（1）刑法第37条的规定：对于犯罪情节轻微不需要判处刑罚的，可以免予刑事处罚，但是可以根据案件的不同情况，予以训诫或者责令具结悔过、赔礼道歉、赔偿损失，或者由主管部门予以行政处罚或者行政处分。

（2）刑事诉讼法第15条规定：有下列情形之一的，不追究刑事责任，已经追究的，应当撤销案件，或者不起诉，或者终止审理，或者宣告无罪：（一）情节显著轻微、危害不大，不认为是犯罪的；（二）犯罪已过追诉时效期限的；（三）经特赦令免除刑罚的；（四）依照刑法告诉才处理的犯罪，没有告诉或者撤回告诉的；（五）犯罪嫌疑人、被告人死亡的；（六）其他法律规定免予追究刑事责任的。

（3）刑事诉讼第130条规定：在侦查过程中，发现不应对犯罪嫌疑人追究刑事责任的，应当撤销案件。

（4）刑事诉讼法第140条规定：对于补充侦查的案件，人民检察院仍然认为证据不足，不符合起诉条件的，可以作出不起诉的决定。

（5）刑事诉讼法第142条规定：犯罪嫌疑人有本法第十五条规定的情形之一的，人民检察院应当作出不起诉决定。对于犯罪情节轻微，依照刑法规定不需要判处刑罚或者免除刑罚的，人民检察院可以作出不起诉决定。

从以上可见，在2012年刑事诉讼法修改前，我国刑事诉讼分流程序并没有给刑事和解留下多少可选择的发挥空间。在侦查阶段，侦查机关无权对轻微刑事案件和证据不足的案件进行撤销案件处理，必须移送人民检察院起诉。在起诉阶段，相对不起诉制度在实体要件上要求过于严格，适用范围过窄，同时，公诉转自诉制度还在一定程度上影响了检察机关在作出不起诉决定的积极性；在审判阶段，简易程序和被告人认罪案件的简化审制度虽具有一定的程序分流功能，但一旦进入审判阶段，就很难出现无罪判决，被告人无论获刑轻重都将背负“刑事污点”，从此被贴上罪犯的“标签”，不利于犯罪人的心理矫正和改造。

我国的多数分流环节已经由法律固定，各阶段公权力机关的自由裁量权相对较少，这主要是出于防止公权力机关滥用裁量权考虑。其中相对不起诉是目前我国刑事诉讼中的主要分流方式，也是起诉阶段刑事和解案件的主要处理方式，但其范围明显有限。而分流制度运转良好的关键恰恰在于各阶段的公权力机关能够根据案件具体情况及时判断和决定何种处理最为适宜。从现有制度框架来看，刑事和解只能在极少数刑事案件的分流方面发挥一定作用，难以对整个刑事诉讼程序的案件分流发挥应有的影响。因此，我国至少应当在以下环节拓展诉讼分流制度，从而使刑事和解与现有制度体系更好地契合。

在侦查阶段，对于已经构成犯罪、但情节轻微、依法不需要判处刑罚或者免除刑罚的案件，侦查终结可以不移送起诉，在加害人积极弥补损失并真诚悔罪后撤销案件，有必要的可进行训诫或行政处罚。为了避免权力滥用，凡是因侦查机关行使裁量权而撤销的案件应当报检察院备案。此外，在审查批捕环节应当建立以刑事和解为缘由的分流机制。从近年来审查批准逮捕的案件来看，存在大量的因邻里、亲属、婚姻家庭矛盾引发的可以适用刑事和解的犯罪案件。按照最高检察院的要求，这些案件应当慎用逮捕措施，从有利于缓和矛盾、化解纠纷出发，对社会危害性已经消除、没有逮捕必要的犯罪嫌疑人，不得采取逮捕措施。但这类案件由于矛盾没有化解，被害人往往情绪激动，强烈要求逮捕犯罪嫌疑人。如果检察机关依法作出不予批准逮捕决定，易造成被害人上访，引发群体事件，造成社会的不稳定。部分检察机关为了息事宁人，往往作出批准逮捕决定。一旦犯罪嫌疑人被批准逮捕，最少面临二至三个月的羁押，羁押五六个月也属正常，甚至有的案件羁押一年以上，造成犯罪嫌疑人不必要的羁押，浪费司法资源，且容易造成交叉感染，不利于社会的和谐。如果能在审查逮捕阶段实行刑事和解就会避免上述情况的发生，有利于强制措施适用的合理分流。

在审查起诉阶段，应当适当扩大酌定不起诉的范围，可将刑事和解纳入不起诉的范围之中。为此，应当将“犯罪情节轻微”，“依照刑法规定不需要判处刑罚或者免除刑罚的，人民检察院可以作出不起诉决定”两项条件具体化，明确检察官对于“犯罪情节轻微”的裁量权应当体现在综合考虑犯罪目的、动机、手段、危害后果等因素的基础上对案件作出的整体性评价，而不仅仅是从犯罪嫌疑人所犯罪名和所致后果来简单地判断是否为“情节轻微”。“不需要判处刑罚或者免除刑罚”的考量应当以加害人的人身危险性为重点，综合加害人的认罪悔罪态度、是否已经与加害人达成和解，是否为惯犯，是否免予刑罚是否比适用刑罚收到更好的改造效果等因素进行判断，诸如和解等因素可以明确化。

在审判阶段，转处的空间已经不大，刑事和解的结果更多地体现为量刑上的优惠，但仍有以和解为原因的繁简程序分流空间。既然达成刑事和解的条件是被告人认罪，案件事实清楚，被害人和被告人达成谅解，那么在程序上就没有必要按照正式的普通程序审理，为查明事实耗费精力，简易程序应当是审判阶段的刑事和解案件的必然选择。我国现行简易程序的“简易”主要体现对法庭调查和法庭辩论的简化上，比较注重书面卷宗。但由于适用简易程序的案件范围受到了法律的严格限制，难以有效发挥诉讼分流的作用。所以在刑事和解制度确立之后，法律对简易程序也应当作出相应修改，规定在审判阶段达成刑事和解的案件应当适用简易程序，法官不必拘泥于法庭调查和法庭辩论的固有模式，但必须在审判过程中保证最低限度的公正，重点是要核实被告人认罪的自愿性、明知性和明智性，以及被害人对于和解的真实态度，被告人和被害人都应当有言词陈述的权利和机会，检察官也应当出庭履职。

第三节 2012年《刑事诉讼法》确立的刑事和解制度

一、2012年《刑事诉讼法》对刑事和解的规定

如前所述，近些年来刑事和解在理论研究和司法改革探索中形成了一股热潮，同时也暴露出一些问题，其中最突出的就是刑事公诉案件的和解在法律上缺乏依据。基于此，理论界和实务界都希望并呼吁在刑事诉讼法的再修改中，对此能作出明确回应。

2012年3月修改的《刑事诉讼法》在立法体例上比修改前增加了一编，即第五编“特别程序”，分四章规定了刑事诉讼法中的四种特别程序，其中第二章为“当事人和解的公诉案件诉讼程序”，对理论上研究数年，实践中探索多年的“刑事和解热”，从国家立法上作出了正面回应，从而在我国刑事诉讼法上正式确立了公诉案件刑事和解制度。

根据《刑事诉讼法》的有关规定，我国刑事和解制度的要点如下：

1. 从总体上讲，我国刑事和解制度由三部分组成：公诉案件的和解、自诉案件的和解、刑事附带民事案件的和解。其中，自诉案件的和解和刑事附带民事案件的和解在2012年3月修改之前的《刑事诉讼法》上就已存在，公诉案件的和解是此次刑事诉讼法再修改中才正式确立的制度。它是指在刑事诉讼中，在法律规定的案件范围内，犯罪嫌疑人、被告人真诚悔罪，通过向被害人赔偿损失、赔礼道歉等方式获得被害人谅解，双方自愿和解并经办案机关审查、主持达成和解协议书，在此基础上办案机关根据法律的有关规定，对犯罪嫌疑人、被告人作出从宽处理或从宽处罚的制度。

2. 根据《刑事诉讼法》第277条的规定，公诉案件和解的范围是有限的，只限于下列两类：其一，故意犯罪案件，限于因民间纠纷引起，涉嫌刑法分则第四章、第五章规定的犯罪案件，并且是可能判处三年有期徒刑以下刑罚的案件；其二，过失犯罪案件，限于除渎职犯罪以外的

可能判处七年有期徒刑以下刑罚的案件。但是，还有一个排除条件，即如果犯罪嫌疑人、被告人在五年以内曾经故意犯罪的，即使属于以上两类案件范围也不可适用当事人和解的公诉案件诉讼程序。由此可见，立法对公诉案件和解的范围是严格控制的。

3. 根据《刑事诉讼法》第277条、第278条的规定，公诉案件刑事和解的主体是当事人，和解的条件是犯罪嫌疑人、被告人真诚悔罪，通过向被害人赔偿损失、赔礼道歉等方式获得被害人谅解，因而被害人自愿和解并与犯罪嫌疑人或被告人达成和解意向，而办案机关包括公安机关、人民检察院、人民法院不直接参与当事人双方相互交往、达成和解意向的过程，但在双方达成和解意向后应当听取当事人和其他有关人员的意见，对和解的自愿性、合法性进行审查并确认后，主持制作和解协议书。

从上面可以看出，公诉案件达成和解分为两个阶段：第一阶段是当事人双方相互交往，达成和解意向的阶段，办案机关不介入此阶段。在此阶段，犯罪嫌疑人、被告人可以直接出面，也可以委托亲属、辩护人或其他人与被害人取得联系，充分表达自己真诚悔罪的态度，并积极向对方表示愿意向被害人赔偿损失、赔礼道歉以及作出其他行为，希望获得被害人的谅解；被害人自己或委托亲属、诉讼代理人及其他人对此可以表明态度、提出意见，与对方进行协商，直至双方达成和解意向。所谓和解意向是指双方通过直接或间接交往，协商被害人对于犯罪嫌疑人、被告人的真诚悔罪及所作的赔偿损失、赔礼道歉以及其他行为表示接受，并对其实施的加害行为给予谅解，自愿与对方和解。至于达成和解意向的形式，可以是双方一致同意的口头表示，也可以是双方一致同意的书面文件，但这都不是正式的和解协议，只能看作是双方达成的和解意向。

第二阶段是办案机关对双方的和解意向进行审查并主持制作和解协议书的阶段。在此阶段，办案机关首先要对双方达成的和解意向进行审查，审查的内容包括和解的自愿性和合法性两个方面。审查的方式包括应当听取当事人和其他有关人员的意见。所谓其他有关人员是指参与双方和解过程的诉讼参与人以及其他有关人员，包括辩护人、诉讼代理人、受委托参与和解的其他人员以及双方的父母、配偶、子女、兄弟姐妹等。

审查自愿性，主要是看犯罪嫌疑人、被告人与被害人对于双方已达成的和解意向的真实态度，是否确实出于自愿，是否存在外部的协迫、强制等。审查合法性，主要是对双方达成的合作意向的内容是否合法进行审查。譬如，审查双方就犯罪嫌疑人、被告人的处理或处罚所达成的和解内容是否符合《刑法》的有关规定；再如审查本案是否属于《刑事诉讼法》规定的公诉案件刑事和解的范围；如此等等。在审查没有问题或者发现问题后双方予以纠正或调整，并且符合自愿性和合法性条件的，办案机关即应主持制作和解协议书。一旦双方在和解协议书上签字，本案和解协议即正式达成。

4. 和解协议的执行。根据《刑事诉讼法》第279条的规定，对于达成和解协议的案件，也就是经办案机关审查后，主持制作和解协议书并经双方签字确认的案件，办案机关根据和解协议书的有关内容和法律的有关规定，对案件的处理或处罚提出相关建议或者作出相关决定，并且因和解案件所处的诉讼阶段不同而提出的建议或作出的决定内容有所不同：

其一，在侦查阶段案件达成和解协议的，公安机关可以向人民检察院提出从宽处理的建议。这是对于侦查阶段达成和解案件的处理原则。从这一原则可以看出，对于侦查阶段达成和解协议的案件，公安机关是不能作出处理决定的包括不能作出撤销案件的决定，仍然要把案件移送到人民检察院进行审查，但在移送案件时可以向人民检察院提出从宽处理的建议。这里所谓“提出从宽处理的建议”一般包括两种情形：一种是建议人民检察院对已达成和解的案件依法作出不起诉的处理，另一种是建议人民检察院对已达成和解的案件在提起公诉时向人民法院提出从宽处罚的建议。

其二，在审查起诉阶段案件达成和解协议或者在侦查阶段已达成和解协议被移送至检察机关审查的案件，人民检察院根据案件的具体情况和法律的有关规定，分别情况作出两种不同处理：一种是人民检察院在向人民法院提起公诉时，向人民法院提出从宽处罚的建议，包括对被告人从轻处罚、减轻处罚的建议等；另一种是对于犯罪情节轻微，不需要判处刑罚的案件，人民检察院可以不向人民法院提起公诉，而是依法作出不起诉的决定，就此终止对该案的诉讼活动。

其三，在审判阶段案件达成和解协议或者在审查起诉阶段已达成和解协议被检察机关提起公诉的案件，人民法院可以依法对被告人从宽处罚，包括从轻处罚，减轻处罚，免予处罚等。

二、2012 年《刑事诉讼法》中公诉案件和解制度的定位与评析

（一）公诉案件刑事和解制度的定位

从以上 2012 年《刑事诉讼法》对公诉案件刑事和解制度的规定不难看出，它对公诉案件刑事和解制度的定位是：公诉案件刑事和解制度是一种在刑事诉讼过程中，针对特定范围的刑事公诉案件，基于当事人之间的和解意愿和办案机关的审查确认而对案件所采取的一种特殊的诉讼分流制度。它不仅具有本书第一章提出并阐述的刑事诉讼程序分流制度的一般或共同特征，即具有依附性（或从属性）、裁量性、多样性及法定性，而且还有两个特有的重要特征：

其一，自愿协商性，即公诉案件刑事和解是建立在当事人双方自愿协商的基础之上的。只有当事人自愿协商达成和解意向的，才有可能最终达成刑事和解，并按法律的有关规定对案件作出不同方式的分流处理。为了保证当事人的自愿协商，法律明确规定，办案机关及其办案人员在当事人协商达成和解意向过程中是不能介入的。只有当事人双方达成和解意向反映到办案机关面前时，办案机关才可以介入，而介入的任务首先是审查和解的自愿性，也就是审查所谓双方达成的刑事和解意向是否确实出于本人的自愿。如果存在任何一方不自愿的情形，则不可能最终达成刑事和解。

应该说，自愿协商性是公诉案件刑事和解制度的本质特征，它反映了“和解”二字的根本含义和本质属性。强调这一特征，旨在排除当事人以外的第三方力量对达成刑事和解意愿的胁迫或强制。所谓“第三方力量”既包括当事人依法委托的辩护人、诉讼代理人以及他们的近亲属，也包括办案机关及其办案人员。所谓“胁迫或强制”是指在当事人双方或任何一方不愿意、不同意进行刑事和解或者对和解条件达不成一致的情形下，第三方力量以某种事由或后果胁迫或强制当事人同意进行刑事和解或接受其本不接受的和解条件。但是，应当指出的是，强调自愿协

商性，反对胁迫、强制性，并不禁止第三方力量可以对当事人双方就是否达成刑事和解提出意见或建议。通常提出意见或建议的内容主要是三个方面：首先，在当事人不了解和解制度的情况下告知其该项制度的有关内容以及当事人在该项制度中的权利、义务；其次，向当事人介绍、说明其本人如果愿意以刑事和解方式处理案件对于其本人的意义、影响何在以及案件的最终结果如何；再次，当当事人一方对于自己是否应当与对方达成和解协议或者在和解条件上有所犹豫举棋不定的时候，帮助其分析利弊、权衡得失，但最终是否与对方和解，如何和解则应当由当事人自主决定。对于以上三个方面的意见或建议，“第三方力量”中的办案机关及办案人员只能提出前两个方面，其他有关人员则三个方面都可以提出。

其二，法定有限性，即刑事和解虽然是建立在当事人双方自愿协商的基础之上，但当事人并不能为所欲为。相反，只能在法定范围内进行协商，达成和解。而刑事和解的法定范围也就是刑事和解的合法性所在，包括两个方面：首先，可以进行刑事和解的案件范围是特定、有限的，只能是《刑事诉讼法》第277条规定的案件范围。在该规定范围以外的案件，不可进行刑事和解。其次，刑事和解的内容也就是和解的条件必须符合法律的规定，不能违反法律规定进行和解，譬如对本已构成严重犯罪，依法必须起诉的案件，不能以当事人达成和解意愿为由，以被害人的意见为据处理案件，如对被告人不予起诉或者在起诉之后对其判处法律不允许的刑罚。为了防止发生上述情形，法律规定对于当事人双方达成的和解意向，公安机关、人民检察院、人民法院应当听取当事人及其他有关人员的意见，对和解的自愿性进行审查，而且还要对和解的合法性进行审查。

2012年《刑事诉讼法》确立的刑事和解制度的自愿协商性和法定有限性特征是在总结以往司法实践中对于刑事和解进行各种探索的经验、教训基础上得出来的，也是在高度重视、充分研究以往社会上对于刑事和解实践探索产生的各种意见包括质疑、反对的意见的背景下提炼形成的。

在以往司法实务部门开展的刑事和解的探索实践中，一般表现为三种模式，即所谓“被害方—加害方自行和解”模式、“司法调解”模式

（司法人员劝说、主持加害人（进行和解）、“人民调解委员会调解”模式。[①] 其中的第二种模式，在实践中又有不同的作法，有的地方司法人员只是作为中间人，在加害人与被害人之间做一些说服、教育工作，促成双方和解；有的地方还设立专门机构，由司法人员直接出面“代表人民检察院与被追诉人展开协商”、“刑事和解办公室与被追诉人达成刑事和解协议的，应当在被追诉人履行相关义务后向公诉部门提出不起诉的处理建议。”[②] 还有的则是在司法人员的主持下促使双方当事人达成和解。不论以上何种作法，对于司法机关及其工作人员在刑事和解中究竟应当居于何种地位，担当何种角色，在理论上始终存在不同意见，特别是对于第二种做法，即司法机关直接与被追诉人员展开协商的做法，认识、分歧更大。其直接后果是难以保证刑事和解的自愿协商性，损害了司法机关在诉讼中的公正地位。针对这一问题，2012 年《刑事诉讼法》中的公诉案件刑事和解制度作出了正面回应，即办案机关及办案人员不应参与当事人双方达成和解意向前的协商甚至交涉过程，最多只能提出以上所述的前两个方面的咨询意见，也就是向当事人就刑事和解提出的有关法律问题进行解释、说明，并不对任何一方是否应当以及如何与对方进行刑事和解发表意见。只有在当事人双方已经达成和解意向正式向办案机关提出时，办案机关才应当介入其中，但仍然应当保持中立的立场，对和解的自愿性和合法性进行审查，在确认没有问题后主持制作和解协议书。如此一来，才能真正体现并保证和解的自愿协商性。

在以往刑事和解实践探索中，比较突出并充满争议的还有两个问题：其一，刑事和解的案件范围究竟应当多大？其二，和解协议的内容与案件处理的结果究竟应当是一种什么关系？对于第一个问题，实务界表现出十分谨慎的态度，将刑事和解的案件范围一般都限制在轻微刑事案件的范围。但具体表述有所不同：有的从罪名上加以限制，如轻伤害案件、过失犯罪案件可以和解；有的从犯罪主体上加以限制，如未成年人犯罪案件、70 岁以上老人犯罪案件可以和解；有的从可能判处的刑罚上加以

---

① 参见陈瑞华：《刑事诉讼的私力合作模式——刑事和解在中国的兴起》，载《中国法学》2006 年第 10 期。

② 卞建林、封利强：《构建刑事和解的中国模式》，载《刑事和解与程序分流学术研讨会论文集》，第 1 页，北京市朝阳区检察院内部资料。

限制，如刑事和解只限于可能判处三年有期徒刑以下刑罚的案件。但理论界对此问题存有争议。一种意见认为刑事和解应该只限于比较轻微的刑事案件，另一种意见则主张对刑事和解不应限制案件范围无论什么案件甚至故意杀人等严重犯罪案件，只要当事人自愿和解也应当允许。

对于第二个问题，即刑事和解协议的内容与和解案件的处理结果究竟应当是一种什么关系，实务界认为两者之间不能直接挂钩，即办案机关不能完全依据当事人达成的刑事和解内容对案件进行处理，主要还是依据法律的规定处理案件，当事人达成的和解只能作为处理案件的参考。例如不能因为当事人达成了和解协议，比如被害人接受加害人赔偿后表示自愿放弃对加害人追究刑事责任的，就无条件地对加害人不予起诉或在起诉后免予追究刑事责任。究竟是否对加害人提起公诉或判处刑罚，应当根据法律的规定并视案件的具体情况来决定。理论界有的人则认为，刑事和解案件的处理结果，势必应当与案件和解协议相挂钩。如果二者没有任何联系或关系，谁还愿意进行刑事和解呢？进而刑事和解制度不就没有生存空间了吗？

其实，以上两个问题是有内在的联系。刑事和解的案件范围如果不加以限制，无论什么案件包括故意杀人的严重犯罪案件也可以和解的话，那么，要使刑事和解的协议内容与案件的处理结果相互挂钩，困难、阻力就很大。因为越严重的犯罪，当事人达成和解时加害人一方对结果的期望值就越大，而在实际处理上满足加害人期望的难度也越大。同时，如果把刑事和解协议的内容与案件的处理结果毫不挂钩，无论和解协议的内容是什么，办案机关对案件的处理根本不予考虑，该怎么处理就怎么处理，那么，刑事和解制度确实就难以生存下去了。因此，在设计刑事和解制度时，必须把这两个问题联系起来统筹考虑。

2012 年《刑事诉讼法》对刑事和解制度的规定，应该说考虑了以上有关问题，体现了兼顾二者的精神。

首先，在刑事和解的案件范围上，新刑事诉讼法作了比较严格的限制。其一，对故意犯罪设置了三个条件：一是因民间纠纷引起，二是涉嫌刑法分则第四章、第五章规定的犯罪，三是可能判处三年有期徒刑以下刑罚的案件。其二，对过失犯罪设置了两个条件：一是必须是渎职犯罪以外的过失犯罪案件，二是可能判处七年有期徒刑以下刑罚的案件。

其三，对以上两类案件还设置了另外一个条件，即即使属于以上两类案件，犯罪嫌疑人、被告人还必须是在本次犯罪发生之前五年内没有进行过故意犯罪，否则，仍然不属于刑事和解的案件范围。

从上述可以看出，新刑事诉讼法上规定的可进行刑事和解的案件都属于比较轻微的犯罪，这一点主要体现在可能判处的刑罚上，故意犯罪只能是可能判处三年有期刑以下刑罚的案件，过失犯罪只能是可能判处七年有期徒刑以下刑罚的案件。由于对这些犯罪可能判处的刑罚较轻，就为达成和解协议后在案件处理结果上尽可能体现或兑现和解协议的内容，贯彻宽严相济刑事政策提供了条件。

其次，在案件的处理结果上，也为尽可能体现或兑现和解协议的内容提供了依据。新刑事诉讼法提供了视案件不同情况作出选择的空间：

其一，在侦查阶段虽不能对和解案件进行消化处理，但公安机关可以向人民检察院提出从宽处理的建议，而人民检察院无论对于公安机关移送的已达成和解协议的案件还是在审查起诉阶段才达成和解协议的案件，都可以根据案件的具体情况和法律的有关规定，对于符合酌定不起诉的案件依法作出不起诉的决定；即使对于不符合酌定不起诉法定条件的案件，检察机关在提起公诉时仍可以向人民法院提出从宽处罚的建议。

其二，对于审查起诉阶段达成和解协议而起诉到法院的案件或者在审判阶段才达成和解协议的案件，人民法院则可以在法律规定的范围内对和解案件的被告人予以从宽处罚，包括从轻、减轻处罚或免予刑事处罚。以上两个方面就在不同诉讼阶段以及不同程度上兑现或体现了刑事和解协议的内容。

综上可见，新刑事诉讼法对刑事公诉案件和解制度的定位总体上讲是一种特殊的诉讼分流制度，具体来讲则包括两种分流措施：其一，终止性的分流措施，检察机关对于已达成和解协议并符合酌定不起诉条件的案件，依法作出不起诉决定，就属于此种情形；其二，非终止性的分流措施，即对于已成达和解协议的案件在其他方面也符合法定条件的情况下，在审判程序上适用简易程序进行审判。由于和解案件的范围都是可能判处三年有期徒刑以下刑罚（故意犯罪）的案件或可能判处七年有期徒刑以下刑罚（过失犯罪）的案件，从适用范围上都符合新刑事诉讼法规定的由基层人民法院适用简易程序审判的案件。因此，对于以上案件，只要不存在法律规定的不可以适用简易程序的例外情形，都可以适用简易程序进行审判。

当然，从以上我们也可以看出，新刑事诉讼法规定的刑事公诉案件的和解制度并不是一种完全独立于常规诉讼程序的分流制度或分流措施，而是依附在、结合于常规诉讼程序之中发挥作用。

（二）公诉案件刑事和解制度的评析

1. 总体评价

客观地讲，新刑事诉讼法对于公诉案件刑事和解制度的规定是对以往若干年理论界和实务界掀起的“刑事和解热”进行冷静思考的产物，总体上应当予以肯定，以下几点尤其应当特别强调：

其一，充分注意并保障刑事和解的自愿性。这一点主要体现在公诉案件的和解是当事人之间的和解而不是当事人与办案机关之间的和解，因此，该和解制度的法定名称为“当事人和解的公诉案件诉讼程序”。为此，要求办案机关不介入当事人达成和解意向的过程，只有达成和解意向后，办案机关才介入其中从第三方的立场审查和解的自愿性和合法性。这不仅防止或排除了办案机关对当事人和解的不当干预，而且通过对当事人和解自愿性的审查，也可以防止或排除其他人对当事人和解自愿性的侵犯。

其二，充分注意并保障刑事和解的合法性。这一点主要体现在当事人达成和解意向后须由办案机关进行合法性审查并在审查基础上主持制作和解协议书。这一措施保证了刑事和解制度在法律允许的范围内健康运行，防止和排除了有人利用刑事和解制度从事违法活动，破坏法律程序，损害法律权威。

其三，充分注意并保障刑事和解的社会可接受性。在前几年“刑事和解热”中，始终伴随着一种强烈的质疑声：刑事和解违背了法律面前人人平等的法治原则，为有钱人提供了“拿钱买刑”的机会，这对穷人是不公平的，违背了社会正义。对于这种质疑，应当说立法机关给予了高度关注，在设计刑事和解制度时有意识予以充分注意，以保障刑事和解的社会可接受性。首先，将刑事和解限定在犯罪性质较轻，可能判处的刑罚也较轻的范围内，诸如在故意犯罪方面，须是“因民间纠纷引起，涉嫌刑法分则第四章、第五章规定的犯罪案件，可能判处三年有期徒刑以下刑罚的案件；在过失犯罪方面则是“除渎职犯罪以外可能判处七年有期徒刑以下刑罚的过失犯罪案件”；不仅如此，以上两类案件中，如果“犯罪嫌疑人、被告人在五年内曾经故意犯罪的”，则不适用刑事和解程序。其次，将刑事和解案件的处理结果置于法律规定的范围内，即使当事人达成刑事和解协议的案件，并不能对犯罪嫌疑人、被告人作出不同于正常案件的处理决定，而是仍然纳入到正常案件的处理范围内，一并统筹考虑，符合法律从宽处理、从宽处罚规定的，才可以从宽处理或从宽处罚。这就使得人们感受到刑事和解案件并没有得到“法外的特殊待遇”。

2. 存在的明显不足

当然，理性地讲，此次新刑事诉讼法规定的刑事和解制度也有不足。在笔者看来，最大的问题是对于侦查阶段达成和解协议的案件，不加区别地一律要求公安机关移送检察机关，只可以向人民检察院提出“从宽处理”的建议，而不允许对任何案件在侦查阶段作出终止性的处理即撤销案件的决定，这是令人不解的。

我们认为对于正处在刑事侦查阶段，被公安机关立案侦查的原本属于自诉案件范围的刑事案件，如果当事人达成和解协议并且被害人一方明确表示放弃对加害人即犯罪嫌疑人追究刑事责任的，公安机关经审查符合自愿性和合法性条件的，应当允许公安机关作出撤销案件的决定，而不必要求其移送人民检察院。理由是：

首先，自诉案件的性质决定了作为自诉人的被害人具有决定对加害人是否告诉以及是否追究刑事责任的处分权。

根据《刑事诉讼法》第204条的规定，“自诉案件包括下列案件：（一）告诉才处理的案件；（二）被害人有证据证明的轻微刑事案件；（三）被害人有证据证明对被告人侵犯自己人身、财产权利的行为应当依法追究刑事责任，而公安机关或者人民检察院不予追究被告人刑事责任的案件。”以上三类案件，（一）和（二）属于典型的、纯粹的自诉案件，也正是笔者所称之的“原本属于自诉案件范围的刑事案件”。对于这两类案件，笔者主张在侦查阶段当事人达成和解协议并且被害人自愿表示放弃追究加害人刑事责任的，应当允许公安机关作出撤销案件的决定。

而（三）则原本不属于自诉案件，只是由于公安机关、检察机关在侦查或审查起诉中作出了不予追究犯罪嫌疑人刑事责任的决定，法律规定可转化为可由被害人向人民法院提起自诉的案件，理论上称其为“公诉转自诉”的案件。笔者所讲的侦查阶段当事人达成和解协议后，公安机关可作出撤销案件决定的案件并不包括这类案件。因为这类案件一旦发生就已不在侦查阶段了，而是离开了侦查阶段，不可能再达成和解协议，由公安机关撤销案件了。

根据刑事诉讼法和有关司法解释的规定，以上（一）类自诉案件即刑法规定的“告诉才处理的案件”，具体包括：（1）侮辱、诽谤案；（2）暴力干涉婚姻自由案；（3）虐待案；（4）侵占他人财物案。这四类案件属于“不告不理”的“告诉才处理的案件”；以上（二）类自诉案件是指下列被害人有证据证明的刑事案件：（1）故意伤害案（轻伤）；（2）非法侵入住宅案；（3）侵犯通信自由案；（4）重婚案；（5）遗弃案；（6）生产销售伪劣商品案（严重危害社会秩序和国家利益的除外）；（7）侵犯知识产权案（严重危害社会秩序和国家利益的除外）；（8）属于刑法分则第四章、第五章规定的，对被告人可以判处 3 年有期徒刑以下刑罚的其他轻微刑事案件。

从以上所述（一）（二）类案件可以看出，都属于主要侵犯被害人合法权益，比较轻微的刑事案件。正因为如此，《刑事诉讼法》第 206 条明确规定：“人民法院对于自诉案件，可以进行调解；自诉人在宣告判决前，可以同被告人自行和解或者撤回自诉。本法第 204 条第三项规定的案件不适用调解。”最高人民法院《关于适用〈刑事诉讼法〉的解释》（以下简称“最高法院《解释》”）第 272 条进一步规定：“判决宣告前，自诉案件的当事人可以自行和解，自诉人可以撤回自诉。人民法院经审查，认为和解、撤回自诉确属自愿的，应当裁定准许；认为系被强迫、威吓等，并非出于自愿的，不予准许。”由此可见，自诉人对于自诉案件拥有是否告诉以及是否追究被告人刑事责任的处分权。人民法院只是从保护自诉人的角度，审查其和解、撤回自诉是否确属自愿，只要确认确属自愿，即准许其撤回自诉，诉讼程序到此终结。这既是对自诉人合法权益的保护，也是对自诉人个人意志的尊重。

根据以上，既然人民法院都可以尊重自诉人的意愿，准许其撤回自诉，终结诉讼，为什么公安机关对于同样属于自诉案件，同样由当事人达成和解，并且被害人明确表示放弃对加害人追究责任的案件不能撤销案件，终止诉讼呢?

其次，自诉案件的性质决定了对于该类案件基于当事人特别是被害人的意愿撤销案件，终止诉讼，既有利于化解当事人的矛盾，和睦相处，也有利于维护社会和谐稳定。

如前所述，以上刑事案件都属于主要侵犯被害人个人合法权益，比较轻微的刑事案件，从传统观点上看，都属于人民法院内部的矛盾。因此，法律将其规定为“自诉案件”，就是要赋予当事人对此类案件拥有较大的处分权，包括是否起诉、和解、撤诉等重要的权利。既然如此，就应当充分尊重当事人特别是自诉人或被害人的意愿。在这些案件中，被害人与加害人相互之间往往是家庭关系、邻里关系、同事关系、生意关系或其他熟人关系，一旦允许他们相互和解并撤销案件，对他们修复相互关系，和睦相处具有重要意义。一旦他们能够捐弃前嫌，和睦相处，又为社会和谐、稳定注入了积极因素。相反，不同意他们的和解协议，在侦查阶段不撤销案件而非移送到人民检察院再作处理，无疑将加剧他们相互之间的不和谐因素，也将加剧社会不稳定的因素。

再次，对于此类自诉案件基于当事人特别是被害人的意愿撤销案件，终止诉讼，也有利于节约司法资源，提高诉讼效率。

从司法实践来看，在基层公安机关立案侦查的案件中，属于上述自诉案件范围的案件占有相当的比例，特别是其中的轻伤害案件在有的地方占到当地刑事案件的20% ~30%。这类案件如果能在侦查阶段当事人达成和解协议，被害人表示放弃追究加害人的刑事责任后，公安机关据此作出撤销案件，终止诉讼的决定，而不再向人民检察院移送案件，势必会大大节约司法资源，提高诉讼效率。例如，2001 年至 2002 年，山东威海市 40% 的轻伤害案件通过刑事和解撤案方式结案。2003 年 1 月至 2004 年 6 月，威海高区公安分局共受理轻伤害案件 89 起，立案后当事人自行和解的公安机关作撤案处理的 43 件，占 48.1%；威海环翠区公安分局受理轻伤害案件 165 件，当事人刑事和解后公安机关撤案 34 件，占

20.6%。[1] 试想：一个区如此，全国几千个区（县）公安机关，如果在侦查活动中，每个区（县）公安机关都能通过刑事和解撤案处理一部分轻伤害案件，那么就会聚成一个庞大的案件数量。与此相适应，将会节约非常可观的司法资源，也将对提高诉讼效率产生明显效果！

基于以上，我们认为应当在未来通过修改刑事诉讼法的有关规定或通过发布相关立法解释的途径，明确在侦查阶段，公安机关对于原本属于自诉案件范围的刑事案件，在当事人达成和解协议其中被害人明确表示放弃追究加害人刑事责任的案件，可以作出撤销案件，终止诉讼的决定。

其实，我们注意到这个问题在前些年的“刑事和解热”中也曾讨论过，赞成者有之，反对者也有之。譬如有学者认为“在侦查阶段，无论和解案件是否有终结诉讼的必要，公安机关均应将案件及和解协议移送检察机关审查起诉部门审查决定，……但不能自行作出撤销案件的决定。因为公安机关撤销案件的决定超越了法律授权。根据刑事诉讼法及其他规定，侦查阶段撤销案件仅适用于三种情形，其一是没有犯罪事实；其二是有犯罪事实但不是嫌疑人所为，其三是依据刑事诉讼法第15条规定不追究刑事责任。”[2] 这一观点放在当时的背景和刑事诉讼法的相关规定下，应该是能够成立的。不仅如此，即使放在2012年刑事诉讼法修改后的背景和相关规定下也是能够成立的。但是，笔者认为这个问题是应该通过修改法律相关规定或发布相关立法解释加以解决的。因为从理论上和刑事诉讼法的相关规定上看，我们提出的上述主张是能够成立的，不仅符合法理，也符合刑事诉讼公正与效率的价值追求。

侦查阶段刑事和解尚有不足的第二个问题是，在侦查阶段侦查机关提请批准逮捕前或检察机关审查批捕过程中，当事人如果达成和解协议，是否应当在审查批捕时作为是否批准逮捕的一个重要因素加以考虑。从《刑事诉讼法》的有关规定来看，似乎没有直接对此作出规定，但从第279条关于“对于达成和解协议的案件，公安机关可以向人民检察院提出从宽处理的建议”的规定中，又似乎可以推导出这一内容或精神。而从

---

① 陈光中、葛琳：《刑事和解初探》，载《中国法学》2006年第5期。

② 甄贞：《建构刑事和解制度的基本思路》，载《刑事和解与程序分流学术研讨会论文集》第4页，未公开出版。

最高人民检察院发布的《人民检察院刑事诉讼规则（试行）》的相关规定中则可以直接找到明确规定，其第518条规定：“双方当事人在侦查阶段达成和解协议，公安机关向人民检察院提出从宽处理建议的，人民检察院在审查逮捕和审查起诉时应当充分考虑公安机关的建议。”第519条规定：“人民检察院对于公安机关提请批准逮捕的案件，双方当事人达成和解协议的，可以作为有无社会危险性或者社会危害性大小的因素予以考虑，经审查认为不需要逮捕的，可以作出不批准逮捕的决定；在审查起诉阶段可以依法变更强制措施。”对于上述规定，笔者是赞同的，既然在审查批准逮捕前，当事人双方达成了和解协议，那么就应当作为衡量犯罪嫌疑人是否具有社会危险性以及社会危险性大小进而是否有必要对其逮捕的重要因素，这应当是对达成刑事和解的嫌疑人“从宽处理”的应有之义，也体现了刑事和解制度在适用强制措施上的分流功能。当然，客观地讲，如果在提请批准逮捕前当事人已达成刑事和解协议，那么公安机关应当考虑的是问题首先应当是对该犯罪嫌疑人是否还有必要提请检察机关审查批准逮捕，如果认为没有必要的话，就不应当再提请检察机关审查批准逮捕，而是直接作出变更刑事拘留强制措施为其他非羁押性强制措施的决定，除非该案属于法律规定“应当予以逮捕”的情形。

此外，上面讲的都是在提请批准逮捕前当事人已达成和解协议的情况，没有涉及此前尚没有达成和解协议，而在检察机关审查批准逮捕过程中是否允许当事人达成和解协议并以此作为是否批准逮捕犯罪嫌疑人考量因素的问题。对此，笔者认为应当是允许的，并且也应当作为检察机关是否批准逮捕的重要考量因素。如果达成的和解协议足以表明对嫌疑人批准逮捕是不必要的，就不应当对其批准逮捕，除非该案属于法律规定的“应当予以逮捕”的情形。这样做也是对减少羁押这一刑事政策和立法精神的贯彻执行。

三、公诉案件刑事和解制度与其他案件中类似和解行为的关系

通过以上论述我们已经知道，现行刑事诉讼法正式建立的公诉案件刑事和解制度是有严格限制的，其中包括案件范围的严格限制。这就意

味着，不符合该法定范围的刑事案件，是不可以按照刑事诉讼法规定的“当事人和解的公诉案件诉讼程序”进行和解，进而也不应该按照该程序的规定处理案件。但是，如此以来，就产生了一个非常现实的问题，即在上述案件范围以外的其他案件中，当事人之间是否可以象公诉案件刑事和解案件那样，犯罪嫌疑人、被告人愿意悔罪，主动向被害人赔偿损失、赔礼道歉，被害人对此表示接受并对犯罪嫌疑人、被告人表示一定程度的谅解，希望办案机关对犯罪嫌疑人、被告人从宽处理或从宽处罚？这也就是本部分标题中所述的“其他案件中类似和解行为”。与此同时，办案机关对此是否应当加以考虑并处理案件时有所体现？

笔者认为，尽管现行刑事诉讼法规定的公诉案件刑事和解制度有着严格的案件范围和适用条件限制，并且确实将刑事和解限制在一个比较小的范围。但并不能因此而禁止或排斥在其他案件中当事人自愿作出类似刑事和解的行为。如果这样做，势必堵死了法定刑事和解案件范围以外的其他案件中犯罪嫌疑人、被告人自愿认罪、悔罪并向被害人赔礼道歉、赔偿损失的大门，这与刑事诉讼的目的、刑罚的目的以及我国一贯的刑事政策是相违背的。因此，应当明确现行刑事诉讼法规定的公诉案件刑事和解制度与此法定和解范围以外的案件中当事人类似和解的行为并不冲突，也不排斥，而应当并行不悖。它们的区别在于，前者是一种特定而严格的法律制度，必须在法律规定范围内进行，后者则并不是一种特定而严格的法律制度，而是表明犯罪嫌疑人、被告人认罪、悔罪态度及被害人予以接受并在一定程度上予以谅解的酌定的情形，它在办案机关对所涉案件作出程序性处理或实体性处罚时势必应当发挥一定的影响。因为，这些在不同诉讼阶段和不同程度上都反映出犯罪嫌疑人、被告人在面对是否对其采取羁押性强制措施、是否对其作出酌定不起诉决定以及如何对其量刑时，所表现出的积极的一面，在法律允许的范围内不能不考虑这些积极的表现。

其实，以上对这两个方面关系的分析论述，实际上与前几年“刑事和解热”中有关刑事和解的范围究竟是否应当加以限制或者究竟应当多大的讨论是有很大关联的。一部分人之所以提出对刑事和解的案件范围不应限制，甚至死刑案件也可以进行刑事和解的观点，实际上与笔者以上对二者关系的分析、论述是异曲同工的。因为无论叫不叫刑事和解，只要犯罪嫌疑人、被告人能够真诚认罪悔罪，并向被害人赔偿损失、赔礼道歉，而被害人又表示接受和一定程度的谅解，按照我国一贯的刑事政策，根据刑法、刑事诉讼法的有关规定，就不能不在对案件的处理中有所考虑、有所体现。如今刑事诉讼法虽然没有采纳这种主张，而是建立了在案件范围和适用条件上严格限制的公诉案件刑事和解制度。但不能由此认为公诉案件刑事和解制度是禁止或排斥其他案件中类似刑事和解行为的。现行刑事诉讼法之所以如此限制，应当说主要是因为这项制度毕竟是一项严肃的法律制度，我们以往缺乏立法和司法经验，前几年的司法探索中又出现了一些问题，甚至引起了社会的质疑。在此情形下，对刑事和解制度加以限制是必要的，表明了立法机关的谨慎和严肃态度。但这并不意味着在其他案件中完全排斥或禁止类似公诉案件刑事和解的行为，只是在处理案件时作为酌定情节加以考量即可。

第八章 我国立案、侦查阶段的程序分流

刑事立案与侦查阶段是刑事诉讼的起步阶段。此阶段的主要任务是确认犯罪事实是否发生，收集相关证据，查获犯罪嫌疑人。从一定意义上讲，此阶段处于对犯罪事实和犯罪嫌疑人的认识从无到有、从笼统到清晰的过程。在此阶段是否应当实行程序分流，如何进行程序分流，在理论上和实践上都有不少需要探讨解决的问题。

第一节 我国现行立法关于立案、侦查阶段程序分流的相关规定

在刑事立案、侦查阶段，涉及对案件进行分流处理的主要有立案环节、侦查终结环节以及审查批准逮捕环节等。从我国现行立法来看，其并没有规定在以上环节中都可以进行程序分流。

一、我国立法没有规定立案环节的程序分流

对于立案，我国《刑事诉讼法》第107条规定："公安机关或者人民检察院发现犯罪事实或者犯罪嫌疑人，应当按照管辖范围，立案侦查。"其中，"应当……立案侦查"，表明对"犯罪事实"或者"犯罪嫌疑人"是否予以立案，侦查机关并不享有自由裁量权。然而，《刑事诉讼法》第110条却规定："人民法院、人民检察院或者公安机关对于报案、控告、举报和自首的材料，应当按照管辖范围，迅速进行审查，认为有犯罪事

实需要追究刑事责任的时候，应当立案；认为没有犯罪事实，或者犯罪事实显著轻微，不需要追究刑事责任的时候，不予立案，并且将不立案的原因通知控告人。控告人如果不服，可以申请复议。”据此可知，“有犯罪事实”，公安司法机关并不必然作出立案决定，对于其中“犯罪事实显著轻微，不需要追究刑事责任的”，公安司法机关应作不予立案的决定。这似乎与上述第107条的规定相冲突。

而在公安部制定的部门规章中，《刑事诉讼法》第107条的规定又被进一步具体化。公安部2012年12月发布的《公安机关办理刑事案件程序规定》（以下简称《刑事案件规定》）第175条规定：“公安机关接受案件后，经审查，认为有犯罪事实需要追究刑事责任，且属于自己管辖的，经县级以上公安机关负责人批准，予以立案；认为没有犯罪事实，或者犯罪事实显著轻微不需要追究刑事责任，或者具有其他依法不追究刑事责任情形的，经县级以上公安机关负责人批准，不予立案。”可见，其中也明确指出，对于“犯罪事实显著轻微不需要追究刑事责任”的，公安机关应作不予立案决定。

上述条文的不同规定无疑令人生疑，在立案阶段，对于已经构成犯罪的事实，是否可以因“显著轻微”而作出不立案决定，使之从正常的诉讼程序中分流出去呢?

我国《刑法》第13条规定：“一切危害国家主权、领土完整和安全，分裂国家、颠覆人民民主专政的政权和推翻社会主义制度，破坏社会秩序和经济秩序，侵犯国有财产或者劳动群众集体所有的财产，侵犯公民私人所有的财产，侵犯公民人身权利、民主权利和其他权利，以及其他危害社会的行为，依照法律应当受刑罚处罚的，都是犯罪，但是情节显著轻微危害不大的，不认为是犯罪。”根据此条中的但书条款，“情节显著轻微危害不大的”行为，从性质上来看“不认为是犯罪”。换言之，此类行为本身即不构成犯罪，因而不应当追究刑事责任。对于此类行为，在刑事诉讼立案阶段发现的，理所当然应作出不予立案的决定。公安司法机关并不享有也不应当享有自由裁量的权力。正因如此，我国《刑事诉讼法》第15条规定：“有下列情形之一的，不追究刑事责任，已经追究的，应当撤销案件，或者不起诉，或者终止审理，或者宣告无罪：（一）情节显著轻微、危害不大，不认为是犯罪的；……”这与上述刑法的规定是相一致的。

那么，《刑事诉讼法》第 110 条、公安部《刑事案件规定》第 175 条中所涉及的“犯罪事实显著轻微”的行为与刑法第 13 条但书条款以及《刑事诉讼法》第 15 条中的“情节显著轻微危害不大的”行为是何关系呢？显然，如果前者与后者是指同一类行为，那么，公安司法机关对前者作不立案决定就是其对不构成犯罪的行为的当然处理，而并不涉及对犯罪行为的分流。笔者认为，从相关立法的本意来看，以上不同规定应当是指同一类行为，即不认为是犯罪的行为。

第一，在《刑事诉讼法》第 110 条与公安机关《刑事案件规定》第 175 条中，“犯罪事实显著轻微”都受到“不需要追究刑事责任”的限定。然而，从刑法的理论和立法来看，已经构成犯罪，但因为显著轻微而不需要追究刑事责任，是没有依据的。需要指出的是，《刑法》第 37 条规定：“对于犯罪情节轻微不需要判处刑罚的，可以免予刑事处罚，但是可以根据案件的不同情况，予以训诫或者责令具结悔过、赔礼道歉、赔偿损失，或者由主管部门予以行政处罚或者行政处分。”其中，“犯罪情节轻微不需要判处刑罚”，并不等同于“犯罪事实显著轻微不需要追究刑事责任”。因为，“刑事责任是刑事法律规定的，因实施犯罪行为而产生的，由司法机关强制犯罪者承受的刑事惩罚或单纯否定性法律评价的负担。”① 其可以表现为有罪评价和刑罚处罚，也可以表现为单纯的有罪评价而不附加刑罚处罚，“免于刑事处罚”同样是追究刑事责任的一种方式。可见，从《刑法》第 37 条的规定来看，对于已经构成犯罪的行为，情节轻微可以作为判断是否需要给予刑罚处罚的依据，却不能作为判断是否需要追究刑事责任的标准。因此，《刑事诉讼法》第 110 条与公安机关《刑事案件规定》第 175 条中的“犯罪事实显著轻微不需要追究刑事责任”应当理解为与《刑法》第 13 条和《刑事诉讼法》第 15 条中所规定的“情节显著轻微危害不大，不认为是犯罪”的情形是一致的。

第二，公安部发布的《公安机关办理伤害案件规定》（以下简称《伤害案件规定》）的相关条款与立法本意也是一致的。其第 28 条规定：“被害人伤情构成轻伤、重伤或者死亡，需要追究犯罪嫌疑人刑事责任

---

① 高铭暄、马克昌主编：《刑法学》，北京大学出版社、高等教育出版社 2005 年版，第 215 页。

的，依照《中华人民共和国刑事诉讼法》的有关规定办理。”第29条规定：“根据《中华人民共和国刑法》第13条及《中华人民共和国刑事诉讼法》第15条第1项规定，对故意伤害他人致轻伤，情节显著轻微、危害不大，不认为是犯罪的，以及被害人伤情达不到轻伤的，应当依法予以治安管理处罚。”从第29条所指的立法依据来看，恰恰是上述《刑法》第13条以及《刑事诉讼法》第15条第1项的规定。由此，我们有理由认为，《刑事诉讼法》第110条与公安机关《刑事案件规定》第175条中的“犯罪事实显著轻微”与《刑法》第13条和《刑事诉讼法》第15条第1项中规定的“情节显著轻微危害不大”的情形是一致的。

第三，相关司法解释也在一定程度上提供了佐证。《人民检察院刑事诉讼规则》（以下简称《规则》）第183条规定：“人民检察院对于直接受理的案件，经审查认为有犯罪事实需要追究刑事责任的，应当制作立案报告书，经检察长批准后予以立案。”其中，并无对已构成犯罪因事实轻微而作不立案决定的规定。

二、我国立法也未确立撤销案件环节的程序分流

对于撤销案件，我国《刑事诉讼法》第161条规定：“在侦查过程中，发现不应对犯罪嫌疑人追究刑事责任的，应当撤销案件。”所谓“不应对犯罪嫌疑人追究刑事责任”的情形，主要是指行为本身不构成犯罪、不应进行刑事诉讼或者诉讼的进行根本没有意义等情况。根据刑事诉讼法第15条的规定，这些情形主要包括：（1）情节显著轻微、危害不大，不认为是犯罪的；（2）犯罪已过追诉时效期限的；（3）经特赦令免除刑罚的；（4）依照刑法告诉才处理的犯罪，没有告诉或者撤回告诉的；（5）犯罪嫌疑人、被告人死亡的；（6）其他法律规定免于追究刑事责任的。公安机关《刑事案件规定》第183条也明确规定，公安机关经过侦查发现案件具有上述（1）、（2）、（3）、（5）、（6）种情形以及没有犯罪事实的，应当撤销案件。人民检察院《规则》第290条也规定，检察院对自侦案件，发现具有下列情形之一的，侦查部门应当制作拟撤销案件意见书，报请检察长或者检察委员会决定：（1）具有刑事诉讼法第15条规定情形之一的；（2）没有犯罪事实的，或者依照刑法规定不负刑事责

任或者不是犯罪的；（3）虽有犯罪事实，但不是犯罪嫌疑人所为的。

根据上述规定来看，对于已经构成犯罪的案件，只要不具有刑事诉讼法第15条规定的情形，公安机关与人民检察院就没有撤销案件的权力。相反，《刑事诉讼法》第160条规定：“公安机关侦查终结的案件，应当做到犯罪事实清楚，证据确实、充分，并且写出起诉意见书，连同案卷材料、证据一并移送同级人民检察院审查决定。”据此，对于已经构成犯罪的案件，无论案件的性质和情节、犯罪嫌疑人的个人情况、犯罪的具体情形及其事后表现如何，公安机关一律要将案件移送人民检察院审查决定是否起诉。即使对于犯罪情节轻微，依法不需要判处刑罚或者免除刑罚的案件，公安机关也只能在移送案件时，注明具备不起诉的条件，而无权自行对案件进行分流。根据人民检察院《规则》第286条、第287条的规定，检察机关对于自侦案件，也是作类似于上述方式的处理，即侦查部门不能撤销案件，只能提出《不起诉意见书》，移送本院公诉部门审查处理。

三、我国立法在审查批准逮捕环节建立了程序分流机制

对于逮捕，根据《刑事诉讼法》第79条的规定，对有证据证明有犯罪事实，可能判处徒刑以上刑罚的犯罪嫌疑人、被告人，采取取保候审，尚不足以防止发生本条所列五种社会危险性的，应当予以逮捕。此外，对有证据证明有犯罪事实，可能判处十年有期徒刑以上刑罚的，或者有证据证明有犯罪事实，可能判处徒刑以上刑罚，曾经故意犯罪或者身份不明的，也应当予以逮捕。同时，如果不符合“应当予以逮捕”的上述条件，就属于可以不予以逮捕的裁量范围。不仅如此，根据《刑事诉讼法》第72条的规定，即使符合逮捕条件的案件，如果犯罪嫌疑人、被告人具有本条所列五种情形之一的，则可以对其监视居住。

此外，《刑事诉讼法》第269条还规定：“对未成年犯罪嫌疑人、被告人应当严格限制适用逮捕措施。人民检察院审查批准逮捕和人民法院决定逮捕，应当讯问未成年犯罪嫌疑人、被告人，听取辩护律师的意见。”这一规定充分表明对未成年犯罪嫌疑人、被告人应当严格限制适用逮捕措施的立法精神，属于逮捕环节重要的分流措施。

检察机关是我国法定审查批准逮捕的机关，为此，人民检察院《规定》对于审查批准逮捕过程中哪些案件应当逮捕，哪些案件可以不逮捕，哪些案件应当不逮捕或不予逮捕作了比较详细、明确、具体的规定，其中第43条专门规定了“人民检察院应当作出不批准逮捕的决定或者不予逮捕”的各种情形；第44条专门规定了人民检察院“可以作出不批准逮捕的决定或不予逮捕”的各种情形。

第二节　立案、侦查阶段构建与完善程序分流机制的必要性和可行性

一、立案、侦查阶段构建与完善程序分流机制的必要性

（一）立案、侦查阶段程序构建与完善程序分流机制，有利于贯彻“非刑罚化”与“刑罚个别化”的刑事政策

从历史上来看，人类的刑罚观经历了由报应刑主义向目的刑主义的转变。与前者主张刑罚是根据正义原则而对犯罪施加的一种报应不同，后者认为，国家设置刑罚的目的在于预防犯罪。“刑罚不单是作为对犯罪的报应而科处之，要考察犯人的性格及围绕犯人的社会情况为了使该犯人将来不再犯罪而科处之。”① 据此，如果不适用刑罚，采用其他非刑罚处理手段也能达到预防和控制犯罪的目的时，应排除刑罚的使用，而改用非刑罚的处理手段，即主张“非刑罚化”；同时，为特殊预防之目的，在适用刑罚时，要充分考虑被追诉人的性别、年龄、性格、社会危害性大小以及环境影响等各方面因素，以决定是否处刑以及处刑轻重，即主张“刑罚个别化”。

然而，在我国，公安机关或人民检察院在立案、侦查阶段，对符合立案条件的刑事案件一律要作出立案决定予以侦查并在认为构成犯罪的情形下移送检察机关审查起诉。这其中不乏犯罪情节轻微的案件以及未

① ［日］久礼田益喜：《日本刑法总论》，松堂1925年版，第28页。转引自马克昌主编：《近代西方刑法学说史略》，中国检察出版社2004年版，第160页。

成年人、老年人、偶尔失足者、过失或防卫过当的案件。这些案件在立案、侦查、移送审查起诉以后，难免被移送审判，被追诉人往往被确定有罪并处以短期自由刑，使得非刑罚化与刑罚个别化无从实现。这不仅会将被追诉人贴上犯罪人的标签，导致其心理异化，产生逆反和对抗，而且极易导致其在短期监禁中受其他严重犯罪人的“交叉感染”，掌握更多的犯罪技术和手段，以致在释放之后重新走上违法犯罪的道路。

针对上述弊端，我国有必要在立案、侦查阶段建立并完善程序分流机制，赋予侦查机关程序分流的权力，使之能够从犯罪的主体因素、客观环境、犯罪特点等方面进行考察，并将具有不宜追诉情形的犯罪嫌疑人从刑事程序中解脱出来，避免被法院定罪处刑的危险。特别是对于未成年人、老年人、偶犯、过失犯、防卫过当犯等，如果社会危害性较小，可以不再继续追诉。从而使“非刑罚化”与“刑罚个别化”的思想在立案、侦查阶段得以落实，进而使刑事诉讼的运行有助于预防和控制犯罪，符合刑罚的目的。

（二）立案、侦查阶段构建与完善程序分流机制，有利于司法资源的优化配置，提高刑事追诉的整体效益

“法律中所存在着的价值，并不仅限于秩序、公平和个人自由三种。许多法律规范首先是以实用性，以获得最大效益为基础的。”① 刑事诉讼领域也不例外。特别是20世纪60年代以来，犯罪率居高不下，司法机关疲于应付。案件积压、诉讼拖延的现实，更加迫使人们将效率列为公正之外又一项重要的价值目标。

效率价值的最大化要求人们以尽可能少的投入，获取尽可能多的产出。而立案、侦查阶段程序分流的缺失或不足，显然不利于这一目标的实现。如前所述，由于我国在立案、侦查阶段缺乏充分的分流机制，除具有法定不予追诉情形的案件以外，所有案件均须立案、侦查乃至移送审查起诉，并且对绝大部分犯罪嫌疑人予以逮捕。在此过程中，国家以及当事人和其他诉讼参与人须投入大量的人、财、物等司法资源。这样做对某些案件，如部分轻微案件来说并无必要，而且造成浪费。同时，

① ［英］彼得·斯坦、约翰·香德：《西方社会的法律价值》，中国人民公安大学出版社1989年版，第19页。

无视个案的具体情形，一律立案、侦查、移送审查起诉，形式上的平等分配司法资源将导致实质上的司法资源配置不均衡、不合理，以致部分大案、要案因缺乏充分的司法资源配给，难以顺利、有效地进行追诉。

鉴于上述，我国有必要在立案、侦查阶段实行程序分流。一方面，使一部分刑事案件在此阶段得到分流处理，减少诉讼环节，节省人、财、物等司法资源的耗费。另一方面，在保证简单、轻微案件等能够公正处理的前提下，适当减少对一般案件司法资源的投入，而在重大、复杂案件中投入相对较多的人、财、物，确保此类案件追诉的需要，实现司法资源的优化配置，有利于刑事追诉整体效益的提高。

（三）立案、侦查阶段构建与完善程序分流机制，有利于消弭冲突，促进社会和谐发展

随着人们对犯罪和司法问题认识的深化，人们发现了传统刑事司法的诸多弊端，比如，漠视被害人需求，损害被害人权利；只是要求犯罪人付出代价，而不是要求其积极地修复所造成的损害；远离社区，未能使社区在犯罪预防中发挥积极的作用；司法成本高，而预防犯罪的收效甚微；国家干预程度过大，扩大了社会裂痕等。[①]

由于立案、侦查阶段程序分流机制的缺失或不充分，上述弊端在我国也有显现。如前所述，公安机关或人民检察院对刑事案件除法定例外情形，须一律立案侦查、移送审查起诉，以追究涉案犯罪嫌疑人的刑事责任。然而，这并不意味着被害人或被害社区的受损利益得到了应有的重视和弥补。从程序上来看，被害人虽然具有诉讼当事人的地位，但对于诉讼的推进与否，没有表达个人意志的途径；而从实体上来看，被害人虽然是犯罪行为侵害的对象，但却无法获得来自于加害方的精神慰藉和物质补偿。同时，被害社区的利益也缺乏相应的保护。另一方面，被追诉人与被害人因缺乏沟通而情感更加对立甚至矛盾更加激化，显然不利于社会秩序的稳定与和谐发展。

针对上述问题，我国有必要在立案、侦查阶段建立使当事人双方可沟通交流的程序机制，一旦条件成熟即可进行程序分流。这不仅使一部

① 陈晓明:《论修复性司法》,载《法学研究》2006 年第 1 期,第 52 页。

分符合条件的被追诉人能尽早地从诉讼程序中解脱出来，避免被法院定罪处刑的恶果，从而对社会心存感激，为其认真反思、真诚悔过奠定心理基础，同时也使其人身自由不会因为后续的诉讼程序或定罪处刑的判决而受到限制，为其以实际行动对被害人或被害社区的损害进行补偿创造条件。另一方面，来自被追诉人的真诚忏悔与充分补偿，又将弥合被害人或被害社区居民受到创伤的心灵，弥补被害人与被害社区因犯罪行为受到的物质损失，使被害人与被害社区能够谅解被追诉人，重新接纳被追诉人。在此情形下，被追诉人与被害人或被害社区之间的矛盾可得到化解，受到破坏的社会秩序也会得以恢复，进而促进社会的和谐发展。

二、立案、侦查阶段构建与完善程序分流机制的可行性

近年来，随着构建社会主义和谐社会目标的提出以及宽严相济刑事政策的倡导和实施，我国司法实务部门开始积极尝试在刑事诉讼中实行和解，即由犯罪嫌疑人、被告人与被害人通过协商的方式，对如何解决纠纷达成一致意见。通常，犯罪嫌疑人、被告人以认罪、赔偿、道歉等形式，获取被害人的谅解，而国家专门机关则不再对其追究刑事责任，或者对其予以免除处罚或从轻处罚。应当说，刑事和解的实践客观上带来了程序分流的效果。这从司法实践的层面为我国构建立案与侦查阶段程序分流机制的可行性提供了依据。

从实务部门相关规范性文件来看，刑事和解不仅适用于审判阶段、审查起诉阶段，也同样适用于立案与侦查阶段。2003 年 7 月北京市政法委下发了《关于北京市政法机关办理轻伤害案件工作研讨会纪要》，其中规定：对确因民间纠纷引起的轻伤害案件，犯罪嫌疑人、被告人的犯罪情节轻微，有悔罪表现，已全部或部分承担被害人医疗、误工等合理赔偿费用，被害人不要求追究其刑事责任，双方自愿协商解决的，可由双方自行协商并达成书面赔偿协议。此类案件，在被害人向政法机关出具书面请求后，可以按照规定作出撤销案件、不起诉、免予刑事处罚或判处非监禁刑等从宽处理。根据这一规定，在侦查阶段，对于犯罪情节轻微的犯罪嫌疑人，基于其与被害人达成和解，可以对其作撤销案件的处理。根据调查，自该规定下发以后，北京市东城、西城、朝阳、海淀、

丰台、大兴、昌平 7 个区，共受理各类刑事案件 27427 件，其中轻伤害案件共 4607 件，占全部案件的 16.8%，检察机关和解结案的共 667 件，和解适用率为 14.5%。轻伤害案件经和解后，移送公安机关撤回（撤案）处理的共 534 件，占 80.1%。

继北京之后，其他各省（直辖市）司法实务部门也纷纷出台相关文件，对刑事和解进行了规定。2004 年 5 月，浙江省高级人民法院、省人民检察院以及省公安厅共同制定了《关于当前办理轻伤犯罪案件适用法律若干问题的意见》，其中亦涉及侦查阶段的和解与分流。其第 3 条规定：为妥善处理社会矛盾，维护社会稳定，实现办案法律效果与社会效果的统一，轻伤犯罪案件在侦查、审查起诉过程中，具备下列条件的，经审查属实，公安机关可以撤案，检察机关可以作相对不诉：（1）当事人双方自愿就民事赔偿问题达成一致，形成书面协议；（2）当事人双方和解，被害人书面要求或者同意不追究犯罪嫌疑人刑事责任；（3）犯罪嫌疑人本人确有悔罪表现，社会危险性已经消除，不需要判处刑罚。这一规定同样明确了在侦查阶段，对于当事人双方达成和解的轻伤害犯罪案件可以作撤销案件处理，从而实现程序分流。

随后，安徽省高级人民法院、省人民检察院、省公安厅于 2005 年联合印发了《办理故意伤害案（轻伤）若干问题的意见》。其中，第 6 条规定：故意伤害案（轻伤）在侦查、审查起诉过程中，同时具备下列条件的，公安机关可以撤销案件，人民检察院可以将案卷退回公安机关处理或作出不起诉决定：（1）案件系民间纠纷引起的；（2）当事人双方和解，自愿就民事赔偿形成书面协议并已执行，被害人书面要求或者同意不追究犯罪嫌疑人刑事责任的；（3）犯罪嫌疑人确有悔罪表现，社会危险性已经消除的。第 7 条规定：公安机关对受理立案的故意伤害案（轻伤），经审查符合第 6 条规定的条件，双方当事人自行调解处理的，应予准许，但被害人必须提交书面请求和双方自愿达成的书面协议。犯罪嫌疑人属于未成年人、在校学生或者对方有明显过错的，可以适当放宽条件和要求。被逮捕犯罪嫌疑人的法定代理人、近亲属，应当通知原批准的人民检察院。亲属与被害人双方达成书面协议后，被害人要求免除对方刑事责任并提交书面请求和赔偿协议的，公安机关再释放被逮捕人和撤销案件。

此外，2006年5月24日，上海市高级人民法院、市人民检察院、市公安局、市司法局联合制定了《关于轻伤害案件委托人民调解的若干意见》。其中规定，对于符合委托人民调解条件的轻伤害案件，双方当事人愿意接受人民调解的，公、检、法机关可以委托人民调解委员会调解，经调解达成调解协议并履行完毕的，公、检、法机关可以分别作出不予立案、撤销案件、不起诉、准予当事人撤诉、免予刑事处罚的决定。未达成调解协议或者达成调解协议后不履行的，公安机关未立案的，可以立案或由当事人选择自诉；已经立案的，司法程序继续进行。与上述浙江、安徽等地实行的和解分流不同的是，上海将之延伸到立案阶段，准许对达成和解的轻伤害案件作不予立案的处理。

需要指出的是，在各地方性规定中，对于适用强制措施的分流，与前述《规则》的有关规定较为一致，一方面含有区别对待的思想，另一方面又没有突破现行法的限制。如浙江省《关于当前办理轻伤犯罪案件适用法律若干问题的意见》第4条规定：慎用强制措施，慎用刑罚。对轻伤犯罪案件，犯罪嫌疑人、被告人社会危险性已经消除、没有逮捕必要的，不得采取逮捕措施。要从有利于缓和矛盾、化解纠纷出发，正确理解和适用法律，严格执行法律。再如安徽省《办理故意伤害案（轻伤）若干问题的意见》第9条也规定：对故意伤害案（轻伤），犯罪嫌疑人的社会危险性已经消除、没有逮捕必要的，公安机关可以取保候审，直接移送审查起诉。然而，从实践中的做法来看，在逮捕措施的适用上，达成和解事实上已经发挥了一定的程序分流的作用。调查表明，在北京7个区县检察院112件轻伤害和解案件的131名犯罪嫌疑人中，经逮捕的有29人，占22.1%，而通常情况下轻伤害案件的逮捕率要达到54%～80%。

第三节 立案、侦查阶段构建与完善程序分流机制的具体设想

如前所述，在我国刑事立案、侦查阶段的一些诉讼环节上目前已有程序分流的有关规定，但是从整体上讲不够充分、完善。基于我国刑事

诉讼的特点和现实国情，现对我国立案、侦查阶段如何构建、完善程序分流机制提出以下设想并予以论证。

一、立案阶段不宜进行案件分流

由于历史和法律传统的原因，我国违法行为与犯罪行为有着比较严格的法律界限，从刑事实体法的角度属于罪与非罪的界限。因此，在我国一直以来刑事立案是一个非常特殊和重要的诉讼阶段。从司法统计的角度看，它是刑事诉讼活动的进口，在很大程度上决定着我国刑事诉讼活动的案件数量。从司法社会学的角度看，它又影响着整个社会公众的安全感，与社会秩序、社会治安的治与乱密切相关。因此，在立案阶段对刑事案件是否应当进行分流是一个敏感的社会问题，而不只是一个法律问题，更不是一个单纯的法学问题。

基于以下理由，笔者认为在我国刑事立案阶段不宜进行分流，而应当严格执行立案标准，防止把不应立案的案件予以立案。

1. 我国违法与犯罪的严格界限决定了在刑事立案阶段对已符合立案标准的案件不应进行分流

前已指出，在我国，违法与犯罪有着严格的界限。在此情形下，如果把符合立案标准的案件人为地加以分流，不予立案，势必将打破违法与犯罪的界限，造成二者的混乱。一旦如此，不仅会造成执法工作的混乱，而且会造成人们法制观念，特别是违法概念与犯罪概念的混乱。刑事立案的意义不仅在于决定是否启动刑事诉讼程序，而且还在向社会公众作出什么是违法行为、什么是犯罪行为的现实宣传。应该说这是我国法律制度不同于其他国家的一个重要特点。

众所周知，许多国家包括西方发达国家，对于社会危害行为并未像我国严格区分为违法行为与犯罪行为，或者说二者并无严格的界限。从某种意义上讲，违法也是犯罪，犯罪也是违法。这是从立法的角度看。再从司法的角度看，也是如此。例如，在许多国家，交通违法行为都属于犯罪。盗窃行为不论盗窃数额多少，也都是犯罪。在这种法律制度下，由于犯罪与违法已无实质和形式区别，也谈不上从立案的角度进行程序分流的空间。而我国则不同，不仅违法与犯罪有严格界限，而且从法律评价和社会评价上，犯罪都要比违法严重得多。在此前提下，如果把符合立案标准的犯罪行为通过程序分流实质上降低为违法行为，就使划分违法与犯罪的理论根基和区别违法与犯罪的司法基础不复存在了。其后果必然是我们难以接受的。

2. 我国设有刑事立案制度并且立案标准已经比较高，决定了在刑事立案阶段对已符合立案标准的案件不应进行分流

许多国家包括西方发达国家，在刑事诉讼中并无严格意义上的立案制度，有人报案犯罪发生或控告犯罪嫌疑人，侦查机关就要进行调查处理。在这种制度下，实质上也不存在立案意义上的程序分流。但是在接受报案、控告并进行调查之后，则要根据案件的不同情况分类处理，其中就包含了我们所说的程序分流。例如在日本对违反道路交通安全法而未造成严重后果的违章行为，可由警察长处以罚款，而不必移交起诉和审判。[①] 又如在美国对于大多数轻微刑事案件都是由警察以警告或告诫的方式加以处理，予以分流。[②] 再如荷兰，“轻罪不适用监禁判决，一般由警察直接处理，而很少送达法庭审判。”[③]

我国不仅有立案制度而且立案标准还比较高，从而把违法与犯罪严格区别开来。这就意味着对于没有达到立案标准的案件是不能立案的，进而也不可能启动刑事诉讼对当事人追究刑事责任。这一制度就像一个“高门槛”，已经把不少报案、控告人拦截在刑事诉讼的大门外了，由此使报案人、控告人以及相关人员对侦查机关产生情绪，形成对立甚至冲突。如果再把已经符合立案标准的案件以程序分流为由不予立案，可以设想社会公众势必对侦查机关产生更大的意见，这样也势必损害国家机关的形象。

3. 我国司法实践中刑事立案活动中存在的问题表明程序分流并不是突出的问题，而有案不立及不应立而立才是急需解决的突出问题

从我国司法实践来看，我国刑事立案活动中存在的突出问题并不是

---

① 参见[日]西园春夫主编:《日本刑事法的形成与特色》,李海东等译,法律出版社、日本成文堂 1997 年版,第 42 页。

② 参见麦高伟、杰弗里·威尔逊主编:《英国刑事司法程序》,姚永吉等译,何家弘审校,法律出版社 2003 年版,第 161 页。

③ 参见克利斯杰·布莱兹、斯蒂沈特·菲尔德:《起诉中的裁量权与责任——关于法庭外处理犯罪的比较研究》,载江礼华、杨诚主编:《外国刑事诉讼制度探微》,法律出版社 2000 年版,第 115 页。

程序分流，而是有案不立和不应立案而被立案两种情形。有案不立主要表现为有的案件已经符合立案标准但有关侦查机关不予立案，以致控告人特别是被害人及其家属到处上访，要求立案。此外，还有一种表现就是“不破不立”，即侦查机关为了应对考核，防止降低或影响其破案率，对于已经确认发生了犯罪事实的刑事案件不予立案，等到案件破获，发现并查获了犯罪嫌疑人才予以立案。至于不应立案而立案的情形，是指从立案标准看，有的案件根本不能立案，但侦查机关及有关人员出于地方保护主义或人情关系，明知故犯将这种案件予以立案，甚至对“犯罪嫌疑人”争取强制措施，查封、扣押、冻结其财产等。这是一种明显的违法行为。

针对上述问题，我国刑事诉讼法及有关部门均已制定了相应的对策。1996 年刑事诉讼法修改时，专门增加了一条重要的规定：“人民检察院认为公安机关对应当立案侦查的案件而不立案侦查的，或者被害人认为公安机关对应当立案侦查的案件而不立案侦查，向人民检察院提出的，人民检察院应当要求公安机关说明不立案的理由。人民检察院认为公安机关不立案理由不能成立的，应当通知公安机关立案，公安机关接到通知后应当立案。”此外，最高人民检察院与公安部于 2010 年 10 月 1 日共同制定发布了《关于刑事立案监督有关问题的规定（试行）》，其中针对有案不立和不应立案而立案的问题作出了一系列规定。例如，《规定》第 8 条规定：“人民检察院经调查核实，认为公安机关不立案或者立案理由不成立的，经检察长或者检察委员会决定，应当通知公安机关立案或者撤销案件。”

上述表明，我国刑事立案阶段突出的问题不是程序分流，而是有案不立和不应立案而立案的问题。这些问题虽然已有上述刑事诉讼法的有关规定和最高人民检察院与公安部共同发布的专门文件，在实践中仍然没有彻底解决，还需继续努力解决。

二、侦查阶段应当重点解决适用强制措施上的程序分流

不同的强制措施，对犯罪嫌疑人、被告人人身自由的限制、约束是有很大区别的。同时，国家投入司法资源的多少也是有很大差别的。因

此，对于已经立案并且正在侦查的刑事案件来讲，在适用强制措施上实行程序分流是有非常重要的意义的。

客观地讲，2012 年 3 月修改后的刑事诉讼法在对强制措施的体系结构以及各种具体强制措施的适用条件上体现出了明确的案件分流精神，主要表现在以下几个方面：

其一，在羁押性强制措施与非羁押性强制措施的相关关系上，突出地强调尽可能多用非羁押性的强制措施，而尽可能少用羁押性的强制措施。以逮捕措施为例，除了法律规定的在严格的适用条件下“应当逮捕”的情形外，其他都属于可以逮捕的情形。而“可以逮捕”的情形实际也是“可以不逮捕”的情形。在司法实践中，凡属于“可以逮捕”情形的，都可以尽可能地不逮捕，而适用其他非羁押性的强制措施。

不仅如此，为了尽可能减少逮捕措施的适用，新刑事诉讼法还对监视居住进行了重新定位，明确调整为逮捕的替代措施，把某些相符合逮捕条件的案件可适用监视居住予以替代。

其二，对于逮捕措施的适用，不仅在静态上重视在初始适用时的严格控制，尽可能少用，而且也非常重视从动态上控制逮捕措施的适用，创新性地建立了逮捕后羁押必要性的审查制度，以期从羁押的时间上控制逮捕措施。这对我国控制、减少逮捕措施的适用是一项非常重要的措施。

客观而论，在我国的法律传统、现实国情以及侦查模式下，在逮捕措施的初始适用上要想大大降低逮捕率，是有很大困难和阻力的，因而降低的空间也是有限的。因此，必须寻找新的突破口，逮捕后羁押必要性审查制度就是这样一个重要的突破口。如果这一制度能够真正发挥作用，虽然对初始逮捕率的影响较小，但由于可以缩短逮捕后对犯罪嫌疑人、被告人羁押的时间，从总体上将会大大降低逮捕措施对公民人身自由的负面效应和减少实际关押时间的总量，同时也将会大大减少国家因逮捕措施的适用而投入的司法资源。

其三，对于各种强制措施规定了明确的期限，对于超过法定期限，特别是超过法定羁押期限的，法律明确要求办案机关应当解除或变更强制措施。不仅如此，还赋予犯罪嫌疑人、被告人及其近亲属、辩护人依法要求办案机关解除强制措施的权利。

综上可见，从立法规定看，其强调尽量少用羁押性强制措施的立法精神和法律空间是显而易见的；同时，从司法实践看，我国刑事诉讼中羁押率过高，羁押时间过长也是公认的客观事实，这就为刑事诉讼活动中包括侦查阶段在强制措施适用上实行程序分流提供了明确的法律依据和巨大的运作空间。特别是侦查阶段在我国刑事诉讼活动中所占的时间比较长，一般达到近二分之一。例如，有关学者对北京地区300名犯罪嫌疑人、被告人在刑事诉讼中各个诉讼阶段所占用的时间进行过统计分析，其结果是侦查阶段平均占用时间99天，而审查起诉和一审阶段平均占用时间106天。[①] 由此说明，在侦查阶段强制措施适用上特别是逮捕措施的适用上采取程序分流较之后续诉讼阶段更为必要，也更为重要。

虽然修改后的刑事诉讼法在强制措施的适用上为程序分流提供了法律依据，但有的规定还不够明确、具体，执行起来还有不少问题需要解决。例如，逮捕后羁押必要性审查制度目前的规定就比较原则、笼统，需要不断总结经验，通过发布立法解释或司法解释进一步完善。

三、侦查阶段还应当通过撤销案件分流部分案件

就侦查阶段作为一个诉讼过程来讲，它始于决定立案，终于侦查终结。如果说立案是侦查阶段的“进口”，那么“侦查终结”就是侦查阶段的“出口”。但是侦查终结的“出口”，不是、也不应该是一扇门，而应当是两扇门。一扇门是通向下一个诉讼阶段的，即对于经过侦查，确认立案时认为存在的犯罪事实确已发生，犯罪嫌疑人也已查获，并且依法应当对其追究刑事责任的，应当移送检察机关进行审查以最终决定是否应当对其追究刑事责任，并作出不同的处理。另一扇门则不是通往下一诉讼阶段的，而是结束侦查同时又终结诉讼活动，即对于那些经过侦查，确认立案时认为存在的犯罪事实并没有发生或并不存在，或者发现不应对犯罪嫌疑人追究刑事责任等情形的案件，不再将诉讼活动继续进去下去，而是撤销案件，终止诉讼。

从我国刑事诉讼立法上看，对于侦查终结的案件以上两扇大门事实上都是存在的。只是将前一扇大门叫作“侦查终结”，将后一扇大门不叫作

① 参见顾永忠、左宁、王颂勃：《我国刑事诉讼运行现状的一个侧面——以300名犯罪嫌疑人、被告人为对象的实证研究》，载《诉讼法学研究》第17卷，中国检察出版社2012年版，第143页。

"侦查终结"而直接称之为"撤销案件"。但在笔者看来,"撤销案件"实质上是侦查终结的一种方式,因为既然经过侦查确认已立案的案件并没有发生犯罪事实,或者依法不应当追究涉案犯罪嫌疑人的刑事责任,那么,就意味着侦查活动必须终结了。在侦查终结的两扇大门中,现在存在问题较多的是"撤销案件"的大门开的还不是应该开得那么大,也就是说,撤销案件的实然大门比较小,没有开到撤销案件应然大门的程度。

这个问题本书前一章在论述侦查阶段的刑事和解问题时已专门讲过,突出的问题是那些本应属于自诉案件范围的案件,一旦进入侦查领域,自诉人就失去了自主权,哪怕被害人与加害人也就是犯罪嫌疑人达成和解协议,加害人向被害人赔礼道歉,赔偿损失,而被害人对加害人也予以谅解,并明确表示放弃对加害人的追究,此类案件也不能被撤销进而终止诉讼,还要移送到检察机关进行审查。针对这一问题,前文已从多方面进行了分析,指出其法理上缺乏充分性,情理上缺乏可接受性,还造成司法资源不必要的付出,因此,主张通过发布立法解释或司法解释加以解决。鉴于前文对此已有专门和比较充分的论述,此处不再赘述。

其实,对于侦查阶段当事人达成和解协议的部分案件特别是轻伤害案件,通过撤销案件的方式终止诉讼,在以往多年的司法实践中各地已经作过积极的探索。例如,北京市政法委于2003年7月下发布了《关于北京市政法机关办理轻伤害案件工作研讨会纪要》,其中规定:"对确因民间纠纷引起的轻伤害神机妙算件,犯罪嫌疑人、被告人的犯罪情节轻微,有悔罪表现,已全部或部分承担被害人医疗、误工等合理赔偿费用,被害人不要求追究其刑事责任;双方自愿协商解决的,可由双方自行协商并达成书面赔偿协议。此类案件,在被害人向政法机关出具书面请求后,可以按照规定作出撤销案件,不起诉,免予刑事处罚或判处非监禁刑等从宽处理。"根据这一规定,北京市各区对一批轻伤害案件,在当事人双方达成赔偿协议并符合有关规定的情形下,由公安机关做了撤案处理。还有的地方专门针对轻伤害案件出台了相关法律文件,如2004年5月,浙江省高级人民法院、省人民检察院以及省公安厅共同制定了《关于当前办理轻伤犯罪案件适用法律若干问题的意见》,2005年安徽省高级人民法院、省人民检察院、省公安厅联合下发《办理故意伤害案(轻伤)若干问题的意见》,2006年5月上海市高级人民法院、市人民检察院、市公安局、市司法局联合制定了《关于轻伤害案件委托人民调解的若干意见》，在这些文件中都含有对轻伤害案件当事人达成和解协议，被害人不要求追究加害人刑事责任，并符合其他相关规定的，公安机关可以撤销案件，有的甚至规定可以不予立案。以上做法经过各地的实践检验，社会效果和法律效果都是积极和正面的。遗憾的是，这些经过实践检验证明是好的做法，在 2012 年 3 月刑事诉讼法的修改中，没有被完全吸收，特别是在侦查阶段对于双方当事人达成和解协议，被害人不要求追求加害人刑事责任的案件，由公安机关撤销案件的做法没有被吸收。我们认为，这个问题应当在适当时间以适当方式加以解决。

综上所述，我们认为对于刑事立案、侦查阶段的程序分流，基于我国犯罪概念的特殊性和实践中告状难、立案难的突出问题，在立案阶段不宜搞程序分流。而在立案之后的侦查阶段，应当从两个方面建立、完善程序分流机制。一方面在强制措施的适用上，应当尽可能少用羁押性强制措施，多用非羁押性强制措施，对案件进行分流。另一方面，在侦查终结的环节上，在撤销案件的环节上扩大分流一部分没有必要移送检察机关审查的案件，其中应当主要是原本属于自诉案件范围的案件，只要被害人自愿提出放弃对加害人追究刑事责任，一般都可以撤销案件，终止诉讼。从法律上看，这样做实际上使这些案件仍然回归了“自诉”的性质，符合法律精神和诉讼原理；从社会效果看，对当事人、对国家、对社会、对办案机关都有利。符合国情，符合法理，符合情理，既维护了法律的尊严，又最大限度地尊重了当事人的意愿。我们希望在未来的立法完善中能够确立相关制度。

第九章　我国审查起诉与提起公诉阶段的程序分流

前文提到，从历史的角度观察，刑事程序分流机制的发展趋势之一是分流所适用的诉讼阶段不断扩展，从最初的行刑阶段出现替代性措施，到审理程序的繁简分流，再到当今大规模的审前阶段分流，案件分流贯穿于整个刑事诉讼程序的全过程。而纵览法治发达国家的刑事程序分流机制，我们不难发现检察机关在审查起诉和提起公诉阶段分流了越来越多的刑事案件，成为整个刑事诉讼程序中案件分流最多的诉讼阶段，因而也使检察机关乃至检察官随之成为重要的刑事程序分流主体。在此过程中，不仅消化处理了一大部分没有必要进入审判领域的案件，而且根据案件的繁简、轻重采用不同的起诉方式将不同的案件导入不同的审判程序中。根据这一趋势，检视我国审查起诉与提起公诉中程序分流的立法与司法现状，总结经验，找出不足，分析原因，对于完善我国审查起诉与提起公诉阶段的程序分流功能，无疑具有重要的是意义。

第一节　审查起诉与提起公诉阶段程序分流概述

一、2012 年刑事诉讼法修改前程序分流的状况

（一）立法及司法解释状况

审查起诉与提起公诉阶段的程序分流主要体现在审查起诉与提起公

诉两个诉讼环节。审查起诉是指检察机关对侦查终结并移送其审查的案件从事实上、证据上、定性上、法律适用上以及诉讼程序上进行全面审查，并根据审查结果对案件作出是否提起公诉的诉讼活动。如果经审查认为案件不符合起诉条件或者没有必要提起公诉，检察机关将作出不起诉的决定。反之，经审查如果认为案件已达到起诉条件，检察机关则将作出起诉决定并向审判机关正式提起公诉。从法律上来讲，在审查起诉和提起公诉这两个方面都存在着比较大的程序分流空间，具体规定表现在以下方面。

1. 关于审查起诉中程序分流的有关规定

如前所述，审查起诉工作的目的就是确定被审查的案件是否应当提起公诉。那么，对于不起诉的案件来说，广义上来讲，就是对案件的分流。我国刑事诉讼实行起诉法定主义为主、起诉裁量主义为辅的原则。只要符合起诉条件，检察机关原则上都应当按照法定程序提起公诉，除非案件具备不起诉的条件或者没有必要提起公诉。

1996 年《刑事诉讼法》第 142 条第 1 款、第 2 款和第 140 条第 4 款分别规定了三种不同的不起诉制度，即法定不起诉、酌定不起诉和证据不足不起诉。法定不起诉又称为绝对不起诉，是指凡具有《刑事诉讼法》第 15 条规定情形之一的，人民检察院应当作出不起诉决定。酌定不起诉又称为相对不起诉，即人民检察院对于起诉与否享有自由裁量权，对于符合条件的，既可以作出起诉决定，也可以作出不起诉的决定。从刑事诉讼法的规定来看，酌定不起诉也有严格的适用范围，不仅要求犯罪嫌疑人的行为已经构成犯罪并且应当负刑事责任，而且还必须犯罪情节轻微，依照刑法规定不需要判处刑罚或者免除刑罚。人民检察院根据犯罪嫌疑人的犯罪情节及案件的具体情况进行综合考虑，自由裁量是否提起公诉。证据不足不起诉，是指人民检察院对于经过补充侦查的案件仍然认为证据不足，不符合起诉条件的，可以作出不起诉的决定。

在以上三种不起诉中，法定不起诉是因为不符合法定起诉条件而不能起诉，检察机关对其并没有任何回旋余地，按照本书第一章对程序分流所下的定义，显然不属于本书所研究的程序分流。事实上，1996 年《刑事诉讼法》第 142 条第 1 款对于此类案件规定的也是人民检察院“应当作出不起诉决定”，没有任何变通空间。而证据不足不起诉，从第140条第4款的规定来看似乎有变通的空间，因为法律规定的是“对于补充侦查的案件，人民检察院仍然认为证据不足，不符合起诉条件的，可以作出不起诉的决定。”由于法律用语是“可以作出不起诉决定”，从语义和逻辑上讲，似乎也“可以作出起诉决定。”但是，从起诉的原理及起诉的标准来讲，显然，“证据不足”没有达到起诉的标准，当然不可以作出起诉决定。因此，证据不足不起诉这种情形也不属于严格意义上的程序分流。至于酌定不起诉制度是指已符合起诉条件，只是由于“犯罪情节轻微，依照刑法规定不需要判处刑罚或者免除刑罚的，”人民检察院才可以作出不起诉决定。反之，这种情况由于已符合起诉条件，人民检察院也可以提起公诉。然而，人民检察院却没有将其起诉，到此终止诉讼活动，体现了起诉裁量原则，这正是典型的、严格意义上的程序分流。

刑事诉讼法关于酌定不起诉的规定属于程序分流毫无问题，但由于该规定比较笼统，操作性不强。为了贯彻党的十六届六中全会提出的实施宽严相济的刑事司法政策，2007年2月，最高人民检察院出台了《关于在检察工作中贯彻宽严相济刑事司法政策的若干意见》，强调对于未成年人、偶犯、初犯、过失犯，防卫过当、避险过当等情况，可诉可不诉的不诉，鼓励通过运用酌定不起诉制度在审前分流刑事案件，缓解司法资源的压力。2007年8月，最高人民检察院又发布了修订的《人民检察院办理不起诉案件质量标准（试行)》，鼓励对五种犯罪嫌疑人适用不起诉。具体包括：(1）未成年犯罪嫌疑人、老年犯罪嫌疑人，主观恶性较小，社会危害不大的；(2）因亲友、邻里及同学同事之间纠纷引发的轻微犯罪中的犯罪嫌疑人，认罪悔过、赔礼道歉、积极赔偿损失并得到被害人谅解或者双方达成和解并切实履行，社会危害不大的；(3）初次实施轻微犯罪的犯罪嫌疑人，主观恶性较小的；(4）因生活无着偶然实施盗窃等轻微犯罪的犯罪嫌疑人，人身危险性不大的；(5）群体性事件引起的刑事犯罪中的犯罪嫌疑人，属于一般参与者的。这些规定的出台，细化了可以不起诉的各种具体情形，有利于贯彻执行刑事诉讼法关于酌定不起诉的规定。

2. 关于提起公诉中程序分流的有关规定

提起公诉中的程序分流是指一旦人民检察院对案件作出起诉的决定，采用不同的方式向法院正式提起公诉。在 2012 年刑事诉讼法修改前，我国法律及有关司法解释规定的提起公诉的方式主要有三种。其体现的主导思想是通过采取不同的公诉方式，引导法院采用不同的审理程序，实现审理案件时轻重有别、繁简分流。

根据刑事诉讼法的规定，人民检察院认为犯罪嫌疑人的犯罪事实已经查清，证据确实、充分，依法应当追究刑事责任的，应当作出起诉决定，按照审判管辖的规定，向人民法院提起公诉。但是，根据案件的不同情况，分别采用三种不同的起诉方式。其一，根据《刑事诉讼法》第 174 条的规定和 2003 年最高人民法院、最高人民检察院、司法部联合制定的《关于适用简易程序审理公诉案件的若干意见》，人民检察院对于符合简易程序的案件，在提起公诉时，经检察长决定，书面向人民法院建议适用简易程序审理，并随案移送全案卷宗和证据材料。其二，根据 2003 年最高人民法院、最高人民检察院、司法部制定的《关于适用普通程序审理“被告人认罪案件”的若干意见（试行）》，人民检察院对于符合该规定相关条件的被告人认罪案件，在提起公诉时可以书面建议人民法院适用普通程序简易审。其三，除上述两种情形外，人民检察院应当按照普通程序向人民法院提起公诉，并同时向人民法院移送起诉书、证据目录、证人名单和主要证据复印件或者照片。

从上可见，我国检察机关在提起公诉时主要是根据案件的繁简程度和对被告人可能判处的刑罚的轻重情况，决定采用何种起诉方式，进而开启不同的审判程序，促进法院在审理案件时的繁简分流。

（二）司法实践状况

1. 总体评价

从司法实践的角度进行总体分析，会发现我国刑事公诉程序过滤功能并不明显，刑事案件的总体数量在纵向上并不是呈现为漏斗的形状。公、检、法三机关在刑事诉讼中的活动就像生产车间的流水线作业一样。一旦立案的“阀门”被打开，犯罪嫌疑人被查获，所有案件均被纳入刑事诉讼轨道，绝大多数案件就会按照预设的程序一直进行下去，直到审判终结。如此一来，不仅大量没有必要进入刑事诉讼程序或无需继续进行刑事诉讼程序的案件涌入最后的审判阶段，而且司法审判中的繁简分流不够充分、细致，司法资源未能得到优化配置。造成这种现象的主要原因是我国审查起诉程序的功能和定位出现了问题：审查起诉程序没有充分发挥筛选、过滤刑事案件的功能，调节器作用[①]受到严格抑制。这表现在两个方面：其一，起诉法定主义得到了一种近乎僵化的坚持，不起诉在实践中受到严格控制，尤其是体现检察机关裁量权的酌定不起诉运用率极低，致使大量案件涌入审判程序；其二，即使对于依法提起公诉的案件，检察机关未能充分、合理地区分不同情况，进行分类起诉。

2. 司法实践中公诉案件的起诉率与不起诉率[②]

全国 1997 至 2008 年逮捕的案件数、人数与提起公诉的案件数、人数如下表所示：

1997—2008 年全国刑事司法实践逮捕与公诉案件数、人数统计表

年份	1997	1998	1999	2000	2001	2002	2003	2004	2005	2006	2007	2008
逮捕件数	363790	403210	448798	473864	559860	527354	520481	558939	581448	588516	606368	632253
逮捕人数	537363	598101	663518	715833	841845	782060	764776	828180	876419	906936	937284	970181
公诉件数	360696	403145	464785	480119	569968	583755	560978	612790	654871	670727	711144	750934
公诉人数	525319	584763	672367	708836	845306	854870	819216	897974	981009	1029052	1113319	1177850

通过以上表格，我们发现我国刑事诉讼中公诉案件的起诉率相当高，一般在 97% 左右。[③] 这一点目前官方公布的统计数据虽不能直接反映出来，但从逮捕的案件及人数与公诉的案件及人数的相互关系上可以模糊

① 审查起诉程序的调节器作用，是指检察院通过对移送案件的审查，将其中相当一部分案件在有的国家甚至是大部分案件在这个诉讼阶段消化处理掉，只把其余的案件分类起诉到法院。参见顾永忠：《当前刑事公诉中存在的若干问题探究》，载《河南社会科学》2010 年第 1 期。

② 本标题下的数据均来源于历年《中国法律年鉴》。

③ 起诉率的计算公式为：起诉率（%）= 统计期内起诉人数/（统计期内提起公诉人数 + 统计期内不起诉人数）×100%。并不是有的学者所指出的检察机关提起公诉的案件数量与侦查机关移送审查起诉案件数量的比值。因为我国侦查机关移送审查起诉的案件数量与检察机关提起公诉的案件数量之间的缺口并不是不起诉的案件数量。

感觉出来。[1] 不仅如此，通过统计 2001 年至 2008 年的不起诉率（见下表），也能间接验证公诉案件的起诉率一般在在 97% 左右。

2001—2008 年期间公诉机关受理侦查机关移送案件数量及人数、审查起诉后决定起诉和不起诉的案件数量及人数、不起诉率如下表所示：

2001—2008 年公诉机关受理案件情况表

年份		2001	2002	2003	2004	2005	2006	2007	2008
公诉机关受理侦查机关移送的案件数量及人数	件		675045	661387	713245	754392	770076	814165	855101
	人		1013872	992490	1073315	1162151	1216585	1302705	1368049
审查起诉后决定公诉的案件数量及人数	件	569968	583755	560978	612790	654871	670727	711144	750934
	人	845306	854870	819216	897974	981009	1029052	1113319	1177850
审查起诉后决定不起诉的案件数量及人数	件		18150	18799					
	人	26373	27654	27957	21225	22305		27988	29871
不起诉率[2]	%	3. 03	3. 13	3. 3	2. 31	2. 22		2. 45	2. 74

通过以上表格，我们发现检察机关对侦查机关移送审查起诉的大多数案件提起了公诉。例如，2002 年检察机关受理侦查机关移送案件 675045 件 1013872 人，最终提起公诉的为 583755 件 854870 人，2008 年检察机关受理侦查机关移送案件 855101 件 1368049 人，最终提起公诉的为 750934 件 1177850 人。从侦查机关移送审查起诉的案件数量到检察机关提起公诉的案件数量并无明显减少，[3] 这充分说明我国处于承

---

① 顾永忠：《我国刑事诉讼整体运行的考察分析——以程序分流为视角》，载《人民检察》2010 年第 8 期。

② 不起诉率的计算公式为：不起诉率（%）= 统计期内不起诉人数/（统计期内提起公诉人数 + 统计期内不起诉人数）×100%。

③ 侦查机关移送审查起诉的案件数量与检察机关提起公诉的案件数量之间的缺口并不是不起诉的案件数量。因为由于统计技术问题，这一数字缺口包括了统计期限内侦查机关已经移送审查起诉但检察机关尚正处于审查起诉过程中未作出处理决定的案件。同时，这一数字缺口还包括了检察机关退处的案件，即检察机关退回侦查机关的案件。

上启下环节的审查起诉程序并没有消化处理多少案件，其没有充分发挥应有的分流、过滤功能。在绝大多数情况下，我国检察机关一般会将经侦查机关移送审查起诉的案件提起公诉，不起诉制度的运用受到严格抑制。据以往有关方面的统计，我国1996年废除免予起诉后，不起诉的适用率曾经偏高，有的地区1997年的不起诉率为14.44%。[①]最高人民检察院于1998年下发文件，开始控制不起诉率，强调符合相对不起诉条件的案件（除极个别情况外），均应起诉。并要求降低直接立案侦查案件的不起诉率，规定凡职务犯罪案件不起诉要经检察委员会决定并报上级院审批后执行。[②] 这在实践中带来不起诉率的明显下降。1997年不起诉人数占审查起诉案件总人数的4.2%，1998年至2000年则分别下降为2.5%、2%和2%。[③] 其后若干年不起诉率一直徘徊于2%~3%之间。[④]

我国三种不起诉制度中，只有酌定不起诉制度体现了检察机关的起诉裁量权，是审查起诉程序处理消化案件的重要手段，在所有不起诉案件中比例最大。如我国2005年不起诉的人数为22305人，其中因犯罪情节轻微、社会危害较小而决定不予起诉的人数为14939人，占所有不起诉人数的67%，因依法不应当追究刑事责任和证据不足而决定不起诉的人数为7366人，占所有不起诉人数的33%。不仅如此，近年来在宽严相济刑事政策的带动下，呈现出不断增长的趋势。如2010年我国检察机关对犯罪情节轻微、依照刑法规定不需要判处刑罚或者免除刑罚的决定不起诉的人数达到29898人，同比增加16.9%。尽管如此，我国不起诉率总体偏低，酌定不起诉在审查起诉程序中所发挥的案件分流功能十分有限。这可以从以下所示2003—2007年间我国不起诉案件数量及不起诉率的图表集中反映出来。

---

① 贾怀良、冀俊英：《不起诉案件上升的原因及对策》，载《中国刑事法杂志》1998年第5期。

② 莫洪宪、高锋志：《宽严相济刑事政策运用实践考察——以检察机关相对不起诉为切入点》，载《人民检察》2007年第4期；叶衍艳：《'退处'的'正当程序'危机及其改革出路》，载《中国检察——规范执法：制度建设与立法完善》，北京大学出版社2007年版，第274页。

③ 此数据来源于《中国法律年鉴》1998年卷至2001年卷。

④ 参见顾永忠：《刑事案件繁简分流的新视角》，载《中外法学》2007年第6期。

2003—2007 年我国不起诉案件情况表

类别	人数	不起诉率	比例
不起诉	107962	2.18%	100%
酌定不起诉	73529	1.48%	68.1%
法定不起诉和证据不足不起诉	34433	0.69%	31.9%

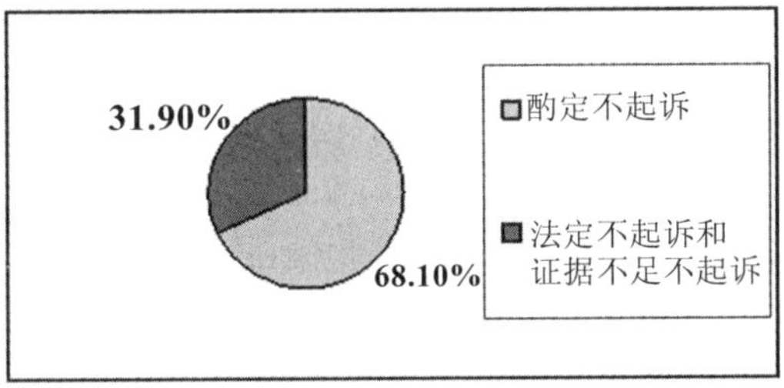

2003—2007 年间我国不起诉案件的比例图

3. 司法实践中分类起诉的情况

如前所述，我国检察机关对于决定起诉的案件有三种起诉方式，但从法院审判案件时所适用程序的实践情况来看，简易程序和普通程序简易审本身存在的诸多问题极大地限制了检察机关主动提出适用建议的空间，法院在考虑采用简易程序和普通程序简易审时也极为谨慎，检察机关对案件分类提起公诉的分流效果并不理想。

我国 1996 年修改刑事诉讼法时确立了简易程序，该程序能否适用，主要取决于检察机关裁量权的行使。虽然检察机关借此为刑事案件的繁简分流发挥了积极作用，但是由于其适用范围狭窄、程序并不十分简化、忽略了被告方的利益等原因，该程序的作用是相当有限的。在该部刑事诉讼法开始实施的前几年，司法实践中适用简易程序审理案件所占的比例并不高，没有充分、有效地实现对案件繁简分流。据统计，1997 年全国绝大多数基层法院适用简易程序审理的案件比率占整个审结案件的 20% 左右，而按照对符合法定适用条件的案件数量的统计，估计可以适用简易程序的案件应当为 50% 左右。[①] 虽然近年来由于重视高效司法，公

① 周长军著:《刑事裁量权论——在划一性与个别化之间》，中国人民公安大学出版社 2006 年版，第 318 页。

诉案件中简易程序的适用率有所上升，从1998年的19.18%上升到2008年的40.12%，并稳定在40%上下，但是从我国司法实践中审判阶段一般为80%的认罪率和人民法院有罪判决的类型分析，简易程序的适用空间仍有待挖掘，符合法定条件的案件并没有全部进入该程序。

2003年，有关司法解释确立了被告人认罪的普通程序简化审程序，打破了普通程序和简易程序的二元格局，为检察机关和法院分流案件增加了一条新途径。[①] 然而，普通程序简化审的适用率并不尽如人意，未能充分发挥“分流案件、节约司法资源”的应有作用，[②] 陷入了高开低走的境地。主要原因是其并非刑事诉讼法规定的正式程序，本身先天不足又存在其他一些问题，不少人担心该程序必然牺牲公正，因而明确表示质疑甚至反对，导致该程序的运行并不顺畅，适用范围有限。

二、审查起诉及提起公诉阶段程序分流存在的主要问题

作为沟通侦查和审判的中间环节，审查起诉与提起公诉阶段本应在流程分流中承担更重要的调控功能，即调节器作用。现实情况却是更多地承担着案件输入通道的“二传手”功能。存在的主要问题是：

1. 程序分流机制单一，检察机关裁量空间有限。我国的不起诉制度虽然包括法定不起诉、酌定不起诉和证据不足不起诉，但唯有酌定不起诉体现了起诉裁量权的作用，承载着案件分流功能。与两大法系的代表国家相比，我国在起诉与不起诉之间缺乏附条件不起诉制度作为缓冲过渡。例如有些案件，综合考虑犯罪人的个人情况、犯罪后的悔罪表现及其他现实情况，如果起诉似乎不是非常必要，如果不起诉又有不少问题产生。对于这种情况在已有法律中尚无有效对策。

2. 酌定不起诉没有充分发挥作用，限制了起诉裁量权分流案件的功

---

① 由于简易程序仅适用于3年以下有期徒刑、拘役、管制或者单处罚金的公诉案件，因此相当一部分案件特别是被告人认罪的大部分案件仍不可适用简易程序，虽无必要但必须适用普通程序。普通程序简易审的出现正好弥补了这一空白，可以分流那些不能适用简易程序但又无必要适用普通程序的案件。

② 参见侯建军、刘振会：《和谐社会语境下的我国刑事速决程序之构建》，载卞建林、张国轩主编：《刑事诉讼制度的科学构建——中国法学会刑事诉讼法学研究会年会文集2008年卷》，中国人民公安大学出版社2009年版，第287页。

能。本来酌定不起诉体现了起诉裁量权，承载着案件分流的重要功能，但由于多种原因其使用率总体偏低，造成不少本可以不起诉的案件勉强起诉到法院进行审判，既影响诉讼效率，又付出更多的司法资源，甚至在某种程度上影响司法公正的实现。

3. 公诉方式尚不能充分反映案件的实际情况和多元需求，不能充分、有效地引导案件审理时的繁简分流、轻重有别，不仅造成司法资源的配置不优化、不科学，而且影响了司法公正的整体实现。

鉴于以上，无论在立法上还是在司法上，都需要我们在审查起诉和提起公诉阶段研究、创设新的程序分流措施和机制。真正使这一连接侦查与审判的特殊诉讼阶段，在刑事诉讼的整体运行中发挥出程序分流的特殊功能和效用。基于这一认识，以下分别就审查起诉环节的程序分流措施进行深入探讨。至于提起公诉环节的程序分流由于其与审判程序密不可分，将结合于有关审判程序的相关问题一并讨论。

第二节　审查起诉程序分流的主渠道：酌定不起诉

一、法律上的主渠道与实践中的“吃不饱”

前已指出，我国1996年刑事诉讼法上规定的三种不起诉，只有酌定不起诉体现了起诉裁量权的原理和精神，能够承担起程序分流的功能。从刑事诉讼法关于酌定不起诉制度本身的规定来看，也蕴含着较大的适用空间。例如，在“犯罪情节轻微，依照刑法规定不需要判处刑罚”的规定中，“犯罪情节轻微”与“不需要判处刑罚”中就包含了较大的裁量空间，并不是没有空间或者空间很小。

但是，司法实践中酌定不起诉的适用率极低，其所分流的案件非常有限，许多原本可以适用酌定不起诉的案件都进入了审判程序。在2007年11月由最高人民检察院法律政策研究室等部门主办的“不起诉制度改革与完善理论研讨会”上，来自实务部门的人士指出，“根据对中部某省会市和西部某省会市两级检察机关移送审查起诉案件调研数据显示：……两个省会城市的裁量不起诉率都只有0.4%……”① 而从全国平均水平来看，前一节公布的数据表明，检察机关对普通刑事案件作出不起诉决定的占全部移送审查起诉案件的2%左右，其中酌定不起诉占1.4%左右（逐年略微上升）。②

酌定不起诉率如此之低，是不是司法实践中的刑事案件没有酌定不起诉的适用空间？事实说明并非如此，司法实践中可以适用酌定不起诉的裁量空间非常大。例如，根据《中国法律年鉴》刊登的有关数据，从2004—2008年的5年间，在人民法院作出的判决中，判处无罪、免刑、缓刑、拘役、管制、单处附加刑的被告人是1623321人，占同期生效判决所涉被告人总数4445256人的36.5%。③ 这意味着这些人一经判决就走出了法庭。这些案件确有必要都起诉到法院通过审判程序吗？检察机关完全可以把其中一部分案件在审查起诉阶段消化掉。其实，不止这些案件中蕴藏着以不起诉方式处理案件的空间，而且实践中还有另外一部分案件也存在着以不起诉方式处理的空间，这就是那些在诉讼中被告人已被关押了多长时间，进而被法院基本上判处多长时间的刑罚（一般在半年至一年之间）的案件。这部分案件目前司法统计反映不出来，笔者在一些基层法院、基层检察院调研中了解到大概占全部案件的15%～20%。这些被告人之所以被判处与其被关押的时间基本相当的刑期，并不是他们所犯的罪行本来就应当这样判处，而是因为他们已经被关押了这么长时间，所判的刑期不能少于已关押的时间。由此表明这些案件中也有一部分并不是必须起诉到法院，是可以在审查起诉中以酌定不起诉的方式加以处理的。④

从以上两个方面可以看出，将酌定不起诉视为审查起诉阶段程序分流的主渠道并不为过。但是，为什么一方面法律上和事实上存在着适用酌定不起诉的巨大空间，另一方面司法实践中酌定不起诉制度的适用率又如此之低？只有深入分析其原因所在，进而提出有针对性的方案或措

---

① 满铭安：《宽严相济政策下裁量不起诉制度的运行》，载《人民检察》2007年第24期。

② 参见《中国法律年鉴》，中国法律年鉴社2003—2005年卷。

③ 以上根据根据2005年—2009年《中国法律年鉴》公布的有关数据计算得出。

④ 参见顾永忠：《当前刑事公诉中存在的若干问题探究》，载《河南社会科学》2010年第1期。

施，才有可能使这种情况发生改变，进而使酌定不起诉制度在我国公诉案件程序分流中真正发挥主渠道作用。

二、酌定不起诉适用率低的原因分析

我国酌定不起诉制度适用率如此之低，其主要原因是：

1. 有罪必诉、有罪必罚的观念是造成酌定不起诉率如此之低的深层心理原因。

众所周知，我国自古讲求刑罚的报应性，“杀人偿命”、因果报应的传统文化心理深入人心。而酌定不起诉制度重视的是刑罚的特殊预防功能，强调诉讼经济性，弱化刑罚的一般预防功能，这势必削弱刑罚作为报复性惩罚手段的传统作用。由此以来，酌定不起诉制度自然受到传统观念的严重质疑，不易为民众所理解和接受。同时，我国公检法机关长期以来坚持有罪必诉、有罪必罚的观念，特别是在检察系统内部，起诉法定主义影响颇深，相当多的检察人员把审查起诉看作是打击、惩罚犯罪流水作业线上从侦查到审判的“二传手”工序，这些势必从深层心理上抑制检察机关适用酌定不起诉制度的积极性和主动性。

2. 酌定不起诉的适用标准和适用范围具有相对不确定性，在司法实践中被从严掌握，以致酌定不起诉的适用空间被极大压缩。

如前所述，1996 年《刑事诉讼法》第 142 条规定的酌定不起诉的适用标准是“犯罪情节轻微，依照刑法不需要判处刑罚或者免除处罚。”对于该规定，我们认为蕴含着较大的适用酌定不起诉的裁量空间。但从另一方面讲，又表明其存在着明显的不确定性，主要表现在以下方面：首先，什么是“犯罪情节轻微”法律并没有明确、具体的规定。有人提出，“犯罪情节轻微”到底是指“双轻”（即罪名轻、量刑情节也轻的情况）还是仅指“量刑情节轻微”并不明确。而对此理解不同，酌定不起诉的适用范围就有很大区别。其次，“不需要判处刑罚”又如何把握？是不是要求检察机关公诉部门在审查案件时要像法院裁量刑罚那样，全面考虑每一案件的各种因素进而作出确切的判断？至于“免除刑罚”的标准，在法律上通常是与“从轻”、“减轻”等情形并列规定在一起的，同时又分为“应当”和“可以”两种情形，如何将其从中分离出来，也是一个不确定的因素。

最高人民检察院于2007年发布了《人民检察院办理不起诉案件质量标准（试行）》，试图明确酌定不起诉制度的适用范围。该标准以列举的方式规定的5种情形均属于酌定的从宽处罚情节，在一定程度上发挥了保障、促进检察机关正确适用酌定不起诉权的作用。然而，该标准存在的两个问题却极大地束缚了酌定不起诉的适用。其一，所规定的5种情形并非是适用酌定不起诉的充要条件，还必须同时符合“犯罪情节轻微，依法不需要判处刑罚或者免除处罚”的条件，反而又额外增加了对适用的限定，因而酌定不起诉的适用范围并无实质上的扩大；其二，就立法技术而言，该标准未采用余意未尽式的表述方式，也没有概括性的兜底条款，导致酌定不起诉只能限定在较为狭窄的5种情形之内，而将其他诸多性质相近的情形排除在外，实践中难免出现各种问题。比如，犯罪事实和情节相当，犯罪嫌疑人的表现及其他情况也相近的两个案件，就很可能一个作出起诉决定，一个作出不起诉决定。相近的情形出现了截然不同的结果，殊难为人们所接受。①

由上可见，酌定不起诉的适用标准和适用范围由于不够确定，至少被人们易于从严理解从严掌握，以致本可以在适用酌定不起诉上拥有较为充分的裁量空间被人为地压缩或限制在很小的范围。

3. 现行酌定不起诉的适用条件中并没有考虑当事人包括犯罪嫌疑人和被害人的态度和意见，降低了各方对适用酌定不起诉的可接受性。

虽然2001年3月颁布的《人民检察院办理不起诉案件公开审查规则》规定检察机关在进行不起诉案件公开审查时应当听取被害人的意见，但公开审查的不起诉案件仅限于存在较大争议并且在当地有较大社会影响，经人民检察院审查后准备作不起诉的案件。同时，由于刑事诉讼法对被害人不服不起诉决定后的救济手段作了规定：被害人不服不起诉决定的，可以向上一级人民检察院提出申诉，也可以不经申诉直接向法院起诉，即通常所说的“公诉转自诉”。这就使得实践中大多数检察机关在办理相对不起诉案件时并不听取被害人的意见，即使听取了也未予充分考虑。被害人诉讼权益的缺失在相对不起诉案件中非常明显，导致被害

---

① 陈卫东、李洪江:《论不起诉制度》,载《中国法学》1997 年第 1 期。.

人及其近亲属不断地上访、上诉，由此反过来又导致检察机关担心涉案上访而尽量减少适用酌定不起诉。

此外，本来酌定不起诉制度是对可能构成犯罪的犯罪嫌疑人所作的非罪化的处理，应该说是一种有利于嫌疑人的方式。[①] 同时，仍然包含着检察机关的一种“有罪”评价——只不过情节轻微而已。如此又意味着是对犯罪嫌疑人的一种不利后果。因此，在适用酌定不起诉时理应征求犯罪嫌疑人的意见。但是，在法律上没有提出此项要求，实践中都是由检察机关单方面作出酌定不起诉决定。对此，有的犯罪嫌疑人并不领情，甚至提出申诉、上访。反过来导致检察机关在适用酌定不起诉时相当谨慎和保守。

4. 酌定不起诉决定一旦作出，缺乏对被不起诉人的有效监督和制约，导致检察机关心有顾忌而不敢放手适用。

根据刑事诉讼法的有关规定，酌定不起诉决定属于“一次性行为”，一旦作出并向当事人宣布后当即生效，而不需要附带任何条件，此后不论被不起诉人表现如何，对已作出的不起诉决定并不产生任何影响。而一旦被不起诉人获释后出了问题，特别是再次违法犯罪，势必对原作出酌定不起诉决定的检察机关和检察人员造成不利影响，“从而迫使办案人员在起诉与否的判断上更倾向于起诉。”[②]

5. 检察机关内部对酌定不起诉存在认识误区，采取了严格限制适用的态度和做法。

其一，酌定不起诉的审批程序繁琐而近乎苛刻，在相当程度上降低了检察机关对酌定不起诉的适用积极性。为了防止酌定不起诉的适用发生原免予起诉制度适用过多过滥的情况，1996 年刑事诉讼法修改后，从一开始检察机关系统内部就对酌定不起诉的适用作了严格的限制，包括适用程序和适用比例的限制。从司法实践来看，承办人认为可以作出酌定不起诉决定后，将意见报部门负责人，部门负责人如同意，再报主管起诉工作的副检察长，如其同意还要报检委会。如果是人民检察院自行侦查的案件，本级检委会讨论决定后，还要报上一级检察院。此外，检

① 汪海燕：《我国酌定不起诉制度的困境与出路——论赋予犯罪嫌疑人选择审判权的必要性》，载《政治与法律》2004 年第 4 期。

② 宋英辉：《我国酌定不起诉的立法完善》，载《河南社会科学》2010 年第 1 期。

察机关对自侦案件作不起诉处理，还要接受人民监督员的监督。如此严格、繁复的程序控制势必会抑制酌定不起诉的适用。

其二，检察机关系统内部考评机制的限制。由于检察院系统整体上对不起诉的慎重与保守态度，在进行业务管理时，人为设定了不起诉率考核制度和不起诉案件预警制度。不起诉率考核制度和不起诉案件预警制度虽然名称有所不同，但本质上一样，都是通过规定不起诉制度最高使用率的办法来限制不起诉制度的适用，都规定了超过该不起诉率可能承担的不利益（扣分、整改等），只不过是后者略显含蓄和略有弹性而已。这两种制度的不科学之处在于没有依照司法规律和检察工作规律确定考核的指标体系管理检察业务工作。将不起诉率与考核成绩直接挂钩，一旦超出相应的比例或出现不起诉决定错误的情况，就要被扣减大量分数。由此相对于对案件起诉而言，不起诉决定的风险显然过大。

由于考评是对办案单位工作成绩的优劣评价，直接影响到上级检察机关、当地党委对检察机关，检察机关内部对相关科（处）室、承办人的评价、奖惩，因而对于可诉可不诉的案件，检察机关为避免被扣分，取得好的考核成绩，宁愿采用稳妥的起诉方式处理，导致大量轻微案件无法在检察环节疏导分流。例如，2005 年有关人员对浙江省杭州市检察人员就不起诉问题进行问卷调查，对于其中“当你自己承办的案件遇到可以适用也可以不适用不起诉时你如何选择”的问题，1/3 以上的检察官选择了不适用，不少检察官认为目前的内部考评体系限制了不起诉权的适用。①

三、强化酌定不起诉制度分流功能的对策

针对以上问题，我国应当从以下几个方面采取对策以提高酌定不起诉制度的适用率：

1. 更新观念，突破认识误区。这主要是指应当破除有罪必诉、有罪必罚的传统观念。要认识到非犯罪化、非刑罚化已成为世界各国刑事政策和刑事法律的发展趋势，刑罚的功能也发生了转变，从报应刑罚论转

---

① 参见陈合达：《对不起诉权运行状况的调查报告》，载《中国刑事法杂志》2005 年第 5 期。

向了教育刑罚论，强调刑罚的预防和教育功能。酌定不起诉制度不仅顺应了世界刑事法律发展的趋势，而且也符合我国宽严相济的刑事政策。检察机关及检察人员在新的历史时期，应当转变认识，更新观念，敢于和善于依法正确适用酌定不起诉。

2. 适当细化酌定不起诉的适用标准，确立一个具有相对确定性的标准。具体而言并非主张从根本上更改刑事诉讼法的有关规定，而是要对“犯罪情节轻微”做适宜于社会需要的界定，在实践掌握上与”依照刑法规定不需要判处刑罚或者免除刑罚”结合起来，进而确定酌定不起诉的范围，以达到办案的法律效果与社会效果的统一。

3. 将程序参与原则纳入酌定不起诉的决定过程。利害关系方有权参与关涉其诉讼利益决定的过程，是程序正当性的基本要求。酌定不起诉决定的作出理应如此。为此，要吸收各类诉讼主体参与酌定不起诉决定作出的过程，尤其是被不起诉人和被害人均能参与并独立表达意见。例如可以建立“不起诉案件听证制度”。人民检察院对于拟作不起诉处理的案件，在作出决定之前，广泛听取侦查人员、犯罪嫌疑人及其辩护人、被害人及其诉讼代理人和人民监督员的意见，在此基础上最终作出处理决定。听证由检察官主持，当事人双方共同参与，对外不公开，形成了一种类似控辩审三方参与的机制。当然，适用酌定不起诉的前提应是事实清楚，犯罪嫌疑人自己认罪，并自愿接受行政处分、罚款、赔礼道歉等处理措施。参加听证的辩护人也可发表自己的看法。听证中如果涉及赔偿问题，检察官还应征求被害人的意见。①

4. 以刑事和解制度为基础，解决检察机关适用酌定不起诉的后顾之忧。刑事和解是被害人和加害人自愿达成并符合相关法律规定的协议。由此决定了如果以刑事和解为基础，在法定条件下作出酌定不起诉决定，其对化解社会矛盾、挽救刑事加害人和弥补受害人的创伤，修复被破坏的社会关系，都具有积极的意义。同时，检察机关及其检察人员对此无需再有后顾之忧。

5. 简化内部审批程序，取消对不起诉率的人为限制，建立科学合理的检察考核制度。在适用程序上可以简化事前过于繁复的审批手续，代

① 陈光中:《论我国酌定不起诉制度》,载《中国刑事法杂志》,2001 年第 1 期。

之以事前的适度审批与事后的重点检查监督。在整体上切实保证检察机关行使公诉裁量权的合法、公正和高效。

建立健全有效的工作机制是充分发挥酌定不起诉制度功能的有力保障，必须制定科学、合理、符合司法规律的业务量化考核标准和考查办法，取缔以起诉率、不诉率的高低来衡量办案质量的一贯做法，鼓励承办人依法适用该制度。检察系统要对审查起诉工作重新审视，转变思想观念，充分认识审查起诉在刑事诉讼中从侦查到审判转化过程的审查、把关、调节作用。对审查起诉工作的评价、考核不仅要看起诉了多少案件、起诉率是多少，也要看依法对不应该起诉、不必要起诉的案件发现了多少、“拦截”了多少。事实上，只要严格遵守法律规定，不论对多少案件适用相对不起诉，都应该是正确的、必要的，不起诉并不意味着对侦查和批捕工作的否定，把办案质量标准建立在对案件事实、证据的把握和认定之上，不断探索建立符合司法规律和办案流程的工作机制。

6. 建立附条件不起诉制度，弥补酌定不起诉之不足。酌定不起诉决定一旦作出即发生效力，此后对被不起诉人不再有约束力，由此造成检察机关对某些犯罪嫌疑人作出不起诉不放心，这是酌定不起诉的一个明显的不足，而附条件不起诉则完全可以弥补该不足，因此有必要在我国建立附条件不起诉制度。

四、酌定不起诉条件的理解与适用

如前所述，在导致我国酌定不起诉适用率明显过低的诸多原因中，对于酌定不起诉条件在理解上存在一定的问题是主要原因之一。因此，有必要就此问题展开深入讨论。

首先需要指出的是，2012 年 3 月立法机关对《刑事诉讼法》的再修改中关于酌定不起诉的规定并无变化，只是法律条文的顺序从原来的第 142 条第 2 款改为修改后的第 173 条第 2 款。因此对这个问题的探讨既是针对过去的规定，也是针对现在的规定。理论界和实务界对于酌定不起诉条件理解上存在的主要问题有二：其一，一些人认为，刑事诉讼法关于酌定不起诉条件的规定，即“对于犯罪情节轻微，依照刑法规定不需要判处刑罚或者免除刑罚的，人民检察院可以作出不起诉决定”的规定，过于笼统、原则，应当予以明确、细化。这是一种抽象的意见，通常大家都可以认可。其二，相当多的人对于刑事诉讼法上酌定不起诉条件本身的理解存在较大的分歧。[①] 分歧的焦点问题有：（1）酌定不起诉条件中的“犯罪情节轻微”在罪名上有无限制？具体而言，此处的“犯罪”从罪名上讲仅指性质较轻的犯罪还是也包括性质较重的犯罪？这个问题实际上涉及“酌定不起诉”适用的案件范围。如果此处的“犯罪”从罪名上讲只限于性质较轻的犯罪，那么酌定不起诉适用的案件范围就会受到很大限制；反之，则适用范围不受限制，不论什么罪名都可以适用酌定不起诉，主要是看各罪名之下是否“犯罪情节轻微”。

（2）酌定不起诉条件中“犯罪情节轻微”与后面的“依照刑法规定不需要判处刑罚或者免除刑罚的”是何关系？一种观点认为“犯罪情节轻微”统领“依照刑法规定不需要判处刑罚或者免除刑罚”；另一种观点则认为“犯罪情节轻微”只是“依照刑法不需要判处刑罚”的条件，而不是“免除刑罚”的条件，对于“免除刑罚”的情况而言，并不以“犯罪情节轻微”为前提条件，只要属于“免除处罚”情形的，不论犯罪情节是否轻微，都可以适用酌定不起诉。[②]

笔者认为，酌定不起诉条件中的“犯罪情节轻微”从立法意义上讲，是适用于刑法规定的所有罪名的，即不论犯罪性质较轻的罪名还是犯罪性质较重的罪名都包含在内。立法并没有把犯罪性质较重的罪名从此处的“犯罪情节轻微”中排除出去，进而也未从酌定不起诉的适用范围中排除出去。主要理由是：第一，该规定本身即“犯罪情节轻微”本身并没有任何限制性或排他性的规定。同时，该规定是专门针对人民检察院在刑事诉讼中对案件进行审查后是否提起公诉所作的具有普遍适用性的规定，也就是对于不论涉嫌任何罪名的案件，都可以或者都应当根据本条的规定进行考量，看其是否属于酌定不起诉的情形。正因为如此，它不可能、也不应该在立法上对“犯罪情节轻微”从罪名上加以限制，人为地把某一部分罪名或某一部分案件从酌定不起诉中排除出去。第二，

---

① 关于对酌定不起诉条件分歧的不同观点，参见孙力、王振峰主编：《不起诉实务研究》，中国检察出版社 2010 年 1 月出版。

② 参见傅强、宋迎新、黄福涛：《刍议刑事实体法视野下的相对不起诉》，载孙力、王振峰主编：《不起诉实务研究》，中国检察出版社 2010 年版，第 39 页。

从刑法分则关于各种罪名规定的法定刑来看，不仅对犯罪性质较轻的罪名规定有比较轻的法定刑，譬如“处三年以下有期徒刑、拘役、管制”，而且对犯罪性质较重的罪名同样也规定有比较轻的法定刑，譬如在危害国家安全罪中，就对三种罪名规定有“处三年以下有期徒刑、拘役、管制或者剥夺政治权利。”这说明犯罪的性质严重，并不能一律判处重刑，仍可以判处轻刑。同理，犯罪性质严重，也不能排除具体个案中存在“犯罪情节轻微”的情形进而需要对其作出酌定不起诉的处理。第三，从刑法总则关于各种法定从轻、减轻、免除处罚情节的规定中也可以看出，它们并没有从犯罪性质上加以区别。譬如不论构成什么罪名，已满 14 周岁不满 18 周岁的人犯罪，应当从轻或者减轻处罚。又譬如，不论构成什么罪名，只要认定为犯罪中止的，“对于中止犯，没有造成损害的，应当免除处罚；造成损害的，应当减轻处罚。”第四，从刑法第 13 条关于犯罪一般概念的规定来看，其在划分罪与非罪的界限上采用了一个重要的“但书”规定，即除了从正面规定什么样的行为是“犯罪”外，紧接着规定“但是情节显著轻微危害不大的，不认为是犯罪。”这一“但书”规定也是不分罪名的，也就是任何罪名之下，都可能涉及、存在“但书”规定的情况。一旦如此，就“不认为是犯罪”。就像犯罪概念中的“但书”是解决所有罪名、所有案件中的罪与非罪的界限问题一样，酌定不起诉条件中的“犯罪情节轻微”也是解决所有罪名、所有案件中是否存在酌定不起诉的法定情形，是否可以对其作出酌定不起诉决定的问题。

综上，酌定不起诉条件中的“犯罪情节轻微”在罪名上并无任何限制，它可以适用于任何罪名、任何案件之中。

对于酌定不起诉条件中“犯罪情节轻微”与后面的“依照刑法规定不需要判处刑罚或者免除处罚”相互之间的关系问题，笔者认为，“犯罪情节轻微”对后面“依照刑法规定不需要判处刑罚或者免除处罚”都是有法律意义的。具体来讲，从文字表述、立法精神和刑法的相关规定来看，酌定不起诉的条件因其中的“或者”二字可以划分为相互并列的两种情形：其一，犯罪情节轻微，依照刑法规定不需要判处刑罚的情形；其二，犯罪情节轻微，依照刑法规定免除刑罚的情形。其中第一种情形“犯罪情节轻微，依照刑法规定不需要判处刑罚”的情形，实质上与刑法第 37 条的规定是相呼应、相一致的。刑法第 37 条规定：“对于犯罪情节轻微不需要判处刑罚的，可以免予刑事处罚，但是可以根据案件的不同情况，予以训诫或者责令具体悔过、赔礼道歉、赔偿损失，或者由主管部门予以行政处罚或者行政处分。”这一规定实质上是在法定免除处罚的量刑情节之外，赋予人民法院基于酌定量刑情节对被告人可以免除处罚的司法裁量权。它们共同构成了我国刑法上在审判阶段对被告人予以定罪同时作出免除处罚判决的法律依据。但是，如果这两种情形在审查起诉阶段就已存在或被确认，就产生了一个问题：这样的案件是否还必须起诉到法院，由法院最后作出定罪免刑的判决？刑事诉讼法关于酌定不起诉的规定其实就是在回答这个问题并且作出了肯定的回答，即在符合酌定不起诉条件的情况下，以上两种情形人民检察院都可以作出不起诉的决定。

笔者注意到，有人把刑事诉讼法关于酌定不起诉的规定与刑法第37条的规定完全对应起来理解，认为“酌定不起诉的适用条件是，‘犯罪情节轻微，依照刑法规定不需要判处刑罚或者免除处罚’[①]，或者认为‘犯罪情节轻微，依照刑法规定不需要判处刑罚或者免除刑罚的规定，显然是和《刑法》第37条规定相重合的。”[②] 显然，这种理解是错误的。如前所述，“犯罪情节轻微，依照刑法规定免除刑罚”的情形是指具有法定免除处罚量刑情节的情况，它没有、也不可能包含在刑法第37条由审判人员自由裁量是否属于“犯罪情节轻微不需要判处刑罚”的情形之中。相反，只要存在法定的免予刑事处罚的量刑情节，比如被告人构成中止犯，根据刑法的规定，对于中止犯，没有造成损害的，应当免除处罚，造成损害的，应当减轻处罚。人民法院应当根据该规定，对被告人作出相应的判决。在判决书陈述判决的法律依据时，是不需要列出刑法第37条的规定的。

也许有人会提出质疑：如果“犯罪情节轻微，依照刑法规定免除刑罚”的情形是指法定免除处罚的量刑情节，那么，只要直接按照“依照刑法规定免除刑罚”的规定对案件作出处理就可以了，没有必要在前面再加

① 李继华：《论不起诉的实体依据》，载孙力、王振峰主编：《不起诉实务研究》，中国检察出版社2010年版，第34页。

② 卢建平：《相对不起诉制度的刑事一体化考察》，载孙力、王振峰主编：《不起诉实务研究》，中国检察出版社2010年版，第12页。

上“犯罪情节轻微”的要求，或者没有必要把“犯罪情节轻微”作为“依照刑法规定免除刑罚”的前置或必要条件。对此，笔者的回答是，之所以在“依照刑法规定免除刑罚”之前还要有“犯罪情节轻微”的条件或要求，是因为刑法中关于免予处罚的法定量刑情节很少是唯一的、绝对确定的规定，往往表现为以下几种情况：其一，在量刑的幅度上，免除处罚与减轻处罚，甚至从轻处罚往往并列规定在一起；其二，在量刑的具体要求上，有的是“可以……”，有的是“应当……”。譬如，《刑法》第22条规定：“对于预备犯，可以依照既遂犯从轻、减轻处罚或者免除处罚”；又如《刑法》第27条规定：“对于从犯，应当从轻、减轻处罚或者免除处罚。”不仅刑法总则如此规定，而且刑法分则也有此类规定。譬如，《刑法》第164条关于行贿罪的规定第4款为：“行贿人在被追诉前主动交代行贿行为的，可以减轻处罚或者免除处罚”；又如，《刑法》第39条第2款规定：“介绍贿赂人在被追诉前主动交代介绍贿赂行为的，可以减轻处罚或者免除处罚。”当然，也有个别条文规定的免除处罚的要求是单一的，如前面提到的《刑法》第24条第2款的规定：“对于中止犯，没有造成损害的，应当免除处罚；造成损害的，应当减轻处罚”。但是，这种规定是极少的。绝大多数法定量刑情节往往都采用上面举例的方式加以规定。在此情形下，不论是“可以……”还是“应当……”，只要存在从轻处罚、减轻处罚、免除处罚两种或三种选择的，检察机关及检察人员何以作出选择？这时所涉案件中是否存在“犯罪情节轻微”就成为其作出某种选择的重要依据。当案件中存在“犯罪情节轻微”的情形并符合其他有关规定时，人民检察院就可以作出酌定不起诉的决定。

既然“犯罪情节轻微”在以上所述的酌定不起诉条件的两种情形中都有法律意义，即在“犯罪情节轻微，依照刑法规定不需要判处刑罚”和“犯罪情节轻微，依照刑法规定免除刑罚”两种情形中，都含有“犯罪情节轻微”的要求，那么，它的具体含义又是什么？多年来一直有人研究这个问题，更多的人则希望或要求有关法律或司法解释加以细化、明确，使司法活动有法可依。事实上，有关司法解释或司法解释性文件也从不同方面或者针对一些常见、多发案件作出了一些解释性的规定。曾有人专门研究过此问题，并指出“在司法解释中，有30多个司法解释中的40多个条款规定了不起诉的实体依据，可以说，司法解释中不断扩大的相关规定是正确扩大适用不起诉的一个重要渊源”。[①] 如最高人民法院《关于审理抢夺刑事案件具体应用法律若干问题的解释》第 3 条规定：“抢夺公私财物虽然达到本解释第一条第（一）项规定的‘数额较大’的标准，但具有下列情形之一的，可以视为刑法第 37 条规定的‘犯罪情节轻微不需要判处刑罚’，免予刑事处罚：（一）已满十六周岁不满十八周岁的未成年人作案，属于初犯或者被教唆犯罪的；（二）主动投案，全部退赃或者退赔的；（三）被胁迫参加抢夺，没有分赃或者获赃较少的；（四）其他情节轻微，危害不大的。”这些司法解释大多是针对某一类案件所作的规定，其中包含了针对此类案件可以作出酌定不起诉决定的相关规定。此外，也有的司法解释文件不是针对某一类案件而是从一般性或普遍性上规定酌定不起诉条件如何掌握运用的。如最高人民检察院曾发布并于 2007 年 8 月进行了修改的《人民检察院办理不起诉案件质量标准》，其中规定了五种情形可以依法决定不起诉。应该说，上述这些文件对于明确、细化酌定不起诉的条件，促进酌定不起诉制度在审查起诉中的运用，起到了重要的作用。希望今后不断总结、完善，提出更全面、更系统、更明确的规定，使司法实践中酌定不起诉制度的适用明显提高，真正发挥其在审查起诉中的程序分流作用。

第三节　审查起诉程序分流的重要补充：附条件不起诉

如前所述，1996 年 3 月我国修改刑事诉讼法取消了免于起诉制度，代之以酌定不起诉制度。回顾十余年前的这次立法变革，从法理上来看无疑是正确的，但从司法实践来看，酌定不起诉制度本身也有一定的局限性，影响了其应有作用的积极发挥。其中之一就是酌定不起诉制度是一种“一次性诉讼行为”，一旦作出对被不起诉人缺乏事后制约监督机制，既不利于实现特别预防的目的，也势必造成检察机关及其工作人员

① 李继华：《论不起诉的实体依据》，载孙力、王振峰主编：《不起诉实务研究》，中国检察出版社 2010 年 1 月出版，第 36 页。

因担心出问题而不愿适用酌定不起诉制度。于是，在司法实践中，一些地方的检察机关开展了附条件不起诉制度的探索。理论界、法律界也借刑事诉讼法再修改之际，提出在立法上建立附条件不起诉制度的建议，并且最终也被立法机关所接受，在2012年3月刑事诉讼法的再修改中正式确立了此项新的不起诉制度。本节将围绕这一专题展开讨论，总结经验，找出问题，探讨实施，构想未来。

一、设立附条件不起诉制度的必要性与可行性分析

1. 我国刑事诉讼中起诉与不起诉之间缺乏必要缓冲，以致实践中酌定不起诉制度适用受到抑制，需要设立附条件不起诉制度弥补上述缺陷。

我国检察机关对移送其审查案件的处理模式，从时间维度上考察，只有即刻起诉和不起诉两种。但是对复杂多样的案件只能一次性地作出起诉或不起诉的决定过于绝对和僵化，使得检察机关起诉裁量权范围太过狭窄，在即刻起诉与不起诉之间缺乏一个补充、过渡的空间，由此必然使酌定不起诉制度在司法实践中受到抑制，适用率低下。

建立附条件不起诉制度则可以很好地解决上述问题。首先，附条件不起诉介于即刻起诉与不起诉之间，可以弥补现行制度的不足，使审查起诉与起诉的运作体系更加严密。附条件不起诉制度更有利于犯罪嫌疑人改过自新、重返社会，同时又能起到酌定不起诉制度所不具有的对犯罪嫌疑人的惩戒、警示作用。其次，附条件不起诉的核心是，不起诉是有条件的，如果被不起诉人违反了相关条件，则仍将被起诉到法院接受审判。这不仅对被不起诉人形成巨大的约束力，也对平息被害人的报复心理，平衡被害人的失衡心态产生积极影响，还在很大程度上能够减缓、消除办案人员在适用不起诉处理案件时存在的担心、畏难心理。最后，附条件不起诉的适用，在客观上会减少起诉案件的数量，进而避免轻刑犯受短期监禁的负面影响，有利于其悔过自新、有利于融入社会，同时也大大缓解了监狱场所的沉重监管压力和教育负担。

2. 刑事案件的高发态势及办案机关不堪重负的现状亟待建立附条件不起诉制度，以缓冲工作压力和实现诉讼经济。

我国正处在社会转型时期，伴随这一过程刑事案件的高发态势已经

形成并将继续加剧。据有关统计资料显示，从1998年到2005年，刑事案件的立案数从1986068件发展到4648401件，增长了134%，同期被逮捕的人数从598101人上升到876419人，增加了46.53%，法院审判的公诉案件的被告人也由584763人增长到981009人，增加了67.76%。[①] 面对如此态势，检察、审判机关的办案负担非常繁重。对此怎么解决？试图通过相应、同步地增加检察、审判人员的数量是不可能、不现实的。必须多管齐下。其中包括在保证最低限度公正标准的基础上，对案件进行分类、分流处理，凡能在上一个诉讼程序解决的问题不要带到下一个诉讼程序，凡能由其他办案机关处理的案件不要交到审判机关。最高人民法院副院长江必新曾表示："在保证法院终局裁判权的前提下，赋予某些行政机关以准司法权"，[②] 以缓解审判机关的巨大负荷。这是他针对民事、行政案件讲的。就刑事案件而言，应该同样适用。如果检察机关能够消化的案件，就不要在移送起诉到法院审判，势必会相应减轻审判机关的压力。附条件不起诉制度的设立及其与酌定不起诉制度的配合适用，不仅可以大大缓解审判机关和检察机关的压力，节约司法资源，提高诉讼效率，而且使有限的司法资源能够集中使用于那些必须起诉到法院的案件上，必将有利于司法公正的实现。

3. 从法院的裁判结果看适用附条件不起诉制度具有相当大的空间。

从理论上和法律上讲，适用附条件不起诉制度处理的案件，应当是那些性质不严重，即使起诉到法院，判处的刑罚也不会太重，或者依法不需要判处刑罚或可以免于刑事处罚的案件。这就要求在客观上确实存在这样一些案件，否则，附条件不起诉就成为无的放矢的制度，不具存在的空间。

从近年来我国法院对刑事案件的裁判结果来看，明显存在着检察机关可通过适用附条件不起诉分流、处理部分刑事案件的现实空间。以2002—2005年我国法院历年审判过的案件为例，有相当部分案件被法院宣告无罪，判处缓刑、拘役、管制、免予刑事处罚以及单处附加刑。此外，还有相当一部分未成年人的案件。详细情况如下表所示：

---

① 以上数据引自1999—2006历年《中国法律年鉴》上的有关统计资料。

② 江必新：《司法效益是司法活动的重要价值》，《中国法学会审判理论研究会第一届年会论文集》，第10页。

2002—2005 年全国法院历年审判案件情况表

类别＼年	2002	2003	2004	2005
宣告无罪	4935	4835	2292	2162
免予刑事处罚	11266	11906	12345	13317
判处拘役	45438	53092	59472	64676
判处缓刑	117278	134927	154429	184366
判处管制	9994	11508	12553	14604
单处附加刑	12121	14275	17611	19575
以上六项合计	201032	230543	258702	298700
当年生效判决所涉被告人总数	706707	747096	767951	844717
以上六项占当年生效判决被告人的比例	28.45%	30.86%	33.69%	35.36%
当年生效判决所涉未成年人总数	50030	58870	70144	82721
未成年人占当年生效判决被告人的比例	7.08%	7.88%	9.13%	9.79%

说明：以上数据引自 2003—2006 年《中国法律年鉴》有关统计资料

从表中可以看出，在 2002—2005 年间，每年生效裁判宣告无罪，判处免刑、拘役、缓刑、管制、单处附加刑的被告人数占当年生效裁判所涉被告人总数的比例在 28.45% ~35.36% 之间。这意味着即使经过了法院审判，这些被告人绝大多数并没有被实际执行刑罚或只执行了比较轻的刑罚。那么，如果对他们中的部分人由检察机关适用附条件不起诉加以处理，不仅可以减少因交付审判而支出大量的司法资源，更重要的是，可以免除因对他们审判而给社会诸方面产生的负面影响，有利于将社会消极因素转化为积极因素。此外，在历年生效裁判所涉的被告人中，未成年人占 7.08% ~9.79% 。对该部分未成年被告人，只要不是必须判处刑罚或执行刑罚的，也可以尽可能适用附条件不起诉加以处理，这对挽救、教育他们悔过自新、重新做人，具有重要的意义。

总之，上述数据表明，在我国现有刑事案件中，存在着适用附条件不起诉处理案件的相当大的现实空间。如果能对其中符合条件的案件适用附条件不起诉加以处理，对于促进司法公正，提高诉讼效率，节约司法资源，减轻法院和检察院的工作压力都将起到非常巨大的作用。

二、设立附条件不起诉制度的正当性分析

建立附条件不起诉制度的必要性与可行性已如前述，但必要性并非合理性、正当性。理论界、法律界向来有人对建立附条件不起诉制度持质疑态度。因此，有必要就建立附条件不起诉制度的正当性问题加以讨论。

1. 附条件不起诉与酌定不起诉在本质上都是起诉裁量主义的要求和体现。

近现代刑事起诉制度经历了由起诉法定主义向起诉裁量主义的转变。当今世界各国几乎没有哪个国家还在实行起诉法定主义而排斥起诉裁量主义。以德国为例，虽然其刑事诉讼立法上还有起诉法定主义的印记，但在司法实践中，却是起诉裁量主义主导刑事起诉活动。据统计，从1981年到1996年间，起诉率最高的年份1982年是19%，起诉率最低的年份1996年是12.3%，其余案件均作了不起诉处理，包括撤销案件、申请处罚令、无条件不起诉、附条件不起诉等。[①] 其中对青少年案件的不起诉率又高于其他案件并且呈不断上升趋势，从1985年的25%上升到1992年的近50%。[②] 日本的起诉率虽然比德国高得多，但仍有相当多的案件以不起诉终止诉讼。据有关统计资料显示，2002年日本检察机关的不起诉率为43%，2003年为35.6%。[③]

各国起诉制度从起诉法定主义向起诉裁量主义的转变，绝非少数立法者、司法者主观意志的产物，而是刑事诉讼制度发展的规律使然。起诉裁量主义的核心是，对于即使符合起诉条件的案件，也不必一律起诉到法院进行审判，而是由检控机关根据具体案情和涉案犯罪嫌疑人的具体情况做出起诉与否的决定。对于其中那些不必要起诉的案件由检控机关做出不起诉的处理，在本质上和整体上对于实现刑罚目的，维护司法

---

① 参见陈光中、汉斯·约格·阿尔布莱希特主编：《中德不起诉制度比较研究》，中国检察出版社2002年版，第168页。

② 同上书，第273页。

③ 参见顾永忠等：《日本近期刑事诉讼法的修改与刑事司法制度的改革》，载《比较法研究》2005年第2期，第128页。

公正，提高诉讼效率，适应社会变化对司法制度的发展要求，具有重大的意义。因此，起诉裁量主义为当今世界各国所采行。

附条件不起诉在本质上与我国现行酌定不起诉制度是一致的，都是建立在起诉裁量主义的理论基础之上。而且附条件不起诉的法律意义和社会效果明显有别于酌定不起诉。因此，没有理由接受酌定不起诉制度而反对附条件不起诉制度。

2. 附条件不起诉并不违背控审分离、法院定罪原则，因此不存在侵犯审判权的问题。

现代刑事诉讼制度是建立在控诉、辩护、审判三项诉讼职能各司其职、相互独立的基础之上的。就程序意义而言，控诉与审判的关系必须遵循控审分离、不告不理的原则。这意味着没有控诉就没有审判，审判以控诉的提出为前提，并以控诉的内容为对象和范围。因此，无论公诉案件还是自诉案件，起诉与否的决定权在于检察机关和自诉人而不是审判机关。只有当案件起诉到法院，审判权才能启动。对于检察机关和公民个人没有起诉的案件，法院不能、也不应当进行审判。附条件不起诉意味着检察机关还没有向法院提起诉讼，自然也谈不上对审判权的侵犯。

在实体意义上，审判权与起诉权也存在着应当厘清的关系。就刑事诉讼而言，审判权意味着定罪权，也就是只有审判机关才有权对公民定罪科刑，其他任何机关都无权对任何人定罪科刑，这正是我国 1996 年 3 月修改刑事诉讼法增加第 12 条“未经人民法院依法判决，对任何人都不得确定有罪”这一原则的意旨所在。而起诉权仅表现为定罪或刑罚的请求权，无论检察机关还是公民个人，他们虽有权以被告人构成犯罪应当追究刑事责任为由向审判机关提起诉讼，请求对被告人定罪科刑但自己无权直接对被告人人定罪科刑。显然，有无定罪科刑的实体权力是划分审判权与起诉权的根本界限。如果检察机关可对公民的行为定罪科刑，那显然是对审判权的侵犯。反之，则不存在对审判权的侵犯问题。

但是，在关于应否建立附条件不起诉制度的讨论中，有人提出建立此项制度是对审判权的侵犯，并认为这将回到已被废除的免予起诉制度的老路上。这显然是一种错误的认识。当初的免予起诉制度虽然在不起诉这一点上与不起诉制度是一致的，但法律属性完全不同。免予起诉是以认定被告人有罪为前提条件的，只是鉴于案件和犯罪嫌疑人的具体情况而不予起诉，它实质上是一种特殊形式的定罪行为，显然违反了定罪权属于审判权的法治原则，因此在1996年刑事诉讼法修改中被废除。但此后建立的不起诉制度并不是定罪行为，而是一种非定罪、非刑罚的诉讼行为。一个案件哪怕已符合起诉条件，但检察机关一旦对其做出不起诉决定，就意味着该案无罪的法律效果，不会给被不起诉人带来任何被定罪的不利后果。而附条件不起诉较之酌定不起诉又有所不同，即附条件的不起诉是一种不确定的状态，当被不起诉人在特定的时期没有违反特定的条件，届时将正式不再起诉，归于无罪状态；反之，则还要起诉到法院，由法院对其行为是否构成犯罪及应否处以刑罚、处以何种刑罚进行审判。可见，无论酌定不起诉还是附条件不起诉都不是定罪行为，何以说附条件不起诉制度侵犯了审判权呢？

其实，从本质上讲，不起诉制度包括各种不起诉制度体现的是一种不定罪权，即认定某一行为不是犯罪的权力。但不定罪权并不是审判机关的专有权，我国检察机关乃至侦查机关都有此项权力，诸如不立案权、撤案权、退补权、不起诉权等。侦查机关以及检察机关正是通过上述诉讼行为不启动刑事追诉活动或终止已启动但不应或不必继续下去的刑事追诉活动。实际上，国外的检察机关也普遍拥有不定罪权，并且正是通过行使不定罪权，发挥着刑事案件从立案侦查到审判活动数量由多变少的重要调节作用。因此，不论中外，检察机关享有不定罪权是普遍的，而不起诉制度包括酌定不起诉、附条件不起诉都是检察机关行使不定罪权的具体方式。如果不同意检察机关享有并行使此项权力，岂不意味着回到起诉法定主义的时代。果真如此，且不说别的问题，仅就刑事案件的数量而言，审判机关势必不堪重负。

3. 附条件不起诉制度符合构建和谐社会，实现公平、正义的要求。

适用附条件不起诉的案件并不是随意的，而是特定的：从刑罚上可以限定在可能判处三年或二年以下有期徒刑的案件上；从案件性质上可以限定在非严重侵犯国家安全、公共安全、公民人身和财产权利以及涉嫌过失犯罪的一般刑事案件上；从犯罪嫌疑人的人身特点及其对案件的态度上，可以限定在未成年人、初犯、偶犯、发案后自首、立功、积极防止损害结果发生或积极赔偿、弥补被害人损失的案件上，如此等等。此外，在不起诉的附加条件上，可以对被不起诉人施加必要的人身约束，可以要求其积极赔偿对他人造成的损害结果，可以责令其经常参加社区公共服务或其他公益活动，如此等等。

在上述严格的适用范围和附加条件下，通过附条件不起诉制度的适用，既可以使相当一部分犯罪嫌疑人免受审判给其本人、家庭和社会带来的负面后果，又将使他们在一定时期受到比较严格的管束和教育，不致重蹈覆辙，进而改过自新，还可以为推动刑事和解提供机会和条件，使被害人一方得到精神上的抚慰和物质上的补偿。这一切对于构建和谐社会是有积极意义的。

此外，为了防止附条件不起诉的滥用，损害公平、正义，在附条件不起诉的适用条件上，应当重视犯罪嫌疑人和被害人的意愿。应当保护犯罪嫌疑人获得公正审判的权利，如果他拒绝接受附条件不起诉要求审判应当将案件起诉到法院。同样，对于被害人不同意对犯罪嫌疑人适用附条件不起诉，要求交付审判的，也应当将案件起诉到法院。这样，可以最大限度地消除由于适用附条件不起诉处理案件而产生的负面效应，防止损害公平和正义。此外，通过适用附条件不起诉制度，将使相当一部分案件不再进入审判程序，从而优化司法资源的配置，使那些必须起诉到法院审判的案件能够获得相对更多的司法资源，有利于这些案件在程序上获得更加公正的审理，在实体上获得更加公正的裁判，从而在整体上促进社会公平和正义的实现。

三、司法实践中附条件不起诉制度的积极探索

鉴于司法实践中酌定不起诉制度的适用率低，发挥的作用有限，一些地方的检察机关开展了附条件不起诉制度的探索与实践，并在小范围内进行了尝试。这些尝试所取得的积极成果表明，在我国建立附条件不起诉制度不仅大有必要，而且具有广泛的可行性基础。下文重点介绍北京市海淀区人民检察院和浙江省宁波市北仑区人民检察院积极探索设立附条件不起诉制度的有关情况。

1. 北京市海淀区人民检察院的实践情况及效果[①]

2008 年，海淀区检察院实施附条件不起诉制度进入试行阶段，近两年时间里，适用附条件不起诉制度的案件有 11 件 15 人。

从适用的主体来看，海淀区检察院的试点已经突破了其在 2004 年《实施附条件不起诉制度细则》中规定的未成年人这一范围，15 人中有 11 人为未成年人，4 人为成年人。

从适用的案件范围及条件为：（1）案件事实清楚，证据确实充分；（2）犯罪情节较轻，可能判处三年以下有期徒刑；（3）犯罪后有悔改表现，不致再继续危害社会；（4）系初犯、偶犯或者是共同犯罪中的从犯、胁从犯；（5）具备较好的帮教条件。

从所附条件和考察措施来看，海淀区检察院的帮教考察举措在机构、形式和内容上呈现出阶段性的特点。2004 年至 2008 年期间，由北京市海淀区人民检察院、北京市公安局海淀分局、共青团北京市海淀区委员会、北京市海淀区妇女联合会共同设立未成年犯罪嫌疑人帮教委员会（以下简称帮教委员会），负责落实具体的帮教工作。2007 年初，海淀区人民检察院在公诉一处设立专门的未成年人犯罪案件办案组，将本院受理的未成年人犯罪案件归口办理。未检组的成立，对试行附条件不起诉制度发挥了重要推动作用。在妥善处理案件的基础上，未检组创新多项工作机制和帮教手段，如特别告权、分案起诉、办案引入心理辅导、开设家长课堂等，尝试由检察机关牵头，跨部门合作联合帮教模式，针对犯罪嫌疑人的不同特点和案件的具体情况，在附条件不起诉所附条件及帮教手段方面，遵循基本程序与特别方式相结合的原则。

从考察期限和考察结果来看，附条件不起诉考察期为 1 个月至 6 个月。在试行的 11 例案件中，考察期为 2 个月至 6 个月不等。考察期满后一周内，各方出具帮教材料，如学校说明考察内容及嫌疑人表现，心理专家出具心理矫治报告，检察机关汇总作为作出起诉与不起诉决定的依据。

从海淀区人民检察院的试点效果来看，附条件不起诉制度取得了良好的社会效果。附条件不起诉制度不仅更好地教育挽救了未成年涉案人

---

① 本部分主要参考了北京市海淀区人民检察院公诉课题组:《附条件不起诉制度实证研究》，载《国家检察官学院学报》2009 年第 6 期。

员，帮助其回归、融入社会，更好地化解了矛盾纠纷，恢复了和谐的社会关系，而且将一部分没有必要进入审判程序的案件从正式的诉讼程序中分流出去，真正体现和贯彻了区别对待和宽严相济的刑事政策。但是附条件不起诉制度在试点过程中，也遇到了诸多问题，例如附条件不起诉制度的法律依据缺失，尚无专门的考察帮教机关等。

2. 宁波市北仑区人民检察院的实践情况及效果①

2010 年，北仑区人民检察院紧紧围绕中央、高检院关于深入推进社会矛盾化解、社会管理创新、公正廉洁执法的重大决策部署，认真践行宽严相济刑事政策，积极倡导恢复性司法理念，在总结前期个案探索经验的基础上，于当年 5 月制定了《附条件不起诉实施规则（试行）》（以下简称《规则》），通过对没有立即起诉必要的轻微犯罪嫌疑人依法适用附条件不起诉，着力推动社会矛盾化解，促进司法和谐。

首先，《规则》明确了附条件不起诉制度的内涵和适用的原则。附条件不起诉是指检察机关对应当追究刑事责任的犯罪嫌疑人，综合其犯罪事实、情节及其人身危险性，认为可以不立即追究刑事责任时，对其设立一定考察期，如其在考察期内积极履行相关社会义务，足以证实其悔罪表现的，依法作出不起诉决定。适用附条件不起诉应当严格遵守刑事诉讼相关法律法规及司法解释的规定，坚持保障被害人合法权益和尊重犯罪嫌疑人基本权利并重的原则，注重政治效果、社会效果和法律效果的有机统一。

其次，《规则》明确了附条件不起诉制度的适用范围和条件：1. 犯罪情节较为轻微，依照刑法规定，犯罪嫌疑人可能被判处三年以下有期徒刑、拘役、管制或者单处罚金；2. 根据犯罪嫌疑人的犯罪情节、悔过表现以及个人情况，适用附条件不起诉确实不致发生社会危险性。附条件不起诉主要适用于未成年人、在校学生、老年人、残疾人、孕妇以及初犯、偶犯、过失犯罪的案件。

再次，《规则》明确了附条件不起诉的适用程序。对符合附条件不起诉的案件，检察机关应当对犯罪嫌疑人进行品行调查，并听取双方当事人的意见，对于有被害人的案件，犯罪嫌疑人必须赔偿被害人的损失并

① 本部分主要参考了宁波市人民检察院网公布的资料，《北仑区院积极探索附条件不起诉制度引起社会广泛关注》，http://www.ningbo.jcy.gov.cn/011/006/970.html，访问时间：2010 年 4 月 15 日。

取得被害人的书面谅解，再由承办人提出书面处理意见，经公诉部门负责人审核，分管检察长审批，由检委会讨论决定是否作出附条件不起诉。检察机关应确定犯罪嫌疑人的帮教组织，并要求其与帮教组织签订帮教协议。考察期满后，由帮教组织就犯罪嫌疑人的表现出具书面材料。在检察机关对犯罪嫌疑人是否履行相关义务，悔罪表现是否明显等行为进行评估后，由承办人提出拟撤销附条件不起诉的决定或拟作不起诉决定的意见，最后提交检委会讨论决定。

最后，《规则》明确了附条件不起诉考察期限及考察义务等内容。附条件不起诉的考察期一般为一个月以上一年以下，具体考察期由检察机关根据犯罪嫌疑人所犯罪行及其人身危险性决定。犯罪嫌疑人应当在考察期内履行检察机关所附的包括真诚悔罪并出具悔过书、向被害人道歉、提供一定时间的公益劳动、进行一定的公益捐赠及其他有益社会，足以证明其悔罪表现等一项或多项义务。在考察期内，犯罪嫌疑人必须定期提交思想汇报，期满时还需要其所在单位、学校、社区出具书面材料。

自该制度实施以来，2010 年上半年该院已对 13 名涉嫌轻微盗窃、非法处置查封财产、交通肇事等案件的犯罪嫌疑人作出附条件不起诉决定，促成了 8 件案件当事人之间的刑事和解，有效化解了矛盾纠纷，实现了分流案件的目标。从实践效果来看，既达到了惩治、教育犯罪嫌疑人的目的，同时使被害方的利益得到了保护，减少了社会矛盾冲突和对抗，又实现了刑事案件的繁简分流，增强了刑事处理机制的多元化。然而，北仑区院积极探索的附条件不起诉制度引起了广泛的社会关注，并在民众和学界引发了极大的争议。媒体称此举为“以善代刑”，多少引起了人们关于“以罚代刑”“花钱买刑”的联想。支持者认为，对轻微犯罪实行“行善代刑”的管教措施，符合宽严相济的刑事司法政策，符合司法改革的方向，符合检察权运行的规律，符合和谐社会、执法为民的理念，也没有超越检察院的职权，这是检察权细化的表现；质疑者则认为，检察机关以当义工来为犯罪嫌疑人脱罪，不仅没有法律依据，也不符合刑事诉讼原则，认为检察机关没有权力对刑罚的方式进行创新。

四、2012 年《刑事诉讼法》确立的附条件不起诉制度述评

（一）附条件不起诉制度的理解与实施

尽管在理论上对于立法上是否应当建立不起诉制度存在一定的争议，但主张立法上应当建立附条件不起诉制度的声音还是主流。在此背景下，2012 年 3 月立法机关对刑事诉讼法进行修改时正式确立了附条件不起诉制度。根据《刑事诉讼法》第 271 条、第 272 条及第 273 条的规定，其主要内容如下。

1. 附条件不起诉的适用对象和实体上的适用条件

附条件不起诉的适用对象是否应当限制，在以往理论研究和实践探索中是有分歧的。一种观点认为，附条件不起诉只能适用于未成年犯罪嫌疑人，而不应适用于成年犯罪嫌疑人；另一种观点则认为，对附条件不起诉的适用对象不应限制，不论未成年人还是成年人都可以适用，关键取决于适用的条件是什么。新《刑事诉讼法》采纳了第一种观点，将附条件不起诉制度放在第五编“特别程序”之下的第一章“未成年人刑事案件诉讼程序”之中，把它作为只适用于未成年犯罪嫌疑人的一种特别程序加以规定。这就意味着成年犯罪嫌疑人不论涉嫌罪名是什么，具体案情及情节如何，可能判处什么刑罚，一律都不能适用附条件不起诉制度。从这种立法安排来看，似乎这是对未成年犯罪嫌疑人的一种“特殊关照”。如果从这个意义上理解附条件不起诉，将其限定在未成年犯罪嫌疑人范围未尝不可。但问题是，如果深入分析附条件不起诉的适用条件后，则又感到这种“特殊关照”的意味并不充分。这个问题将在后文对附条件不起诉制度的评析中详述。

根据《刑事诉讼法》第 271 条的规定，对未成年犯罪嫌疑人可以适用附条件不起诉的实体条件是：

第一，从罪名上讲，涉嫌的犯罪必须是刑法分别第四章、第五章、第六章规定的犯罪。据此可知，未成年人涉嫌刑法分则其他各章的犯罪，则不能适用附条件不起诉。

刑法分则第四章规定的是“侵犯公民人身权利、民主权利罪”；第五

章是“侵犯财产罪”；第六章是“妨害社会管理秩序罪”。从这些犯罪的性质、特点以及司法实践中反映的实际情况来看，这三章犯罪确实是未成年人涉嫌犯罪比较集中的领域，基本能够覆盖实践中未成年人涉嫌犯罪的绝大多数案件。因此，仅就未成年犯罪嫌疑人这一特定对象而言，将对其适用附条件不起诉的罪名限制在以上三章的范围是比较符合实际的。

第二，从量刑上看，涉嫌的犯罪只能是“可能判处一年有期徒刑以下刑罚”的案件。这里所说的“可能判处”的刑罚，是指就每一案件中未成年人涉嫌的犯罪而言，根据刑法的有关规定，综占全案的情况，法官对其实际能够判处的刑罚，也就是通常所说的“裁量刑”或“宣告刑”，而不是法律上规定的“法定刑”。“可能判处一年有期徒刑以下刑罚”，是指对未成年犯罪嫌疑人可能判处的刑罚最重是一年有期徒刑，其次则是低于一年的有期徒刑、拘役、管制以及独立适用附加刑等各种情形。只有对未成年犯罪嫌疑人可能判处的刑罚在以上范围内，才能考虑对其适用附条件不起诉，否则，不可以适用。

第三，从诉讼程序上看，涉嫌的犯罪已经“符合起诉条件”。如果不符合起诉条件，也不能适用附条件不起诉。至于“起诉的条件”，根据《刑事诉讼法》第 172 条的规定，是指经过对案件进行审查，“人民检察院认为犯罪嫌疑人的犯罪事实已经查清，证据确实、充分”的案件。未达到这个程度，如“对于二次补充侦查的案件，人民检察院仍然认为证据不足的”，属于不符合起诉条件的案件，对其不能适用附条件不起诉，只能作出证据不足不起诉的决定。至于根本不符合起诉条件的属于“法定不起诉”范围的案件，更不能适用附条件不起诉。因为从本质上讲，“附条件不起诉”是在已经符合起诉条件的情况下基于法定事由有条件地暂不起诉。一旦被不起诉人违背了暂不起诉的有关条件，对该案还要进行起诉。因此，它与根本不符合起诉条件的“证据不足不起诉”及“法定不起诉”的案件在本质上是不同的。后者是根本不能起诉，前者则是还有起诉的可能。正因为如此，要求拟作出“附条件不起诉”决定的案件必须是已经“符合起诉条件”的案件。

第四，从涉嫌犯罪的未成年人的态度上看，他或她是“有悔罪表现的”。附条件的不起诉对被不起诉的人来说，虽然还有起诉的可能性，但只要不违反相关的规定，考验期满后就将作出不起诉的决定不再起诉。基于此，对涉嫌犯罪的未成年人有一项重要的要求——“有悔罪表现。”这样要求，一方面体现出检察机关作出附条件不起诉的决定，是对“有悔罪表现”的未成年犯罪嫌疑人的鼓励和关照，另一方面为了确保涉嫌犯罪的未成年人获得附条件不起诉决定后，不会违背有关规定，因而也不再被提起公诉。“有悔罪表现”的要求首先表现为未成年犯罪嫌疑人对于自己所涉嫌的犯罪是认罪的。因为只有首先认罪，然后才谈得上悔罪。如果连认罪都做不到，就不可能悔罪。这是对未成年犯罪嫌疑人主观认识上的要求。其次，“有悔罪表现”要求未成年犯罪嫌疑人具有某种悔罪的客观行为，例如积极向被害人赔礼、道歉，赔偿被害人的损失，做出其他一些行为获得被害人谅解等。如果未成年犯罪嫌疑人只是对自己涉嫌的犯罪具有主观上的认罪态度，并无客观上的悔罪表现，则也不能对其适用附条件的不起诉。

2. 适用附条件不起诉的程序条件

以上是《刑事诉讼法》第 271 条规定的对于未成年犯罪嫌疑人适用附条件不起诉的实体条件。只有对符合以上条件的案件及其未成年犯罪嫌疑人，人民检察院才可以考虑对其适用附条件不起诉。除此之外，《刑事诉讼法》第 271 条还对人民检察院适用附条件不起诉提出了程序上的条件——这就是“人民检察院在作出附条件不起诉的决定以前，应当听取公安机关、被害人的意见”。这意味着人民检察院在作出附条件不起诉决定之前，必须先听取公安机关、被害人的意见。在此之后，才可以作出附条件不起诉的决定。“听取意见”是指充分了解案件的情况和未成年人的个人情况，特别是涉及适用附条件不起诉的以上四个实体条件方面的有关情况。在此过程中，当然也包含了征求公安机关、被害人对于未成年犯罪嫌疑人如果作出附条件不起诉决定他们是何态度、有何意见，并且作为作出正式决定应当考虑的重要因素，而不是决定性因素。从法律上来说，对未成年犯罪嫌疑人是否作出附条件不起诉的决定，完全是人民检察院依法独立行使的权力，并不取决于公安机关、被害人的态度和意见。但从司法的角度看，人民检察院在考虑是否作出附条件不起诉决定的时候，还是应当重视、考虑公安机关、被害人的意见，使三方的意见尽可能协调、统一。这样可以使附条件不起诉决定的作出在法律效果上和社会效果上达到统一。

人民检察院在作出附条件不起诉决定之前，是否应当听取未成年犯罪嫌疑人及其法定代理人的意见？从刑事诉讼法的规定来看，并没有提出此项要求。这就是说，人民检察院在作出附条件不起诉决定之前，法律并没有要求必须听取或征求未成年犯罪嫌疑人及其法定代理人的意见。但是，《刑事诉讼法》第271条第3款规定："未成年犯罪嫌疑人及其法定代理人对人民检察院决定附条件不起诉有异议的，人民检察院应当作出起诉的决定。"这虽然是针对人民检察院已经作出附条件不起诉决定的情况，但由于其内容实质上赋予未成年犯罪嫌疑人及其法定代理人对于人民检察院作出的附条件不起诉决定享有否决权，这就意味着人民检察院在作出附条件不起诉决定之前，先征求未成年犯罪嫌疑人及其法定代理人的意见，是非常有必要的。如果征求意见时，未成年犯罪嫌疑人及其法定代理人不同意对其适用附条件不起诉，人民检察院就不必作出附条件不起诉的决定，而径直作出起诉的决定即可。这样可以避免事先不征求意见，而在作出附条件不起诉决定后由于未成年犯罪嫌疑人及其法定代理人提出异议而给人民检察院造成工作上的被动和工作效率上的拖延。

3. 对附条件不起诉决定的异议和救济

人民检察院一旦作出附条件不起诉决定后，公安机关、被害人、未成年犯罪嫌疑人及其法定代理人是可以提出异议并寻求救济的。根据《刑事诉讼法》第271条第2款和第3款的规定，提出异议和寻求救济的方式如下：

其一，公安机关的异议和救济。对于人民检察院作出的附条件不起诉的决定，公安机关持有异议可以依据《刑事诉讼法》第175条的规定要求复议，提请复核。具体而言，人民检察院作出附条件不起诉决定后，应当将附条件不起诉决定书送达公安机关。公安机关认为该决定有错误的时候，可以要求作出决定的人民检察院进行复议。如果意见不被接受，公安机关还可以向上一级人民检察院提请复核。

其二，被害人的异议和救济。对于人民检察院作出的附条件不起诉的决定，被害人持有异议的，可以依据《刑事诉讼法》第176条的规定提出申诉，寻求救济。具体来讲，对于有被害人的案件，人民检察院作出附条件不起诉决定后，应当将附条件不起诉决定书送达被害人。被害人如果不服，可以自收到决定书后七日以内向上一级人民检察院申诉，请求提起公诉。人民检察院审查后应当将复查决定告知被害人。对人民检察院维持附条件不起诉决定的，被害人可以向人民法院起诉。被害人也可以不经申诉，直接向人民法院起诉。人民法院受理案件后，人民检察院应当将有关案件材料移送人民法院。这样做就属于理论上所讲的“公诉转自诉”的情况。

其三，被附条件不起诉的未成年犯罪嫌疑人及其法定代理人的异议。如前所述，未成年犯罪嫌疑人及其法定代理人对于人民检察院作出的附条件不起诉决定有异议的，人民检察院应当作出起诉的决定。这意味着，未成年犯罪嫌疑人及其法定代理人对于人民检察院作出的附条件不起诉的决定享有无条件的否决权。即只要他们不同意，提出异议，人民检察院原已作出的附条件不起诉决定即归于无效，转而改变为提起公诉的决定。

为什么法律赋予未成年犯罪嫌疑人及其法定代理人对人民检察院作出的附条件不起诉决定享有如此无条件的否决权？这是由附条件不起诉决定的法律性质和维护未成年犯罪嫌疑人及其法定代理人的合法权益的目的所决定的。前已指出，附条件不起诉决定是以未成年犯罪嫌疑人的行为符合刑法分则四、五、六章之罪的有关规定，已符合起诉条件并且未成年犯罪嫌疑人“有悔罪表现”为实体条件的；不仅如此，在作出附条件不起诉决定后，还要对未成年犯罪嫌疑人进行考验、监督一定时期。如果未成年犯罪嫌疑人不认为自己的行为已构成犯罪或者虽然认为自己的行为确已够罪，但认为对其作出附条件不起诉决定处理过重的话，那么，如果仍然坚持对其作出附条件不起诉决定就是不当的甚至是错误的。在此情形下，就应当尊重未成年犯罪嫌疑人及其法定代理人的意愿，不再对其仍旧适用附条件不起诉，而是按其意愿提起公诉，通过法庭审理，对其行为是否构成犯罪以及如何处罚作出公正、合法的裁判。

同时，这样规定还有一层考虑，这就是防止个别检察机关及检察人员把一些确实无罪或不具有足够证据证明有罪的未成年犯罪嫌疑人出于某种原因，通过作出附条件不起诉决定的手段使其变成事实上的“有罪”之人。这显然是对有关法律规定的明显违背，也是对检察权的滥用。

质言之，法律赋予未成年犯罪嫌疑人及其法定代理人享有对人民检察院作出的附条件不起诉决定的无条件否决权，实质上是赋予未成年犯罪嫌疑人及其法定代理人享有程序选择权包括审判选择权。这是法治社会的一项重要原则，也是程序正义的一种重要体现。同时，也对防止检察机关及其办案人员滥用权力是一种制约和监督。

4. 附条件不起诉决定的执行

前已指出，附条件不起诉决定是一种不确定、过渡性的诉讼决定，只是对未成年犯罪嫌疑人有条件的暂时不起诉，最终是否起诉取决于对其所附的相关条件是否成就。如果条件成就，将来就不再对其起诉；如果条件不成就，将来还要对其起诉。可见，附条件不起诉决定的执行是考虑所附条件是否成就的直接依据和过程。根据《刑事诉讼法》第272条的规定，附条件不起诉决定的执行包括以下内容：

（1）在附条件不起诉决定中应当确定附条件不起诉的考验期。根据刑事诉讼法的规定，附条件不起诉的考验期为六个月以上一年以下。也就是说最高是一年，最短是六个月。其目的是在考验期间对未成年犯罪嫌疑人提出一些要求并对其进行考验，看其是否遵守了相关规定，以最终决定是否对其还提起公诉。考验期六个月以上一年以下是从立法角度针对所有作出附条件不起诉决定的案件而言的。从司法的角度讲，对每个案件作出附条件不起诉决定时，都要针对该案未成年犯罪嫌疑人提出一个时间长度确定、唯一的考验期，而不能是一个有长短幅度的考验期。

（2）要求被附条件不起诉的未成年犯罪嫌疑人在考验期内遵守相关的规定。根据刑事诉讼法的有关规定，被附条件不起诉的未成年犯罪嫌疑人应当遵守下列规定：（一）遵守法律法规，服从监督；（二）按照考察机关的规定报告自己的活动情况；（三）离开所居住的市、县或者迁居，应当报经考察机关批准；（四）按照考察机关的要求接受矫治和教育。

（3）对被附条件不起诉的未成年犯罪嫌疑人的监督考察。根据刑事诉讼法的有关规定，对被附条件不起诉的未成年犯罪嫌疑人的监督考察通过两个途径实现：其一，在附条件不起诉的考验期内，由人民检察院对未成年犯罪嫌疑人进行监督考察；其二，与此同时，未成年犯罪嫌疑人的监护人，应当对未成年犯罪嫌疑人加强管教，配合人民检察院做好监督考察工作。应该说，这样确定对未成犯罪嫌疑人的监督考察，是符合附条件不起诉制度的性质和未成年人刑事案件的特点的。首先，附条件不起诉是一种过渡性的、结果不确定的状态，最终是否起诉还要由人民检察院决定。因此，人民检察院是不可能，也不应该脱离对未成年犯罪嫌疑人的监督考察工作的。其次，附条件不起诉的对象都是未成年人，对其作出附条件不起诉决定的一个不言而喻的条件是，其必须有法定监护人或其他监护人存在，否则，就不可能对其作出附条件不起诉的决定。而且作出附条件不起诉的决定，未成年犯罪嫌疑人势必就要与其监护人生活在一起。在此情形下，要求未成年犯罪嫌疑人的监护人"应当对未成年犯罪嫌疑人加强管教，配合人民检察院做好监督考察工作"，既是必要的，也是可行的。

对于"监督考察"的这种"双轨制"的立法安排，有的人认为"将附条件不起诉的考察机关限定为人民检察院并不完全妥当。"因为检察机关作为附条件不起诉的决定机关，虽然对案件情况以及对未成年犯罪嫌疑人比较熟悉，有利于监督考察工作，但是，检察机关案件压力大，人力不足，难以进行考察、监督和管理。从而影响该制度在实践中的适用效果。据此建议，"可以考虑将社区矫正制度引入附条件不起诉的监督考察中来"，即"由社区矫正机关进行监督考察，但作出附条件不起诉决定的检察机关有权对执行情况以及被附条件不起诉者的表现进行必要监督。"①

以上这种观点是可以理解的，但既不必要也不可行，甚至也不应该。首先，附条件不起诉的对象是未成年人。对于未成年人特别是并没有经过法院审判对其定罪的未成年人来说，对其进行监督考察的主体不宜过多或过于分散，而应该尽可能限制、缩小范围。这样有利于未成年人的健康成长。如果让更多的组织或人员包括社区矫正机构、村（居）民委员会等基层组织介入其中，势必扩大对涉案未成年犯罪嫌疑人的知晓范围，不利于其恢复、成长。其次，附条件不起诉的对象是未成年人，对其可能判处的刑罚只能是有期徒刑一年以下的刑罚，并不算重，通常又处于读书阶段，由此决定了其逃避监督考察的可能性非常低。对他们没

① 陈光中主编:《〈中华人民共和国刑事诉讼法〉修改条文释义与点评》,人民法院出版社 2012 年版,第 405 页。

有必要象对监外执行人员、假释人员、缓刑人员以及判处管制人员那样监督考察，也不需要检察机关进行过度的监督考察。再次，未成年犯罪嫌疑人能够获得附条件不起诉，往往都有法定监护人或其他监护人与其共同生活或对其能够进行有效管束教育。他们是对未成年犯罪嫌疑人做好监督考察的重要力量。同时，基于他们与未成年犯罪嫌疑人的特殊关系，他们也愿意并会积极参与对未成年犯罪嫌疑人的管教。因此，检察机关应该加强与他们的协调，使他们积极配合检察机关做好监督考察工作，而不是事事都由检察机关及其工作人员直接出面。这也可以大大降低检察机关在监督考察未成年犯罪嫌疑人的工作负担。最后，根据现行法律的规定，社区矫正的对象都是经过法院依法审判并经生效判决确定的犯罪人员，包括被判处管制的人员、缓刑人员、假释人员以及监外执行人员等，而被附条件不起诉的未成年犯罪嫌疑人并未经过法庭审判确定为犯罪人员，因此，将其纳入社区矫正的对象进行监督考察是不应该的。

5. 附条件不起诉决定的执行后果

如前所述，附条件不起诉是对特定案件所作的一种过渡性、不确定的诉讼决定，并且是一种有条件的不起诉。一旦条件成就就不再起诉，反之，则还要起诉。这就是附条件不起诉决定的执行后果。《刑事诉讼法》第 273 条对此作了专门规定，具体来讲有两种情形：

其一，被附条件不起诉的未成年犯罪嫌疑人，在考验期内有下列情形之一的，人民检察院应当撤销附条件不起诉的决定，提起公诉：（一）实施新的犯罪或者发现决定附条件不起诉以前还有其他犯罪需要追诉的；（二）违反治安管理规定或者考察机关有关附条件不起诉的管理规定，情节严重的。

其二，被附条件不起诉的犯罪嫌疑人，在考察期内没有上述情形，考验期满的，人民检察院应当作出不起诉的决定。这种不起诉决定是对案件终止性的决定，一旦作出，所涉案件的诉讼程序到此终止。

（二）附条件不起诉与酌定不起诉、刑事和解的关系

附条件不起诉制度是新刑事诉讼法针对未成年人刑事案件专门规定的一种诉讼制度，它与刑事诉讼法原有并且继续保留的酌定不起诉制度

是何关系？同时，新刑事诉讼法在公诉案件中专门规定了一种新制度即刑事和解制度，它与同为公诉案件处理程序的附条件不起诉制度又是何关系？这两个问题在新刑事诉讼法公布实施后一直有人关注并提出，甚至还有人认为“新《刑事诉讼法》没有将未成年人刑事案件中的附条件不起诉与刑事和解联系起来。”[①] 由此可见，从理论上理清以上两个问题以及相关联的其他问题非常有必要，对于依法贯彻实施酌定不起诉、附条件不起诉以及刑事和解制度都有重要的意义。

1. 附条件不起诉与酌定不起诉的关系及其适用

从立法上看，附条件不起诉规定在新刑事诉讼法增加的“特别程序”之“未成年人刑事案件诉讼程序”之中，而“酌定不起诉”规定在普通程序的“提起公诉”一章中，两者似乎没有什么关系。但实际上两者有着密切的联系。

首先，附条件不起诉与酌定不起诉虽然有所不同，但都属于不起诉，它们产生的理论依据都是起诉便宜主义或起诉裁量主义。也就是说，有的案件虽然已符合起诉条件，但如果没有必要起诉，就可以由检察机关裁量定夺，对其不予起诉。两者的区别仅在于附条件不起诉是一种过渡性、不确定的不起诉决定，执行到最后还要重新作出是否起诉的决定；而酌定不起诉则是一次性的、终结性的不起诉决定，一旦作出，即不再对案件提起公诉，诉讼程序到此终止。

其次，就两种不起诉制度对于被不起诉人产生的影响和后果来看，虽然都比审判定罪有利，但两者还是有明显的区别。酌定不起诉由于是一种一次性、终结性的诉讼决定，一旦作出诉讼即行终止，当然对被不起诉人比较有利。而附条件不起诉由于只是一种过渡性、不确定的诉讼决定，在附条件不起诉期间，对被不起诉人还要进行监督考察，其后还要根据其表现情况和有关规定最后决定是否对其提起公诉，显然，对被不起诉人比较不利。如果让被不起诉的犯罪嫌疑人作选择，相信都会选择酌定不起诉而不会选择附条件不起诉。

再次，从两种不起诉的适用范围和对象来看，酌定不起诉的适用范围和对象，根据刑事诉讼法的有关规定，并没有涉嫌罪名范围的限制，

① 陈光中主编:《〈中华人民共和国刑事诉讼法〉修改条文释义与点评》,人民法院出版社 2012 年版,第 405 页。

任何罪名只要符合适用条件的都可以适用，同时也没有适用对象必须是成年人或未成年人的限制，这就意味着无论成年人还是未成年人，只要符合酌定不起诉适用条件的，都可以适用该制度。但是，附条件不起诉在适用范围和适用对象上都有限制，在适用范围上只能适用于刑法分则第四章、第五章、第六章规定的犯罪，在适用对象上只能适用于未成年犯罪嫌疑人。

从以上可以看出，就未成年犯罪嫌疑人而言，只要符合法律的相关规定，既可以适用酌定不起诉，也可以适用附条件不起诉。但由于酌定不起诉的适用范围广，而且对被不起诉人比较有利，而附条件不起诉的适用范围小，而且对被不起诉人比较不利，因此，在对未成年人刑事案件考虑采用何种不起诉制度时，应当优先考虑适用酌定不起诉，只有当认为不符合酌定不起诉的条件而不能适用时，才可以考虑适用附条件不起诉的问题。

2. 附条件不起诉与刑事和解的关系及其适用

在本书讨论刑事和解的专章中，我们已经了解了我国新刑事诉讼规定的“当事人和解的公诉案件诉讼程序”，它实质上是一种贯穿于刑事侦查、审查起诉及审判各个诉讼阶段的程序分流措施，并且不可以单独适用，必须附着在刑事诉讼的侦查程序、审查起诉与公诉程序及审判程序上才能适用。譬如对于不同的刑事和解案件，可以根据法律的有关规定，作出酌定不起诉、适用简易程序审判、从轻或减轻处罚等处理或处罚决定。而附条件不起诉只涉及检察机关对公诉案件进行的审查起诉与公诉程序中，并且只适用于特定的未成年人涉嫌犯罪的案件，适用条件中还包含了“有悔罪表现”的要求，这就使得其与刑事和解发生了一定的联系：

其一，处在审查起诉阶段的未成年犯罪嫌疑人案件，从法律上讲，可能既涉及适用刑事和解的问题，又涉及适用附条件不起诉的问题，两者并不相互排斥。因此，在司法过程中，只要符合法律规定的条件，两者可以同时适用，即对同一个未成年人涉嫌犯罪的案件，既可以适用刑事和解制度，也可以适用附条件不起诉制度，两者并行不悖。

其二，附条件不起诉制度中，其适用条件之一“有悔罪表现”并不要求当事人相互之间必须达成刑事和解，但也不排斥当事人达成刑事和解。在达成刑事和解的情况下，如果其他方面也符合法律规定的附条件不起诉的其他条件，则更有利于作出附条件不起诉的决定；相反，即使当事人达成了刑事和解，但其他方面如果不符合附条件不起诉的适用条件，仍然不能做出附条件不起诉的决定，只能按照法律关于刑事和解的有关规定处理案件。同理，在即使没有达成刑事和解的情况下，如果案件中未成年犯罪嫌疑人确实“有悔罪表现”，其他方面也符合附条件不起诉其他适用条件的，仍然可以对未成年犯罪嫌疑人作出附条件不起诉的决定。

其三，附条件不起诉与酌定不起诉一样，是一种独立的程序分流措施，而刑事和解不是独立的程序分流措施，是附着在常规诉讼程序上的一种分流措施，这就决定了两者是一种互不排斥、并行不悖的关系：当两者没有交集的时候，可以各行其道，当两者发生交集的时候，则可以合二为一，刑事和解附着在附条件不起诉中发生作用。

（三）附条件不起诉制度评析

附条件不起诉制度是修改后的刑事诉讼法创立的一种新的不起诉制度。从立法的角度讲，它弥补了我国刑事诉讼法上原有裁量不起诉制度之不足，增加了一种新的程序分流措施，这是应当肯定的。同时，附条件不起诉制度以未成年犯罪嫌疑人为特定的适用对象，体现了对未成年犯罪嫌疑人应当立足挽救教育的刑事政策精神，这更是值得充分肯定的。此外，在附条件不起诉制度的具体规定中，赋予未成年犯罪嫌疑人及其法定代理人对于附条件不起诉决定享有无条件的否决权。一旦他们对检察机关作出的附条件不起诉决定持有异议，原作出的附条件不起诉决定便归于无效，检察机关就应当对未成年犯罪嫌疑人提起公诉。如此规定，既体现了对未成年犯罪嫌疑人个人意愿的尊重，有利于维护未成年犯罪嫌疑人的合法权益，也可以防止有的办案机关及办案人员利用该诉讼手段滥用职权，掩盖错误。这也是值得称道的。

但是，毋庸讳言，新规定的附条件不起诉制度也存在明显的问题：

其一，其立法初衷是为了挽救教育未成年犯罪嫌疑人，但相关的适用条件没有充分体现这一立法初衷，反而不利于对未成年犯罪嫌疑人的挽救教育。

在《刑事诉讼法》第271条规定的附条件不起诉适用的各项条件中，未成年犯罪嫌疑人涉嫌的犯罪须是“可能判处一年有期徒刑以下刑罚”的适用条件，是一个非常重要的条件，它实质上决定了能够进入这项制度中的案件范围。本来附条件不起诉就只适用于未成年人涉嫌刑法分则第四章、第五章、第六章规定的犯罪，不仅如此，还必须是“可能判处一年有期徒刑以下刑罚”的案件。而根据刑法的有关规定，结合司法实践的具体情况，司法实践中符合此条件的未成年人刑事案件是很有限的。以刑法分则第四章规定的“侵犯公民人身权利、民主权利罪”为例。该章共有36个条文，其中17个条文没有规定3年以下有期徒刑的法定刑或者由于犯罪主体原因未成年人不可能涉嫌各该罪，其余19个条文中，有4个条文最低法定刑幅度是“5年以下有期徒刑”，有13个条文最低法定刑幅度是“3年以下有期徒刑”，各有1个条文最低法定刑幅度分别是“2年以下有期徒刑”和“1年以下有期徒刑”。可见，从宏观上看，第四章条文中，法定刑幅度能够覆盖未成年犯罪嫌疑人的条文只有19个，略多于该章条文的一半。但是其中4个条文的法定刑幅度中最高刑是5年有期徒刑，在这些条文中可以适用未成年犯罪嫌疑人“可能判处一年有期徒刑以下刑罚”的案件实际上是非常有限的。同理，还有13个条文的法定刑幅度中最高刑是3年有期徒刑，在这些条文中可以适用未成年犯罪嫌疑人“可能判处一年有期徒刑以下刑罚”的案件也将是有限的。余下只有两上条文的法定刑幅度是2年和1年以下有期徒刑，该两个条文适用附条件不起诉制度的空间显然比较大，但问题是只有两个条文，对适用附条件不起诉来说是非常少的。再以刑法分则第五章规定的“侵犯财产罪”为例，该章共有15个条文，只有8个条文的最低法定刑幅度在“3年以下有期徒刑”，其中还有一个条文是“2年以下有期徒刑”。同样，由于其中7个条文的法定刑幅度中最高刑是3年有期徒刑，使得这些条文适用于“可能判处一年有期徒刑以下刑罚”案件的机会就会很少。总之，无论第四章还是第五章规定之罪，真正能够适用于“可能判处一年有期徒刑以下刑罚”的未成年人案件的机会是很有限的。

不仅如此，本来“可能判处一年有期徒刑以下刑罚”的案件就已经是社会危害性明显较轻的案件了，并且又是未成年人实施的，还要“有悔罪表现”，才能适用附条件不起诉，这对未成年犯罪嫌疑人是不是有点苛刻？既然案件的社会危害本来就不重，最重才只能判一年有期徒刑，未成年人又是法律上挽救教育的对象，并且又有“悔罪表现”，这样的案件在笔者看来是符合《刑事诉讼法》第173条第2款规定的酌定不起诉制度的，即属于“犯罪情节轻微，依照刑法规定不需要判处刑罚或者免除刑罚的”情形。检察机关可以对其作出酌定不起诉的决定，而不应该作出附条件不起诉的决定。后者虽然也不起诉，但这只是过渡性的，将来还有可能再起诉。更重要的是在不起诉期间还要对未成年犯罪嫌疑人进行监督考察，这些措施对这样的未成年犯罪嫌疑人的恢复成长是不利的。

总之，我们认为目前刑事诉讼法把未成年犯罪嫌疑人适用附条件不起诉的量刑条件确定在“可能判处一年有期徒刑以下刑罚”上明显太低，并没有体现出立法上对未成年犯罪嫌疑人挽救教育的初衷，同时也使实践中适用附条件不起诉制度的案件范围非常有限。因此，我们认为在适当的时候，应当把附条件不起诉制度在量刑上的适用条件调整为“可能判处3年有期徒刑以下刑罚”的案件。这样，既能充分体现立法上对未成年犯罪嫌疑人挽救教育的精神，又能实际扩大附条件不起诉在司法实践中的适用范围，使它真正发挥应有的作用。

其二，目前的附条件不起诉与酌定不起诉制度的关系不合理，功能区分不足，没有充分体现出附条件不起诉制度对酌定不起诉制度天然不足的弥补作用。

本节前文已指出现行酌定不起诉制度最大的不足是，它是一种一次性、终结性的诉讼决定。一旦作出决定，被不起诉人就回归社会，办案机关对其不再有约束力，这使得办案机关及办案人员不愿“冒着风险”作出酌定不起诉决定。同时，对被不起诉人来说，由于一旦获得不起诉机会，之后就不再受约束，并且事先未征求其意见，于是他对办案机关也不会“感恩、领情”。由于以上，又造成在有被害人的案件中，被害人难以接受犯罪嫌疑人被毫无约束地不起诉，回归家中。甚至有的被不起诉人还会挑衅被害人，致使被害人上访缠诉。反过来又制约检察机关作出酌定不起诉的决定。上述种种也是造成我国司法实践中酌定不起诉适用率非常低的重要原因。

正是具有以上明显的不足，才产生出附条件不起诉的制度。它不是一次性、终结性的不起诉决定，而是一个过渡性、不确定的不起诉制度。在此过程中，被不起诉人还要接受监督考察，最终还要对其进行重新评估，符合条件的就不再起诉，不符合条件的，还要提起公诉。这样的立法设计，既解除了办案机关、办案人员的后顾之忧，敢于依法放手作出不起诉的决定，同时又对被不起诉人具有很强的约束力，使其在不起诉后仍然遵守相关规定，并且还要“有悔罪表现”，对被害人赔礼道歉、赔偿损失等，从而获得被害人的谅解等。但是，目前刑事诉讼法规定的附条件不起诉与酌定不起诉基本上似乎没有关系，甚至附条件不起诉对未成年人的“特殊关照”还不如对其适用酌定不起诉。同时，目前的附条件不起诉由于只适用于未成年人，从而也关闭了成年犯罪嫌疑人适用附条件不起诉的大门，使得酌定不起诉在成年犯罪嫌疑人适用中表现出的那些缺陷和不足依然如故，这是非常令人遗憾的。

基于以上，我们认为应当重新审视和调整酌定不起诉与附条件不起诉的关系。具体而言，附条件不起诉不限于只适用于未成年犯罪嫌疑人，也应该适用于成年犯罪嫌疑人。当然可以在未成年人与成年人之间设置一些区别，以体现对未成年人的“特殊关照”。但在整体上成年犯罪嫌疑人也可适用附条件不起诉。这样在司法实践中，对于任何刑事案件，只要符合法律规定的，检察机关都可以适用这两种裁量不起诉制度加以处理。对于条件比较好，可以一次性适用酌定不起诉的案件，不论是成年人还是未成年人，都可以直接适用酌定不起诉。对于条件不是太好，对犯罪嫌疑人尚不能直接作出酌定不起诉的，则可以考虑适用附条件不起诉。这样，有进有退，互相配合，相得益彰，使酌定不起诉与附条件不起诉这两种裁量不起诉制度在司法实践中真正发挥出各自独特的程序分流作用。

第十章　我国刑事审判中的程序分流

刑事审判是刑事诉讼中最重要的诉讼阶段。在刑事诉讼中，经侦查机关立案侦查，后经检察机关审查并提起公诉的公诉案件和公民自己提起的自诉案件，都将进入审判阶段，由人民法院依法进行审理，并对被告人是否确实有罪、是否应当追究刑事责任以及如何追究刑事责任作出最终裁判。特别是在我国，在审前程序的侦查及审查起诉阶段消化分流的案件比较有限，凡经检察机关审查批准逮捕的案件基本上都被起诉到法院审理。对于每一个案件以及每一个从犯罪嫌疑人转化而来的被告人来说，审判就是决定其最终命运的时刻。因此，无论从刑事审判定罪量刑的重要性来讲，还是从被告人及其亲属乃至社会对刑事审判最大的期望来讲，审判公正是首要的。

从理论上和法律上看，审判公正既要彰显在实体上即结果的公正，也要体现在程序上程序的公正或曰过程的公正。不仅如此，公正还与效率密切相关，只讲公正，不求效率，并非人们所期望和追求的真正公正。所谓“迟来的公正不是公正”就是对公正与效率之间关系的最好诠释。而要实现公正并兼顾效率要受到两个重要因素的制约，即在诉讼活动中能够投入司法资源的多少及待审案件数量的多少。抽象地讲，在待审案件数量既定的情况下，投入的司法资源越多，对案件审判的公正及效率程度相对越高；反之，则越低。而在投入的司法资源相对稳定且有限的情况下，待审案件的数量越多，在每一案件审判中投入的司法资源势必越少，整体上和个案上对案件审判的公正及效率程度就越低。可见，投入司法资源的多寡与待审案件数量的多少对刑事审判公正及效率程度的影响巨大。但现实状况是，可投入的司法资源是有限的，待审案件的数量却在激剧增长，由此对刑事审判的公正及效率造成了严峻的挑战。在刑事审判中进行程序分流就成为应对这一挑战的重要措施。为此，本章将围绕这一问题展开讨论。

第一节　我国刑事审判程序现状

一、我国刑事审判案件数量的增长情况

如前所述，改革开放以来，我国各类案件的数量都有大幅增长。以刑事一审案件来看，仅从1998年到2009年的12年间，收案件数从482164件增加到了768507件，增长了59.38%，判决生效人数从有记载的2003年的747096人，增加到2009年的997872人，增长了33.57%，各年数据详见下表所示：

1998—2009年全国法院刑事一审案件数据统计表

数据／年份	收案件数	结案件数	生效判决件数	生效判决人数
1998	482164	480374	—	—
1999	540008	539335	—	—
2000	560432	560111	—	—
2001	628996	623792	—	—
2002	631348	628549	—	—
2003	632605	634953	513816	747096
2004	647541	644248	530538	767951
2005	684897	638997	573270	844717
2006	702445	701379	592220	890755
2007	724112	720666	606814	933156
2008	767842	768130	649941	1008677
2009	768507	766746	644387	997872
累计增长	59.39%	59.61%	25.41%	33.57%

上表反映出全国法院刑事一审案件收、结案的整体情况，增长趋势明显，增长率达59.39%～59.61%；生效判决件数和人数分别增加了25.41%和33.57%。这是全国的总体情况，实际上各地的增长并不平衡。在经济发达的东部沿海地区及中心城市，刑事案件的增加幅度更大。例如，北京市海淀区人民法院，近几年每年审判的刑事案件数量达4000件以上、5000人左右。更重要的是，无论是全国还是地方，刑事审判案件数量的增长趋势还在继续，并且可以预料这种势头还将持续若干年。如何应对上述严峻的挑战，在司法资源投入的增加非常有限的情况下，主要的出路就是在审判程序分流上做文章。

二、我国刑事审判程序的演变

1979年以前，我国法制极不完备，刑事诉讼制度及刑事审判程序也非常粗疏。1979年7月，我国第一部《刑事诉讼法》制定出台并于1980年1月1日起生效实施，标志着我国刑事诉讼开始走上法制轨道。但那时尚无刑事诉讼程序分流的意识，打击犯罪、惩罚犯罪是刑事诉讼的主要任务。刑事审判第一审程序仅依据我国对刑事案件的传统分类标准，区分为“公诉案件”审判程序和“自诉案件”审判程序两种。更重要的是，那时的审判程序基本上是“走过场”，难以进行实质性的审判活动。也就是并不是真正通过开庭审理，切实查明案件事实，在此基础上对被告人是否有罪及如何处罚作出裁判。相反，在开庭以前，审判人员对公诉机关移送的全部案卷材料，根据该法第108条的规定要进行全面阅卷，实质性审查，只有当确认被告人已构成犯罪的时候才决定开庭审判。在此情形下，决定开庭即意味着已认定被告人有罪，审判活动完全是“走过场”而已。于是，对刑事案件采用何种程序进行审判已不再那么重要。

1996年3月我国立法机关对1979年《刑事诉讼法》进行第一次修改。程序正义、保障人权成为此次修改法律的主旋律。与此同时，刑事案件的大量增加也使刑事诉讼程序分流的意识开始产生并对修改刑事诉讼法产生影响。修改后的《刑事诉讼法》在多方面体现了刑事诉讼程序分流的精神，其中在第一审审判程序中，在原有“公诉案件”审判程序和“自诉案件”审判程序之外，新增了一个“简易程序”。将部分符合该规定的公诉案件和自诉案件纳入“简易程序”进行审判。其目的在于在保障公正的前提下，简化审判程序，减少司法资源的投入，提高诉讼效率。从而使我国刑事一审程序从原来的“二分法”变为“三分法”了。

但是，由于新增简易程序的适用范围有限，只适用于以下三类案件：（一）对依法可能判处三年以下有期徒刑、拘役、管制、单处罚金的公诉案件，事实清楚，证据充分，人民检察院建议或者同意适用简易程序的；（二）告诉才处理的案件；（三）被害人起诉的有证据证明的轻微刑事案件，以致在司法实践中真正适用此程序审理的刑事案件的数量是有限的。据有关方面统计，从1998年到2002年，全国法院适用简易程序审判的案件在全部刑事案件中所占的比例分别是：1998年19.23%，1999年21.45%，2000年22.90%，2001年21.89%，2002年33.77%。[①] 与此同时，需要进行刑事审判的案件数量却在急剧增加。如前表所示，全国法院系统受理的一审刑事案件从1998年的482164件，到2002年增至631348件，净增149184件，增长率为30.94%。而这与同期适用简易程序审判刑事案件的比例19.23%（1998年）至33.77%（2002年）基本持平，实际上抵消了因适用简易程序所节省的司法资源。

鉴于上述情形，司法实践中，在一些刑事案件数量增长较快的地方，开始探索在已有的“简易程序”之外建立不同于公诉案件普通程序、在程序上又有一定简化的审判程序。这种探索受到中央司法机关的关注和支持，并促使最高人民法院、最高人民检察院、司法部于2003年制定出台了《关于适用普通程序审理“被告人认罪案件”的若干意见（试行）》（理论上和实务界称其为“普通程序简化审”）。其基本精神是，对于本来应当适用公诉案件普通程序审理的案件，如果符合“被告人认罪”等条件，则可以不完全采用普通程序进行审理，也就是可以简化某些普通程序的要求，诸如被告人可以不再就起诉书指控的犯罪事实进行陈述；公诉人、辩护人、审判人员对被告人的讯问、发问可以简化或者省略；对控辩双方无异议的证据，可以仅就证据的名称及所证明的事项直接作出说明，不需再详细出示、宣读全部内容等。这一程序的出台虽有积极

① 参见左卫民等著：《中国刑事诉讼运行机制实证研究》，法律出版社2007年版，第285页。

意义，但在理论界和实务界遇到不少问题。在理论上，有人质疑该程序的正当性，认为《刑事诉讼法》中并未规定该程序，两院一部通过发布司法解释性文件提出并推行此种审判程序，没有法律根据，缺乏正当性。在实践中，由于该程序不具有法律依据，并且有的规定在执行中过于严苛、过于繁琐，并没有被广泛采用。

虽然1996年《刑事诉讼法》中规定的“简易程序”及2003年两院一部出台的“普通程序简化审”的实际适用范围有限，但它们的实施为完善刑事审判程序，特别是为建立具有程序分流功能，适合我国实际情况，又符合诉讼规律和诉讼原理的刑事简易程序奠定了基础，积累了经验和教训。同时，还引发并推动了理论界围绕刑事简易程序展开研究的热潮。[①] 伴随理论上的研究热潮，司法实践中刑事审判的案件数量亦增长不止，如前表所示，全国法院受理的刑事一审案件从2003年的632605件，生效判决涉案被告人747096人，到2009年增至768507件和997872人，分别增长21.48%和33.57%。

有了围绕刑事简易程序的立法和司法实践的基础，又有了相关理论研究成果的推动，再加上刑事案件数量居高不下，增长趋势不减及其与有限的司法资源形成的尖锐矛盾，通过再次修改《刑事诉讼法》来完善刑事简易程序，就成为理论界和实务界一致的共识和呼声，也成为司法实践中迫切需要解决的突出问题。于是，2012年3月立法机关对刑事诉讼法进行的第二次大修改，将完善刑事简易审判程序作为修改的重点之一，并且也确实从多方面对该程序进行了重大修改和完善。最突出的变化是在原来“简易程序”的基础上，吸收了试行多年的“普通程序简化审”的合理成分，构建出了在内涵和外延上与此前完全不同的新的“简易程序”。对于该程序，整体上应当予以充分肯定。但它毕竟是一种新的审判程序，并且将涉及进入审判阶段80%以上的刑事案件，因此还需要展开深入研究。鉴于此，本文将设专题对此进行深入讨论、研究。

---

① 这段时期发表的有关简易程序的论文不计其数，不胜枚举；出版的论著就有多部：高一飞：《刑事简易程序研究》，方正出版社2002年版；陈卫东主编：《被告人认罪案件简化审程序》，中国检察出版社2002年版；左卫民等著：《简易刑事程序研究》，法律出版社2005年版；马贵翔：《刑事简易程序概念的展开》，中国检察出版社2006年版；等等。

三、刑事审判程序分流的目标、原则及具体思路

如前所述，在过去乃至将来相当长的一个时期，我国刑事案件增长的趋势及其与司法资源有限性之间的突出矛盾不会有大的改变。而解决或者缓解这一矛盾的出路，主要是在刑事审判活动中进行程序分流，也就是对刑事案件进行科学分类，设置与不同种类刑事案件相适应的不同的刑事审判程序。为此，首先需要提出正确的刑事审判程序分流的目标、原则及具体思路。

所谓刑事审判程序分流的目标，是指在刑事审判中实施程序分流措施后，希望刑事审判活动达到怎样的状态。笔者认为我国刑事审判程序分流的目标应当是：优化资源配置，保障公正，兼顾效率。“优化资源配置”是刑事审判程序分流的直接目的。它表明对刑事审判进行程序分流，最直接的目的就是在整体上将有限的司法资源最大限度、最有效地运用于刑事审判活动中，即根据不同案件的实际需要配置司法资源，既要保证最必要的司法资源投入，又要防止不必要的司法资源支出，使有限的司法资源投入产出最佳的法律效益和社会效益。

“保障公正，兼顾效率”是刑事审判程序分流的根本目的。刑事审判程序无论怎样分流，也不能损害或牺牲审判公正。失去公正价值的程序分流措施，将使程序分流本身失去存在的价值。在程序分流中追求、维护“保障公正”有三层含义：其一，对任何案件的审判，无论采取何种分流措施，应当保证提供最低限度的公正程序，譬如要赋予并保障被告人自行辩护的权利和依法获得律师辩护的权利，要赋予并保障被告人获悉指控事实和相关证据的权利等。其二，根据不同案件对公正程度的不同需求，提供与此相适应的程序保障。对公正程度要求高的案件，如对被告人不认罪的案件，应当对其适用严格的、公正程度高的审判程序；而对被告人自愿认罪的案件，就可以采用公正程度相对较低的审判程序。其三，通过以上程序分流措施，最大限度地实现审判结果的公正，即实体上的公正。

“兼顾效率”与“保障公正”是相辅相成的。“兼顾”本身表明程序分流首先要“保障公正”。但在“保障公正”的前提下，还要“兼顾效

率”。也就是不能为了公正的需要，根本不顾及诉讼效率、审判效率。这样做，不仅损害“效率”，也损害“公正”。譬如有的案件的事实久查不清，已有证据不足以定罪，就不能为了追求“公正”而将案件长期搁置，把被告人长期羁押。其结果不仅大量消耗司法资源，而且严重损害司法公正。“兼顾效率”的另一层含义是，对公正程度要求不同的案件，在效率要求上也应有所不同。对公正程度要求高的案件，在效率要求上可以相对低一些，对公正程度要求低的案件，在效率要求上则可以高一些。譬如对被告人不认罪的案件，适用的审判程序的公正程度不仅要高，而且效率要求上可以低一些，因而在审判期限的要求上可以长一些。相反，对于被告人自愿认罪的案件，适用的审判程序的公正程度可以低一些，效率要求则可以高一些，因而在审判期限的要求上可以短一些。

刑事审判程序分流的原则，是指在刑事审判程序分流目标的指导下，在设计刑事审判程序分流措施时应当遵循的准则。在笔者看来，至少以下两点应当是我国刑事审判程序分流的原则。

其一，刑事审判程序分流应当符合刑事诉讼原理的要求。刑事审判是刑事诉讼活动的重要阶段，也可以说是最典型的刑事诉讼活动。既然如此，不论刑事审判程序如何分流，都应当遵守刑事诉讼的一些基本原则。譬如，刑事诉讼的基本构造是由控诉、辩护、审判三方按照控辩平等、控审分离、审判中立的原则组成的。在设计刑事审判程序分流的具体措施时，就不能打破诉讼构造这一基本诉讼原理，不能为了简化程序，省却某一方不参加审判活动，而由他方代替或代行其承担的诉讼职能。

又如，审判程序的简化与否及简化程度如何，直接关系到被告人在审判中的诉讼地位，进而影响到对其作出的审判结果。因此在诉讼原理上，应当保障被告人在审判中的程序选择权。它对审判程序的公正程度要求高的，就应当提供公正程度高的审判程序；反之，则可以提供公正程度相对较低的审判程序。而不能不顾被告人的意志，由诉讼中的其他方决定对每一个案件的审判采用什么程序。

其二，刑事审判程序分流还应当符合我国的实际情况。在近年来理论界讨论、研究我国刑事审判简易程序的过程中，有的人认为我国现行立法规定的简易程序适用范围太窄，以致司法实践中适用简易程序审判的案件的比例不高。因此，主张在1996年《刑事诉讼法》规定的简易程序的框架内，扩大简易程序的适用范围。但在到底扩大多大的范围方面，有的提出扩大到可能判处五年有期徒刑以下刑罚的案件，有的主张扩大到可能判处十年有期徒刑以下刑罚的案件。这些主张不无道理，问题是如果扩大简易程序的适用范围，原来“简易程序”的组织结构是否也应当调整？譬如审判组织是否还由一位法官独任审判，进而由其一人决定长达5年甚至10年的有期徒刑？在我国目前的社会风气和司法环境下，把如此重的量刑决定权交给一位法官独立决定，其后果将会怎样？在考虑我国刑事审判程序分流的具体措施时，不能不考虑我国的实际情况，包括历史的、现实的、文化的、社会的等多方面的情况。

至于刑事审判程序分流的具体方式，从理论上讲，较之审前程序的分流措施要相对单纯一些，主要是考虑对刑事案件的审判采用几种方式。近年来理论界提出的体现程序分流的审判程序主要有以下几种：

1. 陪审团审判方式。这种意见主要来自民间，其理论根据主要是加强诉讼民主，增加普通民众对审判活动的参与，同时防止法外因素对审判活动的干扰。

2. 保留现行公诉案件普通程序，但要强化审判的实质性，包括控辩双方的平等对抗，证人出庭作证，排除非法证据，保障律师辩护、法官中立、不间断审理、当庭宣判等。

3. 保留现行简易程序的框架，但扩大简易程序的适用范围，并改变适用简易程序的决定权，赋予被告人适用简易程序的选择权。

4. 保留现行简易程序，同时将“普通程序简化审”纳入立法中，正式建立介于普通程序与简易程序之间的“被告人认罪案件审判程序”，其在量刑起点上与简易程序的上限衔接，在适用对象上又与普通程序有别，即只有被告人自愿认罪的案件，同时又不符合简易程序量刑规定的案件，才可以进入该程序之中。其与简易程序的最大区别是，审判组织仍由三人组成合议庭，而不能由一名法官独任审判；与普通程序的最大区别是，由于被告人自愿认罪，在一些程序环节上可以简化，并对被告人量刑时给予从宽。

5. 在现行简易程序之外，建立一种更加简易、更加快速的审判程序，对其名称不同学者的叫法有所不同，诸如“认罪轻微案件书面审”“最简易审判程序”“处罚令程序”等等。其适用对象是“微罪”，审理特点是书面审理，量刑限制在拘役、管制、单处罚金、缓刑或免予刑事处罚的范围内。[①]

6. 借鉴美国的辩诉交易制度，建立中国式的控辩协商程序，控辩双方可就被告人的定罪量刑问题进行协商，达成一致意见后提交法庭审查认可。法庭经过审查确认系被告人自愿且真实意思表示，并不违反法律规定的，即予以认可，作出判决。

总体来看，以上主张的立论都具有理论和现实依据，具体设想也都有着不同程度的科学性和合理性。但是，如果都付诸立法，将其变为现实的法律制度，有的具有可行性，有的则还需要充分论证。譬如借鉴辩诉交易制度，建立控辩协商制度的问题。美国辩诉交易制度的产生有着复杂的社会、文化、法律原因，更重要的是，它是产生于并生长在美国那样一个特殊法制环境中的特别诉讼制度。离开美国本土，移植到别国实有很大的局限性。辩诉交易首先是定罪的交易，通过交易，可把重罪“交易”成轻罪，把数罪“交易”成少罪或单罪。实现这种“交易”在实体法上须有相应的基础。美国的刑法是以“单数行为”作为定罪单位的，且罪与罪之间具有相通、相交之处，这就为定罪的交易奠定了基础。而我国刑法是以“集合行为”作为定罪单位的，罪与罪之间的界限比较严格、清楚，缺乏相互“交易”的基础。实现定罪“交易”还须有程序上的条件。美国检察官有相当大的起诉裁量权或选择权。对一个案件起诉与否、起诉什么罪、起诉几个罪，检察官能够说了算。所以，他可以与辩方“交易”。而我国检察官没有这个权力，甚至检察机关也没有这个权力。对于应该起诉的案件不起诉，或者应该以重罪、数罪起诉的却以轻罪、一罪起诉，不仅法律不允许，社会民众也不答应。更重要的是，促使或引起美国在定罪问题上进行辩诉交易的根本原因是其具有陪审团审判制度。一旦被告人不认罪，就可以选择陪审团进行审判。而陪审团对案件的审判是“上帝”的审判，结果非常难以预料。当控方没有把握使被告人获得定罪，辩方也没有把握使自己获得无罪时，双方便退而求其次，各让一步：控方在被告人承诺自愿认罪以致确保其被定罪的条件

① 参见柯葛壮、杜文俊：《论认罪案件处理程序之简易化》，载《政治与法律》2003 年第 2 期；万毅：《程序如何正义——中国刑事诉讼制度改革纲要》，中国人民大学出版社 2000 年版，第 288 ~ 298 页；左卫民：《简易程序研究》，法律出版社 2005 年版，第 277 ~ 283 页。

下，可以降低起诉罪名或减少起诉罪名；被告人在控方承诺对其降低起诉罪名或减少起诉罪名的条件下，如果自愿认罪就可以获得对自己有利的判决。于是，双方达成交易。而我国没有陪审团审判制度，司法实践中，定罪率极高，缺乏在定罪方面促使控辩双方进行“交易”的外部压力和内在动力，围绕定罪的辩诉交易又何以发生？

当然美国的辩诉交易还有量刑的交易。在被告人认罪的前提下，控辩双方可就量刑进行讨价还价，达成一致后向法官提出建议。法官进行必要的审查后，一般都予以认可。就此而言，对我国是有借鉴意义的。但如果仅是这一点，不必专门设立辩诉交易或辩诉协商程序。只要将其纳入被告人认罪案件审判程序就可以了。事实上，对于自愿认罪者，我国在实体法上历来都是鼓励并从宽处理的。现在需要健全的是针对被告人自愿认罪案件，来建立与此相适应的、不同于被告人不认罪案件的相对简易的审判程序，并在量刑上确实有所体现。

此外，就所谓“处罚令程序”而言，抽象笼统地看似乎很有必要。但具体分析之后，会发现在我国并不具备可行性。提出我国应当建立处罚令程序的人主要是以德国、日本的相关程序为蓝本，同时是以我国司法实践中有的基层法院对刑事案件的实际判决情况为论证依据的。① 但是，从《德国刑事诉讼法典》第407条的规定看，“处罚令程序只适用于轻微的犯罪，处罚令程序一般只能处以非自由刑的以下处罚措施：罚金、保留处罚的警告、禁止驾驶等；在被诉人有辩护人的时候，如果是缓期执行交付考验的，也可以把他判处一年以下的自由刑。”日本的略式程序也只适用于相当于罚金以下刑罚的犯罪如一般财务犯罪。法国、意大利等国也大抵如此。从比较法的角度看，适用这类程序处理的案件在这些国家的刑法上都属于轻罪、微罪或违警罪，总体上相当于我国治安处罚法调整的治安违法行为。而我国刑法规定的犯罪并没有包含这部分行为，“犯罪”的起点比较高，立法上的法定刑及司法上的裁量刑都比较高。这就使得借鉴上述别国做法在我国建立所谓“处罚令程序”缺乏法律文化传统和现实实体法基础。

当然，有人统计了我国若干基层法院若干年对刑事案件所作判决的

---

① 参见马贵翔:《刑事简易程序概念的展开》,中国检察出版社2006年版,第167页,第263~265页。

量刑结果，得出其所判拘役、管制、缓刑、单处罚金、免予刑事处分五种刑罚的人次达 20.32% ~31.16%。[①] 因而认为这中间就包含了建立并适用“处罚令程序”的生存空间。在国外，所谓处罚令程序是一种不开庭的书面审程序，判处的刑罚一般都是非自由刑的财产刑、资格刑。而我们如果将所占比例如此之高的判处拘役、管制及缓刑的案件纳入所谓的处罚令程序来审判，不让被告人出庭行使任何诉讼权利，仅由检察官提出建议，再由法官书面审查就做出判决，这在程序上和结果上能公正吗?也许有人提出“缓刑”并没有剥夺自由，可以纳入所谓处罚令程序。其实不然，大家知道缓刑是以判处实刑为基础的，并且我国适用缓刑的对象是可判处 3 年有期徒刑以下刑罚的案件。实践中被缓刑案件的被告人也大都被判处有期徒刑。此外，缓刑并不是绝对不再执行所判刑罚，一旦违反缓刑条件，就有可能再执行原判刑罚。

质言之，德国、日本等国家类似处罚令程序的简易审判程序，其适用的对象在我国一般都属于并不能定罪科刑的治安违法行为，因此，对其判处的刑罚主要是非剥夺、限制人身自由的财产刑和资格刑。而它们对于科处自由刑的案件，是严格限制适用这类程序的。因此笔者认为，在我国刑事实体法没有变化，且公安司法人员整体素质还不理想，诉讼程序的公正程度还不高以及司法环境存在诸多社会问题的情况下，建立所谓不用开庭审判，只需法官书面审理就可以定罪并科处包括拘役、管制、缓刑等自由刑刑罚的任何简易程序都是不适当的。程序分流固然重要，但保障公正是程序分流的前提，不能抛开公正的底线而进行程序分流。

其实，有的人提出建立此种程序，目的是为了缩短对被告人的羁押期限，减轻轻微犯罪的被告人实际受到的刑罚。这种愿望是好的，但那应当是通过改革强制措施、审前程序以及修改刑法的法定刑来解决，而不是在简化审判程序上做文章。当然，可以针对事实清楚且犯罪较轻案件，缩短审判期限。但这个问题在 1996 年《刑事诉讼法》就有体现，在 2012 年《刑事诉讼法》中仍有体现，即适用简易程序审理的案件“应当在受理后 20 日以内审结”；对可能判处的有期徒刑超过 3 年的，可以延长至一个半月。

---

① 参见马贵翔:《刑事简易程序概念的展开》,中国检察出版社 2006 年版,第 264 ~265 页。

第二节　审判程序分流的前提：对案件的庭前审查与分类

一、对案件进行庭前审查与分类的意义

刑事案件从检察机关提起公诉或自诉人提起自诉到法院决定开庭审判，应当在开庭之前，由法院对起诉的案件进行必要的审查分类。这样法院才能根据每个案件的具体情况将其分流到对其最适合的审判程序中进行审判。可见，在庭审前对起诉案件进行审查、分类具有重要的程序意义，它是在审判阶段进行程序分流的前提条件。

首先，庭审前对案件审查是对案件进行分类的基础。如前所述，刑事案件千差万别，由此决定了对其不必，也不应该采用“一刀切”的方式一律采用同样的审判程序，而应该按其所需配置司法资源，确定审判程序。为此，就需要先对案件进行审查。通过审查才能对案件的具体情况有所了解、掌握，进而对案件从审判的需要出发，大致作出若干种分类。如果庭前不对案件进行审查，就无从了解案件的具体情况，掌握案件的具体特点，进而也难以确定将其纳入到何种审判程序中进行审判，除非只有一种审判程序，无论案件具体情况如何一律都要进入该种程序进行审理。但是，如果只有一种审判程序，至少也会有两种情形，一种情形是对所有案件，无论多么千差万别，一律都采用严格的、公正的审判程序，如每个案件的被告人都要有律师辩护，每个案件的证人都要出庭作证，并且都采用陪审团或合议庭的方式进行审判。但是，上述做法所付出的司法资源将是非常巨大的，是任何国家都难以承受的。以美国为例，它是世界上最富有的国家，也号称是司法最民主、程序最公正的国家。其常以陪审团审判制度作为其司法民主、程序公正的标榜性审判制度。但是，即使在美国司法实践中，采用陪审团审判的案件在全部刑事案件中所占的比例也不到10%，其余90%的案件都是采用简化或简易的审判程序加以处理，

其中包括所谓辩诉交易的方式。可见，这条路在任何国家都是行不通的。

另一种情形则是，不论案件多么千差万别，一律都采用比较简易的、宽松的审判程序进行审理，譬如证人可以不出庭作证，被告人也不必有律师辩护，法官只有一人就可以了，如此等等。这样做的结果，司法资源的投入将会大大减少，诉讼效率也将大大提高，但对那些重大、复杂、疑难，特别是被告人不认罪的案件来说，恐怕很难体现程序的公正，更难以实现结果的公正。

可见，以上两种情形无论何者都是一种极端的做法，是不可能、不应该、不科学的。因此，当今世界各国没有哪个国家只设置一种审判程序。相反，大都采用多元的审判程序，其中程序本身最严格、最公正的是陪审团审判程序，程序最简易、公正程度最低的是不需要对被告人开庭审理、只进行书面审理就可以作出裁判的“处罚令程序”。而一旦采用多元审判程序，哪怕只有两种审判程序，就涉及将案件如何分配到不同审判程序的问题，为此就需要对案件进行庭前审查。可见，对案件进行庭前审查，是对案件进行分类的基础。

其次，庭前对案件分类是对案件进行程序分流的基础。对案件庭前审查是为了对案件进行分类，而对案件进行分类的目的则是为了对案件进行程序分流，也就是决定将某一具体案件安排到何种审判程序中进行审判。

应当指出的是，对案件的分类与对案件进行程序分流应当是相通的，是一个问题的两个方面。对案件进行分类侧重于起诉的角度，对案件进行程序分流则着眼于审判的角度。但是，分类的标准与分流的标准在口径上应当是一致的，也就是说两者是互联互通的。完成了分类，也就促成了分流，解决了对某一特定案件进入何种审判程序进行审判的问题。既然如此，对案件的分类标准应当服从于、统一于对案件分流的标准。通俗地说，就是有几种审判程序，就应该相应地把案件分为几类，分类的标准应当与分流的标准对接相通。只有这样，才能使案件的分类对案件的程序分流起到基础性的作用。

当然，在立法上设计的审判程序本身也会有粗有细，有的时候一种审判程序中实践上又分为若干不同情形，表现为宏观上是一种母程序，微观上又分为若干子程序。例如我国刑事诉讼法1996年修改前，公诉案件普通程序只有一种，但两高一部在2003年又针对公诉案件出台了一个“普通程序简化审”的程序，实际上是从公诉案件普通程序中又细分出来的一种子程序。这就需要在司法实践中，对进入公诉案件普通程序的案件再进行一次分类和分流，对于属于“普通程序简化审”的案件，对其适用该程序进行审判，其他的公诉案件则适用一般的公诉案件普通程序进行审判。

此外，立法上及理论上对案件进行分类及分流的标准比较容易确定，但在实践中由于案件千差万别，进行分类、分流时会遇到一些问题，未必就容易解决。这就需要深刻把握立法上分类、分流标准的核心或精髓，能够将其熟练运用于司法实践，正确指导对具体个案的分类和分流。

二、对案件进行庭前审查与分类的条件

庭审前，对案件进行审查与分类的条件，是指起诉方包括公诉机关和自诉人在提起诉讼时，是否向法院移送、提交案卷及移送、提交多少案卷材料。实质上是指在庭审前能为司法人员对案件进行审查、分类提供多少或哪些案件信息和材料。抽象地讲，提供的案件信息、材料越多，审查、分类的条件越充分，分类的结果越明晰，进而程序分流越准确、越细致。反之，则相反。但是，在这个问题上，我国刑事诉讼制度的设计经历了一个肯定、否定、否定之否定的过程。

在1979年《刑事诉讼法》中，检察机关向法院提起公诉，应当向法院全面移送案卷材料，并要求法官对案卷材料进行实质性审查。在此基础上，该法第108条要求法院根据审查结果，对案件做出三种处理：“人民法院对提起公诉的案件进行审查后，对于犯罪事实清楚、证据充分的，应当决定开庭审判；对于主要事实不清、证据不足的，可以退回人民检察院补充侦查；对于不需要判刑的，可以要求人民检察院撤回起诉。”不仅如此，第109条还规定：“人民法院在必要的时候，可以进行勘验、检查、搜查、扣押和鉴定。”可以看出，当时庭前对案件的审查是非常全面细致，并且是实质性的。“全面、细致”是指审查的案卷材料是检察机关移送的全部案卷材料；“实质性的”是指审查后要对案件作出三种分类和

处理，其中最突出的是经过审查，对于“犯罪事实清楚、证据充分的，应当决定开庭审判。”这意味着即使尚未开庭，法院已经认为所涉案件构成了犯罪，否则就不会开庭。

应当指出，当时庭审前对案件进行审查的材料是非常充分的，因而对案件的审查也是非常充分的；同时庭审前对案件进行审查的目的也是非常明确的，不是为了对审判程序进行分流的目的，而是为了决定所涉案件是否已构成犯罪，是否应当开庭审判：已构成犯罪的，应当开庭审判；不构成犯罪的，则不应当开庭审判，而应区别情况退回检察机关补充侦查或者要求人民检察院撤回起诉。事实上，当时公诉案件只有一种审判程序，凡是审查后，决定开庭审判的案件一律纳入该审判程序之中，不存在对公诉案件设置的其他审判程序。这也决定了庭前对案件审查的目的，不可能、没必要是为了审判程序的分流，只能是出于其他目的，即决定对所涉案件是否开庭审判的目的。客观地说，通过审查决定是否对所涉案件开庭审判本身并没有什么错，关键在于根据什么因素决定是否对案件开庭审判。无非有两种选择：其一，仅从程序上审查、考虑是否具备开庭条件，以决定是否开庭审判；其二，不仅从程序上，而且还从实质上审查、考虑是否具备开庭条件，其中特别把案件是否构成犯罪作为判断、确定是否开庭审判的标准。理性地分析这两种选择：前者显然是合情合理的，如果程序上都不具备开庭审判的条件，例如被告人被取保候审后逃匿在外，又何以开庭审理。后者则完全是违背诉讼规律和诉讼原理的，尚未开庭审理，法院就已得出所涉案件已构成犯罪的认识，那么开庭审判岂不是“走过场”，没有任何实质意义。

针对以上问题，1996 年《刑事诉讼法》作出了重要修改。首先，检察机关向法院提起诉讼时，不再移送全部案卷材料，只移送起诉书及所附的证据目录、证人名单和主要证据的复印件或者照片。其次，“人民法院对提起公诉的案件进行审查后，对于起诉书中有明确的指控犯罪事实并且附有证据目录、证人名单和主要证据复印件及照片的，应当决定开庭审判”。作出如此修改的目的是为了克服之前存在的对案件尚未开庭就已定罪即“未审先定”的突出问题。为此，一方面仍要求法官在开庭前对案件进行审查，另一方面又不移送全部案卷材料，以防止法官通过审查全部案卷材料不自觉地对案件是否有罪形成预断；更重要的是不再要求进行实质性的审查，而只是进行程序性的审查，即“审查后，对于起诉书中有明确的指控犯罪事实并且附有证据目录、证人名单和主要证据复印件或者照片的，应当决定开庭审判”。这样，切断了法官在开庭前对被告人是否有罪形成先入为主的条件，以保证法庭审理不是“走过场”，而是真正的、实质性的和公正的审理，最终对被告人是否有罪作出正确的裁判。

不仅如此，1996年《刑事诉讼法》在原来只针对公诉案件和自诉案件设立的两种审判程序之外，又增加了一种新的审判程序即“简易程序”，其适用范围是：“（一）对依法可能判处三年以下有期徒刑、拘役、管制、单处罚金的公诉案件，事实清楚、证据充分，人民检察院建议或者同意适用简易程序的；（二）告诉才处理的案件；（三）被害人起诉的有证据证明的轻微刑事案件。”可以看出，该程序既可适用于部分公诉案件又可适用于部分自诉案件，这就使得开庭前对案件进行审查、分类进而实现审判程序的分流成为当务之急。但是，对于这个问题的解决，当时并没有从审判人员的审查、分类来切入，而在很大程度上取决于检察机关的态度，即“人民检察院建议或者同意”的，法院才能对部分公诉案件适用简易程序，至于自诉案件则完全由法院决定。由于自诉案件在刑事案件中所占比例非常有限，因此，庭前对案件进行审查的工作主要集中在公诉案件上。

可见，1996年《刑事诉讼法》在人民检察院向人民法院提起公诉时是否全面移送卷宗材料的问题上，相对于1979年《刑事诉讼法》的相关规定采取了否定之态度，即不再全面移送卷宗材料，只移送“主要证据”的复印件或者照片以及证据目录和证人名单。这样做，积极意义在于切断了法官在庭前对案件进行实质性审查的渠道，克服了未审先定、使庭审“走过场”的弊端；消极后果是法官在开庭前无法对案件进行审查，进而也无法对案件进行科学、合理的分类和分流，以致于当时虽然已设有普通程序和简易程序，但程序分流的功能在审判程序中难以发挥作用。其结果是，不仅简易程序的适用率比较低，诉讼效率难以提高，而且普通程序的公正程度也有限，证人出庭作证率极低，一些重大、疑难、复杂案件的审判与那些一般、简单、轻微刑事案件的审判在程序上并无明显的区别。

如此情形，促使人们思考并提出应当强化审判程序的分流，主流意见是，一方面提高普通程序的公正程度，使那些重大、复杂、疑难刑事案件的审判在诉讼参与人参与的程度方面更高，控辩双方平等、理性对抗的机会更多，对案件事实和相关证据的调查更加充分；另一方面适当降低简易程序的门槛，使更多的轻微、简单的一般刑事案件通常都能进入该程序，并且在保证最低限度公正程度的基础上，进一步简化诉讼程序，以提高诉讼效率。而要实现如此分流功能，首先就要解决庭审前对案件材料的审查和对案件的分类。应该说这些意见在修改后的2012年《刑事诉讼法》中都得以体现。

仅就检察机关向法院提起公诉时移送的案件材料而言，修改后的《刑事诉讼法》第172条规定："人民检察院认为犯罪嫌疑人的犯罪事实已经查清，证据确实、充分，依法应当追究刑事责任的，应当作出起诉决定，按照审判管辖的规定，向人民法院提起公诉，并将案卷材料、证据移送人民法院。"在这一规定中，所出现的与1996年《刑事诉讼法》相关规定最大的区别是，检察机关提起公诉时应当"将案卷材料、证据移送人民法院"，也就是要全面移送案卷材料包括证据材料，而不再只是"主要证据"的复印件或者照片以及证据目录和证人名单。可以说这是对1996年相关规定的"否定之否定"，又恢复了1979年《刑事诉讼法》规定全面移送案卷材料的做法。

对于上述"否定之否定"，理论界多数人予以肯定，但也有人提出质疑，认为这是一种"倒退"，势必导致法官在开庭前通过阅卷就对案件形成预断，以致回到1996年《刑事诉讼法》修改之前"先定后审"的老路上。对于此种担忧和质疑是可以理解的。但是，理性地对照、分析1979年《刑事诉讼法》与2012年《刑事诉讼法》的相关规定，应当说虽然检察机关向法院提起公诉时全面移送案卷材料的做法得以恢复，但绝不会重蹈"先定后审"的覆辙。因为以往造成"先定后审"的根本原因不是全面移送案卷材料本身，而是第108条要求法官开庭前必须对案件进行实质性审查，并区分三种情况加以不同处理的刚性规定。2012年《刑事诉讼法》虽然恢复了全面移送案卷材料的规定，但并没有恢复原来第108条的规定，相反第181条规定："人民法院对于提起公诉的案件进行审查后，对于起诉书中有明确的指控犯罪事实的，应当决定开庭审判。"在这里决定开庭的唯一条件是“起诉书中有明确的指控犯罪事实”，而不再是原来第108条规定的“人民法院对提起公诉的案件进行审查后，对于犯罪事实清楚、证据充分的，应当决定开庭审判”。而“起诉书中有明确的指控犯罪事实”恰恰也是1996年《刑事诉讼法》第150条规定的人民法院“应当决定开庭审判”的实质性条件，因此，不能认为2012年《刑事诉讼法》的上述规定是一种“倒退”。

实际上，检察机关提起公诉时将其指控被告人犯罪的卷宗材料包括证据材料移送至审判机关，这是审判机关在庭前对案件进行审查、分类的重要条件。只有这样，审判机关才能根据案件的不同情况对其进行分类，进而决定对案件采用何种程序进行审判，实现审判程序的分流。

三、2012年《刑事诉讼法》对审判程序的分类

如前所述，庭前对案件的审查、分类是为了对案件进行审判程序的分流。因此，对案件的审查、分类应当服从、服务于审判程序的分流，而审判程序的分流又取决于法律对审判程序的分类。

2012年《刑事诉讼法》在全面、深入总结以往立法例和司法实践经验教训的基础上，在公正优先、兼顾效率原则的指导下，把我国刑事审判第一审程序划分为公诉案件普通程序、自诉案件普通程序和简易程序三大类。从类型上看，其与1996年《刑事诉讼法》的相关规定并无二致，但实质内容则发生了根本性的变化，并且主要体现在公诉案件普通程序和简易程序上。

首先，公诉案件普通程序与简易程序的受案范围从以往的前大后小变为如今的前小后大。

前已指出，在1996年《刑事诉讼法》上，从量刑的角度看，公诉案件适用简易程序的条件是“依法可能判处三年以下有期徒刑、拘役、管制、单处罚金”的案件，再加上其他条件的制约，在司法实践中，一般认为真正适用简易程序进行审判的案件只占全部一审刑事案件的30%～40%。2012年《刑事诉讼法》则取消了简易程序受案范围的量刑条件，而是规定“基层人民法院管辖的案件”凡符合第208条规定的有关条件的，都可以适用简易程序审判。而根据该法关于人民法院审判案件级别

管辖的有关规定，除法律规定由上级人民法院管辖的案件外，可能判处无期徒刑以下刑罚的案件都由基层人民法院管辖。这意味着，今后由基层人民法院审判管辖的刑事案件中，可能至少有一半以上将适用简易程序。如此一来，基层人民法院审判管辖的案件范围将与以往发生根本性的变化，即适用简易程序审判的案件数量势必超过适用公诉案件普通程序审判的案件数量，至于将超过多少有待进一步观察。

与此相适应，2012 年《刑事诉讼法》从提高公诉案件普通程序的公正性上进行了强化，表现在证人、鉴定人乃至侦查人员出庭作证、非法证据排除、被告人获得律师辩护包括法律援助等方面。

其次，与以往被告人只能被动接受对其适用何种程序进行审判不同，今后被告人在适用何种审判程序上具有选择权。

在 1996 年《刑事诉讼法》上，对基层人民法院一审刑事案件适用何种程序审判主要是由人民检察院及人民法院决定，被告人只能被动接受，并无选择权。2012 年《刑事诉讼法》在此问题上，虽然也主要由人民法院决定适用何种审判程序，但在法院决定适用简易程序审判案件时，必须是“被告人对适用简易程序没有异议”，否则就不可适用简易程序。这实质上是赋予被告人享有程序的选择权。

再次，在简易程序内部，又根据可能判处刑罚的不同区分为审判组织有所不同的两种子程序。

在 1996 年《刑事诉讼法》上，简易程序是单一的，从审判组织到具体程序安排，再到审理期限，都是统一的。2012 年《刑事诉讼法》鉴于简易程序的受案范围已扩大到可能判处无期徒刑以下刑罚的案件，则将简易程序从量刑的角度区分为两种子程序：一种子程序是既可由合议庭审判又可由审判员一人独任审判，只适用于可能判处三年有期徒刑以下刑罚的案件；另一种子程序是，只能由合议庭进行审判，适用于可能判处超过三年有期徒刑的案件。在审理期限上，两者也有所不同，前者“人民法院应当在受理后二十日以内审结”，后者则“可以延长至一个半月”。

2012 年《刑事诉讼法》对基层人民法院一审刑事案件审判程序的修改变化，使得人民法院在庭前对案件进行审查、分类不仅十分必要而且也非常重要。为此也将 1996 年《刑事诉讼法》中人民检察院提起公诉只向人民法院移送“主要证据的复印件或者照片”改变为“向人民法院提起公诉，并将案卷材料、证据移送人民法院”。这就为审判程序的分流奠定了基础，创造了条件。那么，在对案件进行庭前审查、分类进而进行程序分流后，需要解决的就是如何运用不同审判程序对案件作出既保障公正又兼顾效率的正确判决。

第三节 该简则简：充分发挥简易程序

一、“该简则简”的内涵解析

“该简则简”是人们对应当适用简易程序审判部分刑事案件在理论上的高度概括。其包含了“该简”和“则简”两层含义，前者指什么样的案件应当“简”，后者讲对于“该简”的案件在审判程序上如何“简”。弄清这两个问题，适用简易程序审判刑事案件在立法上和司法上所涉及的有关问题就会迎刃而解。因此有必要就这两个问题展开讨论。

（一）什么刑事案件“该简”

“简”是相对于“繁”而言的，是指在办理具体工作的形式上、内容上、程式上、期限上等诸方面相对于通常的做法可以简单、简化、简短、简易一些，总体来讲就是投入的各种资源包括人力、物力、财力、时间等可以少一些。其所以如此并非为了偷工减料，降低质量，而是根据所办理具体工作的特点和要求，可以减少各种资源的投入，但并不降低工作质量。在刑事诉讼中，适用简易程序审判刑事案件也是如此，并不是为了降低审判质量而减少司法资源的投入，相反，是在保证审判质量的前提下，根据案件的具体情况和实际需要适度减少司法资源的投入，也就是采用较为简易的程序对案件进行审判。可见，是案件本身决定对其审判应当投入的司法资源的多少和采用何种审判程序。根据司法规律和诉讼原理，刑事案件本身对于司法资源投入的多少和适用何种审判程序具有决定性影响的因素主要是以下三个方面：

1. 案件事实本身，也就是通常所说的“案情”，这属于客观范畴。

刑事审判的首要目的是查明案件事实。案件事实复杂、疑难，审判工作的难度就大，需要投入的司法资源就越多。相反，案件事实简单、清楚，审判工作的难度就小，需要投入的司法资源就少。而案件事实如何，又与案内已有证据的状况直接相关。案件事实是否清楚很大程度上取决于案内已有证据是否充分。只有案内已有证据充分，才能证明案件事实清楚，反之，则不能认为案件事实清楚。如果待审案件事实清楚，证据充分，那么就不需要投入过多的司法资源，可以采用简易程序进行审判。反之，则不可以适用简易程序审判，而应当适用复杂、严格的普通程序进行审判。

也许有人会提出质疑，未经审判何以知晓或确定案件事实是否清楚，案内已有证据是否充分？客观而论，该质疑不无道理。对案件事实的最终认识或确定性认识确实应当是在对案件进行审判之后而不应当是未经审判之前。但并不能由此否认审判人员在对案件审判之前就可以对案件事实形成初步认识或阶段性的认识。如果在案件开庭审判之前已经为审判人员提供了必要的条件，审判人员就可以通过对案件进行审查从而对案件事实是否清楚，证据是否充分形成初步认识，这种认识就可以成为对该案件适用何种程序进行审判的重要考量因素。更重要的是，这种认识虽然重要，但只是一种参考因素，并不是决定因素，究竟对该案适用何种程序，还取决于其他因素，特别是被告人的态度。

2. 被告人的态度，这属于主观范畴。

刑事审判的最终目的是确定被告人是否有罪、应否以及如何追究其刑事责任。这就决定了被告人的态度对于如何对其审判应当具有重要的甚至决定性的影响。具体来讲，包括两个方面：其一，被告人对于指控所持的态度。如果被告人对指控不持异议，表示认罪，那就意味着对其进行审判不需要投入过多的司法资源，可以采用简易的审判程序。相反，如果被告人对指控提出异议，表示不认罪，那就需要投入更多的司法资源，对其采用复杂、严格的程序进行审判。其所以如此，一是为了严格调查控方的指控，防止其指控有误，二是为了对被告人有所交代，使其通过法庭充分审理的案件事实和相关证据对自己的行为是否构成犯罪作出符合客观事实的认识。

其二，被告人对于审判机关拟对其采用何种审判程序所持的态度。在现代刑事诉讼理念中，审判不仅是通过司法权表现出的国家权力，同时也是被告人的诉讼权利。特别是当司法制度中对于刑事案件的审判设有多种审判程序，而不同的审判程序所蕴含的国家投入的司法资源不同、因而被告人的诉讼权利也有所不同的时候，被告人就应当拥有审判程序的选择权，特别是对其拟采用简易程序进行审判时更应如此。这不仅是对被告人诉讼权利的尊重，更是确保公正审判的客观需要。

3. 对被告人可能判处刑罚的轻重。

对被告人所判刑罚的轻重，在判决正确的情况下，不存在什么问题。但如果判决发生失误甚至发生错误，原判刑罚越重，所造成的后果就越严重，甚至可能造成无法挽回的后果，譬如错判死刑已经执行。因此，对被告人可能判处刑罚的轻重，也应该是确定对具体刑事案件采用何种程序进行审判时应当考虑的重要因素。为了防止发生错误判决，特别是为了防止发生难以或者不可挽回的严重后果，对于可能判处重刑包括无期徒刑、死刑的案件进行审判时，就应当采用复杂、严格的普通审判程序，而对于可能判处较轻刑罚包括有期徒刑及其以下刑罚的案件，就可以采用简易审判程序。

综上所述，案件事实本身是否清楚、证据是否充分，被告人的态度包括是否认罪以及对其适用何种审判程序的态度如何，以及对被告人可能判处的刑罚的轻重等三个方面，就是决定对刑事案件采用何种程序进行审判时应当考虑的主要因素。在此标准下，“什么刑事案件该简”的答案就不难得出，即应当是符合以下三个条件的案件：其一，应当是案件事实清楚、证据充分的；其二，应当是被告人认罪并且对其进行审判适用简易程序不持异议的；其三，应当是对被告人可能判处的刑罚相对较轻的，至于“较轻”的具体程度则由立法者统筹考虑决定。

（二）审判程序“则简”的内容是什么

如上所述，什么案件“该简”既已明确，那么紧接着就需要弄清对于此类案件进行审判时在程序上“则简”什么，也就是在审判程序上哪些具体要求或环节可以省却或者简化。

从司法规律和诉讼原理上讲，审判程序既然是规范审判活动以达到审判目的的诉讼程序，那么，审判程序无论有几种，相互之间应当既有共性，又有个性。“共性”是无论何种审判程序都应当具备的内容，它们是审判程序的灵魂，不因审判程序的形式不同而有缺失。“个性”则是每种具体审判程序独有或特有并区别于其他审判程序的内容，它是不同审判程序自身特有的东西。据此确定在审判程序上“则简”什么，可以具体表现在以下四个方面：

1. 审判组织。审判组织是审判活动的组织者、主持者，也是刑事案件的裁判者。因此，任何审判程序都离不开审判组织。但是，审判组织的具体形式在不同的审判程序中则可以有所不同。其基本原理是：越是重大、复杂、疑难、被告人不认罪并且可能判处的刑罚越重的案件，审判组织的具体形式越应当复杂、严格；反之，则可以简单、灵活。纵览世界各国的审判组织莫不如此。仅就审判程序“该简”的案件而言，就可以在审判组织的具体形式上有所简化，参与审判的人员在人数上可以少一些，甚至可以由一位审判人员独任审判，或者审判人员的人数可以灵活一些，因案件某方面不同而有所变化。

2. 诉讼参与方。现代刑事诉讼是由控诉、辩护、审判三项基本诉讼职能构成的，由此决定了承担该三项诉讼职能的控辩双方及裁判者不能缺席审判活动，因此，也不能在审判程序中缺失。①

但是，除控、辩、审三方外，其他诉讼参与人诸如证人、鉴定人、被害人等可否缺席审判活动？从诉讼原理上讲应该是可以的。因为它们不是控诉、辩护、审判三项诉讼职能的独立承担者和主要承担者，而是控辩审三方的协助者，它们是否应当参与审判程序取决于审判活动是否有此需要。若有此需要他们就应当参与，若无此需要它们就可以不参与。据此原理，在审判程序“该简”的案件中，既然案件事实清楚、证据充分，更重要的是被告人对于指控表示认罪并且对适用简易程序对其审判不持异议，那么，其他诉讼参与人参与审判活动的必要性就不再存在，

---

① 有的国家存在缺席审判制度，在被告人不到庭的情况下，可以对其审判；还有的国家具有书面审判程序，控辩双方都可以不到庭，由审判人员根据书面材料对案件作出判决，但这都不是典型的、严格意义上的审判活动，因此，在联合国《公诉权利和政治权利国际公约》确定的公正审判的国际标准中并不认可。我国在刑事诉讼上也不接受并确立缺席审判制度。至于书面审判程序，虽有人提出，但我国并未建立，并且理论上也存在较大分歧。

他们完全可以缺席审判活动。

3. 具体程序。审判程序实际上是一个集合概念或者说是一个复数概念。也就是说审判程序不是单一的，而是由若干具体的程序组成的。每一种审判程序中都包含了若干个具体的程序环节，每一个具体的程序环节都有着自身存在的起因和价值。当促使某个具体程序产生的起因和价值不存在或者并不是必须存在的时候，该具体程序就可以省却或者简化。譬如，在被告人自愿认罪并且同意适用简易程序对其审判的情况下，在法庭调查的具体程序和方式上，有的可以省却，有的可以简化。

4. 审判期限。审判期限的长短意味着对刑事案件投入的审判时间的长短。案件越是重大、复杂、疑难，对被告人可能判处的刑罚越重，审判的期限越应该长一些。反之，审判期限则可以短一些。显然，对于审判程序“该简”的案件而言，审判期限就可以短一些。这样既可以节约司法资源，提高审判效率，又可以使被告人从待审不决的不确定状态下早日解脱出来，恢复常态生活。

二、1996 年《刑事诉讼法》中简易程序之检讨

前已指出，在 1979 年《刑事诉讼法》中，一审程序中只有公诉案件普通程序和自诉案件普通程序。在 1996 年《刑事诉讼法》中增设了简易程序。但在当时的历史条件和认识水平下，人们对简易程序的认识主要集中在“简易”和“效率”的考虑上，对于“公正”的考虑甚少，更缺乏从被告人诉讼权利的角度思考这个问题。在此情况下，1996 年《刑事诉讼法》中规定的简易程序虽然在立法上填补了空白，在司法上对于推行程序分流，提高诉讼效率也发挥了不容忽视的作用，但仍存在明显的问题：

其一，在是否适用简易程序审判刑事案件的问题上，公诉案件主要由检察院建议或者同意，自诉案件主要由法院自主决定，但无论哪种案件，被告人并无选择权或者表达意见的权利。

从诉讼原理上讲，简易程序实质上是通过简化诉讼程序，弱化被告人在诉讼中特别是审判中的权利。因此，对被告人产生的是不利的影响，而对国家、对司法机关则可带来节约司法资源、提高诉讼效率的利益，

实质上是牺牲被告人一部分公正审判的权利而使国家和司法机关获得利益。正因为如此，在诉讼原理上，对刑事案件是否适用简易程序应当主要取决于被告人的态度，换句话说被告人对于是否适用简易程序应当享有程序选择权。被告人不同意，一般不能适用简易程序，以确保被告人获得公正审判的权利。

但是，1996 年《刑事诉讼法》则规定，不论公诉案件还是自诉案件，“人民法院对于下列案件，可以适用简易程序，由审判员一人独任审判”；同时规定，对于公诉案件，“人民检察院建议或者同意适用简易程序的”，即可以适用简易程序。至于自诉案件是否适用简易程序，则完全由法院决定。总之，无论公诉案件还是自诉案件，是否适用简易程序进行审判，作为审判对象的被告人没有发言权，更没有决定权。

其二，没有明确被告人是否认罪是否是适用简易程序的条件之一。

如前所述，从诉讼原理上讲，被告人是否自愿认罪，是对其案件适用何种程序进行审判应当考虑的重要因素。被告人能自愿认罪，意味着其对审判程序公正程度的要求就低一些，可以考虑适用简易程序；反之，则意味着其对审判程序公正程度的要求比较高，一般不应当适用简易程序。

但是，在 1996 年《刑事诉讼法》中，在关于适用简易程序的诸项条件中，无论是公诉案件还是自诉案件，都没有明确提及在适用简易程序时应当关注或考虑被告人是否认罪的问题。

其三，适用简易程序审判刑事案件，“人民检察院可以不派员出席法庭”。

现代刑事诉讼结构是由控诉、辩护、审判三方按照控辩平等、控审分离、审判中立的原则构成的。控诉方不仅要发动起诉，还应当出席法庭，履行控诉职能。只有这样，才能真正形成严格意义上的诉讼活动。不仅如此，公诉案件是由国家检察机关提起的诉讼，出席法庭，履行控诉职能是公诉机关的法定职权。如果公诉机关可以不派员出席法庭履行控诉职能，审判活动中的三方诉讼结构就是不完整的，控诉职能的缺失不仅会弱化国家的公诉权，而且也将使审判机关和审判人员难以保持中立地位。因此，即使在简易程序中，控方也不能缺席，作为国家专职负责控诉犯罪的检察机关更不应缺席。

但是，1996年《刑事诉讼法》规定："适用简易程序审理公诉案件，人民检察院可以不派员出席法庭。"虽然法律在这里规定的是"可以不派员出席法庭"，但在司法实践中，凡适用简易程序审理的公诉案件，人民检察院基本上不派员出席法庭。

其四，简易程序的适用范围较小，使其承担的程序分流的功能发挥有限。从理论上讲，简易程序的主要功能就是程序分流，即把那些不需要采用非常严格、公正程度要求高的刑事案件可以纳入到比较简化的程序中进行审判。这样既可以在确保最低程度的公正程序的基础上，提高诉讼效率，又可以把节约下来的司法资源投入到那些重大、复杂、疑难，对公正程度要求更高的刑事案件的审判中，以确保对这些案件的公正审判。

但是，1996年《刑事诉讼法》设立的"简易程序"在适用范围上还比较有限，就公诉案件而言，从量刑的角度只限于"依法可能判处三年以下有期徒刑、拘役、管制、单处罚金的公诉案件"，这就使相当多的本来可以适用简易程序审判的案件难以进入该程序，以致司法实践中，一审案件适用简易程序审判的比例比较低，一般认为在30%左右，从而限制了简易程序在程序分流功能上发挥更大的作用。

三、2012年《刑事诉讼法》中简易程序之述评

针对1996年《刑事诉讼法》中简易程序存在的上述问题，2012年《刑事诉讼法》对于简易程序从多方面进行了修改、完善。

1. 实质上确立了被告人对适用简易程序的选择权

2012年《刑事诉讼法》第208条把可以适用简易程序的条件规定为三个方面，其中（三）为"被告人对适用简易程序没有异议的"。根据该条规定，人民法院要适用简易程序审判刑事案件，必须征得被告人的同意。只有"被告人对适用简易程序没有异议的"，才可以适用简易程序，并且这一条件是不分公诉案件或者自诉案件的。至于人民检察院，在提起公诉的时候只可以建议人民法院适用简易程序。由此可见，无论人民法院还是人民检察院都无权独立决定适用简易程序，只有被告人本人同意才能适用简易程序，这实质上是确立了被告人享有适用简易程序

的选择权。

基于以上，最高人民法院于2012年12月20日发布的《关于适用〈刑事诉讼法〉的解释》（以下简称《解释》）第289条规定，人民法院受理案件后，经审查拟采用简易程序审理案件时，“在将起诉书副本送达被告人时，应当询问被告人对指控的犯罪事实的意见，告知其适用简易程序的法律规定。被告人对指控的犯罪事实没有异议并同意适用简易程序的，可以适用简易程序，并在开庭前通知人民检察院和辩护人。”至于“对人民检察院建议适用简易程序审理的案件”，人民法院则“依照前款的规定处理，不符合简易程序适用条件的，应当通知人民检察院。”不仅如此，如果是共同犯罪案件，其中部分被告人同意适用简易程序，部分被告人对适用简易程序有异议的，《解释》第290条规定，也不能适用简易程序。

为了保证简易程序的适用确实得到被告人的同意，《解释》第294条还规定：“适用简易程序审理案件，审判长或者独任审判员应当当庭……告知被告人适用简易程序审理的法律规定，确认被告人是否同意适用简易程序。”

2. *以被告人认罪并对指控的犯罪事实无异议作为适用简易程序的条件之一*

2012年《刑事诉讼法》第208条规定的适用简易程序的条件之（二）是：“被告人承认自己所犯罪行，对指控的犯罪事实没有异议的”。显然，这里面包含两个方面：其一，被告人承认自己所犯罪行；其二，这种“承认”与“被指控的犯罪事实”是一致的，即被告人不仅“承认自己所犯罪行”，而且对“指控的犯罪事实没有异议”，二者实质上是一致的。如果被告人虽然承认自己所犯罪行，但对指控的犯罪事实持有异议的，则不能适用简易程序。这是因为人民法院对刑事案件开庭审理的起因和范围是控方对被告人“指控的犯罪事实”而不是孤立的“被告人承认自己所犯罪行”。如果没有控方的指控，被告人无论怎样“承认自己所犯罪行”，人民法院也不会针对此开庭审理。因此只有控方（包括人民检察院和自诉人）对被告人提出指控的犯罪事实，并且被告人“对指控的犯罪事实没有异议的”，才能对该案件考虑适用简易程序。

为了将上述条件切实贯彻落实到司法实践中，最高人民法院的《解释》针对这一条件在适用简易程序的问题上提出了进一步的要求：首先，在尚未开庭考虑是否适用简易程序时，以下情形不适用简易程序：其一，共同犯罪案件中部分被告人不认罪的；其二，被告人认罪但经审查认为可能不构成犯罪的；其三，被告人作无罪辩护的。其次，在已决定适用简易程序审理案件时，审判长或独任审判员应当当庭询问被告人对指控的犯罪事实的意见，以再次确认被告人是否“对指控的犯罪事实没有异议”。

3. 要求人民检察院应当派员出席人民法院适用简易程序审理公诉案件的庭审活动

公诉案件是检察机关以国家名义向法院提起诉讼的案件，是实现国家刑罚权的重要活动。作为承担公诉职能的检察机关不仅要提起诉讼，而且在人民法院开庭审理起诉的案件时，理应派员出席法庭。2012 年《刑事诉讼法》规定，适用简易程序审理案件，人民检察院应当派员出席法庭。这意味着，即使是适用简易程序审理案件，控、辩、审三方参与的诉讼结构仍然是健全的，各自到位、各司其职地履行控诉、辩护、审判的诉讼职能。

4. 较大幅度地扩大了简易程序的适用范围，使其程序分流的功能得以充分发挥

与 1996 年《刑事诉讼法》中简易程序的适用范围相比较，2012 年《刑事诉讼法》中简易程序的适用范围被大幅度地扩大，不再限于判处三年有期徒刑以下刑罚的案件，而是凡由基层人民法院管辖的案件不论是公诉案件还是自诉案件，也不论可能判处什么刑罚，只要符合该法第 208 条规定的三个条件的，即（一）案件事实清楚、证据充分的；（二）被告人承认自己所犯罪行，对指控的犯罪事实没有异议的；（三）被告人对适用简易程序没有异议的，都可以适用简易程序审判。

如此规定以后，从量刑角度看，即使根据《刑法》的有关规定，在数罪并罚情况下，可以决定执行 25 年有期徒刑的案件，只要符合以上三个条件，也可以适用简易程序进行审判。由此可见，除了可能判处无期徒刑、死刑的案件外，其他一审案件只要符合法定条件，都可以适用简易程序审判。

当然，也并非符合上述第 208 条规定的案件，无一例外地都可以适

用简易程序进行审判。考虑到一些被告人的认识能力和案件的一些特殊性，为了确保审判的公正，《刑事诉讼法》第209条规定："有下列情形之一的，不适用简易程序：（一）被告人是盲、聋、哑人，或者是尚未完全丧失辨认或者控制自己行为能力的精神病人的；（二）有重大社会影响；（三）共同犯罪中部分被告人不认罪或者对适用简易程序有异议的；（四）其他不宜适用简易程序审判的。"

尽管有上述第209条的例外规定，但由于司法实践中符合该规定的案件数量是非常有限的；同时，在审判阶段被告人认罪案件的比例又比较高，一般认为达到80%～90%之间，而对于认罪的被告人来讲，又愿意接受简易程序，因此，可以预测新《刑事诉讼法》实施后，基层人民法院适用简易程序审判的案件在比例上将会大为提高，一般认为可达到80%左右，这势必大大强化简易程序在刑事审判中的程序分流功能，有利于提高诉讼效率，同时也有利于将节约下来的司法资源投入到普通程序中，使那些案件的审判在公正程度上获得明显提高。

在扩大简易程序适用范围的同时，鉴于已经扩大到基层人民法院管辖的甚至包括可能判处25年有期徒刑（在数罪并罚情况下）的案件，为了保证量刑的公正，2012年《刑事诉讼法》第210条专门就适用简易程序审理案件的审判组织作了相应的调整："对可能判处三年有期徒刑以下刑罚的，可以组成合议庭进行审判，也可以由审判员一人独任审判；对可能判处的有期徒刑超过三年的，应当组成合议庭进行审判。"对于这一规定，有的人提出疑问：既然是简易程序，为何还要采用合议庭审判？这岂不是更"繁"了？我们认为，对简易程序的理解不能绝对化，不能认为审判人员越少越好，审判程序越简化越好！"简易程序"是从整体而言的，并非其中每一方面、每一环节都应简化。如前所述，简化是有底线的，是以确保最低限度的公正为基础的。就以量刑而言，以前的简易程序，量刑的最高限度是3年有期徒刑，将此权力赋予一名审判员行使，审判组织与量刑权限是相互匹配、适应的。但修改以后的简易程序，量刑的最高限度可达到25年有期徒刑（数罪并罚情况下），如果还由一位审判人员决定，显然审判组织与量刑权限是不相协调、不相适应的。特别是我国缺乏法官独立量刑的法律传统和实践基础；同时，我国的司法环境还很不理想，来自社会各个方面对审判的干预甚至干涉还难以禁绝。

在这样的条件下，把判处超过3年有期徒刑甚至25年有期徒刑（数罪并罚情况下）的量刑权交给一位审判人员行使，是难以令人放心的。因此，2012年《刑事诉讼法》第210条规定，对于可能判处有期徒刑超过3年的案件，即使适用简易程序审判，也应当组成合议庭进行审判，这是符合审判组织与量刑权限相互关系的基本原理的，也是符合我国现实国情的。

总之，2012年《刑事诉讼法》对简易程序的修改，一方面较大幅度地放宽了简易程序的适用范围，最大限度地开启了简易程序的大门，另一方面调整了简易程序的适用条件，使那些确实可以、也应该适用简易程序的案件进入该程序进行审判，不仅可以节约司法资源，提高诉讼效率，而且在一定程度上可以确保最低限度的公正审判，应该说从形式上和实质上都完善了简易程序，应该予以充分肯定。当然，此次修改变化较大，在立法上和实践中还有不少问题需要研究解决。前者如在立法上没有赋予被告人主动选择简易程序的诉讼权利，只是赋予其对于法院决定或检察院建议适用简易程序享有被动的否决权。又如在被告人认罪问题上，没有设计或提供律师予以帮助的机制，以防止被告人由于自己的认识错误而认罪或者受到某种压力甚至强制而认罪。后者如在司法上，增加了适用简易程序审判案件，人民检察院都应当派员出席法庭的规定，这对检察机关的人力资源提出了新的挑战，需要有关方面研究解决。总之，此次对于简易程序的修改虽然还存在一定的问题，但大方向是正确的，只要认真研究，善于总结，不断完善，问题都能得到解决。在此趋势下，我国的简易程序一定能在刑事审判中真正发挥节约司法资源，提高诉讼效率，促进审判公正的程序分流功能。

第四节　当繁则繁：严格适用公诉案件普通程序

一、“当繁则繁”与1996年《刑事诉讼法》之公诉案件普通程序

“当繁则繁”是相对于“该简则简”而言的，具体是指对于“该简则简”以外的刑事案件，应当采用严格、复杂、公正程度高的诉讼程序进行审判，以便使刑事案件的审判在程序上体现出过程公正，在实体上实现结果公正。抽象地说，就是对于值得投入更多的司法资源、必须经历更多的程序环节、需要充分调查审理的刑事案件，应当在审判程序上不惜投入，不厌其“繁”，充分调查审理。只有这样才能保证案件的审判质量。

在1996年《刑事诉讼法》中，刑事案件一审程序包括公诉案件程序、自诉案件程序和简易程序三种具体程序。其中公诉案件程序就是专门针对不应适用简易程序的公诉案件而设立的审判程序，也称为“公诉案件普通程序”或“普通程序”。相对于简易程序而言，它在审判组织、具体审判程序和方式以及审判时限等方面，投入的人力、物力、财力及时间都要多，属于“当繁则繁”的审判程序。但是，由于当时在理论上和实践上，立法者对程序分流功能认识还不充分，以致就像对简易程序的设计存在诸多不足一样，对普通程序的定位和设计也存在不少问题，没有充分表现出“当繁则繁”的精神。

1.“当繁”方面存在的问题

“当繁”解决的是什么样的案件应当纳入普通程序来审判。按照1996年《刑事诉讼法》之有关规定，公诉案件凡不应适用简易程序审判的，都应适用普通程序来审判。可见，什么样的刑事案件应当纳入普通程序来审判，很大程度上取决于简易程序。由此导致如果简易程序的适用范围和适用条件不当，普通程序的适用范围和适用条件也相应有问题。正因为如此，简易程序在适用范围和适用条件上存在的不足，也恰是普

通程序存在的问题：

其一，由于简易程序对于公诉案件的适用范围是可能判处 3 年有期徒刑以下刑罚的案件，以致不论案情如何，只要超过此量刑标准的案件都要进入普通程序审判；

其二，由于简易程序对于公诉案件的适用条件中缺乏对被告人认罪态度的考量以致不少被告人自愿认罪并不要求对其适用普通程序审理的案件也不得不进入普通程序审判；

其三，由于简易程序对于公诉案件的适用条件并不考虑被告人是否同意对其适用简易程序，以致一些即使被告人不同意对其适用简易程序审判的案件，也难以进入普通程序审判。

以上三个问题的存在，不仅加重了普通程序的负担，而且浪费了不必要的司法资源；更重要的是由于司法资源配置不当，造成一些应当投入更多司法资源审判的案件与并不需要投入更多司法资源审判的案件平均使用司法资源，既不利于提高诉讼效率，也不利于提高审判质量。

2. “则繁”方面存在的问题

“则繁”的本意是指对于“当繁”的案件，应当投入更多的司法资源，设置哪怕是烦琐的但确有必要的具体程序，花费更多的时间进行充分审理。从理论上分析和实践上需要上来讲，我国的公诉案件普通程序就应当是这样的程序。但是，在 1996 年《刑事诉讼法》中，公诉案件普通程序的实际情况并非如此，比较突出的问题主要是：

其一，庭前准备程序不到位。古语云：凡事预则立，不预则废。刑事审判涉及对被告人定罪量刑，剥夺财产、自由甚至生命，应当做好充分的准备才能开庭审理，实现司法公正。同时，庭前准备工作充分，庭审活动就能顺利进行，有利于提高诉讼效率，节约司法资源。但是，在 1996 年《刑事诉讼法》中，庭前准备程序不到位，其中包括待审案件的程序分流功能不明显；辩方对控方证据了解掌握不全面；重大、复杂、疑难特别是控辩双方分歧较大的案件庭前缺乏必要的沟通、交流。这些都制约了庭审活动的顺利、充分展开。

其二，证人包括鉴定人出庭作证制度不健全。证人包括鉴定人出庭作证对于重大、复杂、疑难案件特别是其中控辩双方有争议的案件非常必要和重要，它既是通过法庭审理查明案件事实真相的需要，也是确保被告人及其辩护人对质权的需要，因此，它是法庭审判活动的中心环节。但是，在1996年《刑事诉讼法》中，对于证人包括鉴定人出庭作证并没有明确的规定和具体的要求，以致司法实践中证人包括鉴定人出庭作证的情形极少。

其三，非法证据排除缺乏依据。现代刑事诉讼活动是在以正当性为核心内容的合法性的基础上展开的法律活动。因此，要求办案机关必须依法进行刑事诉讼活动，对于非法诉讼行为则坚决予以禁止。其中非法证据排除就是一项非常重要的针对办案机关及其办案人员非法取证行为的程序性制裁，以此确保诉讼行为的正当性和合法性。但是，在1996《刑事诉讼法》中，虽然第43条明确规定："审判人员、检察人员、侦查人员必须依照法定程序，收集能够证明犯罪嫌疑人、被告人有罪或者无罪、犯罪情节轻重的各种证据。严禁刑讯逼供和以威胁、引诱、欺骗以及其他非法的方法收集证据。"但是，并没有相应规定对于办案机关及其办案人员一旦通过刑讯逼供等非法方法取得的证据应该怎么处理。因此，在司法实践中，在有的案件中当辩方发现并要求审判机关排除非法证据时，并没有明确的法律依据。直到2011年6月，最高人民法院、最高人民检察院、公安部、安全部、司法部联合发布了《关于办理刑事案件排除非法证据若干问题的规定》，才使非法证据排除问题有了司法解释性的相关规定，但终究不是法律规定。

其四，量刑问题法庭审理不充分。刑事审判是以"定罪"与"量刑"为核心内容的。但在1996年《刑事诉讼法》中，法庭审理活动主要是围绕定罪问题设计展开的，量刑问题涉及很少，主要由合议庭闭门研究、确定。其造成的后果首先是缺乏正当公开的量刑程序；其次是实体上缺乏量刑规范，以致地区与地区之间、案件与案件之间时常出现明显的量刑失衡，加剧了人们对司法不公的感觉或认识。

二、"当繁则繁"与2012年《刑事诉讼法》之公诉案件普通程序

2012年《刑事诉讼法》对审判程序的修改、完善主要是强化了审判阶段的程序分流功能：一方面如前所述，本着"该简则简"的精神，使

简易程序的适用范围更广，简易程序的适用条件更符合程序简化诉讼原理的要求；另一方面，按照“当繁则繁”的要求，从以下多方面加强了审判的实质化，体现出控辩双方地位平等，程序公正程度更高，切实维护并促进实体公正的特点。

其一，完善了庭前准备程序，使庭审活动建立在充分准备的基础之上。

庭审前的准备主要涉及两大方面：一是控辩双方对案件事实和证据材料的充分了解和掌握；二是控、辩、审三方在庭前必要的沟通、交流，把可能在法庭上出现的影响庭审活动正常进行的有关事项事先加以处理或做好安排，以防止庭审活动开始后因故轻易中断。

在第一个方面即控辩双方对案件事实和证据材料的充分了解和掌握上，控方通常不存在什么问题，因为案件是经控方严格、细致、全面的审查后才向法院提起公诉的，其对案件事实和证据材料的了解掌握具有先天的优势。在这方面处于天然不利地位的是辩方包括被告人及其辩护人。他们对案件事实和证据材料的了解、掌握主要取决于控方对他们的开放程度。开放得多，他们了解、掌握得就多，反之，则了解、掌握得少。当辩方对案件事实和证据材料了解不多或十分有限的时候，控、辩双方的信息就是不对称的，其结果不利于辩方充分行使辩护职能，最终势必损害审判公正。在1996年《刑事诉讼法》中，控、辩双方对案件事实和证据材料的了解、掌握恰恰如此。检察机关向人民法院提起公诉时，并不向人民法院移送全部案卷材料，而只是“主要证据”的复印件或者照片，辩护人介入审判阶段后也只能到法院查阅、复制、摘抄这些“主要证据”的复印件或者照片，其后出席庭审活动，为被告人进行辩护。如此情形，对依法充分行使辩护权显然是不利的，对确保审判质量，实现审判公正也是不利的。

2012年《刑事诉讼法》在这个问题上进行了突破性的修改，第172条明确规定人民检察院依法向人民法院提起公诉时，应将案卷材料、证据移送人民法院。同时，第38条规定，“辩护律师自人民检察院对案件审查起诉之日起，可以查阅、摘抄、复制本案的案卷材料”，其中也包括了辩护律师在审判阶段到人民法院查阅、摘抄、复制人民检察院移送的案卷材料包括证据。不仅如此，根据第37条第4款的规定，辩护律师会见在押的犯罪嫌疑人、被告人可以了解案件有关情况，特别是“自案件移送审查起诉之日起，可以向犯罪嫌疑人、被告人核实有关证据。”这些规定打破了以往控、辩双方在案件事实、证据材料上不平衡的局面，使辩方在法院开庭审判前可充分了解、掌握案件事实和证据材料，这对辩方来说，显然是最重要的庭前准备工作。

在第二个方面即控、辩、审三方在庭前进行必要的沟通、交流方面，在1996年《刑事诉讼法》中是不存在的。刑事案件进入审判阶段后，根据法院对案件的分类安排，无论进入普通程序还是简易程序，庭前都没有控、辩、审三方的沟通、交流安排，确定好开庭日期后就直接进入庭审活动。如此一来，一些案件特别是重大、复杂、疑难、被告人不认罪的案件，往往在庭审开始后，出现一些程序性事项需要处理或安排，以致不得不中止庭审，造成审判活动的拖延。针对这一问题，2012年《刑事诉讼法》建立了庭前会议制度。第182条第2款规定：“在开庭以前，审判人员可以召集公诉人、当事人和辩护人、诉讼代理人，对回避、出庭证人名单、非法证据排除等与审判相关的问题，了解情况，听取意见。”根据这一规定，审判人员就可以根据案件的具体情况，凡有必要召集庭前合议的，就可以在开庭以前召集控、辩双方就有关事项进行沟通、交流。有的问题能在庭前处理安排的就提前处理安排好，如回避问题、证人出庭问题，开庭后不致再因提出这些问题而使庭审中断；有的问题即使庭前处理不了，譬如非法证据排除问题，但各方通过沟通、交流已相互知情，可以做好相关出庭准备，使庭审活动在有备而来的情况下顺利进行，不致因突发情况而使某一方手足无措或庭审中断。显然，庭前会议制度对于那些重大、复杂、疑难、控、辩双方争议较大的案件非常必要和重要。

其二，根据案情需要，建立了范围、条件明确的证人、鉴定人出庭作证制度及相关配套制度。

证人、鉴定人出庭作证问题是困扰我国刑事审判的一个突出问题。2012年《刑事诉讼法》针对这一问题提出了切实可行的对策：一是明确了证人出庭作证的范围和条件。第187条第1款规定：“公诉人、当事人或者辩护人、诉讼代理人对证人证言有异议，且该证人证言对案件定罪量刑有重大影响，人民法院认为证人有必要出庭作证的，证人应当出庭作证”；不仅普通证人如此，“人民警察就其执行职务时目击的犯罪情况作为证人出庭作证，适用前款规定”；二是明确了鉴定人出庭作证的范围和条件。第 187 条第 3 款规定：“公诉人、当事人或者辩护人、诉讼代理人对鉴定意见有异议，人民法院认为鉴定人有必要出庭的，鉴定人应当出庭作证”；三是明确规定了证人及鉴定人应当出庭而不出庭的法律后果。第 188 条规定：“经人民法院通知，证人没有正当理由不出庭作证的，人民法院可以强制其到庭，但是被告人的配偶、父母、子女除外。证人没有正当理由拒绝出庭或者出庭后拒绝作证的，予以训诫，情节严重的，经院长批准，处以十日以下有拘留。”至于鉴定人不出庭的后果，第 187 条第 3 款规定得更加彻底：“经人民法院通知，鉴定人拒不出庭作证的，鉴定意见不得作为定案根据。”

此外，针对鉴定意见这种专业性强、技术含量高的特殊证据，《刑事诉讼法》不仅如上所述强化了有关鉴定人出庭作证的要求，而且还在第 192 条增加了一项新的规定：“公诉人、当事人和辩护人、诉讼代理人可以申请法庭通知有专门知识的人出庭，就鉴定人作出的鉴定意见提出意见。”

为了保证证人、鉴定人作证，2012 年《刑事诉讼法》还就证人、鉴定人的保护问题、经济补偿问题等也作了相应的规定。

上述规定表明，2012 年《刑事诉讼法》对于证人、鉴定人出庭作证问题的处理原则是：凡应当出庭作证的证人、鉴定人都应当出庭作证，而是否应当出庭作证主要取决于控辩双方对于有关证人证言及鉴定意见是否有异议以及对定罪量刑有何影响。按照这样的设计，需要证人、鉴定人出庭作证的案件还是比较有限的，因为在司法实践中，审判阶段被告人认罪的案件比例一般认为达到 80% ~90%，剩下只有 10% 左右的案件才可能需要证人、鉴定人出庭作证。这实际上又是一个在证人、鉴定人出庭作证问题上的程序分流，既有利于提高诉讼效率，节约司法资源又有利于提高审判程序的公正性和案件质量。

其三，正式建立了非法证据排除规则，以维护并体现诉讼程序的正当性和合法性。

非法证据主要是指办案机关及其办案人员非法收集调取的证据。对于这个问题如何处理，以往我国刑事诉讼法虽有明确的“禁令”，但无相应的具体措施。2010年6月，最高人民法院、最高人民检察院、公安部、安全部、司法部虽然联合发布了《关于办理刑事案件排除非法证据若干问题的规定》，但内容尚不完善，更重要的是法律层级不够。2012年《刑事诉讼法》在总结上述《规定》实施以来经验、教训的基础上，正式建立了具有中国特色的非法证据排除规则。首先，明确界定了应当排除的非法证据的概念、范围；其次，提出了在审前程序中应当排除非法证据的明确要求；最后，重点规定了在审判阶段如何启动、调查、认定并排除非法证据的有关问题，其中尤为突出的是明确了人民检察院在非法证据调查程序中应当对证据收集的合法性承担证明责任以及认定非法证据的证明标准。这些规定及其在司法实践中实施后，对于维护并体现诉讼程序的正当性和合法性无疑具有重要的意义。

其四，将量刑问题纳入法庭审理范围，有助于提高量刑程序和量刑结果的公正性。

重定罪轻量刑是以往我国刑事审判程序存在的又一突出问题。对此，2012年《刑事诉讼法》第193条作了纠正，明确要求："法庭审理过程中，对与定罪、量刑有关的事实、证据都应当进行调查、辩论。"从而把与量刑有关的事实、证据的调查、辩论与定罪问题完全相提并论，这对于扭转以往重定罪轻量刑的司法传统，提高量刑程序和量刑结果的公正性无疑是非常必要和重要的。

综上所述，无论是庭前准备程序的完善，证人、鉴定人出庭作证制度的建立，还是非法证据排除除规则之正式确立，量刑问题纳入法庭审理范围，无异都将增加审判程序中司法资源的投入，也使具体的诉讼程序更加繁复，还会延长审判活动的时限。但这些又都是非常必要的，充分体现了2012年《刑事诉讼法》对于公诉案件普通程序"当繁则繁"的精神。同时由于在简易程序中体现了"该简则简"的精神，以致相当一部分原来由普通程序审判的案件今后将进入简易程序审判，从而形成绝大部分一审刑事案件主要由基层人民法院管辖并纳入简易程序审判，其余少部分一审刑事案件则由基层人民法院和中级人民法院适用普通程序进行审判。这正是我们所期望的通过程序分流的功能，使司法资源得到优化配置，从而实现提高诉讼效率，节约司法资源，确保审判公正的目标。

第五节　上诉案件的程序分流

一、上诉案件在程序分流维度上的特殊性及其与程序分流的关系

上诉案件是指经初审法院审理已作出判决，当事人不服在法定期限内向上级法院提起上诉，要求重新审判的案件。在诉讼理论和西方国家法律上，上诉案件既包括被告方提起上诉也包括起诉方提起上诉的案件。在我国，上诉案件仅指公诉案件中被告人提起上诉的案件和自诉案件中当事人双方提起上诉的案件。提起公诉的检察机关对一审判决不服也可以提起上诉，请求上级法院重新审判，但不叫“上诉”而称为“抗诉”。为了论述的方便，本文如不特别说明，所称上诉案件既包括当事人的上诉案件也包括检察机关的抗诉案件。

从程序分流的维度观察分析，上诉案件具有以下特殊性：其一，凡上诉案件均已经历过一次审判也就是初次审判。允许上诉本身就意味着赋予原审控辩双方更多的审判机会，上诉的次数越多，复审的机会也越多，从而需要国家投入的司法资源也就越多。反之，需要国家投入的司法资源则越少。其二，凡上诉案件均是由原审程序的控辩双方因不服一审判决主动提起的，原审案件在审判程序和审判结果上越公正，控辩双方对一审判决的服从、接受度越高，从而提起上诉的案件就越少。可见上诉案件的多与少，与原审程序及结果的公正程度密切相关。其三，上诉案件说到底是国家为了追求和体现司法公正，从法律赋予控辩双方的一种救济权利，也可以说是一种权利审。既然如此，在上诉案件的审理方式上就不能不重视和考虑上诉方的具体请求。

上诉案件与程序分流的关系涉及两个问题：其一是上诉的机会赋予控辩双方多少次合适？从单纯公正的角度看，似乎上诉的机会越多，也就是上诉次数越多，案件的公正程度就越高。与此相对应的是，上诉的机会越多，国家投入的司法资源也越多，诉讼效率也越低。从世界范围

来看，在审级制度上，有的国家实行两审终审制，有的国家实行三审终审制，还有的国家针对特殊情况实行极其有限的四审终审制。不同的审级制度对应着次数不同的上诉机会或上诉次数。可见，这实质上是一种纵向的程序分流。每上诉一次就是一次程序分流；每分流一次，投入的司法资源越多，案件的公正程度越高，诉讼效率越低。

其二是对上诉案件审理什么以及采用什么方式进行审理？审理的范围越广、内容越多，投入的司法资源就越多，公正程度也越高，诉讼效率则越低；反之，投入的司法资源越少，公正程度也越低，诉讼效率则越高。审理的方式也是两种情形：采用开庭的审理方式，投入的司法资源就越多，公正程度也越高，诉讼效率则越低；采用不开庭的书面审判方式，上述各个方面则相反。世界各国在这个问题上也呈现出多元格局：在上诉案件的审判范围和内容上，有的国家既审事实问题又审法律问题；有的国家只审法律问题不审事实问题；有的国家只审上诉请求范围内的事项，不审上诉请求范围外的事项，有的国家不受上诉请求范围的限制，实行全面审理。在上诉案件的审理方式上，有的国家实行开庭审理，有的国家实行不开庭的书面审理，还有的国家实行有限的开庭与书面审理相结合的审理方式。可见，这实质上是一种横向的程序分流，审理的范围、内容、方式不同，意味着投入的司法资源多少不同，审判的公正程度也不同，涉及的诉讼效率也不同。

综上可见，要处理好上诉案件与程序分流的关系，应当考虑和兼顾的主要是上诉案件数量的多寡，国家能够投入的司法资源的多少，上诉人的上诉请求如何，初审程序的公正程度怎样以及本国的法律文化和法律传统等诸多方面，在权衡和平衡各种关系中确定本国的上诉案件审判程序，其中包括程序分流的考虑和安排。

二、我国1996年《刑事诉讼法》中上诉程序及程序分流之检讨

1. 上诉程序之审级制度

我国历史上曾实行过三审终审制。1979年颁布的第一部《刑事诉讼法》则确定为两审终审制。1996年《刑事诉讼法》沿袭以往仍实行两审

终审制。在两审终审制下，控辩双方的上诉机会只有一次。这样做，从程序分流的角度看，当然需要国家投入的司法资源相对较少，诉讼效率在整体上也比较高，但是，从维护和实现司法公正的角度看，则明显不足。由于只有一次上诉机会，以致相当多的案件在两审终审后并不能真正“终审”，又去寻求审判监督程序的救济。

2. 上诉案件之审理范围

鉴于我国实行两审终审制，控辩双方对于原审判决不服只有一次上诉机会，我国刑事诉讼法历来在上诉案件的审理范围上都不限于上诉的范围，而要求“第二审人民法院应当就第一审判决认定的事实和适用法律进行全面审查，不受上诉或者抗诉范围的限制”。显然，这是为了弥补只有一次上诉机会之不足。但从司法实践来看，法院对上诉案件的审理主要还是以上诉范围为重点。

3. 上诉案件之审理方式

在上诉案件的审理方式上，1996 年《刑事诉讼法》突破了 1979 年《刑事诉讼法》中一般只有抗诉案件才开庭审理的要求，而是规定不仅抗诉案件应当开庭审理，而且上诉案件一般也应当开庭审理，只有“合议庭经过阅卷，讯问被告人，听取其他当事人、辩护人、诉讼代理人的意见，对事实清楚的，可以不开庭审理。”很明显，仅从立法上讲，如此规定将使更多的上诉案件获得开庭审理的机会，既体现了程序上的公正，又有利于实现实体上的公正。但从司法实践来看，上诉案件大部分案件不开庭审理，只有少数案件才有机会开庭审理。而且什么案件开庭审理，什么案件不开庭审理，随意性很大，基本取决于承办法官的意见，作为寻求救济的上诉程序的启动者对于采用何种审理方式并无发言权。

4. 上诉案件之发回重审

虽然 1996 年《刑事诉讼法》实行两审终审制，只有一次上诉机会，但是同时规定，上级法院对于二审案件审理后，认为事实不清、证据不足的，可以发回重审。重审之后还可以提出上诉。这样规定从程序分流的角度看，对某些案件增加了审理次数，有助于案件审判质量。但从另一方面看，则耗费了更多的司法资源，付出了更多的诉讼时间。特别是由于法律对于发回重审的次数没有限制，在实践中出现了多次甚至十多次发回重审，耗时少则几年多则十几年的情况。这不仅消耗了大量司法资源，降低了诉讼效率，也严重损害了司法公正。

以上四个方面足见我国1996年《刑事诉讼法》中上诉案件的程序分流概况。从纵向看，只有一次上诉机会，对国家是有利的，可少投入一些司法资源；对司法机关也是有利的，只有一次上诉机会，相对于有多次上诉机会工作负担也轻，进而诉讼效率相对也高；但对寻求救济提起上诉的控辩双方特别是被告方来说，只有一次上诉机会则不利。如果二审法院维持原审判决，他们仍然不服，就不再有上诉机会了。从横向看，通过不受上诉或抗诉范围限制，对案件进行全面审查以及扩大开庭审理的案件范围，以弥补只有一次上诉机会之不足。这种立法安排在理论上虽有不足但基本方向是能够成立的，关键是在司法实践中能否真正落实到位，特别是在审理方式上，那些真正需要开庭审理的案件能否获得开庭审理的机会。如果不能做到，这样的制度安排，就只是对国家有利，对司法机关有利，满足了程序分流在节约司法资源、提高诉讼效率上的功能，却对当事人不利、对司法公正不利，牺牲了程序分流在维护、促进司法公正上的功能。至于不设次数限制的发回重审制度显然是弊远远大于利，特别是对被告人不利。

三、我国2012年《刑事诉讼法》中上诉程序及程序分流之述评

基于1996年《刑事诉讼法》中上诉程序及程序分流之不足特别是在司法实践中存在的问题，近年来理论界从多方面提出立法修改建议，希望在《刑事诉讼法》的再修改中加以完善，主要有：

1. 我国的审级制度应当改革，从两审终审制改为三审终审制或者有限的三审终审制。也就是建立三审程序，即使不能对所有上诉案件都开放，至少应该对部分或少数案件开放，例如判处死刑的案件，适用法律上有争议的案件等。并且指出，时至今日，从交通、通信事业的快速发展和人民对司法公正的迫切要求来看，我们能够也应该建立三审终审制，哪怕三审程序的适用是有限的。[①]

---

① 参见顾永忠:《刑事上诉程序研究》,公安大学出版社2003年出版,第145页。

2. 我国上诉案件的审理范围应当集中在上诉及抗诉的事项中，没必要、实践中也不可能对上诉案件进行全面审查。“不受上诉或者抗诉范围的限制”实际上只是一种口号，并没有真正成为法律的实践活动，与其如此，还不如专门集中审理上诉或者抗诉提出的问题。①

3. 我国上诉案件的审理方式对上诉案件和抗诉案件不应当区别对待，而应当一视同仁，根据上诉包括抗诉的具体内容和要求来确定，针对认定事实和证据问题提出上诉、抗诉的，应当开庭审理，对原判决认定的事实、证据没有异议，只是针对法律问题提出上诉、抗诉的，可以不开庭审理。②

4. 鉴于我国司法实践中对有的上诉案件反复发回重审，有的发回次数达七八次，时间长达十年有余，不少学者认为，我国二审程序应当取消发回重审的规定，即使保留发回重审的规定，也应当严格加以限制，包括限制发回重审的条件和次数。③

2012 年《刑事诉讼法》中的上诉程序既有对原有规定的沿袭、保留，也有对原有规定的修改完善。沿袭、保留原规定的内容主要是：1. 在审级制度上，仍然保留了两审终审制，也就是控辩双方仍然只有一次上诉、救济的机会；2. 在审理范围上，仍然保留了“不受上诉或者抗诉范围的限制”，“对第一审判决认定的事实和适用法律进行全面审查”。

对原规定进行修改、完善的主要内容有：第一，根据诉讼原理，对于二审案件的两种审理方式作了明确的划分：一种是开庭审理方式，第 223 条规定：“第二审人民法院对于下列案件，应当组成合议庭，开庭审理：（一）被告人、自诉人及其法定代理人对第一审认定的事实、证据提出异议，可能影响定罪量刑的上诉案件；（二）被告人被判处死刑的上诉案件；（三）人民检察院抗诉的案件；（四）其他应当开庭审理的案件。”对于上述规定，二审人民法院应当开庭审理，并无裁量决定权。另一种是不开庭的审理方式，即二审人民法院对于不属于前述情形的案件决定不开庭审理的，“应当讯问被告人，听取其他当事人、辩护人、诉讼代理人的意见。”

① 陈卫东:《刑事二审开庭程序研究》,中国政法大学出版社 2008 年版,第 132 页。

② 顾永忠:《刑事上诉程序研究》,公安大学出版社 2003 年版,第 139 页。

③ 陈光中主编:《刑事诉讼法再修改专家建议稿与论证》,中国法制出版社 2006 年版,第 613 页。

第二，对于二审法院发回重审的案件在发回次数上作了限制，《刑事诉讼法》第 225 条第 2 款规定：“原审人民法院对于依照前款第三项规定发回重新审判的案件作出判决后，被告人提出上诉或者人民检察院提出抗诉的，第二审人民法院应当依法作出判决或者裁定，不得再发回原审人民法院重新审判。”该规定一方面保留了二审法院对于二审案件在符合法律规定情形下可发回重审的传统做法，另一方面又严格限制发回重审的次数为一次，这样可以杜绝以往发回重审无次数限制，有的案件被多次反复发回，时间跨度长达多年甚至 10 余年的情形。

第三，明确规定二审法院开庭审理的案件，人民检察院为了出庭准备查阅案卷材料的时间不超过一个月。过去《刑事诉讼法》对此没有规定，实践中有的二审开庭案件，检察机关出查阅案卷材料所占用的时间少则一二个月，多则三四个月，不仅降低了诉讼效率，也损害了司法公正。针对这一问题，《刑事诉讼法》第 224 条规定，人民法院决定开庭审理的公诉案件，“应当在决定开庭审理后及时通知人民检察院查阅案卷。人民检察院应当在一个月以内查阅完毕。”如此规定，提高了诉讼效率，体现了程序公正的要求。

综上所述，2012 年《刑事诉讼法》对于上诉案件审判程序的规定，从程序分流的观点看，确实迈出了一些新步伐，譬如对开庭审理与不开庭审理的案件提出了明确的划分标准，对于因事实、证据问题提出上诉的案件，明确要求应当开庭审理。又譬如对于二审法院发回重审的案件在发回重审的次数上只限于一次，还明确规定检察机关出席二审法院开庭审理的案件，查阅案卷材料的时间为不超过一个月。这些规定中，开庭审理需要投入更多的司法资源，有利于司法公正；发回重审限于一次则加快了诉讼进度，提高了诉讼效率，都体现了程序分流在促进司法公正，提高诉讼效率上的主要功能，应该是明显的进步。

但是，应该说进步的步伐还不够大。主要是没有在审级制度上有所突破，仍然沿袭了两审终审制，控辩双方的上诉机会仍然只有一次。从诉讼效率上看，这似乎是有利的，但从司法公正角度看，则是不利的。从我国社会各界目前对司法公正的关注和诉求来看，从我国经济社会发展的速度和水平来看，再从我国地域广大、法治统一的要求来看，现在建立三审终审制，哪怕三审程序有严格的条件，譬如限于特别重大的案件以及不同地区对法律适用有分歧、有争议的案件，也是可行的和必要的。

第十一章　认罪认罚从宽制度与刑事诉讼程序分流

第一节　认罪认罚从宽制度概述

一、认罪认罚从宽制度的概念及其特征

根据党的十八届四中全会《决定》提出的“完善刑事诉讼中认罪认罚从宽制度”的要求和中央深改组第26次会议审议通过的《关于认罪认罚从宽制度改革试点方案》的精神，第十二届全国人大常委会第22次会议作出决定，授权最高人民法院、最高人民检察院在十八个地区开展刑事案件认罪认罚从宽制度试点工作，为期二年。此外，决定还将根据2014年6月同样经由全国人大常委会做出授权决定，已经进行了两年的刑事案件速裁程序试点工作，在扩大案件适用范围后纳入到新的认罪认罚从宽制度试点工作中继续进行试点。这是一项重大改革举措。同时，也是一项非常值得关注、研究的法律制度。理论界和实务界继开展以审判为中心的诉讼制度改革研究热点之后，又围绕此项改革掀起新的理论研究热点。其中首当其冲的问题就是什么是认罪认罚从宽制度。这确实是“完善认罪认罚从宽制度”需要厘清的一个基本问题。

什么是认罪认罚从宽制度，权威部门对此尚未提出明确定义，理论界和实务界则不乏各种界定和解读，甚至有人将其看作是借鉴国外辩诉交易的法律制度。可见，弄清认罪认罚从宽制度的概念非常必要。

在笔者看来，无论作为理论概念还是作为法律制度，认罪认罚从宽制度虽然是四中全会《决定》首次提出。但是，体现认罪认罚从宽制度精神的刑事政策、法律制度、法律实践活动在我国早已有之。完全可以

说，我国一贯奉行的“坦白从宽”和“宽严相济”的刑事政策就是认罪认罚从宽制度的政策依据。早在 1979 年 7 月新中国第一部《刑法》规定，“犯罪以后自首的，可以从轻处罚。其中犯罪较轻的，可以减轻或免除处罚；犯罪较重的，如果有立功表现，也可以减轻或免除处罚”，就是典型的集中体现认罪认罚从宽精神的立法例和具体法律制度。

至于我国现行刑事法律中体现认罪认罚从宽精神的具体制度或具体规定更是不乏其例。在刑法上主要有：①在原有一般自首概念的基础上，又增加了特别自首：“被采取强制措施的犯罪嫌疑人、被告人和正在服刑的罪犯，如实供述司法机关还未掌握的本人其他罪行的以自首论”（第 67 条第 2 款）；②在总结以往司法实践经验的基础上，把如实供述自己罪行也作为从轻、减轻处罚的法定情节：“犯罪嫌疑人虽不具有前两款认定的自首情节，但是如实供述自己罪行的，可以从轻处罚；因其如实供述自己罪行，避免特别严重后果发生的，可以减轻处罚；”（第 67 条第 3 款）；③在缓刑的适用条件中，要求具备的条件中必须“有悔罪表现”（第 72 条）；④在一般减刑条件中，要求必须具备“确有悔改表现的，或者立功表现的”（第 78 条）；⑤在假释条件中也要求“确有悔改表现”（第 81 条）；⑥经《刑法修正案（九）》修改，刑法第 383 条第 3 款的规定为“犯第一款罪，在提起公诉前如实供述自己罪行、真诚悔罪、积极退赃，避免、减少损害结果的发生，有第一项规定情形的，可以从轻、减轻或者免除处罚；有第二项、第三项规定情形的，可以从轻处罚。”

在刑事诉讼法上主要有：①在适用简易程序的条件中明确要求：“被告人承认所犯罪行，对指控的犯罪事实没有异议的”（第 208 条）；②在适用公诉案件当事人和解的程序条件中，要求必须具备“犯罪嫌疑人、被告人真诚悔罪，通过向被害人赔偿损失、赔礼道歉等方式获得被害人谅解”，并且双方当事人达成和解协议经办案机关审查确认后，才能对犯罪嫌疑人、被告人予以从宽处理或从宽处罚（第 277 条、第 279 条）。此外，2014 年 6 月全国人大常委会《关于授权最高人民法院、最高人民检察院在部分地区开展刑事案件速裁程序试点工作的决定》中也提出开展速裁程序的试点条件之一是“被告人自愿认罪，当事人对适用法律没有争议”。

正是在以上背景下，《决定》提出“完善刑事诉讼中认罪认罚从宽制度”的改革任务而不是“建立认罪认罚从宽制度”。之所以如此，有学者认为“认罪认罚制度的改革探索，高度契合当前我国刑事司法稳健运行的迫切要求。理解该项制度改革的意义和作用，应当以了解制度产生的时代背景为前提。①宽严相济刑事政策的法治路；②犯罪轻刑化与犯罪数量的增长；③员额制改革的诉讼机制配套。”[①] 这是论者基于我国刑事政策、司法现状、司法改革的宏观背景所作的分析判断。除此之外，笔者认为，还与现行刑事法律制度体现认罪认罚从宽理念或精神的规定缺乏系统性和制度化有重要关系，其主要表现是：

其一，以往虽然存在体现认罪认罚从宽精神的具体制度或具体规定，如自首、坦白等，但并没有一个高度概括、内涵严谨、外延清晰的认罪认罚从宽制度的总体概念，并以此为核心指导刑事立法的完善和刑事司法的实践。正因为如此，现行法律制度中虽不乏体现认罪认罚从宽精神的具体制度或具体规定，但相互之间缺乏清晰、内在的逻辑关系和总体构架及其分工。也因为如此，在当下关涉认罪认罚从宽制度的讨论中，出现了诸多认识分歧及认识偏差。

其二，现行法律制度中已有的体现认罪认罚从宽精神的具体制度或具体规定呈现出“重实体轻程序”的偏向。在传统观念上，“认罪认罚从宽”属于实体法范畴，似乎与程序法无涉。因此，在实体法上规定的比较多，包括如前所述的自首、坦白、缓刑、减刑、假释等，而在程序法上规定得比较少，主要体现在公诉案件和解程序、简易程序、速裁程序中而且不够充分。不仅如此，在实体法上，认罪认罚与从宽之间的因果关系直接、明确，并且在刑法修改过程中不断得到完善和强化。例如在1979 年刑法上，只有一般自首而没有特别自首的规定。1997 年修改刑法时增加了“以自首论”的特别自首规定，扩大了自首的范围。在 1997 年刑法上只有自首而没有坦白的规定，2011 年 2 月通过《刑法修正案（八）》在自首规定之后又增加了虽不构成自首，但如实供述罪行也可以从轻处罚的规定。相比之下，程序法上的有关规定不仅少，而且认罪认罚与从宽的关系有的则不够明确。例如适用简易程序要求被告人认罪，但认罪之后是否应当从宽以及如何从宽并未规定。

---

① 参见陈卫东:《认罪认罚从宽制度研究》,《中国法学》2016 年第 2 期,第 49 ~51 页。

其三，现行法律制度中对犯罪嫌疑人、被告人认罪自愿性的程序保障不够充分。如前所述，无论是实体法上的自首、坦白还是程序法上的简易程序、公诉案件和解程序，虽然都把犯罪嫌疑人、被告人“认罪”作为适用的重要条件，但在程序上对认罪的自愿性保障不够充分。例如被告人一般都是普通人，不具有法律知识和诉讼经验，在诉讼中与控方在案件证据信息掌握程度上极不对称，而实践中被告人特别是基层法院审判的案件中70%～80%以上的被告人都是认罪的，没有律师为其辩护。[①] 这就使得被告人认罪的自愿性缺乏有效的保障。

其四，现行法律制度中缺乏重罪案件犯罪嫌疑人、被告人认罪认罚从宽的程序制度。如前所述，目前程序法上体现认罪认罚从宽精神的具体制度主要有公诉案件和解程序、简易程序和速裁程序，而这些都主要适用于轻罪案件，重罪案件犯罪嫌疑人、被告人应当如何认罪认罚并从宽缺乏程序制度。例如依法应由中级人民法院管辖审判的案件，被告人如何认罪认罚以及认罪认罚后又如何从宽现行法律中并没有规定。而重罪案件犯罪嫌疑人、被告人认罪认罚从宽程序制度的建立无论对于确保司法公正、防止冤假错案，还是节约司法资源，提高诉讼效率都有重要意义。

综上，可以窥见我国现行法律制度中认罪认罚从宽制度的现状和不足。由此表明当我们提出并实践“完善认罪认罚从宽制度”的改革任务时，首先需要对什么是“认罪认罚从宽制度”提出一个高屋建瓴的并能形成共识的基本概念。基于以上论述，笔者认为，认罪认罚从宽制度应当是指在刑事诉讼中从实体上和程序上鼓励、引导、保障确实有罪的犯罪嫌疑人、被告人自愿认罪认罚并予以从宽处理、处罚的由一系列具体法律制度、诉讼程序组成的法律制度。根据这一定义，认罪认罚从宽制度具有以下基本特征：

首先，认罪认罚从宽制度是一个集合性的法律制度。也就是说它不是一项单一的法律制度，而是由一系列具体法律制度、诉讼程序组成的集合性的法律制度。就我国目前现状而言，它包括了自首、坦白、缓刑、减刑、假释等项具体制度以及公诉案件和解程序等具体诉讼程序。这一

---

① 参见顾永忠、陈效：《中国刑事法律援助发展研究报告（上）》，《中国司法》2013年第1期，第30～31页。

基本特征决定了不能把认罪认罚从宽制度理解为一项单一的法律制度或诉讼程序。

其次，认罪认罚从宽制度是一个集实体与程序于一体的综合性法律制度。如前所述，在传统理论上，认罪认罚从宽制度属于刑事实体法的范畴，但当下所讲的认罪认罚从宽制度实际上已经突破实体法范围进入到程序法领域了。将认罪认罚从宽制度引入程序法领域，其意义在于：一是从程序上确保犯罪嫌疑人、被告人的认罪认罚是自愿的；二是对于犯罪嫌疑人、被告人认罪认罚后的从宽，不仅应当体现在实体法上使其得到从宽处罚，而且还应当体现在程序法上使其获得从宽处理，譬如不予逮捕、撤销案件、不起诉以及适用简易程序等方面。

最后，认罪认罚从宽制度是一项旨在鼓励、引导、保障确实有罪的犯罪嫌疑人、被告人自愿认罪认罚因而获得从宽处理和处罚的法律制度，而不是无条件地追求犯罪嫌疑人、被告人认罪认罚的法律制度。这一特征决定了我们在完善认罪认罚从宽制度中，应当高度重视和特别强调两个方面：一是确保表示认罪的犯罪嫌疑人、被告人是确实有罪的人；二是确保犯罪嫌疑人、被告人的认罪表示完全出于自愿。

二、“完善认罪认罚从宽制度”的基本思路和价值目标

如何才能“完善认罪认罚从宽制度”，全国人大常委会《关于授权最高人民法院、最高人民检察院在部分地区开展刑事案件认罪认罚从宽制度试点的决定》和根据《决定》的要求，由最高人民法院、最高人民检察院、公安部、国家安全部、司法部制定的《关于在部分地区开展刑事案件认罪认罚从宽制度试点工作的办法》提出了明确的思路，主要体现在以下几个方面：

1. “完善认罪认罚从宽制度”贯穿于刑事诉讼的全过程，并不是只适用于刑事诉讼活动的某一阶段。刑事侦查阶段、审查起诉与起诉阶段、审判阶段都适用认罪认罚从宽制度，只是在不同的诉讼阶段具有不同的特点和做法。因为任何诉讼阶段都应当鼓励犯罪嫌疑人、被告人认罪认罚并原则上予以从宽，至于从宽的具体方式可以结合每一诉讼阶段的特点和案件的具体情况及有关法律的规定。

2.“完善认罪认罚从宽制度”适用于所有刑事案件，不能只限于轻微刑事案件。从一定意义上讲，越是严重刑事案件，越应当鼓励犯罪嫌疑人、被告人认罪认罚，并且认罪认罚越早越好。因为认罪认罚越早，国家投入刑事诉讼中的司法资源就越少，比如犯罪嫌疑人作案后就向公安司法机关主动投案自首的案件，就可以比犯罪嫌疑人作案后逃避追究，干扰破案的案件投入的司法资源少得多。同时，诉讼效率也会大大提高。

3.“完善认罪认罚从宽制度”不只是像以往那样主要体现在实体上从宽，而且还要重视和加强在程序上的从宽。包括根据法律的规定和具体案情，对一些案件在侦查阶段撤销案件，在审查起诉阶段作出不起诉决定，在审判阶段分别适用繁简程度不同的审判程序以及在强制措施的适用上，更多地不对犯罪嫌疑人、被告人采取羁押性强制措施，等等。

4.“完善认罪认罚从宽制度”要非常重视犯罪嫌疑人、被告人认罪认罚自愿性、明知及明智性以及具有事实依据的保障，要严格防止事实上没有犯罪的人由于被胁迫、被欺骗、被引诱以及其他原因而认罪认罚，为此，要保障犯罪嫌疑人、被告人能够获得律师的法律帮助。

至于“完善认罪认罚从宽制度”的价值目标，全国人大常委会的《决定》讲得很清楚，就是“为了进一步落实宽严相济刑事政策，完善刑事诉讼程序，合理配置司法资源，提高办理刑事案件的质量与效率，确保无罪的人不受刑事追究，有罪的人受到公正惩罚，维护当事人的合法权益，促进司法公正”。

三、认罪认罚从宽制度与以审判为中心的诉讼制度的关系

党的十八届四中全会《决定》在刑事诉讼制度改革方面提出了两项重大改革：一项是“推进以审判为中心的诉讼制度的改革”，另一项是“完善认罪认罚从宽制度”。这两个方面是什么关系，理论界围绕这一问题也展开了讨论甚至发生了分歧。就外在形式而言，不容否认以庭审实质化为核心内容的以审判为中心的诉讼制度与认罪认罚从宽制度下简化审判程序和方式确实存在着不相协调甚至相互冲突、矛盾的问题。如何看待二者的关系，又如何解决其中看似相互矛盾的问题，无论对于推进

以审判为中心的诉讼制度改革还是对于完善认罪认罚从宽制度都有着非常重要的意义。

笔者认为，以审判为中心的诉讼制度与认罪认罚从宽制度的关系实质上是刑事诉讼中对办案机关及办案人员办理案件的应然要求与实然需要的关系。[①] 所谓对办理案件的应然要求是指任何被追诉人在刑事诉讼中都有获得公正审判的诉讼权利，而公正审判的要义根据联合国《公民权利和政治权利国际公约》第 14 条的规定，体现的就是庭审实质化的要求。也就是说，任何被追诉人都有权要求以庭审实质化的方式对其进行公正审判。但是，既然公正审判是一项诉讼权利而不是诉讼义务，那么被追诉人根据自己的案情也有权自愿放弃，选择采用简化的诉讼程序和方式对其审判并在法定范围内获得“好处”，而这就是对办理案件的实然需要。正是在这种应然要求和实然需要的关系下，如本书前面所述，世界各国的刑事诉讼制度中都设有多元的诉讼程序，以满足、适应不同案件的应然要求和实然需要。例如：当事人主义对抗制诉讼模式的代表——美国既有集中体现庭审实质化的陪审团审判，也有不经正式审判即可确认有罪并加以量刑的认罪答辩程序包括辩诉交易程序；职权主义诉讼模式的代表国家—法国既有针对重罪、轻罪及违警罪的正式、不同的审判程序，又有基于被告人认罪的作为公诉替代程序的刑事调节程序和庭前认罪答辩程序；混合制诉讼的代表国家——日本既有正式的公审程序，也有基于被告人认罪并同意适用的简易程序。

值得注意的是，为了确保被告人对诉讼程序的选择权特别是对于体现公正审判应然要求的正式审判程序的选择权，各国不仅赋予被告人初始的选择权，而且还确保他们在诉讼过程的重新选择权和简易程序的否决权。在美国，被告人即使与控方达成辩诉交易，放弃陪审团审判而选择认罪答辩程序，但在法官审查确认辩诉协议中他仍然可以改变初衷，放弃已达成的认罪协议而选择陪审团审判。日本在非重大刑事案件中当被告人对指控的犯罪事实表示认罪时，经征求检察官、被告人及其辩护人同意，法院可以决定不采取普通程序而采取比普通程序简化的简易公审程序进行审理，以致不适用传闻规则，调查方式简略等。但是，如果

---

① 参见顾永忠：《以审判为中心背景下的刑事辩护突出问题研究》，《中国法学》2016 年第 2 期，第 67 页。

在审理过程中被告人撤回认罪供述，法院应当撤销简易公审程序而恢复正式公审程序。德国对符合条件的轻微刑事案件不经被告人同意可以径直采用书面审理的处罚令程序。但是，当法官做出处罚令被告人收到后两星期内有权提出异议，从而使处罚令程序终止并进入正式审判程序中。

综上可见，认罪认罚从宽制度与以审判为中心的诉讼制度并不是天然对立、相互排斥的。而是相辅相成，互相促进的。在以审判为中心的诉讼制度中实质上包含了认罪认罚从宽制度。前者是对所有案件及被告人获得公正审判的基础和保障，任何人都有获得公正审判的权利，据此要求对其案件实行实质性审判，以保障其依法享有的各项诉讼权利。后者则是被告人自愿选择并对前者自愿放弃的结果。在此情形下，只要确保被告人的选择、放弃确系自愿，对他或她的案件就可以不必进行实质化审判，而采用简化、简易的程序进行审判。

四、认罪认罚从宽制度与辩诉交易是何关系

在关于完善认罪认罚从宽制度的讨论中，有相当一些人将其与盛行于美国的辩诉交易制度联系起来，甚至认为完善认罪认罚从宽制度就是在中国建立辩护交易制度，把两者等同起来。

如前所述，笔者认为，认罪认罚从宽制度是由一系列旨在鼓励、引导、保障确实有罪的犯罪嫌疑人、被告人自愿认罪认罚并予以从宽处理、处罚的具体法律制度和诉讼程序组成的集合性的法律制度。因此，从总体上讲，任何一项单一法律制度或诉讼程序都不可能等同于认罪认罚从宽制度。美国的辩诉交易制度只是检察官准备起诉时，控辩双方基于自身利益和案件证据情况的考量，通过相互交涉就起诉罪名、罪数、量刑建议达成一致或“交易”并向法官提出，经法官审查确系自愿、合法后对案件定罪问题不再审判而只进行量刑的诉讼制度。显然，这只是一项具体的诉讼制度，不可能与我国的认罪认罚从宽制度相提并论。

当然，我们不排除我国在完善认罪认罚从宽制度中吸收美国辩诉交易制度的合理成分。这是因为：其一，辩诉交易制度的精神内涵与认罪认罚从宽的理念是契合的，也是与当今世界各国刑罚目的论和适用刑罚的总体趋势相一致的，没有哪个国家的刑事法律制度对认罪认罚者不予

从轻；其二，在我国之前已有的体现认罪认罚从宽精神的具体法律制度和诉讼程序中，缺乏一种主要适用于普通程序案件的认罪认罚从宽制度。因为简易程序、速裁程序只适用于基层法院审判的一审刑事案件，即使其中有80%以上的案件可适用于简易程序和速裁程序，还有近20%的案件需要适用普通程序。此外，中级以上人民法院管辖的一审刑事案件都要适用普通程序，并且这些案件主要是可能判处无期徒刑、死刑的案件。在对这两部分案件的审判中，当然也需要引入认罪认罚从宽制度。事实上在以上案件中，也确实存在被告人自始就主动认罪认罚的案件和经过办案人员一定思想工作后自愿认罪认罚的案件。按照现行法律的有关规定，这些案件当然不能适用简易程序和速裁程序。但如果不加区分、僵化地一律适用正式的体现庭审实质化的普通程序对被告人进行审判，既不利于鼓励确实有罪的被告人自愿认罪，改过自新，也会造成一部分宝贵的司法资源不必要的付出，并且还将降低诉讼效率。为此，需要在普通审判程序中引入认罪认罚从宽制度。其中包括吸收美国辩诉交易制度的合理因素，建立适合中国实际的认罪认罚协商从宽制度不失为一种现实选择。

既然是“吸收合理因素”而不是“全面照搬”，就意味着美国的辩诉交易制度并不完全适合我国实际。美国的辩诉交易仅从交易内容上看包括三个方面：罪名交易、罪数交易和量刑交易。由于美国刑法采用“碎片化”的犯罪构成要件模式和数罪并罚情形下对所判刑罚简单相加的处理原则，以致美国刑事诉讼中常出现一名被告人被判决犯有数个甚至十数个、数十个罪名并被科以几十年甚至上百年自由刑的情况。同时，如果被告人不认罪，为保障其公正审判的诉讼权利就要采取陪审团审判，而陪审团审判的结果对于控辩双方都是不确定的，充满变数，这就使得美国的检察官与被告人及其辩护律师具有了在罪名和罪数上进行交易的现实动机和法律空间，以避免一旦对案件进行正式审判（往往是陪审团审判）对本方产生不利的结果，确保自身利益的最大化。而我国的情况与美国差异甚大。比如在刑法上规定的具体犯罪一般都是集合行为，一种犯罪往往包含了数个或数种具体行为，并且罪名之间的交叉包容关系很少。此外，我国数罪并罚又采取限制加重原则，在所判数罪刑罚都是自由刑的情形下，也不能把数个所判刑罚简单相加起来作为最终执行的刑罚，而是在总数上受到严格限制。[①] 这就使得我国刑事诉讼中进行罪名交易和罪数交易的实体法空间几乎没有，仅剩下量刑交易还有一定空间。因此，即使我国建立类似辩诉交易的制度也只限于量刑范围，不应当、事实上也难以进行罪名交易和罪数交易。当然，在诉讼体制上，美国也有其特殊性，这就是美国的检察官具有很大的起诉裁量权，对一个案件起诉还是不起诉、如何起诉，除特殊案件需经大陪审团决定外其余几乎都是检察官说了算。也因此，在美国的辩诉交易中其实检察官处于主导地位。我国的司法体制显然与美国有很大区别。仅检察官而言并没有那么大的起诉裁量权，起诉裁量权实际上由检察机关行使。不仅如此，我国的检察机关不只是公诉机关，还是法律监督机关。由此决定了检察机关对一个案件起诉与否、如何起诉不是可以随意决定的，要考虑很多因素，也要受制于很多因素。

当然，美国辩诉交易制度中也确有值得我们重视并吸收借鉴之处：一是被告人能够获得律师为其辩护的保障，如果其本人没有能力聘请律师，就由政府出资设立并独立运行、遍及全美各地的公设辩护人办公室为其指派律师提供法律援助。二是控辩双方达成的辩诉协议必须经过法官的严格审查，重点是审查被告人认罪并与检察官达成协议的自愿性、明智性及是否具有认罪的事实基础、是否获得律师的有效帮助。审查之后法官有权拒绝接受辩诉协议，并且即使法官接受辩诉协议，也不是无条件地采纳辩诉协议提出的量刑建议，而是在确认辩诉协议后参考联邦量刑指导进行量刑。三是赋予被告人对于已达成认罪协议的反悔权和辩诉协议经确认并量刑后的上诉权，即在法官对辩诉协议作出确认前，被告人可以撤销认罪，并且其之前所做的认罪表示在此后的审判中不得作为对其不利的证据或推论；对于在确认辩诉协议有效情况下所做出的判决，被告人可以以一审程序错误、律师帮助无效、检察院隐瞒了证据等理由提出上诉。四是切实保障被告人获得公正审判的权利，对于被告人不认罪的案件以及达成认罪协议后又反悔撤销认罪的案件，切实保障被告人获得陪审团审判的权利。在此过程中，检察官应当依法履行其举证

---

① 根据刑法第69条的规定，在数罪并罚情形下，“管制最高不能超过3年，拘役最高不能超过1年，有期徒刑总和刑期不满35年的，最高不能超过20年，总和刑期在35年以上的，最高不能超过25年。”

责任，包括保证目击者、专家证人、侦查人员等出庭作证并接受辩护律师以言辞方式进行质证；同时，辩方也有权并获得法院的保障使对被告人有利的证人包括目击者、专家证人等出庭为其作证，控辩双方进行平等的交叉询问；五是对于控辩双方自愿、合法、有效的认罪协议，法院对被告人量刑时充分考虑给予优惠，并且认罪越早量刑优惠越大。

此外，有必要指出，美国辩诉交易制度与认罪答辩制度的区别与关系。辩诉交易的英文表述是“plea bargaining”，其具体含义前已论及。而认罪答辩的英文表述是“plea guilty”或“plea of guilty”，是指被告人对检察官指控的犯罪表示认罪。具体是指在美国刑事审判制度的“罪状认否程序”里，即在正式启动审判程序前由法官征询每一位被告人对检察官的指控是否认罪时，被告人答辩认罪，即为 plea guilty。[①] 从被告人认罪的角度看，认罪答辩与辩诉交易都表明被告人认罪，但不能将二者完全等同。从二者的内在关系看，辩诉交易是原因，认罪答辩是结果。首先由于控辩双方达成了辩诉交易，所以在“罪状认否程序”里，被告人作出认罪答辩。需要指出的是，因达成辩诉交易而作出认罪表示的案件并不是作出认罪答辩的全部案件，其中还有一部分属于并未经过辩诉交易而被告人出于其他原因而表示认罪的案件。笔者访问美国时，曾就此问题请教美国方面的专家，他们回答说，在全部认罪答辩案件中，通过辩诉交易而认罪答辩者占 70% 左右，其他原因认罪答辩者占 30% 左右。这一事实告诉我们，并非认罪答辩者都是经辩诉交易才认罪的。那种基于美国刑事诉讼中认罪答辩案件占 90% 以上的事实，就认为美国辩诉交易案件占到全部刑事案件 90% 以上的说法是不准确的。只能说美国认罪答辩案件占到全部刑事案件的 90% 以上，其中大部分是因辩诉交易而认罪的案件。

概言之，我国认罪认罚从宽制度与美国辩诉交易制度不能画等号，两者有明显的区别：其一，我国认罪认罚从宽制度是一个集合性、综合性的法律制度，其中包含了诸多实体性、程序性的具体法律制度，而美国的辩诉交易制度则是单一性、专门性的法律制度；其二，我国认罪认罚从宽制度涉及刑事诉讼的全过程，可适用于侦查、审查起诉与起诉、

---

① 在“罪状认否程序”里，被告人可以作出三种答辩：有罪答辩、无罪答辩和不予争辩的答辩。

审判不同诉讼阶段，美国辩诉交易制度则适用于起诉和审判阶段。其三，即使是同样由被告人自愿认罪认罚的案件，在我国审判程序中根据案件具体情况，可分别适用于速裁程序、简易程序以及普通程序，而在美国既然被告人通过辩诉交易已自愿认罪认罚，那么只适用于一种审判程序并且是非正式的审判程序即量刑程序。总之，我国认罪认罚从宽制度与美国辩诉交易制度不能同日而语。

第二节　认罪认罚从宽制度在不同诉讼阶段的适用

一、认罪认罚从宽制度在侦查阶段的适用

有学者认为，认罪认罚从宽制度“只能在审查起诉阶段和审判阶段发挥特定优势，而不能适用于侦查阶段”，其理由是“第一，认罪认罚的前提事实是事实清楚，证据确实充分，侦查机关只有全面侦查取证，才能够达此目的，因此侦查阶段的主要任务是取证而不是认罪协商。第二，若许可侦查机关促成犯罪嫌疑人认罪协商，则可能导致侦查人员放弃法定查证职责，不去收集能够证明犯罪嫌疑人无罪的各种证据，过分依赖获取犯罪嫌疑人的口供，冤枉无辜。第三，由于侦查机关公权力的天然优势，侦查活动的秘密性等，一旦侦查机关在办案过程中承担此项职能，可能会出于减轻办案压力或者其他目的，而采取威胁、利诱等方式迫使犯罪嫌疑人选择认罪认罚，进而成为造成冤假错案的诱因。”[①] 这是学界讨论认罪认罚从宽制度中一种比较有代表性的观点。

笔者对该观点表示理解但提出商榷。首先，这种观点实际上是把认罪认罚从宽制度视同于认罪认罚协商从宽制度或辩诉交易制度。如果认罪认罚从宽制度确实等同于认罪认罚协商从宽制度或辩诉交易制度，笔者也完全同意此种观点和上述理由。但问题是，如前文强调所述，认罪

① 陈卫东:《认罪认罚从宽制度研究》,《中国法学》2016 年第 2 期,第 55 页。

认罚从宽制度不是一项单一制度，而是包含了实体与程序一系列具体法律制度和诉讼程序的集合性法律制度。认罪认罚协商从宽制度只是其中的一项制度而不是全部制度。

其次，我国现有的当事人和解的公诉案件诉讼程序实际上也是认罪认罚从宽制度中的一项具体制度，它不仅适用于审查起诉和审判阶段，而且也适用于侦查阶段。《刑事诉讼法》第278条规定："双方当事人和解的，公安机关、人民检察院、人民法院应当听取当事人和其他有关人员的意见，对和解的自愿性、合法性进行审查，并主持制作和解协议书。"第279条进一步规定："对于达成和解协议的案件，公安机关可以向人民检察院提出从宽处理的建议。人民检察院可以向人民法院提出从宽处罚的建议；对于犯罪情节轻微，不需要判处刑罚的，可以作为不起诉的决定。人民法院可以依法对被告人从宽处罚。"其中"公安机关可以向人民检察院提出从宽处理的建议"表明，公诉案件当事人和解程序当然是适用于侦查阶段的。

再次，对何谓认罪认罚从宽制度的"适用"也应当有正确的理解。认罪认罚从宽制度就其内容而言，实际上包含了两个方面：一个方面是犯罪嫌疑人、被告人作出认罪认罚的表示，而这种表示可以是犯罪嫌疑人、被告人从内心自发产生的动因所致，也可以是犯罪嫌疑人、被告人以外的其他人，包括办案人员对其真诚劝说、讲明利害的产物，甚至可以是办案人员与其平等协商的结果；另一方面是办案机关基于犯罪嫌疑人、被告人的认罪认罚表示，依法对其作出从宽的处理或处罚。而认罪认罚从宽制度的"适用"实际上是指办案机关对于认罪认罚的表示和从宽处理或处罚在法律上何时予以承认或作出确认。对于认罪认罚的表示本身而言，何时作出主要取决于犯罪嫌疑人、被告人自己，而对于从宽处理或处罚来讲，则主要取决于法律的规定，因为从宽处理或处罚必须依法行事。可见，认罪认罚从宽制度的适用主要是指犯罪嫌疑人、被告人何时作出的认罪认罚表示才能获得法律的承认或具有法律效力。从法理上讲，只要是自愿、真实的认罪认罚，当然是越早越好。因为越早，犯罪事实发现的就早，挽回或减少犯罪危害后果的机会就大，侦查破案、收集证据的难度、阻力就小。体现这一原理最集中、最典型的就是自首制度。法律鼓励犯罪人"犯罪以后自动投案，如实供述自己的罪行"，对于自首的犯罪分子"可以从轻或者减轻处罚。其中犯罪较轻的，可以免除处罚。"在这里，"自动投案、如实供述自己的罪行"肯定发生于侦查阶段，而"从轻或者减轻处罚"或者"免予处罚"势必发生在侦查阶段之后并且主要是审判阶段。试想：如果确认认罪认罚从宽制度不适用于侦查阶段，那是否意味着自首制度应该废除？

事实上，全国人大常委会通过的授权《决定》并没有限制认罪认罚从宽制度适用的诉讼阶段，最高人民检察院法律政策研究室万春主任答记者提问时明确表示：犯罪嫌疑人或者被告人，可以在侦查、审查起诉和审判各个阶段进行认罪认罚。

不仅如此，两院三部根据全国人大常委会的《决定》制定的《关于开展刑事案件认罪认罚从宽制度试点的办法》第 8 条规定："在侦查过程中，侦查机关应当告知犯罪嫌疑人享有的诉讼权利和认罪认罚可能导致的法律后果，听取犯罪嫌疑人及其辩护人或者值班律师的意见，犯罪嫌疑人自愿认罪认罚的，记录在案并附卷。犯罪嫌疑人向看守所工作人员或辩护人、值班律师表示愿意认罪认罚的，有关人员应当及时书面告知办案单位。对拟移送审查起诉的案件，侦查机关应当在起诉意见中写明犯罪嫌疑人自愿认罪认罚情况"。根据该条规定，侦查阶段适用认罪认罚从宽制度主要是：其一，应当向犯罪嫌疑人告知其如果认罪认罚可能获得的法律后果，当然是对其有利的从宽处理的法律后果，旨在鼓励犯罪嫌疑人自愿认罪认罚；其二，认真听取并如实记录犯罪嫌疑人自愿认罪认罚的表示；其三，侦查机关向检察机关移送审查起诉案件时，应当在起诉意见中写明犯罪嫌疑人自愿认罪认罚情况，以便后续办案的检察机关和审判机关依法对犯罪嫌疑人、被告人的认罪认罚进行审查并作出从宽处理。由此可见，侦查阶段适用认罪认罚从宽制度，并不是主张或要求侦查人员与犯罪嫌疑人进行认罪认罚协商并签署具结书，而是鼓励、客观记录其自愿认罪认罚的表示并向后续办案机关说明情况，使其在后续诉讼阶段依法获得从宽处理。

当然，也不排除在特殊情形下，对自愿认罪认罚的犯罪嫌疑人在侦查阶段就予以从宽处理。《关于开展刑事案件认罪认罚从宽制度试点的办法》第 9 条规定："犯罪嫌疑人自愿如实供述涉嫌犯罪的事实，有重大立功或者案件涉及国家重大利益，需要撤销案件的，办理案件的公安机关应当层报公安部，由公安部提请最高人民检察院批准。”可以看出，此规定的适用条件非常高，即不仅犯罪嫌疑人是自愿认罪，而且必须“有重大立功或者案件涉及国家重大利益，需要撤销案件的”；适用程序也非常严格，须“办理案件的公安机关应当层报公安部，由公安部提请最高人民检察院批准”。显然这是一种极特殊的制度安排。鉴于全球一体化的趋势和我国与各国交往越来越密切、相互利益关系越来越复杂多样的现实，作出这种制度安排是必要的。而且类似这种特殊制度安排在现行刑法中实际上也是存在的。例如，《刑法》第87条在规定刑事案件追诉时效时，第（四）项规定：“法定最高刑为无期徒刑、死刑的，经过二十年。如果二十年以后认为必须追诉的，须报请最高人民检察院核准。”这些规定是充分权衡一般性与特殊性、原则性与灵活性的产物，应该是必要的。

但是，需要注意的是，对于经公安部提请并经最高人民检察院批准撤销案件的，公安机关对办案中查封、扣押、冻结的财物及其孳息，应当调查权属情况，查明是否属于违法所得或者依法应当追缴的其他涉案财物。案外人对查封、扣押、冻结的财物及其孳息提出权属异议的，应当进行审查。确认查封、扣押、冻结的财物及其孳息属于违法所得、违禁品或者供作案所用的本人财物，除依法返还被害人的以外，应当在撤销案件后三十日内予以收缴，一律上缴国库。对查封、扣押、冻结的财物及其孳息不能确认属于违法所得或者依法应当追缴的其他涉案财物的，不得收缴。

二、认罪认罚从宽制度在审查起诉与起诉阶段的适用

根据全国人大常委会的《决定》以及两院三部《办法》的规定，认罪认罚从宽制度在审查起诉与起诉阶段的适用，主要表现为以下程序分流渠道：

其一，犯罪嫌疑人自愿如实供述自己的罪行，对指控的犯罪事实没有异议，同意量刑建议，签署具结书，依法应当起诉的，向法院提起公诉并说明有关情况，请人民法院依法从宽处罚。

这是认罪认罚从宽制度适用于审查起诉与起诉阶段分流案件的主渠道。也就是说大多数犯罪嫌疑人自愿认罪认罚的案件，在本阶段检察机

关是不能通过体现从宽精神的不起诉决定而消化终结的，还需起诉到法院，由人民法院在审判中区分不同情况体现从宽处罚的精神。但是，在此诉讼阶段，犯罪嫌疑人如何认罪认罚以及认罪认罚以后如何向法院起诉，《办法》提出了具体要求。

首先，在审查起诉过程中，人民检察院应当告知犯罪嫌疑人享有的诉讼权利和认罪认罚可能导致的法律后果，就下列事项听取犯罪嫌疑人及其辩护人或者值班律师的意见，记录在案并附卷：（一）指控的罪名及适用的法律条款；（二）从轻、减轻或者免除处罚等从宽处罚的建议；（三）认罪认罚后案件审查适用的程序；（四）其他需要听取意见的情形。犯罪嫌疑人自愿认罪，同意量刑建议和程序适用的，应当在辩护人或者值班律师在场的情况下签署具结书。

人民检察院向人民法院提起公诉的，应当在起诉书中写明被告人认罪认罚情况，提出量刑建议，并同时移送被告人的认罪认罚具结书等材料。量刑建议一般应当包括主刑、附加刑，并明确刑罚执行方式。可以提出相对明确的量刑幅度，也可以根据案件具体情况，提出确定刑期的量刑建议。建议判处财产刑的，一般应当提出确定的数额。

其次，对于上述案件中适用速裁程序的案件，人民检察院一般应当在受理后十日内作出是否提起公诉的决定；对可能判处的有期徒刑超过一年的，可以延长至十五日。这是非常必要的，体现了细化分流的精神。尤其是可适用速裁程序的案件，一般都是量刑较轻的案件，加快办案程序本身就是从宽精神的体现。

其二，犯罪嫌疑人自愿如实供述涉嫌犯罪的事实，有重大立功或者案件涉及国家重大利益的，经最高人民检察院批准，人民检察院可以作出不起诉决定，也可以对涉嫌数罪中的一项或者多项提起公诉。

这种情形与前述侦查阶段在特殊条件和特殊程序下撤销案件的性质是相同的，是指在不符合正常不起诉条件下，针对犯罪嫌疑人自愿如实供述涉嫌犯罪的事实，并有重大立功或者案件涉及国家重大利益的情况。此类案件经最高人民检察院批准不起诉的，人民检察院对办案中查封、扣押、冻结的财物及其孳息，应当调查权属情况，查明是否属于违法所得或者依法应当追缴的其他涉案财物。案外人对查封、扣押、冻结的财物及其孳息提出权属异议的，应当进行审查。经查确认查封、扣押、冻结的财物及其孳息属于违法所得、违禁品或者供作案所用的本人财物，除依法返还被害人的以外，应当在撤销案件或者作出不起诉决定后三十日内予以收缴，一律上缴国库。对查封、扣押、冻结的财物及其孳息不能确认属于违法所得或者依法应当追缴的其他涉案财物的，不得收缴。

其三，对于符合法律规定正常不起诉条件的案件，应当依照法律规定办理。

以上讲的是特殊的不起诉，适用范围其实很有限，对于大多数审查起诉的案件来说，该规定并没有排斥法律规定的正常的不起诉制度。如果犯罪嫌疑人在审查起诉案件中自愿认罪认罚，符合正常不起诉的法定条件，那么还应当依法对此类案件作出不起诉决定，这既是对案件的分流措施，也是对自愿认罪认罚者的从宽处理。

三、认罪认罚从宽制度在审判阶段的适用

无论从诉讼理论上讲还是从诉讼实践看，在我国，绝大多数刑事案件都进入了审判程序。因此，刑事诉讼程序分流应当主要是指审判程序上的分流。以往我国基层法院的一审案件在程序上分流为普通程序案件、简易程序案件和自诉案件三大类。党的十八大以来特别是十八届四中全会以来，推进以审判为中心的刑事诉讼制度改革和完善认罪认罚从宽制度，我国刑事审判程序特别是基层法院的一审程序在程序分流上已经发生并正在发生着重要的变化。概括起来主要表现为适用以下审判程序对被告人认罪认罚案件进行审判并依法从宽处罚。

（一）刑事速裁程序

如前所述，刑事速裁程序起源于 2014 年 6 月全国人大常委会授权最高人民法院和最高人民检察院在十八个地区开展的为期二年的刑事速裁程序试点工作。2016 年 9 月，全国人大常委会的决定又将其纳入到认罪认罚从宽制度的试点中，并且将刑事速裁程序的案件范围从以往可能判处一年有期徒刑以下刑罚的案件扩大到可能判处三年有期徒刑以下刑罚的案件。据有关统计数据显示，我国司法实践中，全国法院判处三年有

期徒刑以下刑罚的人数占生效判决人数的80%左右。[①] 这就意味着可以适用速裁程序审判的案件在全部一审案件中将会占到相当大的比例。因此，如何设计并适用刑事速裁程序对于保证司法公正提高诉讼效率意义重大。

基于以上考虑，《决定》和《办法》对于速裁程序本身及其适用作出了严格的规定：对于基层人民法院管辖的可能判处三年有期徒刑以下刑罚的案件，事实清楚、证据充分，当事人对适用法律没有争议，被告人认罪认罚并同意适用速裁程序的，可以适用速裁程序，由审判员独任审判，送达期限不受刑事诉讼法规定的限制，不进行法庭调查、法庭辩论，当庭宣判，但在判决宣告前应当听取被告人的最后陈述。并且要求适用速裁程序审理案件，人民法院一般应当在十日内审结，对可能判处的有期徒刑超过一年的，可以延长至十五日。

但是，也明确规定"具有下列情形之一的，不适用速裁程序审理：（一）被告人是盲、聋、哑人的；（二）案件疑难、复杂，或者有重大社会影响的；（三）共同犯罪案件中部分被告人对指控事实、罪名、量刑建议有异议的；（四）被告人与被害人或者其代理人没有就附带民事赔偿等事项达成调解或者和解协议的；（五）其他不宜适用速裁程序的情形"。这一规定表明速裁程序虽然对提高诉讼效率效果明显，但不能为了效率而牺牲公正。这些案件即使被告人认罪认罚也不能适用速裁程序。

（二）刑事简易程序

刑事速裁程序只能适用于可能判处三年有期徒刑以下刑罚的案件，对于被告人同样自愿认罪认罚并签署具结书但可能判处三年有期徒刑以上刑罚的案件，可以依法适用简易程序审判，在判决宣告前应当听取被告人的最后陈述，一般应当当庭宣判。需要指出的是，由于适用法定简易程序审判案件分为由独任法官审判和由合议庭审判两类案件，并且对可能判处的有期徒刑超过三年的案件应当组成合议庭审判，那么此处应适用简易程序审判的被告人认罪认罚的案件，应当由合议庭审判而不是由独任法官审判。

---

① 参见袁定波：《刑事速裁试点过半，"简"程序不"减"权利》，载《中国审判》2015年第17期，第11页。

（三）审理认罪认罚案件应当审查的重点

不论速裁程序还是简易程序，都是在诉讼程序上明显简化，同时对被告人诉讼权利的保障程度没有普通程序那么高。这是以被告人自愿认罪认罚为基础的。因此，《决定》强调，人民法院审理认罪认罚案件，应当告知被告人享有的诉讼权利和认罪认罚可能导致的法律后果，审查认罪认罚的自愿性和认罪认罚具结书内容的真实性、合法性。有下列情形之一的，应当转为普通程序审理：（一）被告人违背意愿认罪认罚的；（二）被告人否认指控的犯罪事实的；（三）其他不宜适用速裁程序或者简易程序审理的情形。

（四）审判认罪认罚案件如何体现“从宽”精神

前已指出，从理论上讲适用认罪认罚从宽制度处理刑事案件，“认罪认罚”与“从宽”可以在同一诉讼阶段中一并体现，也可以在不同诉讼阶段上分别体现，到底如何体现取决于案件具体情况和有关法律规定。但从司法实务的角度看，对认罪认罚案件的“从宽”主要还是体现在审判阶段，具体而言表现为三种情形：

其一，对于认罪认罚案件，人民法院依法作出判决时，一般应当采纳人民检察院指控的罪名和量刑建议，但具有下列情形的除外：（一）被告人不构成犯罪或者不应当追究刑事责任的；（二）被告人违背意愿认罪认罚的；（三）被告人否认指控的犯罪事实的；（四）起诉指控的罪名与审理认定的罪名不一致的；（五）其他可能影响公正审判的情形。

其二，人民法院经审理认为，人民检察院的量刑建议明显不当，或者被告人、辩护人对量刑建议提出异议的，人民法院可以建议人民检察院调整量刑建议，人民检察院不同意调整量刑建议或者调整量刑建议后被告人、辩护人仍有异议的，人民法院应当依法作出判决。

其三，对不具有法定减轻处罚情节的认罪认罚案件，应当在法定刑的限度以内从轻判处刑罚，犯罪情节轻微不需要判处刑罚的，可以依法免予刑事处罚，确实需要在法定刑以下判处刑罚的，应当层报最高人民法院核准。

四、认罪认罚从宽制度中对当事人诉讼权利的保障

我们在完善认罪认罚从宽制度时，不仅要完善认罪认罚从宽制度本身，还应当切实保障当事人特别是犯罪嫌疑人、被告人的诉讼权利。具体而言应当高度重视从以下几个方面予以保障：

一是确保犯罪嫌疑人、被告人的认罪是完全自愿的。为此要充分赋予犯罪嫌疑人、被告人认罪与否的选择自由：他可以选择认罪认罚，也可以在选择认罪认罚后提出反悔，还可以始终不选择认罪认罚甚至明确表示不认罪。不能把犯罪嫌疑人、被告人选择或不选择认罪认罚作为其认罪态度好坏的依据，更不能以其不认罪认罚为由对其“抗拒从严”。在全国人大常委会通过的授权《决定》中，已经体现了这一精神，即为了确保犯罪嫌疑人、被告人的认罪认罚确实出于自愿和明智，允许其在作出认罪认罚表示后提出反悔。反悔以后就进入普通程序审理。甚至在认罪认罚案件判决后，被告人提出他是在他人错误引导或者自己错误认识下表示认罪认罚的，可以以此为由提出上诉。

二是确保认罪认罚的犯罪嫌疑人、被告人能够获得律师的有效法律帮助。犯罪嫌疑人、被告人一般都是文化不高，法律知识不足，更缺乏诉讼经验和经历，又处在被追诉的不利境地并且大多数处于羁押状态，加上办案机关、办案人员难以避免的出于追求“政绩”的动机而对他们施加的不当影响甚至压力，很难保证犯罪嫌疑人、被告人的认罪认罚是自愿的、具有客观事实基础的，以及明知和明智的。因此，应当确保认罪认罚的犯罪嫌疑人、被告人能够获得律师的有效法律帮助。为此，全国人大的《决定》提出要建立法律援助值班律师制度。两院三部的《办法》更加明确提出：犯罪嫌疑人、被告人自愿认罪认罚，没有辩护人的，人民法院、人民检察院、公安机关应当通知值班律师为其提供法律咨询、程序选择、申请变更强制措施等法律帮助。人民法院、人民检察院、公安机关应当告知犯罪嫌疑人、被告人申请法律援助的权利。符合应当通知辩护条件的，依法通知法律援助机构指派律师为其提供辩护。还明确要求：在审查起诉过程中，人民检察院应当告知犯罪嫌疑人享有的诉讼权利和认罪认罚可能导致的法律后果，就下列事项听取犯罪嫌疑人及其辩护人或者值班律师的意见，记录在案并附卷：（一）指控的罪名

及适用的法律条款；（二）从轻、减轻或者免除处罚等从宽处罚的建议；（三）认罪认罚后案件审查适用的程序；（四）其他需要听取意见的情形。犯罪嫌疑人自愿认罪，同意量刑建议和程序适用的，应当在辩护人或者值班律师在场的情况下签署具结书。应该说这些规定是非常重要的。但是在目前司法实践中还存在一些问题需要解决。最突出的问题是法律援助值班律师的诉讼地位和诉讼权利保障问题。目前在司法实践中，一些地方的值班律师不能查阅案卷材料，不能在庭前与认罪被告人单独会见，也不能出庭参加诉讼活动，只是让他们在有限的时间与被告人见个面，简单地问几句话。这样的值班律师法律帮助非常令人担忧。

除了犯罪嫌疑人、被告人一方外，也要重视对被害人一方的诉讼权利保障。《办法》要求，办理认罪认罚案件，应当听取被害人及其代理人意见，并将犯罪嫌疑人、被告人是否与被害人达成和解协议或者赔偿被害人损失，取得被害人谅解，作为量刑的重要考虑因素。

三是对于不选择认罪认罚或选择之后又反悔的犯罪嫌疑人、被告人，应当确保他们获得以庭审实质化为核心内容的公正的审判，包括公正的审理和公正的裁判。被告人“不认罪”可能是确实有罪而不认罪，也可能是确实无罪而不认罪。不论何种情况，都要充分认识到获得公正审判是被告人的诉讼权利，应当确保以庭审实质化的方式对此类案件进行审理，并作出合法、公正的裁判。

需要指出的是，确保不选择认罪认罚或选择之后又反悔的犯罪嫌疑人、被告人获得庭审实质化的公正审判，不仅对他们本身是一种保障，而且也是解读“推进以审判为中心的诉讼制度改革”与“完善认罪认罚从宽制度”两项重大改革相互关系的“一把钥匙”。试想：如果选择认罪认罚与不选择认罪认罚在诉讼程序上、诉讼权利保障上并没有实质性区别，对于当事人来讲，这种选择有什么意义？对于改革的决策者来说，提出这两项改革又有何意义？因此，确保不选择认罪认罚或选择之后又反悔的犯罪嫌疑人、被告人获得庭审实质化的公正审判既关乎以审判为中心的诉讼制度的改革的成功与否，而且也影响到“完善认罪认罚从宽制度”的价值所在！